Qui est cet homme qui dirige le Sénégal ?

http://www.librairieharmattan.com
diffusion.harmattan@wanadoo.fr
harmattan1@wanadoo.fr

ISBN : 2-296-00914-X
EAN : 9782296009141

Mody Niang

Qui est cet homme qui dirige le Sénégal ?

L'Harmattan
5-7, rue de l'École-Polytechnique ; 75005 Paris
FRANCE

L'Harmattan Hongrie
Könyvesbolt
Kossuth L. u. 14-16
1053 Budapest

Espace L'Harmattan Kinshasa
Fac. des Sc. Sociales, Pol. et Adm. ;
BP243, KIN XI
Université de Kinshasa – RDC

L'Harmattan Italia
Via Degli Artisti, 15
10124 Torino
ITALIE

L'Harmattan Burkina Faso
1200 logements villa 96
12B2260
Ouagadougou 12

Sociétés Africaines et Diaspora
Collection dirigée par Babacar SALL

Sociétés Africaines et Diaspora est une collection universitaire à vocation pluridisciplinaire orientée principalement sur l'Afrique et sa diaspora. Elle accueille également des essais et témoignages pouvant servir de matière à la recherche. Elle complète la revue du même nom et cherche à contribuer à une meilleure connaissance des réalités historiques et actuelles du continent. Elle entend également œuvrer pour une bonne visibilité de la recherche africaine tout en restant ouverte et s'appuie, de ce fait, sur des travaux individuels ou collectifs, des actes de colloque ou des thèmes qu'elle initie.

Déjà parus

Issa Thioro GUEYE, *Les médias sous contrôle : Liberté et responsabilité des journalistes au Sénégal*, 2006.
Abdou Latif COULIBALY, *Sénégal affaire me Sèye : un meurtre sur commande*, 2006.
Issa Laye THIAW, *La femme Seereer (Sénégal)*, 2005.
Mamadou DIA, *Sénégal : Radioscopie d'une alternance avortée*, 2005.
Mamadou DIA, *Echec de l'alternance au Sénégal et crise du monde libéral*, 2005.
Mody NIANG, *Me Wade et l'alternance*, 2005.
Dominique BANGOURA (dir.), *Guinée : L'alternance politique à l'issue des élections présidentielles de décembre 2003*, 2004.
Amadou NDOYE, *Les immigrants sénégalais au Québec*, 2004.
Chouki EL HAMEL, *La vie intellectuelle islamique dans le Sahel ouest-africain (XVIe-XIXe siècles)*, 2002.
Kimba IDRISSA (sous la direction de), *Le Niger. État et démocratie*, 2001.
Abdoulaye GUEYE, *Les intellectuels africains en France*, 2001.
Mamadou Abdoulaye NDIAYE, Alpha Amadou SY, *Africanisme et théorie du projet social*, 2000.
Philippe NOUDJENOUME, *La démocratie au Bénin*, 1999.
Mariella VILLASANTE DE BEAUVAIS, *Parenté et politique en Mauritanie*, 1998.
Philippe NOUDJENOUME, *La démocratie au Bénin 1988-1993*, 1998.
Kusm AGGARWAL, *Amadou Hampâté Bâ et l'africanisme*, 1998.
Jean-Claude JEAN, Marc MAESSCHALCK, *Transition politique en Haïti*, 1998.
Patrice YENGO (sous la direction de), *Identités et démocratie*, 1997.
Mickaëlla PERINA, *Citoyenneté et sujétion aux Antilles francophones. Post-esclavage et aspiration démocratique*, 1997.

Introduction

Après 1960, date de son accession à la souveraineté internationale, le Sénégal allait vivre d'autres événements importants de son histoire politique. Le 5 septembre de cette année-là, Léopold Sédar Senghor est élu Président de la République, par un collège restreint dont les députés constituaient la majorité. Tous les membres du collège étaient désignés par l'Union progressiste sénégalaise (UPS). Le président Senghor était donc indirectement l'élu de ce parti, pour sept ans. La Constitution du 26 août 1960 prévoyant un Exécutif bicéphale, M. Mamadou Dia était désigné puis nommé Président du Conseil du Gouvernement par Senghor. Il avait été auparavant investi par la majorité absolue des députés. Mamadou Dia était Chef du Gouvernement et, en tant que tel, choisissait ses ministres, déterminait et conduisait la politique dudit Gouvernement.

Les deux hommes avaient des caractères certes différents, mais complémentaires sur bien des points. Leur compagnonnage, qui se fit sans accrocs pendant les premiers temps, était une chance pour le Sénégal. Malheureusement, pour des raisons liées au tempérament, au style de gouvernement, aux divergences des deux têtes de l'Exécutif sur bien des points, mais aussi pour d'autres facteurs qui tenaient à leur entourage, ce compagnonnage alors très prometteur pour le pays allait rapidement évoluer vers le mauvais sens et aboutir au clash du lundi 17 décembre 1962. Ce jour-là, 41 députés sur 61 présents, n'ayant pas pu se réunir à l'Assemblée nationale investie, disait-on, par les Forces de police et de Gendarmerie, se retrouvèrent chez Me Lamine Guèye, président de ladite Institution, pour voter une motion de censure contre le Gouvernement Mamadou Dia. Le 7 janvier 1963, la même Assemblée adopta une résolution de mise en accusation qui déféra Mamadou Dia et quatre de ses ministres devant la Haute Cour de Justice. Le 11 mai de la même année, Mamadou Dia et ses amis sont lourdement condamnés pour « tentative de coup d'État » et internés dans l'enceinte fortifiée de

Kédougou, à l'extrême Sud-Est du pays. C'était la fin du compagnonnage Senghor-Dia, en même temps que de celle du *bicéphalisme*.

Le président Senghor tourne rapidement la page. Dès le 19 décembre, il présente à l'Assemblée nationale le nouveau gouvernement qu'il venait de nommer. Dans son discours d'investiture, il annonce sa volonté sans équivoque de soumettre au peuple une révision constitutionnelle en vue d'instituer un *Exécutif monocéphale*. Son projet de référendum est effectivement soumis au peuple qui l'approuve dans son écrasante majorité le 3 mars 1963. La nouvelle Constitution promulguée le 7 mars fait du Président de la République à la fois le Chef de l'État et du Gouvernement, élu au suffrage universel direct pour cinq ans et indéfiniment rééligible. L'ère d'un régime présidentiel fort, avec un président *seul détenteur du pouvoir exécutif*, s'ouvre pour le pays.

Sept ans après environ, ce *présidentialisme fortement concentré* montre ses limites. En butte à une série de crises de plusieurs ordres (économiques, politiques, sociales, scolaires, universaires, etc), le président Senghor prend des réformes majeures dont la plus importante est la Réforme constitutionnelle adoptée par référendum le 22 février 1970. La loi modificative n° 75-10 promulguée le 26 février institue un régime intermédiaire, à mi-chemin entre le *bicéphalisme* de 1960 et le régime *présidentiel fort et concentré* de 1963. Par décret n° 70-230 du 26 février 1970, Abdou Diouf est nommé Premier Ministre. Le président Senghor ne s'arrête pas en si bon chemin : il décide de sortir le Sénégal de l'ère du parti unique de fait en permettant à Me Wade créer son parti politique, le Parti démocratique sénégalais (PDS) officiellement reconnu le 8 août 1974. La Loi n° 76-26 du 1er avril 1976 portant réforme de la Constitution lui permet d'élargir davantage mais prudemment le champ politique. Par cette loi, il met en place son *multipartisme progressif et limité* qui reconnait trois courants de pensée politiques dont devaient se réclamer les partis alors reconnus (UPS, PDS, PAI) : *libéral et démocratique, socialiste et démocratique, marxiste-léniniste ou communiste*. Le PDS qui s'affichait *travailliste* depuis sa création est contraint et forcé de se réclamer du Libéralisme démocratique. Un quatrième courant dit *conservateur* sera reconnu le 7 février 1979, pour compléter le dispositif de Senghor.

Une autre disposition de la Réforme constitutionnelle du 1 er avril 1976 (Loi n° 76-27) faisait du Premier Ministre en exercice le dauphin du

Président de la République en cas de décès, de démission ou de tout autre empêchement de ce dernier constaté par la Cour suprême. Il s'agissait du fameux article 35 alinéa 2, qui était la bête noire de Me Wade. Il en dénonçait toujours avec la plus grande vigueur le « caractère monarchique », tout en continuant, avec persévérence, la conquête du pouvoir par les urnes.

Le président Senghor prit d'autres réformes qui, comme celles du 22 février 1970 et du 1er avril 1976, s'inscrivaient dans le cadre de la planification de son départ du pouvoir. Il avait, en effet, confié à son Premier Ministre qu'il ne terminerait pas son quatrième mandat (1978-1983) et que son départ interviendrait probablement à la fin de l'année 1980. En grand seigneur, il tint parole et, le mercredi 31 décembre 1981, remit solennellement sa démission au Premier Président de la Cour suprême. Le lendemain, jeudi 1er janvier 1981 au matin, Abdou Diouf prêta serment devant le président de ladite Cour, qui l'installa officiellement dans ses fonctions de deuxième Président de la République du Sénégal.

Après la page du 7 mars 1963, une autre venait d'être tournée pour le Sénégal, avec l'avènement de la première *alternance institutionnelle* en Afrique. Le président Diouf termina le mandat de son illustre prédécesseur et se présenta pour la première fois à l'élection présidentielle le 27 février 1983, face à son principal adversaire Me Abdoulaye Wade. Il est triomphalement élu avec 83,55 % des suffrages exprimés, laissant loin derrière son principal challenger et les autres trois candidats. Me Wade contesta vigoureusement ces résultats officiellement proclamés. Le président Diouf fut réélu en 1988 et en 1993 avec, en face de lui, le même principal challenger Me Abdoulaye Wade, qui contestait chaque fois les résultats officiels et dénonçait des fraudes massives.

Le 27 février 2000, le président Diouf se présentait pour un quatrième mandat consécutif, après quarante ans au cœur du pouvoir, dont dix comme Premier Ministre et dix-neuf comme Président de la République. Pour de nombreux observateurs, c'était le mandat de trop. Abdou Diouf, qui n'avait pas retenu la belle leçon de son illustre prédécesseur, fut d'abord contraint au second tour (il avait seulement engrangé 41,30 % des suffrages exprimés au premier), avant d'être sévèrement défait par son challenger de toujours, Me Abdoulaye Wade, qui l'emporta largement avec 58,49 %, en ce mémorable dimanche 19 mars 2000. Le président Diouf n'avait que très légèrement amélioré son score du premier tour : il se retrouvait avec seulement 41,51 % des suffrages exprimés. En homme d'honneur respectueux de ses engagements, il fit publier, dès le lundi 20 mars à 11 heures, un communiqué pour reconnaître sa défaite et féliciter son adversaire.

Après le 7 mars 1963 et le 31 décembre 1980, le Sénégal vivait un autre très grand moment de son histoire politique : *l'avènement d'une alternance par les urnes exemplaire et saluée par l'ensemble de la Communauté internationale*. Après une opposition de 22 ans[1] qui fut loin d'être toujours de tout repos, Me Wade accéda enfin à la magistrature suprême. Pendant toute cette longue période, il portait en bandoulière un slogan magique et presque irrésistible, qui faisait déferler les foules sur son passage : le célèbre *Sopi* (changement en langue nationale wolof), qui était lourd d'attentes et d'espoir d'un Sénégal meilleur.

Le nouvel élu est officiellement installé le 1er avril 2000, comme troisième Président de la République du Sénégal. Son discours d'investiture conforta le *peuple du Sopi* dans son espoir que le pays allait être gouverné bien mieux qu'il l'avait été pendant quarante ans de gestion socialiste. Il avait surtout le fort sentiment que les nombreuses promesses du « pape » du *Sopi* allaient vite se tranformer en actes. Malheureusement, il n'attendit pas très longtemps avant de se rendre à l'évidence, à une amère évidence : la gouvernance de l'homme-providence du 19 mars n'était pratiquement en rien différente de celle des Socialistes défaits. Les promesses tardèrent à se réaliser et les pratiques malsaines que les nombreux adeptes du *Sopi* croyaient à jamais bannies, revenaient en force. L'Alternance, qui était pourtant si prometteuse et si grosse d'espoirs, était ainsi trahie, violée, vidée de tout son sens. C'est ce qui nous amena à publier, le 24 février 2004, notre premier livre « Me Wade et l'Alternance : le rêve brisé du Sopi ».

Nous sommes à moins d'un an de la fin du septennat de Me Wade. Malgré des réalisations qu'on ne peut pas nier, mais que les Libéraux ont tendance à embellir, grossir et amplifier plus que de raison par une télévision et des courtisans bavards, nombre de Sénégalaises et de Sénégalais restent encore sur leur faim. Il y a également que le régime libéral et son chef, généralement plus politiciens que travailleurs, s'engluent de plus en plus dans des scandales de toutes sortes. Me Wade

---

[1] Aux 26 ans d'opposition qu'on lui attribue, il faut effectivement retrancher ses quatre ans de présence dans deux gouvernements dits de majorité présidentielle élargie du président Diouf.

en particulier, se comportant bien plus en politicien pur et dur qu'en homme d'État et seulement soucieux de sa réélection en 2007, règle toute l'horloge de la vie nationale sur cet objectif. Ses nombreuses initiatives, ses déclarations et engagements de tous les jours, relayés par une vulgaire télévision de propagande et une horde de thuriféraires grassement nourris à la soupe des *inépuisables fonds politiques*, ne sont déployés que pour rouler dans la farine le Sénégal, l'Afrique et le reste du monde. Toutes les contributions que nous faisons publier dans les différents journaux de la place et ce deuxième livre ne visent – ce qui est une gageure – qu'à démystifier le politicien Wade et la stratégie qu'il a mise en place depuis le 1er avril 2000. Ils atteindraient au moins partiellement cet objectif titanesque, s'ils contribuaient tant soit peu à ouvrir les yeux à nombre de nos compatriotes qui risqueraient de se laisser encore prendre au piège du politicien Wade et seraient tentés de voter pour lui en 2007. Ce qui ne serait certainement pas le meilleur choix pour le Sénégal, malgré les apparences bavardes et trompeuses de la gouvernance libérale.

Chapitre I

Les premiers pas en politique et les tentatives avortées de militantisme à l'UPS ([2])

Me Abdoulaye Wade est né *officiellement* le 29 mai 1926 à Saint-Louis (d'autres sources avancent qu'il serait bien né à Kébémer et bien plus tôt). Après son service militaire vers les années 1948-1949, il devient maître d'internat et découvre, comme par hasard, Kwame Nkrumah dont il devient un fervent disciple. C'était la grande époque du Rassemblement démocratique africain (RDA). Wade ne s'engage pas tout de suite dans un mouvement, préférant se consacrer à ses études. En 1950, il débarque à Paris et commence à s'intéresser à la politique. Il milite dans la Fédération des Étudiants d'Afrique noire en France (FEANF). Il se fait très vite remarquer et devient le responsable de la Section de Grenoble. Il sera plus tard Secrétaire général des étudiants RDA en France. Un autre Sénégalais, Cheikh Anta Diop, en fut président. Après la dissolution de cette structure, consécutive au départ de Félix Houphouët Boigny pour un nouvel horizon, Abdoulaye Wade adhère au Mouvement de Libération nationale (MLN) où il retrouve des Sénégalais comme Joseph Mathiam, Daniel Cabou, Cheikh Hamidou Kane, Christian Valentin, Babacar Ba, ainsi que le voltaïque Joseph Ki-Zerbo. Il sera porté d'ailleurs à la tête de la section sénégalaise. En 1955, il se rend au Festival de Bucarest (Roumanie) en compagnie de Majhmout Diop qui prolongera son séjour dans ce pays de l'Est et se convertira au communisme. Quelque temps après, Abdoulaye Wade se retrouve avec d'autres Sénégalais à Paris. Ce groupe était composé, outre lui-même, de Cheikh Anta Diop, Moustapha Diallo, Saliou Kandji et Majhmout Diop. Ils s'engagent à créer un parti politique dont la vocation

---

[2] Pour ce premier chapitre, nous nous somme inspiré du livre « *Wade et le Sopi : la longue marche* », Tome II (p. 29-32) de Marcel Mendy.

est de lutter pour l'indépendance du Sénégal. Celui d'entre eux qui rentrerait le premier au pays serait chargé de mettre sur pied ce parti. Le hasard a voulu que ce fût Majhmout, mais au lieu de s'atteler à la réalisation de la décision collective comme convenu, il créa son propre parti politique, un parti marxiste-léniniste : le PAI. Wade n'était évidemment pas marxiste et repoussa l'offre que lui fit Majhmout d'adhérer dans le nouveau parti.

Deux ans plus tard, en 1957, Abdoulaye Wade rentre au pays. Le Sénégal était alors dans l'effervescence politique, avec la perspective du long périple en Afrique noire du Chef de l'État français, le général de Gaulle. Ce périple devait le conduire notamment à Dakar, où il était attendu de pied ferme par les indépendantistes sénégalais. Le MLN avait été entre-temps dissous et certains de ses membres avaient intégré l'Union progressiste sénégalaise (UPS), parti de Léopold Sédar Senghor et de Mamadou Dia. Le futur *Njomboor*[3] opta pour la prudence et prit le temps de réfléchir. Il se résolut finalement à militer dans l'UPS, ne pouvant se permettre de rester à l'écart pendant que les autres se donnaient corps et âme à la lutte pour l'indépendance du pays. Son enthousiasme débordant ne fera cependant pas long feu. Il avait choisi d'aller militer chez lui, à Kébémer, petite ville située à près de 170 km au Nord-Est de Dakar. Les responsables de la localité ne voulurent pas de ce professeur, qui rentrait fraîchement de France et qui avait mieux à faire à Dakar, que de venir les empêcher de tourner en rond. Il n'insista pas outre mesure et gela *provisoirement* ses activités politiques. En attendant des moments plus favorables, l'avocat qu'il était devenu s'employait à exercer son nouveau métier.

En 1963, le président Mamadou Dia, arrêté quelques mois auparavant et traduit devant la Haute Cour de Justice pour « tentative de coup d'État », porta son choix sur lui pour coordonner le collectif des avocats chargés d'assurer sa défense. On le retrouve ensuite dans le parti nouvellement créé par le Pr Cheikh Anta Diop, le *Bloc des Masses sénégalaises* (BMS) qui est rapidement dissous par Senghor. Cheikh Anta ne se découragea pas et créa un autre parti en 1964 : le *Front national sénégalais* (FNS) qui connaîtra le même sort que le BMS. Abdoulaye Wade n'y a pas milité. Peut-être que Senghor ne lui en a pas

---

[3] Sobriquet que lui donna très tôt le président Senghor. *Njomboor*, c'est le lièvre, qui passe pour être rusé, manœuvrier et froidement calculateur. Les Sénégalaises et les Sénégalais comprendront plus tard, surtout après le 19 mars 2000, le sens de ce sobriquet qui colle bien au personnage.

laissé le temps. Il gela encore ses activités politiques et consacra son temps à ses enseignements à l'Université de Dakar, parallèlement à son métier d'avocat. Ce retrait provisoire de la politique lui fit du bien puisqu'il obtint l'agrégation à Paris en 1971. Poursuivi inlassablement par le virus de la politique, il réintégra l'UPS. Le président Senghor, avec qui il était en contact permanent, l'y encourageait d'ailleurs beaucoup. C'est encore à la base, à Kébémer, sa ville natale, qu'il allait militer. Les choses s'annonçaient encore plus difficiles pour lui. Il se heurta surtout aux tendances qui minaient l'UPS à l'époque. Il persévéra quand même, surtout que Senghor avait promis de l'appuyer. Mais au bout d'un an et demi, il quitta précipitamment ce parti, avec fracas d'ailleurs. Il ne pouvait pas supporter plus longuement les misères qui lui étaient faites par les politiciens professionnels de la localité. Au cours d'un entretien qu'il a accordé à Marcel Mendy, il lui expliqua les raisons de sa démission précipitée de l'UPS. Suivons-le : « Des élections ont été organisées au sein de la coordination pour désigner le secrétaire général local, j'ai gagné, mais comme le bureau politique était dominé par des gens qui étaient *anti-intellectuels*, ils ont passé outre en nommant à ma place N'Doudou Fall[4]. Et ce, bien que Senghor m'eût déclaré vainqueur par l'intermédiaire de Moustapha Niasse, en promettant de m'installer... J'ai été profondément choqué par ce hold-up et j'ai claqué la porte... »[5]

L'homme était cette fois désabusé. Il tourna non seulement le dos à la politique, mais quitta l'Université et même le Sénégal. Il s'installa à Abidjan où il travailla pendant deux ans comme consultant de la Banque africaine de Développement (BAD) et de l'Organisation de l'Unité africaine (OUA). En 1973, il rentra au pays et, un an après, renoua avec la politique en créant le Parti démocratique sénégalais (PDS).

[4] Marcel Mendy a-t-il bien transcrit ce nom, que nous ne connaissons pas dans le landernau politique de Kébémer. Ne s'agirait-il pas de Djibril Ndiogou Fall ?

[5] Marcel Mendy, op. cit., p. 32.

Chapitre II

Le PDS : une rampe de lancement vers le pouvoir

C'est en 1974, en effet, que le PDS a été créé, dans un contexte politique particulier. Quatre ans auparavant, le 22 février 1970 exactement, le président Senghor avait décidé, par voie référendaire, de modifier la Constitution pour instituer un « régime présidentiel déconcentré ». Le Sénégal venait de traverser une période particulièrement difficile, marquée notamment par une série de graves crises scolaires, universitaires, sociales, économiques, etc. Le président Senghor, dont le régime a été alors terriblement ébranlé, en tira les leçons. Avec le régime présidentiel fortement concentré en vigueur depuis 1963, il était le siège, l'épicentre de tous les pouvoirs. Il était normal donc, qu'en cas de crises, il fût la cible de tous les coups. Il lui fallait alors desserrer l'étau et se délester de certains de ses pouvoirs. C'était là le sens de la Réforme du 22 février 1970. La nomination d'un Premier Ministre, en la personne d'Abdou Diouf, lui permit surtout de se décharger des questions économiques où il n'excellait pas. En outre, il avait désormais le temps de parcourir le monde, pour répondre aux multiples invitations qui lui étaient adressées, participer à des colloques et s'adonner à ses activités favorites de lecture et d'écriture.

Il convient de signaler également que, pendant huit ans, de 1966 à 1974, l'UPS était un parti unique de fait. Même si la Constitution ne fermait pas définitivement la porte à la création d'autres partis politiques. L'UPS avait phagocyté nombre de partis d'opposition. D'autres, qui refusaient la fusion, furent purement et simplement dissous, pour une raison ou pour une autre.

Senghor était un homme réfléchi et cohérent. Il ne pouvait plus se permettre de continuer d'imposer un parti unique de fait au Sénégal. Il caressait surtout un vieux rêve qui lui était particulièrement cher : faire admettre l'UPS dans l'*Internationale socialiste*. Pour cela, deux conditions au moins étaient exigées : l'existence du multipartisme et l'absence de prisonniers politiques dans le pays candidat.

Depuis le 11 mai 1963, l'ancien Président du Conseil du Gouvernement du Sénégal Mamadou Dia et quatre de ses anciens ministres étaient condamnés, pour « tentative de coup d'État », à de lourdes peines par la Haute Cour de Justice et internés à la prison de haute sécurité de Kédougou (sud-est du pays). Le président Senghor était donc tenu de débarrasser rapidement le Sénégal de ce sérieux handicap. Le 28 mars 1974, il libéra Mamadou Dia, Valdiodio Ndiaye et Ibrahima Sarr. Alioune Tall et Joseph Mbaye l'avaient déjà été, le premier pour avoir purgé sa peine de cinq ans et le second, en 1971, pour raison de santé. Cette première condition satisfaite, Senghor réfléchissait sur l'opportunité de réaliser la seconde. Il opta finalement pour le schéma d'un *multipartisme limité et progressif*. Des circonstances particulières allaient l'aider à mettre en œuvre ce schéma.

En juillet 1974, se tenait à Mogadiscio, capitale de la Somalie, le Xe Sommet de l'Organisation de l'Unité africaine. Le président Senghor dirigeait la délégation du Sénégal. Me Wade prenait part à ce sommet, en sa qualité de président du groupe des experts de l'OUA. Il saisit l'opportunité pour se faire recevoir en audience par le président Senghor. Il lui fit connaître son intention, avec des amis, de créer un parti politique. L'homme tombait à pic et Senghor accueillit favorablement la demande[6]. Il lui donna l'assurance qu'il téléphonerait à Jean Collin (alors Ministre de l'Intérieur) pour l'en informer et que, dès son retour au pays, il pouvait déposer son dossier. On était le 31 juillet 1974. Me Abdoulaye n'étant pas homme à perdre du temps, déposa, une fois à Dakar, son dossier auprès du Gouverneur de la Région du Cap Vert (actuelle Région de Dakar). Les choses ne traînèrent pas : le 8 août, le Ministère de

---

[6] *J. A. I.* Hors-Série, op. cit., rapporte (p. 23) que le président Senghor pensa d'abord que Me Wade manœuvrait pour se faire offrir un poste ministériel. Il n'avait peut-être pas tort, mais il décida de fermer les yeux sur ce non-dit et de prendre *Njomboor* au mot. Jacques Foccart avait la même impression sur Me Wade, qu'il peint sévèrement en ces termes, dans ses mémoires *Foccart parle*, t. II, Fayard, 1997 p. 346-347 : « Il a eu un parcours en dents de scie, tantôt se montrant calme et logique, tantôt adoptant un comportement exalté et tenant un langage irresponsable. En 1974, quand il est allé dire à Senghor qu'il avait l'intention de créer un parti politique, le Président de la République l'avait pris au mot, mais il était convaincu – et je crois qu'il avait raison – que l'intention de Wade était de se faire offrir un portefeuille ministériel. Au fond, (…) Abdoulaye Wade est arrivé à ses fins, puisqu'il est aujourd'hui Ministre d'État. » La peinture est particulièrement sévère, mais elle campe l'homme, rusé, manœuvrier, préoccupé seulement par la réalisation des objectifs qu'il s'est fixés.

l'Intérieur enregistra la naissance du PDS qui était donc officiellement reconnu. Mais, à la grande surprise de beaucoup de Sénégalaises et de Sénégalais, Me Wade présenta le PDS comme un parti de « contribution » et non comme un parti d'opposition. Un cacique de l'UPS, le Dr Daouda Sow, alors Ministre de l'Information, flairant déjà la ruse de *Njomboor*, réagit immédiatement en faisant remarquer qu'« il n'y a de contribution que dans l'UPS ». Devant le tollé général soulevé par cette déclaration qui fit naître le doute dans beaucoup d'esprits, Me Wade, en bon avocat et en homme nuancé comme on dirait aujourd'hui, s'expliqua ainsi : « Arrivé à Dakar, quand on m'a posé la question, j'ai répondu que ce n'était pas un parti d'opposition, mais un parti de contribution à l'évolution du Sénégal. » Et voilà le tour joué, facilement joué ! Me Wade n'était pas à une déclaration surprenante près. Tout au long de sa « longue marche » vers le pouvoir, l'homme nous en fera voir de toutes les couleurs en matière de déclarations et de positions fugaces et contradictoires.

Pendant les premiers mois de l'existence du PDS, Me Wade jeta son dévolu sur l'intérieur du pays, et principalement sur le monde rural. Il parcourait les campagnes et y organisait ses premières réunions. Certains observateurs voyaient dans ce choix une volonté de Me Wade de répéter la leçon de Senghor qui, tout au début de son entrée en politique, privilégiait largement la campagne, laissant les villes à ses adversaires de la SFIO[7].

Le Congrès constitutif du PDS se réunit à Kaolack, capitale du bassin arachidier, les 30, 31 janvier et 1er février 1976. L'UPS prit à l'époque toutes sortes de dispositions, y compris des plus inélégantes pour que ce congrès ne se tînt pas. En tout cas pas à Kaolack. La Région de Kaolack était, à l'époque, le fief du puissant Ministre de l'Économie et des Finances, M. Babacar Ba. Le Compte K2, créé dans la même période et logé à la Banque nationale de Développement du Sénégal (BNDS), et dont l'objectif officiel déclaré était d'aider à l'émergence d'une classe d'hommes et de femmes d'affaires sénégalais, était en réalité utilisé aussi (peut-être surtout) pour combattre le PDS. Jean Collin, puissant Ministre de l'Intérieur, était aussi de la partie. On lui prêtait d'avoir pronostiqué que Me Wade ne serait jamais Président de la République du Sénégal.

[7] Était-ce une revendication, avant la lettre, de l'héritage de Senghor ? Depuis le 1er avril 2000 en effet, Me Wade s'en réclame curieusement de toutes ses forces. Et nul, à part peut-être lui-même, ne sait vraiment pourquoi.

Les débuts du PDS ne furent donc pas de tout repos. Me Wade ne se décourageait pas pour autant et le parti continuait allègrement son chemin. Il se réclamait alors du *Socialisme travailliste*. L'article 2 de ses statuts le précisaient clairement en ces termes : « Le but du PDS est de réaliser au Sénégal, par la voie démocratique, une société démocratique et socialiste pleinement développée, permettant à chaque citoyen d'assurer le plein épanouissement de sa personnalité. » Me Wade devra renoncer à ce choix idéologique, devant la décision du président Senghor de réorganiser la vie politique sénégalaise, en donnant une nouvelle touche à son *multipartisme limité et progressif*. Le 1er Avril 1976, en effet, il proposa à l'Assemblée nationale un projet de modification de la Constitution. Le projet est voté et le 6 avril, le Président de la République promulgua la Loi n° 76-29 (du 6 avril 1976) portant création des courants de pensée politiques : *libéral et démocratique, marxiste-léniniste ou communiste, socialiste et démocratique*. Les partis existants devaient obligatoirement se réclamer chacun de l'un des trois courants identifiés. L'UPS s'appropria naturellement – à tout seigneur tout honneur – le socialisme démocratique. Le PAI s'accommoda du marxisme-léninisme ou communisme. Le PDS, faisant fortune bon cœur, s'attribua le *libéralisme démocratique*. Comme si le socialisme travailliste dont il se réclamait dans ses statuts était seulement tiré d'une loterie et n'avait pas de valeur symbolique pour le patron du PDS. Le parti se résolut d'ailleurs à modifier ses statuts, en octobre 1977, pour se conformer à la loi sur les courants de pensée politiques.

Une autre disposition de la Réforme constitutionnelle de 1976 stipulait qu'en cas de décès, de démission ou de tout autre empêchement définitif du Président de la République constaté par la Cour suprême, il revenait au Premier Ministre d'achever le mandat de ce dernier. C'était le fameux article 35, qui faisait donc d'Abdou Diouf, Premier Ministre en exercice, le dauphin constitutionnel du président Senghor, et dont Me Wade ne voulait pas entendre parler. Toutes les occasions étaient bonnes pour lui de le dénoncer avec la plus grande vigueur[8]. On comprend mieux

[8] Pourtant, il nous surprend aujourd'hui en nous suggérant deux « dauphins » : Iba Der Thiam et Landing Savané. Aux scrutins de 1988 et de 1993, le second s'était contenté de 0,25 et 2,91 % des suffrages exprimés. Aux scrutins présidentiels de 1993 et 2000, le premier a eu 1,61 et 1,21 % des suffrages exprimés. C'est donc l'un d'entre eux qui devrait succéder à Me Wade, si ses vœux sont exaucés. Peut-être que, entre-temps, l'argent aura produit ses effets sur les électeurs. Sinon, nous ne voyons pas comment l'un de ces deux-là serait élu à son départ du pouvoir. Surtout que leur

aujourd'hui l'hostilité farouche que Me Wade affichait contre cet article-là. Peut-être, se voyait-il déjà l'héritier de Senghor. Ce rêve brisé, il continua sa « longue marche » vers une autre forme de conquête du pouvoir : par les urnes. Lui et son parti se présentaient donc à toutes les consultations générales organisées dans le pays : élections générales de 1978, de 1983, de 1988, de 1993, élections municipales, régionales et rurales de 1978, de 1996, élections législatives de 1998 et, enfin, élections présidentielle et législatives de 2000. Il perdit régulièrement toutes celles qui précédèrent l'année 2000. Compte tenu du mode de scrutin alors en vigueur, il ne lui était pas possible de les gagner. C'est avec le Code électoral consensuel de 1992 et la création de l'ONEL en 1998, que la marche ascendante du PDS et de son leader commençait à se dessiner. Concomitamment, dans la même période, le PS perdait de plus en plus de terrain.

Les nombreuses défaites connues à l'occasion des différents scrutins d'avant le 19 mars 2000, furent ressenties avec amertume par Me Wade. L'amertume était d'autant plus légitime que certaines défaites étaient suivies de répressions sévères sur les militants et d'arrestations des leaders de l'opposition, de Me Wade en particulier. Il en a été ainsi en 1988, avant même la proclamation officielle des résultats et en 1993, immédiatement après l'assassinat de Me Babacar Sèye. Il convient de signaler cependant que ces incarcérations étaient souvent accompagnées de négociations qui aboutissaient presque toujours à un modus vivendi, au terme duquel Me Wade et le PDS faisaient leur entrée dans un Gouvernement du président Abdou Diouf. C'était le cas avec le « Gouvernement de Majorité présidentielle élargie (GMPE) » du 7 avril 1991 et le « Gouvernement de large Rassemblement, d'Ouverture et de Consensus (GROC) » du 15 mars 1995. Me Wade acceptait donc chaque fois de noyer sa déception et son amertume dans les maigres portefeuilles ministériels qui lui étaient attribués. Mais, à l'approche d'élections générales, il claquait sans état d'âme et sans crier gare la porte desdits gouvernements. Avec, en arrière-pensée, le secret espoir d'y retrouver sa place en cas de nouvelles défaites. C'est cette attitude qui est sévèrement illustrée dans le constat suivant :

---

proximité avec Me Wade et leur silence coupable sur certains agissements de ce dernier leur ont fait perdre beaucoup de leur crédit.

« Son contrat tacite – retrouver son poste quel que soit le résultat du scrutin – témoigne d'une sophistication dans le processus de promotion de l'image démocratique du Sénégal. Mais ses allers-retours de la prison au gouvernement et du gouvernement à la prison ont fini par donner le tournis aux électeurs. »[9]

Cet aspect *fongible et ondoyant* de la personnalité de Me Wade n'a pas échappé, non plus, à *J.A.I.* Hors-série (op. cit., p.25), qui écrit ceci de l'homme :

« Pendant vingt ans, Wade va se livrer à un jeu de bascule entre opposition radicale et contribution propre à donner le tournis aux observateurs, entrecoupant de longues absences du territoire national ses séjours alternés en prison et au gouvernement. »

Me Wade sera incarcéré en de nombreuses autres occasions : le 23 août 1985, au lendemain de la marche anti-apartheid (interdite) de l'Alliance démocratique sénégalaise (ADS), regroupant l'essentiel des partis de l'opposition, le jour même de l'arrivée à Dakar pour une visite officielle du dictateur Mobutu Sese Seko ; le 16 février 1994, suite à une marche partie du Boulevard du général de Gaulle où l'opposition organisait un meeting. Me Wade bénéficiera chaque fois de non-lieu et poursuivra ses activités politiques. La défaite du PDS aux élections législatives du 24 mai 1998 (seulement 23 sièges de député sur 140 contre 93 au PS) sera des plus amères pour le parti qui y laissera d'ailleurs des plumes, beaucoup de plumes. Me Ousmane Ngom, battu dans son fief de Saint-Louis et redoutant probablement la traversée du désert d'au moins deux ans qui s'ouvrait devant lui, entra carrément en rébellion contre Me Wade et dénonça sa gestion antidémocratique du parti. Il créera par la suite, avec quelques autres cadres et militants du PDS, le *Parti libéral sénégalais* (PLS).

Me Wade, comme à l'accoutumée, quitta le Sénégal pour la France. Pour ruminer sa défaite et réfléchir sur son avenir, s'il en avait encore un en politique. Il y resta pendant quinze longs mois, au point que bien des observateurs se demandaient s'il n'avait pas finalement décidé de jeter l'éponge. Après des lettres et des appels téléphoniques restés sans réponse, certains leaders politiques, qui allaient constituer plus tard la *Coalition Alternance 2000* (CA 2000) décidèrent d'aller le trouver en

---

[9] *France- Sénégal, Une vitrine craquelée.* Dossiers noirs de la Politique africaine de la France, n° 10, *Agir ici – Survie*, L'Harmattan, p. 19.

France pour lui demander de venir affronter le candidat Diouf en 2000. Le Pr Abdoulaye Bathily qui était du voyage précise :

> *« Wade qui n'y croyait plus nous a dit qu'il était non seulement pessimiste, mais surtout, il n'avait plus d'argent (sic). Nous l'avons invité dans mon hôtel près de* Présence Africaine, *où il a encore dit qu'avec son âge, il ne pouvait pas tenir longtemps une fois au pouvoir. Voilà qu'il veut aujourd'hui éterniser. Que voulez-vous ? Les délices du pouvoir ne connaissent point d'âge, surtout quand la* soupe bleue *est pleine de condiments. »*[10]

Les membres de la délégation savaient que leur mission ne serait pas aisée. Me Wade était probablement à bout de souffle, surtout financier. Il sentait aussi sérieusement le poids de l'âge. Cependant, à force d'insister, le Pr Bathily et ses amis réussirent à le convaincre et s'attelèrent, dès leur rentrée au pays, à préparer son retour[11]. C'est finalement le 27 octobre 1999 qu'il se résolut à rentrer à Dakar où il fut accueilli par des dizaines, voire des centaines de milliers de personnes. Cet accueil le requinqua un peu et lui redonna l'enthousiasme, l'espoir et le goût de la lutte qui semblaient l'avoir abandonné depuis la défaite cuisante lors des législatives du 24 mai 1998.

On était à quatre mois du scrutin présidentiel crucial du 27 février 2000. Les différents états-majors politiques préparaient fiévreusement l'événement. Le candidat sortant Abdou Diouf avait en face de lui trois adversaires sérieux : Me Abdoulaye Wade, présenté par la *Coalition Alternance 2000* (CA 2000), M. Moustapha Niasse, le candidat de la Coalition de l'Espoir 2000 (CODE 2000), Djibo Leïty Ka au titre de l'Union pour le Renouveau Démocratique (URD). La campagne électorale se déroula sans accrocs significatifs, ainsi que le premier tour de scrutin. Le 28 février 2000, le réveil est brutal pour les Socialistes et leurs souteneurs : leur candidat, qu'ils espéraient réélire dès le premier à au moins 60 %, n'a pu réunir que 41,30 % des suffrages exprimés. Il était suivi de Me Wade qui avait engrangé 31,01 %. C'était donc le deuxième tour tant redouté des Socialistes et de leur candidat.

---

[10] *L'Observateur* n°511 des samedi 4 et dimanche 5 juin 2005, p. 2.

[11] Rappelons qu'ils avaient décidé, avec d'autres partis, d'en faire leur candidat unique au scrutin présidentiel du 27 février 2000. La CA 2000 qu'ils avaient formée regroupait autour du PDS : la Ligue démocratique / Mouvement pour le Parti du Travail (LD / MPT), le Parti de l'Indépendance et du Travail (PIT), Ánd Jëf / Parti africain pour la Démocratie et le Socialisme (AJ / PADS), le Mouvement pour le Socialisme et l'Unité (MSU) et de nombreux autres petits partis.

L'entre-deux tour fut marqué par des péripéties dont certaines donnèrent le vertige et la nausée aux Sénégalaises et aux Sénégalais. Il en fut ainsi des retournements et reniements spectaculaires de Djibo L. Ka, qui appela finalement à voter en faveur du candidat Diouf, malgré ses engagements antérieurs sans équivoque pour le changement (nous y reviendrons plus loin). Au deuxième tour qui eut lieu le 19 mars 2000, le candidat sortant n'ajouta que quelque maigres voix à son score du premier tour. Il n'avait pu recueillir que 41, 51 %, largement devancé par le candidat du Front pour l'Alternance (FAL)[12] qui était crédité de 58,49 % des suffrages exprimés.

Ainsi, après l'alternance institutionnelle du 1er janvier 1981, le Sénégal connut une belle alternance par les urnes, saluée partout à travers le monde. Après 42 ans de pouvoir presque sans partage, les Socialistes étaient enfin renvoyés dans l'opposition, avec la perspective funeste d'une longue traversée du désert[13]. Me Abdoulaye Wade, âgé *officiellement* de 74 ans – l'âge que Senghor avait choisi, pour quitter volontairement le pouvoir – accédait à la magistrature suprême, après une longue opposition de 22 ans. Une page était tournée, une autre ouverte dans l'histoire politique du Sénégal. Une nouvelle page de rêves et d'espoirs. Un slogan a accompagné Me Wade pendant toute sa longue marche vers le pouvoir, un slogan magique et exerçant un attrait presque irrésistible sur les foules : le *Sopi* (changement en langue nationale wolof). Les adversaires de l'opposant d'alors – Dieu sait qu'ils étaient nombreux – lui reprochaient de n'avoir d'autre programme que ce fameux slogan. Et ils n'avaient pas tout à fait tort d'ailleurs. Ses grands projets mis à part, et qu'il portait toujours en bandoulière, Me Wade n'a jamais présenté aux Sénégalaises et aux Sénégalais un programme écrit. Il s'abritait toujours derrière le prétexte quand même facile que, s'il révélait son programme, les Socialistes se l'approprieraient et le mettraient sans état d'âme en application.

Même si on part du postulat qu'il n'avait de programme que le *Sopi*, ce dernier pourrait effectivement en tenir lieu, au moins au début de son

---

[12] Le FAL, qui soutenait Me Wade au second tour, était composé de la CA 2000, du CODE 2000 et d'autres petis partis.

[13] Cette traversée ne sera sûrement pas aussi longue qu'elle devait l'être : l'homme qui a été élu le 19 mars 2000 et qui incarnait le Sopi, le changement profond, la rupture avec les vieilles pratiques socialistes de 38 ans, ne mit malheureusement guère beaucoup de temps à décevoir tous les espoirs, à dévoyer complètement l'alternance, et à remettre en scelle, par ses maladresses, ses agissements politiciens, sa mal gouvernance, le Parti socialiste.

septennat. Le *Sopi*, c'est le changement, qui était dans tous les esprits. Même les tout petits enfants criaient inconsciemment, et donc seulement par mimétisme, « Sopi, Sopi, Sopi », au passage des cortèges de Me Wade. Tout le monde s'attendait donc tout légitimement, tout naturellement, à ce qu'il menât, dès le lendemain de son installation officielle, les changements attendus depuis de longues années : changements d'hommes et de femmes, de comportements, de mentalités, de pratiques, de vision globale, de gouvernance. Avec le *Sopi* de Me Wade, les Sénégalaises et les Sénégalais, ses électeurs et ses électrices en particulier, pensaient que notre pays allait être mieux gouverné, avec des hommes et des femmes plus compétents, plus intègres et plus respectueux du bien public. Les pratiques tant décriées du temps des Socialistes et qui leur ont valu pour une large part leur défaite cuisante du 19 mars 2000, seraient progressivement éradiquées. Le train de vie de l'État serait notablement diminué et toutes les autres formes de gaspillage de nos maigres ressources nationales fermement combattues. Les économies ainsi réalisées serviraient à donner un début de réponse à la forte demande sociale. *Njublang* et *gòorgòorlu* changeraient de posture[14]. Le premier serait traqué, pourchassé et mis hors d'état de nuire. Le second recevrait un bon coup de pouce, pour l'aider à persévérer dans l'effort et à mieux gagner sa vie

Le *Sopi*, c'était déjà cela et le minimum qui était attendu du Gouvernement dit de l'alternance, pour donner au moins le ton, identifier clairement les ruptures à opérer par rapport à la manière dont les affaires publiques du pays étaient conduites jusqu'à ce 1er avril 2000, jour de l'installation officielle de Me Wade comme troisième Président de la République, le *président du Sopi*.

Par ses premiers gestes, ses premières déclarations, Me Wade rassura le peuple du changement. Contrairement à son prédécesseur, il déplaça la cérémonie d'installation du lieu habituel, la salle d'audience de la Cour constitutionnelle, au Stade Léopold-Sédar-Senghor. Quelques observateurs ne manquèrent pas de lire dans ce changement le début d'une rupture, une volonté de la part du nouveau Président de la République de marquer nettement sa différence par rapport à l'ancien régime, de se rapprocher du peuple et de le remercier de l'avoir élu sans

---

[14] *Njublang*, c'est le truand, l'escroc, qui ne vit que de la sueur des autres qu'il arrive à rouler dans la farine. C'est tout le contraire de *Gòorgòorlu*, qui ne compte que sur ces efforts pour vivre, quelles que soient les difficultés de l'heure.

équivoque. Peut-être même une volonté de l'associer plus étroitement à la gestion du pouvoir qu'il allait exercer. Afin que nul n'ignorât sa volonté affichée de changement, le nouveau Président de la République prit même la liberté de faire chanter, à la place de l'hymne national officiel du Sénégal, son « hymne à l'Afrique », à tout un stade debout.

Le discours qu'il prononça en la circonstance, en disait également assez long, en maints endroits, sur sa volonté de changement, de rupture tant attendue par le Sénégalaises et les Sénégalais. Il déclarait notamment :

> *« L'événement que nous vivons signifie que le peuple sénégalais, avec les récentes élections présidentielles, a franchi un pas décisif qui n'autorise plus la gestion solitaire de la chose publique, dans le secret d'un cabinet, par des gens qui n'auraient donc plus de comptes à rendre. Les Sénégalais savent maintenant que ce sont eux qui font les présidents. Et qu'ils peuvent au besoin les défaire par la carte d'électeur. L'ère de l'exercice solitaire du pouvoir est terminé en Afrique. Commence maintenant la République des citoyens. »*

Le premier discours officiel du nouveau Président de la République était donc plein de promesses. Celui du surlendemain, prononcé le soir du 3 avril 2000, veille de la fête de notre indépendance nationale, sera encore plus prometteur pour les adeptes du changement et des ruptures. Me Wade y dévoila ses intentions :

> *« J'ai indiqué à chaque ministre ce que j'attends concrètement de lui. Je veux que le gouvernement du nouveau régime soit différent de celui de l'ancien régime qui était celui des improvisations et des approximations. Je leur ai dit tout aussi clairement que je voulais un gouvernement de ministres vertueux qui mettent en avant et exclusivement l'intérêt de la nation (...). Je ne saurais tolérer les pratiques de commissions occultes, de corruption ou de concussion, sous quelque forme que ce soit. Je veux que soient bannies de l'espace sénégalais ces pratiques qui, dans ma pensée, appartiennent déjà au passé. »*

Et le président du changement de porter encore plus le peuple dans les nues en reconnaissant lui devoir de « faire la lumière sur la gestion écoulée en remontant aussi loin que le permet la loi, en précisant que ce droit à l'information de notre peuple ne se confond pas avec celui de sanctions qui lui appartient souverainement. »[15] Il faisait allusion à sa décision de procéder à « un audit de l'État et de ses démembrements, des sociétés d'État et des sociétés nationales dans lesquelles l'État détient des intérêts, ainsi que des collectivités locales », décision qui « a eu, selon lui, un écho favorable dans l'opinion nationale et internationale ».

Le peuple du changement se frottait donc les mains, tandis que les vaincus du 19 mars, surtout ceux ou celles d'entre eux qui ont eu à gérer des fonds publics, tremblaient comme des feuilles et envisageaient même, selon certaines informations, de quitter le pays sur la pointe des pieds. Me Wade s'est même adressé au Conseil des Ministres du 13 avril 2000, en demandant à ces derniers de « limiter au strict minimum indispensable leurs voyages à l'étranger avec leurs collaborateurs (sic) ».

Des lueurs d'espoir pointaient donc partout à l'horizon, espoir que le pays allait rapidement tourner le dos à la gestion des Socialistes, avec tout son cortège de pratiques malsaines, de mal gouvernance. Cet espoir était d'autant plus permis, qu'à l'occasion de la première visite de courtoisie qu'il fit, en tant que Président de la République, au Khalife général des Tidianes à Tivaouane, il déclarait, plus rassurant encore :

> *« J'ai été président du PDS, mais présentement, avec les nouvelles charges que le peuple m'a confiées, j'ai un autre parti, le Sénégal ».*

Ce fut donc partout l'euphorie. Celle-ci, malheureusement, fut de courte durée, de très courte durée. Les Sénégalaises et les Sénégalais furent rapidement envahis par le doute et la déception. Dans le chapitre II de notre premier livre[16], nous avons donné de larges informations sur ces amères désillusions.

Dès la formation du premier Gouvernement dit de l'alternance et les décisions qui en suivirent, le peuple commençait déjà à écarquiller les yeux et à se poser intérieurement des questions. Les pratiques ne mirent pas beaucoup de temps à démentir les engagements antérieurs et les premières déceptions commençaient à se manifester. Le réveil était

---

[15] Il tenait à marquer déjà nettement son territoire : le pouvoir de sanction lui revenait à lui tout seul. Et il en usera à sa convenance, selon la tête et la couleur du client. Il l'utilisera de façon indécemment politicienne, en maintenant au niveau le plus élevé de l'administration et du PDS, et en promouvant sans état d'âme, de mauvais gestionnaires socialistes bien connus. Pourvu simplement qu'ils aient accepté de grossir les rangs du parti au pouvoir.

[16] « Me Wade et l'Alternance : le rêve brisé du Sopi », février 2004, réédité par *L'Harmattan*, janvier 2005.

brutal, avec la manière singulière dont Me Wade conduisait les affaires du pays. Sa présidence fut marquée en particulier dès les tout premiers mois, par deux volontés nettement affichées, deux axes qui seront le dénominateur commun, l'épine dorsale de sa gouvernance opaque et nébuleuse : *sa volonté de conduire sans partage les destinées du pays et celle très vite exprimée, au grand jour, de se faire réélire en 2007, et de remporter un an auparavant une confortable majorité aux élections législatives.*

Chapitre III

Un règne sans partage

Clôturant le Congrès de l'ANC qui se tenait à Mafikeng,
au Nord-Ouest du pays, le Patriarche Nelson Mandela
s'adressant à Thabo Mbeki, alors son très
probable futur successeur à la tête de l'ANC
et de la République d'Afrique du Sud, lui laissa,
en guise de testament politique, les mots célèbres qui suivent :
« Ne t'entoure pas d'hommes prompts à dire toujours oui.
Entoure-toi, au contraire, de personnalités fortes
et indépendantes qui critiquent les décisions prises. »

*****

L'ancien Président des États-Unis Bill Clinton disait
qu'« il s'inquiéterait le jour où tous ses conseillers auraient
un même point de vue sur une question donnée. Le développement
d'une organisation passe par sa capacité de générer des conflits
positifs, c'est-à-dire d'adopter des positions contradictoires
mais où chaque partie est motivée par un seul objectif :
le succès et le progrès de l'organisation ».

Me Wade n'avait pas mis de gants pour que, très tôt, les gens fussent clairement édifiés sur sa volonté de ne pas jouer les rois fainéants. C'est lui qui a été élu par le peuple. C'est ce même peuple qui a plébiscité sa Constitution et lui a donné tous les autres instruments de gouvernement, notamment une majorité écrasante à l'Assemblée nationale et confortable au niveau des collectivités locales. Aucun doute ne devait donc être permis : il est le siège, l'épicentre du pouvoir, de tout le pouvoir. Moustapha Niasse raconte que, devant Madieyena Diouf, n° 2 de son parti (AFP) et Kader Sow, alors directeur de cabinet du président Wade, il a posé à ce dernier la question suivante : « *Mais, président, que faites-*

vous du régime parlementaire que nous (nous les vainqueurs du 19 mars 2000) *avions promis aux Sénégalaises et aux Sénégalais* ? » Il lui répondit sans sourciler : « *Considérez qu'il fait partie des promesses que j'ai décidé de ne pas respecter.* »[17] Francis Kpatindé lui avait posé la même question et il avait répondu avec la même franchise : « J'ai été élu au suffrage universel et autour d'un programme que j'ai présenté aux Sénégalais. Il ne faut donc pas compter sur moi pour inaugurer les chrysanthèmes. »[18]

Le président Mamadou Dia avait très tôt perçu chez l'homme des symptômes évidents d'un « *bonapartisme rampant* ». C'est pourquoi, il était l'un des rares Sénégalais à avoir appelé à voter contre la Constitution de Me Wade. L'expérience montrera rapidement que le nouveau Président de la République n'était *démocrate que par dissimulation*. N'a-t-il pas reconnu, dans les colonnes du *Figaro*, en avril 2003, son option sans équivoque pour le *césarisme démocratique* ? N'a-t-il pas confié à *Nouvel Horizon* que « *la démocratie peut être paralysante lorsqu'on discute de tout » et que, dans ce cas, « il ne serait pas mauvais d'avoir un pouvoir qui dit "c'est comme ça" ? »* [19] N'est-ce pas son ex-numéro deux, Me Ousmane Ngom, entre-temps revenu dans « la maison du père », qui lui lançait en 1998, dans sa lettre de démission du PDS : « *Vous parlez en démocrate, mais vous agissez en monarque* » ? N'est-ce pas lui, Me Wade, qui a confié tout récemment à RFI, à Tunis, lors de la rencontre internationale sur la Fracture numérique, qu'il « *a donné trop de liberté à la presse* » ?

Le pouvoir est donc fait pour être géré par lui, et par lui tout seul. Il en est le siège et l'épicentre. Il le perçoit comme un système d'où tout part de lui et revient à lui. Il ne sait surtout pas partager. Dans une contribution parue dans *Walfadjri* n° 3898 du 14 mars 2005, M. Magib Malick Sow écrit :

> *« Partager la gestion de l'État, c'est appliquer les grandes lignes de l'alternance face à des hommes de tempérament ; voilà l'allergie de Wade. Laquelle l'a poussé à congédier ceux qui l'ont installé à l'avenue Léopold-Sédar-Senghor. »*

---

[17] *Grand Jury* de la Radio Futur Média (RFM) du dimanche 3 juin 2005, rediffusé le dimanche suivant.

[18] *J. A. I.*, n° 2054 du 23 au 29 mai 2000, p. 25.

[19] *Nouvel Horizon* (N. H.) n° 415 du 26 mars 2004, p. 7.

Et ce trait de caractère, qui sera abondamment illustré dans les développements ultérieurs, n'est pas nouveau chez l'homme. C'est cette même vision de la gestion de l'État et du pouvoir, qu'il a appliquée au PDS depuis sa création en 1974. Rien d'étonnant donc qu'il ait eu à se séparer successivement de ses numéros deux et de nombreux autres responsables du PDS.

1) La gestion du PDS et le calvaire des « seconds » de Me Wade

Ce n'est donc pas à partir du 1er avril 2000 seulement que les observateurs les plus avertis découvrent la volonté de Me Wade de tout régenter, son autoritarisme et sa boulimie du pouvoir. L'opposant Wade affichait les mêmes attitudes. Ses seconds et autres hommes et femmes de tempérament d'un certain niveau, n'ont jamais été à la fête au PDS : il fallait rester et accepter d'avaler régulièrement des couleuvres ou partir. C'est pourquoi, le Pr Ousseynou Kane, chef du Département de philosophie de l'UCAD dit de Me Wade qu'il souffre du complexe de Chronos[20]. « Chronos était, selon le professeur, une divinité grecque qui avalait ses enfants dès leur naissance de peur d'être détrôné. La mythologie raconte qu'il n'y a que Zeus (Jupiter dans la dénomination latine) qui y a échappé. Parce que sa mère a trompé Chronos en lui faisant avaler une pierre emmaillotée à la place de l'enfant qu'il voulait avaler. C'est finalement Zeus qui trouvera les moyens de détrôner son père. Me Wade semble renvoyer la même image. » Et le professeur Kane de s'interroger : « Qu'est-ce qu'il a fait avec Fara Ndiaye, Serigne Diop, Ousmane Ngom, Jean-Paul Dias, Idrissa Seck, etc ? Comment comprendre cette propension qui fait que ses fils attitrés aient été liquidés dans les conditions que l'on sait pour rester seul ? » M. Kane poursuit son sévère et pertinent réquisitoire :

> *« Avaler ses enfants parce qu'on a peur d'être détrôné par eux ! Je crois que cela exprime le fait que le président Wade a un problème avec le temps. Chronos, en même temps qu'il symbolise le temps, lutte contre le temps. Sa façon de lutter contre le temps, c'est de lutter contre le devenir, c'est-à-dire d'imaginer qu'il n'y a pas d'avenir sans lui (...). Quand j'ai entendu Maky Sall dire, au sortir d'une*

[20] Interview à *Walfadjri* du lundi 27 février 2004, p. 6-7.

audience avec Me Wade qui venait de le nommer Premier Ministre, qu'il est le fils d'Abdoulaye Wade, je me suis dit qu'il signait son arrêt de mort. Parce que tout fils de Wade est destiné, comme celui de Chronos, à être avalé ».

Si nous avons tenu à citer aussi longuement M. Kane, c'est que la peinture qu'il fait du personnage, en le comparant à Chronos, est remarquable. Les développements ultérieurs illustreront en abondance ce trait de caractère de Me Wade. Nous reviendrons d'ailleurs sur l'interview du Pr Kane et sur au moins deux contributions qu'il a consacrées aux dérives de la gouvernance de Me Wade.

L'hebdomadaire *Nouvel Horizon* (*N. H.)* a eu aussi à s'intéresser aux relations entre Me Wade et ses seconds ou autres cadres du PDS. Dans le numéro 422 du 14 mai 2004 dudit hebdomadaire, M. Momar Diongue se livre à une véritable radioscopie de ces relations. « *Numéro deux de Wade : une proximité de haut risque* », tel est le titre de son texte (pp.8-9-10). D'emblée, M. Diongue se pose deux questions : « Tous ceux qui ont été à ses côtés ont connu pratiquement un seul et même sort : *grandeur et décadence*. Est-ce Wade le vrai problème ? Ou aurait-il la malchance de n'avoir eu que des *héritiers indignes* ? » Et le journaliste de constater que si ce n'est pas Me Wade qui fait et défait les membres de son entourage, ce sont ces derniers qui s'éloignent eux-mêmes de la « maison du père ». Depuis donc trente ans que le PDS existe, « sa marche est ainsi rythmée par le cycle infernal infanticide-parricide ». Tous ceux et toutes celles qui ont quitté Me Wade, de leur propre chef ou parce qu'ils (elles) y ont été poussé(e)s, donnent une même explication de leur départ : l'absence de démocratie interne au niveau du Parti, voire la tendance de Me Wade à une certaine dérive monarchique. Pour nous en convaincre, le journaliste fait témoigner Fara Ndiaye, l'un des premiers compagnons de Me Wade. Ce dernier a été le premier à claquer la porte en 1986. Me Wade ironisera à propos de son départ en disant qu'il était simplement « fatigué de lutter ». M. Ndiaye, sans s'attarder sur la pique de son ancien compagnon expliquera que, s'il avait préféré rompre les amarres avec Me Wade, c'est parce que la démocratie avait été mise à rude épreuve au sein du Parti. Le Parti « était devenu, précisait-il, *un parti patrimonial, le parti de Me Wade*. La vérité est que l'argent, c'est lui qui l'a toujours donné, mais en même temps, il avait une telle hégémonie sur le parti que celle-ci renforçait le caractère patrimonial de la chose ».

Dans un entretien accordé le 17 février 1995 à Marcel Mendy[21], Fara Ndiaye donnera d'autres raisons de sa démission : « *La radicalisation du PDS avait atteint un tel paroxysme qu'on était complètement sorti de la voie démocratique de conquête du pouvoir.* » Et, à titre d'exemples, M. Ndiaye cite le boycott des élections municipales et rurales de novembre 1984, les *prières du mardi* organisées par le PDS, l'affaire de la Libye (on parlait alors d'armes introduites au Sénégal à partir de ce pays), sans compter toute une série d'« *actes ou d'intentions qui frisent le putsch* ». M. Ndiaye n'en absoudra pas pour autant le PS avec ses tricheries, les restrictions et les coups bas dont le PDS était victime de sa part. En démissionnant, M. Ndiaye s'était engagé à ne plus faire de politique et avait lancé imprudemment que « ceux qui attendent de (le) voir dans le PS attendront longtemps. » Pourtant, quelque temps après, il rejoindra le PS, arguant d'une vieille amitié avec le président Abdou Diouf. Ce dernier le cooptera d'ailleurs rapidement au Comité central et lui confiera la gestion du Canal du Cayor.

Un an avant Fara Ndiaye, Serigne Diop avait quitté, lui aussi, le Parti. Mais à la différence de Fara, il n'avait pas pris l'initiative de la rupture : il a été exclu en 1985. Me Wade l'accusait notamment de collusion avec Jean Collin qui leur (à lui et à ses camarades frondeurs) aurait donné de l'argent et un véhicule pour le déstabiliser. Il leur aurait même payé des billets pour aller participer à la réunion de *l'Internationale libérale* qui se tenait en octobre 1986 à Hambourg. Serigne Diop réfute évidemment ces allégations et donne une version bien différente : « Le conflit est parti d'une déclaration qu'un certain nombre de membres de la direction du parti a signée, en octobre 1985. Dans cette déclaration, les signataires se plaignaient de ce que le parti était devenu, notamment du point de vue de son fonctionnement et de ses orientations. » Cette déclaration du 13 octobre 1985 avait été signée par quatorze membres de la direction du PDS dont les plus connus étaient, outre Serigne Diop, Laye Diop Diatta, Alassane Cissokho, Sidy Ardo Sow, Macaty Fall, Doudou Camara, Bathie Gadiaga, etc. La déclaration dénonçait, dans un premier temps, la responsabilité du régime socialiste dans la dégradation de la situation politique nationale et l'aggravation des multiples crises auxquelles le pays était confronté. La déclaration n'en considérait pas moins que « le Parti (le PDS), à travers certains de ses dirigeants, a une large part de responsabilité, du fait de leurs agissements en rupture manifeste avec les

[21] Op. cit., tome 1, p. 51.

principes qui ont servi de fondement à la création du PDS ». Et Serigne Diop et ses camarades d'ajouter : « Le Parti a cessé d'être l'avant-garde de la démocratisation et de la construction d'un Sénégal de progrès et de justice. » D'où, la décision prise par les signataires de la déclaration de se battre pour « refaire du PDS le grand parti de masse porteur des espérances démocratiques et de libération du peuple sénégalais et du Continent africain des multiples pesanteurs négatives ; accentuer la lutte contre les ennemis des peuples africains et sénégalais ; et enfin assumer effectivement et pleinement une part de responsabilité dans la dynamique d'un Sénégal de démocratie, de progrès, où il n'y aura pas une seule place pour ceux qui ne sont animés que par leurs intérêts personnels nécessairement égoïstes, antinationaux et antipatriotiques »[22].

Cette déclaration fit effectivement l'effet d'une bombe à travers tout le Sénégal. Elle fut très mal supportée par Me Wade qui n'était pas habitué à ce qu'on lui tînt tête. Le 26 octobre, il réunit son bureau politique à la permanence du PDS. Après un débat long et parfois houleux, une résolution fut prise. Elle excluait définitivement du parti Serigne Diop, Alassane Sissokho et Sidy Ardo Sow. D'autres l'étaient pour six mois. Il s'agissait de Mohamed Seck, Bathie Gadiaga et Suzanne Sanokho. Le 29 octobre, l'exclusion de Serigne Diop lui fut notifiée par voie de huissier. Pourtant, les passes d'armes continuèrent de plus belle entre le PDS et les exclus. En mai 1987, Serigne Diop et ses camarades, qui se réclamaient toujours du PDS, se rendirent compte qu'ils ne pouvaient pas, dans ces conditions-là, se présenter aux élections générales de 1988. Ils décidèrent alors de créer leur propre parti : le *PDS / Rénovation* (PDS / R), pour réincarner l'idéologie dévoyée du PDS originel.

De nombreux autres numéros deux ou cadres du PDS emboîteront le pas à Serigne Diop et à Fara Ndiaye. Il en sera ainsi de Me Doudou Ndoye, l'actuel Secrétaire général du *Parti de l'Union pour la République* (UPR), de Baïla Wane, de Jean-Paul Dias, de Me Ousmane Ngom qui entraînera dans son sillage Marcel Bassène, Cheikh Tidiane Touré etc,. Jean-Paul Dias est un énarque, ce qui était une aubaine pour le PDS qui n'était pas gâté en cadres de haut niveau. C'est pourquoi il ne met pas beaucoup de temps pour gravir les échelons du parti. Il est ainsi coopté par Me Wade pour être membre du premier Gouvernement de

---

[22] Ibid., pp. 53-54.

Majorité présidentielle élargie (GMPE). Mais Dias est aussi un homme de tempérament au sang chaud et surtout fier de ce qu'il dit être : un homme d'État. Son compagnonnage avec Me Wade n'ira pas au-delà de l'expérience du GMPE. Aux élections législatives de 1993, il eut de sérieuses divergences avec Me Wade à propos des investitures. La place qu'il occupait sur la liste proportionnelle du PDS - après Abdoulaye Faye – disait-on, ne lui convenait pas du tout. Comme ses devanciers, il claqua la porte, non sans avoir affirmé qu'il quittait *« un groupement où il a laissé aux valets et à leur gourou le privilège du mensonge, de l'obscurantisme, de la servilité, de la combine, de l'intrigue, du fascisme... »*[23]. Il créera par la suite son propre parti : le *Bloc des Centristes Gaïndé* (BCG).

Ce sera ensuite le tour du fils putatif, ou de celui qui était considéré comme tel, de quitter le navire bleu, avec la même véhémence que son prédécesseur. Me Ousmane Ngom – c'est de lui qu'il s'agit – s'en prenait vertement à la manière dont Me Wade avait géré les investitures lors des élections législatives du 24 mai 1998. Investi sur la liste départementale de Saint-Louis, Me Ngom a été battu. Devant la perspective d'une traversée du désert d'au moins deux ans qui s'ouvrait devant lui, Me Ngom rompit lui aussi avec celui qui était considéré jusqu'ici comme son père spirituel. Avec une rare virulence, il fustigea publiquement le style de Me Wade. Dans sa lettre de démission, il écrivait notamment :

> *« Le président Senghor avait parfaitement raison de vous surnommer Laaye Njomboor, car vous pensez toujours par la ruse pour dérouter et déstabiliser vos interlocuteurs. »*

Me Ngom sera plus impitoyable encore à l'endroit de son ancien mentor en lui lançant cette terrible phrase lourde de non-dits :

> *« Avec vous, après 24 ans sous votre ombre, j'ai appris beaucoup de choses qu'un homme doit faire, mais aussi trop de choses qu'un homme ne doit pas faire. »*

Me Ousmane Ngom franchira ensuite carrément le Rubicon, en créant, avec quelques autres anciens cadres libéraux (Cheikh Tidiane Touré, Marcèle Bassène, Baïla Wane différent du premier, etc), un

---

[23] N. H., op. cit., P. 9.

nouveau parti : le *Parti libéral sénégalais* (PLS)[24]. On était le 18 juin 1998. Nous avons d'ailleurs déjà fait état de la création de ce parti.

Après le départ de Me Ousmane Ngom, Idrissa Seck était désormais le seul fils, le seul numéro deux de Me Wade. Il était donc destiné, selon la théorie du Pr Ousseynou Kane, à être avalé, comme ses prédécesseurs. Après l'alternance, il fut promu puissant Ministre d'État, Directeur de cabinet du Président de la République, puis Premier Ministre le 4 novembre 2002, en remplacement de Mame Madior Boye qui, elle-même, avait été nommée à la suite du limogeage de Moustapha Niasse. Ses ennuis allaient vite commencer et toutes sortes d'accusations pleuvaient sur sa personne. Il lui était reproché notamment de travailler dans l'ombre pour asseoir son emprise sur le PDS et, plus tard, se préparer à la succession de Me Wade. Ses relations avec le Président de la République seront ensuite empoisonnées par ce qu'il était convenu d'appeler la *dualité* réelle ou alléguée au sommet de l'État, entre les deux hommes. Il sera finalement, après de longues péripéties, relevé de ses fonctions de Premier Ministre et remplacé par Macky Sall. Prenant d'abord pour prétexte la mauvaise gestion qui aurait entaché les fameux chantiers de Thiès, les autorités sénégalaises l'arrêtent, puis l'inculpent d'atteinte à la sûreté intérieure de l'État et à la défense nationale, le mettent sous mandat de dépôt et l'incarcèrent dans la Prison centrale de Reubeuss (Dakar). Nous y reviendrons d'ailleurs plus loin. En attendant, ce qu'il convient de constater et qui vient d'être illustré, c'est que Me Wade n'est pas un homme facile. Il n'est surtout pas commode de travailler à ses côtés. Il serait, malgré les apparences, loin d'être un

---

[24] Il convient quand même de le rappeler, et de le rappeler constamment : les trois ex-lieutenants de Me Wade, après avoir rompu avec lui, ne l'ont pas ménagé en critiques, souvent les plus sévères, et parfois sciemment méchantes. Ils constitueront, avec un quatrième chef de parti (le doyen Majhmout Diop qui n'avait pas de problèmes particuliers avec Me Wade), une structure nommée « *Convergence patriotique* », à travers laquelle ils soutiendront le candidat Abdou Diouf à l'élection présidentielle du 27 février 2000. Au terme d'une convention nationale tenue le 18 décembre 1999, cette structure rendit publique une résolution dans laquelle ils *investirent* (c'était leur expression préférée) non seulement le candidat Abdou Diouf, mais traitèrent Me Wade de tous les noms d'oiseaux (cf les pages 97-102 du chapitre IV de notre ouvrage déjà cité). Dès le lendemain de l'avènement de l'alternance pourtant, nos trois ex-lieutenants vont oublier tout d'un coup tous les défauts de Me Wade et mettre tout en œuvre pour retrouver la « maison du père », devenu depuis le 19 mars 2000 le meilleur chef d'État que le Sénégal ait jamais connu. Ousmane Ngom et Serigne Diop sont infiniment plus chanceux (ou plus réalistes) que le bouillant Dias qui, ayant attendu vainement un geste de Me Wade, a fini par re-claquer la porte du PDS, pour reprendre ses activités dans le cadre du BCG qu'il n'avait, semble-t-il, que gelé. Il est vrai que, entre-temps, il avait été nommé, le temps d'une rose, Directeur général de l'IPRES.

démocrate. Rappelons-nous ces mots de Me Ousmane Ngom le concernant : *« Vous parlez en démocrate, mais vous agissez en monarque.* » Donc, dans l'opposition, Me Wade était incapable de co-gérer. Il l'est encore plus après son accession à la magistrature suprême. Les Sénégalaises et les Sénégalais découvrent avec stupeur que, depuis le 1er avril 2000, Me Wade est incapable de se départir de son manteau d'opposant et veut gérer le pays comme il a géré le PDS pendant 26 ans.

2) La gestion patrimoniale et personnalisée de l'État

On se rappelle que M. Fara Ndiaye confiait à Marcel Mendy que c'est Me Wade qui donnait tout l'argent du PDS. D'où le caractère patrimonial du parti et l'hégémonie qu'il avait naturellement sur ledit parti, qui était en vérité sa propriété privée. Ses choix, ses comportements et ses déclarations de tous les jours indiquent qu'il est plus président du PDS que du Sénégal, qu'il confond carrément les deux entités. Cette confusion conduit à l'émergence d'un parti-État que le Sénégal n'a jamais connu. Ce parti-État est responsable de tous les malheurs qui nous arrivent ou nous menacent : graves dysfonctionnements dans la gestion de l'État, pressions sur les journalistes des médias privés, sur la société civile et sur certains intellectuels, atmosphère politique délétère, risques de conflits entre confréries religieuses, corruption et détournements de deniers publics à un niveau jamais atteint, violences physiques et verbales, etc. Tout cela relève de la personnalité du Chef de l'État qui se prend pour le nombril du monde et ne peut s'accommoder d'aucun collaborateur, pas d'un collaborateur d'une certaine trempe en tout cas. Avec Moustapha Niasse comme Premier Ministre, le premier Gouvernement de l'alternance aurait pu faire du bon travail. Son expérience politique, administrative et gouvernementale ne fait pas l'ombre d'un doute. Il s'est surtout familiarisé, grâce à une proximité de plusieurs années avec le président Senghor, à la méthode, à l'organisation et à la rigueur qui font tant défaut à Me Wade. Ce dernier, malheureusement très politicien et jaloux de son fauteuil, a tôt fait de chercher à se débarrasser de ce Premier Ministre qui peut avoir l'ambition de devenir Président de la République. Ce Premier Ministre-là, qui ne serait pas prêt à tout accepter, pourrait bien lui faire de l'ombre. Et cela, Me Wade le trouve inacceptable et insupportable.

Le président Wade a tenté dans un premier temps de neutraliser M. Niasse en lui proposant la fusion de leurs deux partis. Ce dernier serait alors le numéro deux du « nouveau » parti. Il faut être évidemment Me Wade, pris dans la boulimie du pouvoir, pour faire une telle proposition à M. Niasse, qui ne peut en aucun cas l'accepter et l'a effectivement repoussée. « Cela veut dire donc que désormais nous serons des adversaires ! », lui aurait répliqué Me Wade. Et c'était le début de la cabale qui allait conduire au limogeage de M. Niasse. Son successeur, Mame Madior Boye, connaîtra le même sort. Officiellement pour n'avoir pas été suffisamment politique[25]. Le troisième Premier Ministre en deux ans seulement de pouvoir libéral, M. Idrissa Seck sera, lui aussi, après de longues péripéties, renvoyé pour cause de *dualité réelle ou alléguée*, qui a tenu le pays en haleine pendant deux ans. Le quatrième Premier Ministre et forcément la prochaine victime, en réalité le cinquième en cinq ans puisqu'il y a eu entre-temps Idrissa I et Idrissa II, est M. Macky Sall. Ce dernier met tout en œuvre pour se faire petit, pour passer inaperçu et être insignifiant. Les mauvaises langues racontent que quand il est avec *Gòor Gi* (le vieux), il le regarde toujours fixement ou lève les yeux pour ne pas laisser l'impression coupable et fatidique qu'il lorgne le fauteuil du prince. Peine perdue, car Me Wade a déjà annoncé depuis le Japon où il était en visite officielle, que le Premier Ministre après les élections législatives de 2006 (de 2007 maintenant qu'il a prorogé le mandat des députés) sera une femme si le camp présidentiel remporte la majorité. Macky Sall n'a donc pas plus d'un an à vivre comme Premier Ministre. À moins que la déclaration de Me Wade au Japon soit à l'image de nombreuses autres auxquelles il nous a habitués : *volatile et sans lendemain.*

---

[25] Présidant la cérémonie d'ouverture du 5e Congrès des Juristes africaines, avec à ses côtés son ex-Premier Ministre Mame Madior Boye, il exprima le regret que les femmes intellectuelles ne se soient pas souvent battues, en tout cas pas dans son parti. Il loua ensuite tout le mérite de Mme Boye mais se désola du fait qu'elle n'ait pas voulu descendre sur le terrain politique pour combattre à ses côtés. Et Me Wade, *qui place la politique au-dessus* de *toutes autres considérations*, d'ajouter : « Je vais à des élections, moi je veux des généraux qui se battent. Après la victoire, nous verrons. » (cf *Le Quotidien* du mercredi 23 mars 2005, page 3).
C'est exactement pour les mêmes raisons qu'il a eu à limoger le Pr Éva Marie Colle Seck de ses fonctions de Ministre de la Santé. Et il le lui a dit les yeux dans les yeux : « Vous êtes compétente, je ne vous reproche rien, au contraire. Mais j'ai besoin de ministres politiques ». C'est Mme Seck elle-même qui a fait cette révélation aux journaux et aux radios de la place qui l'ont interrogée sur les raisons de son départ du gouvernement.

Me Wade s'accommode donc difficilement d'un second et gère sans partage le pouvoir. Mandiaye Thiobane illustre ce *nombrilisme* de Me Wade en ces termes très peu flatteurs pour le personnage :

> *« Dans le système Wade, tout part de lui et tout revient à lui. Il est au début et à la fin de tout. L'alpha et l'oméga de l'exercice du pouvoir. Il est omniprésent, omnipotent et touche-à-tout (...). Il ne délègue aucun pouvoir. Il ne fait que prêter. Selon ses humeurs, il reprend sans qu'on n'y prenne garde. »*[26]

Ces propos correspondent à la stricte réalité. L'homme prend tout et ne laisse rien aux autres. Il le reconnaît lui-même sans ambages dans un entretien accordé au *Groupe Futurs Médias* : « Dans notre système politique, il ne peut y avoir de crise entre le Président et son Premier Ministre. Le pouvoir est *constamment* entre les mains du Président. »[27] Sans doute a-t-il raison. Cependant, la Constitution reconnaît quand même quelques pouvoirs au Premier Ministre, même si c'est le Président de la République qui les lui délègue. Si le pouvoir est constamment entre ses mains, quelle est l'utilité du Premier Ministre, peut-être même des ministres ? Me Wade accapare donc tout et ne laisse rien aux autres. Les Sénégalaises et les Sénégalais en vivent toujours l'expérience. *Ils ont découvert un soir, ahuris, un Me Wade présider lui-même, dans son palais, une petite cérémonie de remise d'ambulances et de motocyclettes par le Chargé d'affaire d'une ambassade à Dakar*. Le directeur de cabinet du Ministère concerné y suffirait largement. Les *conseils présidentiels*, avec des centaines de personnes, ont supplanté les *conseils interministériels*. Il incite les organisations syndicales à venir directement le voir, lui qui décide de tout. On l'a entendu, à la Télévision nationale, charger copieusement l'ancien Dg de la poste Iba Joseph Basse, devant une délégation syndicale de ladite structure. Sans avoir entendu, au préalable, l'autre son de cloche.

Me Wade est donc convaincu qu'il est au-dessus de tout et de tout le monde. Et il est malheureusement conforté dans cette conviction par la horde de courtisans qui chantent à longueur de journée ses louanges. *Il est la seule constante*, disent les troubadours du PDS. Les Socialistes le disaient du président Diouf. Où est-il aujourd'hui ? Ni Senghor, ni Abdou Diouf, ni Abdoulaye Wade ne sont des constantes. Peut-être que dans

---

[26] *N. H.*, n° 420 du 30 avril 2004, p. 11.

[27] *L'Observateur* n° 150, du mercredi 17 mars 2004, p. 5

deux ans au plus, ce dernier ne sera plus pour nous qu'un vieux souvenir. *Il n'y a donc de constante que Dieu.* Tout le reste est variable dans ce bas monde. *Les louanges qu'on déverse sur Me Wade sont dangereuses, d'autant plus dangereuses qu'il y croit fermement, en raffole comme il raffole des foules et les suscite.* Certains de ses courtisans vont jusqu'à avancer qu'il n'a pas besoin d'être conseillé parce qu'il est plus fort que tout le monde. Dans son interview à *Walfadjri* que nous avons déjà largement évoquée, le Pr Ousseynou Kane affirme être effaré quand il entend de tels éloges. C'est désormais connu d'ailleurs que, chaque fois que le président Wade voyage pour récolter ses nombreuses distinctions, il se fait accompagner de griots et de griottes qui rattachent sa lignée à celle des *Bracks du Waalo* (les Bracks étaient les princes de l'ancienne Province du Waalo, située aujourd'hui dans l'actuelle Région de Saint-Louis et une partie de celle de Louga, au nord du pays).

Il résulte de tout cela une certaine mégalomanie, qui est de plus en plus l'un des traits caractéristiques de Me Wade. L'homme voit tout en grand, en très grand, à la mesure des dimensions exceptionnelles de Chef d'État qu'on lui prête. Ses grands projets, chantés maintenant même par les oiseaux, sont une illustration parfaite de cette mégalomanie, qui l'amène souvent à faire des déclarations et des promesses surprenantes. *On se demande parfois s'il ne rêve pas, s'il ne délire pas.* Pour nous attarder un peu sur ses grands projets mais aussi sur ses déclarations, rappelons cette réponse qu'il fit à un journaliste, qui lui posait une question sur l'éventualité de sa candidature à l'élection présidentielle de 2007 :

> *« Cela ne dépend pas de moi (...). Aujourd'hui, je suis à la tête du Sénégal, je fais tout ce que je peux pour faire avancer le pays, tout en restant mobilisé pour l'Afrique. Cela ne veut pas dire que je tienne absolument à rester au pouvoir. Si, aujourd'hui, les conditions étaient réunies, je crois que je pourrais tout naturellement me retirer pour écrire mes mémoires, faire autre chose et recevoir de temps en temps ce gouvernement du Sénégal qui aura hérité du travail que j'ai fait, de mes idées et qui viendrait me demander quelques conseils ou que je le fasse bénéficier de mes relations (sic). »*

Et notre très grand Chef d'État de poursuivre :

« Par ailleurs, je suis au service du Sénégal et cela dépend beaucoup de l'état d'avancement des projets que j'ai lancés et ils sont nombreux (des routes, des chemins de fer, l'aéroport...). J'espère les achever d'ici à 2007. Maintenant, si les Sénégalais, à qui il appartient de décider, estiment qu'il faut prolonger mon œuvre, tant que j'en ai la force physique, je continuerai. Je me présenterai et je n'ai pas honte de le dire. »[28]

On reconnaît parfaitement Me Abdoulaye Wade dans ces propos. De deux choses l'une : ou il nous prend pour des demeurés, de simples gens qui ne comprennent rien et sont prêts à tout avaler, y compris des éléphants blancs, ou il commence à sentir sérieusement, au plan mental bien entendu, le poids de l'âge. Quand il argumente que c'est le peuple qui décide et que, le moment venu, s'il estime qu'il doit poursuivre l'œuvre, il continuera, il se présentera, il nous trompe. Contrairement à ce qu'il pense, nous sommes loin d'être dupes. Sa préoccupation depuis le 1er avril 2000, c'est de se représenter en 2007 et d'être réélu. Tous les actes qu'il pose depuis cinq ans s'inscrivent directement dans le cadre de cette préoccupation. Nous savons qu'il a commencé à mettre en œuvre sa stratégie : poser chaque jour une première pierre, ouvrir des chantiers partout dans le pays, même s'il est sûr qu'il ne les achèvera jamais et, à quelques encablures du scrutin présidentiel de 2007, faire déverser à Dakar des dizaines de milliers de personnes de tout le territoire national, avec pour seule mission de porter des pancartes et de crier à tue-tête, du point de départ jusqu'au point d'arrivée : « *Me Wade, président en 2007 ! Me Wade, nous avons encore besoin de vous ! Me Wade, vous devez terminer les nombreux projets que vous avez entamés !....* »[29]. L'illustre hôte sortira alors de son palais, rejoindra la foule pour prendre ce bain dont il est si friand et, les deux bras en l'air, lancera, en direction de la foule comme à l'intention du peuple sénégalais tout entier et du reste du monde : « *Oui, je vous ai compris ! C'est à vous qu'il appartient de décider ! Donc, j'accepte votre proposition et je serai candidat à ma succession, pour achever l'œuvre importante que j'ai commencée.* »

---

[28] *L'Observateur*, n° 425 du jeudi 17 février 2005, p. 5.

[29] Avec les moyens substantiels dont ils disposent, les Libéraux peuvent déverser à tout moment des milliers et des milliers d'individus à Dakar. Aucun jeune homme, aucune jeune femme désœuvré (e) ne cracherait sur un tee-shirt, une casquette, six mètres de tissus « Lagos » ou « Khartoum » et 2500 à 3000 francs d'argent de poche, pour faire un voyage à Dakar.

Entre-temps, il aura ouvert partout dans le pays des chantiers qu'il est sûr de ne pas terminer, même s'il était réélu en 2012. Les médias d'État, les mille courtisans du prince et l'argent du contribuable feront le reste.

Me Wade fait donc dépendre sa prochaine candidature de la décision du peuple et de l'achèvement de la réalisation de ses grands projets. C'est encore nous prendre pour des moins que rien en voulant nous faire croire à une telle prouesse. Même Hercule n'y parviendrait pas. Pour mémoire, rappelons quelques grands projets de Me Wade, les plus grands vraiment. Car, il en a tellement qu'il nous faudrait tout un chapitre pour les passer tous en revue. Les plus connus, ceux que chantent même les plus petits enfants sont : l'Aéroport international de Dias qu'il a déjà nommé Blaise Diagne, les rails à écartement standard (Dakar-Djibouti, Dakar-Bamako, Dakar-Tambacounda-Ziguinchor, l'autoroute à péage Dakar-Thiès dont on vient de poser la première pierre, la nouvelle capitale administrative Mékhé-Pékesse, le réseau hydrographique national avec la construction de bassins de rétention (13 000 au moins), de lacs artificiels dont quatre sont annoncés aux environs de Thiès et un autre à Kaffrine qui deviendra le « grenier » du Sénégal, le Port minéralier de Bargny qui va recevoir le minerai de fer de Kédougou, la Cité des Affaires de l'Afrique de l'Ouest sur la place de l'actuel Aéroport Léopold-Sédar-Senghor après son déménagement à Dias, sans compter les projets moins bien connus comme l'exploitation des phosphates de Matam (à 700 km au nord-est de Dakar), les maïseries (l'idée remonte à 1993) qui devaient transformer le maïs dont la culture serait généralisée, le Projet *Yakalma* pour la restauration des étudiants et des élèves (le *Maafe*, plat sénégalais constitué de riz à la sauce d'arachide serait mis dans des boîtes de conserve), le canal du Baol qui supplante celui du Cayor des Socialistes, le tout dernier Tunnel sous le Fleuve Gambie si nos frères Gambiens n'acceptent pas le Pont, etc[30]. Comment Me Wade peut-il réaliser tous ces projets d'ici à 2007 ? Quand même !

---

[30] Si les Gambiens refusent un pont, comment comment accepteront-ils un tunnel ? À cette question d'un journaliste, il répond : « Nous allons contourner la Gambie. » Contourner la Gambie avec un tunnel ! S'il contourne ce pays d'ailleurs, il n'y aura plus ce fleuve-obstacle de Gambie. Quelle sera alors l'opportunité du fameux tunnel sous la terre ferme, qui risquerait alors d'être inutilement bien plus cher que celui de la Manche ? Ne serait-il pas alors infiniment plus réaliste et beaucoup moins coûteux de construire cette route qui contournerait la Gambie et déboucherait du côté de Kaffrine, comme nos frères casamançais ne cessent de le proposer ? Jusqu'où nous mèneront les promesses de cet homme-là ?

On l'a entendu – et c'était vraiment cocasse – affirmer que le premier avion atterrirait à l'Aéroport de Dias en 2006 et que les assises de l'Organisation pour la Conférence Islamique (OCI) se tiendraient dans la nouvelle capitale administrative. Nous étions en 2002. Comment peut-on construire une nouvelle ville et un nouvel aéroport en quatre ans ?

Nous restons aussi sceptiques, vraiment sceptiques, quand il nous déclare ceci, avec sa certitude habituelle :

> *« Je voudrais aussi vous signaler que l'Inde va financer le chemin de fer Dakar-Tambacounda-Ziguinchor, et l'ambassadeur de ce pays m'a fait savoir qu'une équipe va venir au Sénégal. Seulement, il faudrait quatre mois pour faire les études et onze mois pour les travaux (c'est nous qui soulignons). Mais c'est un projet extrêmement important. Vous vous rendez compte, un chemin de fer Dakar-Tambacounda-Ziguinchor ! Et ce chemin de fer sur grand écartement va être le premier maillon du chemin de fer que le NEPAD voulait faire de Dakar à Djibouti.... »* [31]

C'est à croire qu'on est dans un rêve. Un tel chemin de fer, avec toutes les forêts, toutes les rivières, toutes les collines à traverser, avec nécessairement de nombreux ponts à construire, un tel chemin de fer à réaliser en seulement onze mois, après seulement quatre mois d'études ! Nous n'avons pas de compétences particulières en matière de construction de chemins de fer. Nous n'allons donc pas jusqu'à avancer que c'est encore du Me Wade, du *wadisme*, comme disait avec ironie et méchanceté Diégane Sène de l'URD, avant son entrée dans le Gouvernement. Nous restons cependant sceptique, profondément sceptique quant à la possibilité d'une telle prouesse. Ce chemin de fer,

---

[31] *Le Populaire*, n° 1302 du jeudi 18 mars 2004, p. 5.
On se perd parfois dans les dédales des promesses de Me Wade. Ici, il parle de chemin de fer Dakar-Djibouti dans le cadre du NEPAD. Voici ce qu'il disait, au contraire, dans son message à la nation le 31 décembre 2002 : « *Si l'ouverture de l'appel d'offres pour la réhabilitation du chemin de fer traditionnel d'écartement métrique Dakar-Bamako va se faire dans quelques jours, le NEPAD a pris en charge le chemin de fer de grand écartement reliant les deux capitales, comme premier tronçon de la grande horizontale qui va traverser notre continent de Dakar à Mombassa, au Kenya....* » Finalement, c'est Dakar-Djibouti ou Dakar-Mombassa ? Il faut qu'on y comprenne quelque chose. Et puis, où en est-on avec cet appel d'offres fait depuis 2002 (nous sommes en 2006) pour réhabiliter le chemin de fer Dakar-Bamako en délabrement avancé et dont les fortes pluies enlèvent constamment les rails ?
À 80 ou 81 ans déjà, Me Wade raconte ce qu'il veut, n'importe quoi. Qu'en serait-il dans 3, 4, 5 ans ou plus si jamais il était réélu ? Les électrices et les électeurs doivent réfléchir mille fois en 2006 ou en 2007 avant de glisser leur carte dans l'urne.

nos frères et sœurs de la Casamance de notre génération risquent de ne jamais le voir se réaliser[32].

Et le problème de Me Wade, c'est qu'il présente ses fameux projets de telle manière que l'imminence de la réalisation est évidente et fait même baver d'appétit le pauvre *gòorgòolu*, encore vigoureusement accroché aux basques du *Sopi* et de ses promesses mirobolantes. Par exemple, à propos de l'Aéroport de Dias et de l'autoroute à péage, il déclarait : « Aussi bien pour l'autoroute à péage que pour l'aéroport, les financiers ne manquent pas. Par exemple pour Dias, j'ai reçu 5 propositions : un groupe malaisien, le Prince Walid, deux groupes arabes, la Compagnie Émirates et surtout le groupe ABB qui me promet, tenez-vous bien, 13 milliards de gain par an. Alors que l'aéroport de Dakar ne nous rapporte rien. »[33] Alors, pourquoi le fameux aéroport a-t-il tant peiné à démarrer depuis lors ? Pourquoi l'APIX a-t-elle presque couru derrière la Banque mondiale pour que celle-ci libère une partie de sa participation pour le démarrage de l'autoroute à péage ? Finalement d'ailleurs, Me Wade et l'APIX se rabattent sur les taxes de billets d'avions en partance de Dakar et d'installations aéroportuaires pour construire Dias. Où sont donc les financements qui ne manquent pas ? Si nous n'y prenons garde, Me Wade risque de nous précipiter dans un gouffre et de nous y ensevelir pour de bon, avec ses promesses de tous les jours.

Me Wade nous contraint donc constamment à rêver avec ses gros projets. Il veut même en faire autant avec les grands patrons des pays développés. Ainsi, au cours d'une visite à Paris considérée comme mi-privée, mi-officielle et qui eut lieu entre le 22 et le 28 mai 2000, il a rencontré les responsables des plus grandes entreprises françaises pour les convaincre de venir investir au Sénégal[34]. Quoi de plus normal, pour un libéral, nous rétorquera-t-on rapidement ? Il a donc rencontré François Pinault (Artémis), l'une des plus grosses fortunes françaises, Jean-Marie Messier (qui était encore le patron de Vivendi), Thierry Desmarest

---

[32] N'est-ce pas lui qui promettait formellement, en recevant au Palais de la République les organisations de travailleurs le 1er mai 2005, qu'il mettrait en circulation un tramway avant la fin de l'année ? Nous sommes en 2006. Où est le fameux tramway ? Peut-être que le Pr Iba Der Thiam qui a affirmé, le 31 décembre 2005, après le traditionnel message de nouvel an du Président de la République, que ce dernier « dit ce qu'il fait et fait ce qu'il dit », pourra répondre à cette question ?

[33] *L'Observateur* n° 150, op. cit., p. 4.

[34] *J.A.I* n° 2055 du 30 mai au 5 juin 2000, pp. 8-9.

(TotalFina), Daniel Bouton (Société générale), Gérard Mestralet (Lyonnaise des Eaux) et François Roussely (EDF). Devant cet aréopage de gros patrons français, Me Wade fait état de ses nombreuses idées et s'engage à les réaliser sans l'augmentation de l'aide bilatérale. On connaît sa position à cet égard : *l'aide n'a développé aucun pays*. Ce qu'il préfère donc de loin, ce sont les investissements privés. Il présente l'agriculture comme l'un des fers de lance de la reprise économique. Il fait en particulier état de nos importantes potentialités dans ce domaine.

Ainsi, précise-t-il :

> *« Il existe 300 000 ha de terres irrigables dans la vallée du Fleuve Sénégal. Entre 4 % et 10 % d'entre elles sont cultivées, alors qu'il serait parfaitement possible d'y faire pousser des asperges ou des fraises, par exemple, destinées aux marchés européens. Il suffit de trouver des importateurs et de maîtriser les moyens de transport. »*[35]

Les noms des grands patrons d'entreprises de transport figuraient également sur l'agenda de Me Wade : Jean-Paul Bailly, le PDG de la RATP, Jean-Cyril Spineta, PDG d'Air France et Louis Gallois, PDG de la SNCF. Les questions qui le préoccupaient et pour lesquelles il souhaitait rencontrer ces grands patrons étaient, notamment, la rénovation du chemin de fer Dakar-Bamako, son nouvel aéroport international et son intention de transformer en technopole les terrains qui entourent l'actuel Aéroport Léopold-Sédar-Senghor. « J'ai discuté de ce projet avec Martin Bouygues, a-t-il révélé, le 25 mai (…). Nous avons aussi parlé de l'éventuelle construction d'une autoroute à péage. » Il rassure les investisseurs potentiels. Un « guichet unique » sera créé à leur

---

[35] C'est très bien de pouvoir cultiver et exporter des asperges et des fraises. N'est-il pas prioritaire cependant d'assurer d'abord notre autosuffisance en riz, dont nous importons annuellement 600 000 tonnes pour plus de 100 milliards de francs CFA ? Au retour d'un voyage au Mali, le Président de la République a fait cette surprenante déclaration : « Le Sénégal consomme environ 600 000 tonnes de riz par an. J'ai fait un accord avec les Maliens pour importer une partie de tout ce riz là-bas (sic). Ainsi je paierai en francs Cfa au lieu de le faire en devises et on travaillera dans un cadre régional. » (cf *L'Observateur* n° 150 du mercredi 17 mars 2004, p. 4)
Que va-t-on importer du riz au Mali ? Et nos 300 000 ha encore inexploités ? Les Maliens sont-ils plus imaginatifs que nous ? Me Wade ne cessera jamais de nous étonner. Nos frères Maliens devront bien se moquer de nous et de nos grands projets et discours sans lendemain. Ils ont le Fleuve Niger, nous avons le Fleuve Sénégal. Pendant que nous produisons annuellement un maximum de 50 000 tonnes de coton avec beaucoup de bruit, eux en produisent 500 à 600 000. Sans tambour ni trompette. Il en est de même pour le riz, dont nos modestes 150 000 à 200 000 tonnes font à peine le tiers de leur production annuelle.

intention et « en quarante huit heures, ils doivent pouvoir décider s'ils vont rester au Sénégal ou au contraire s'en aller. »

Me Wade va reprendre langue avec le patronat français le mercredi 20 juin 2001, à l'occasion d'une rencontre organisée par le Mouvement des Entreprises de France (Medef), sous la houlette de Michel Roussin, ancien proche collaborateur de Jacques Chirac à la Mairie de Paris et ancien Ministre de la Coopération[36]. Me Wade, comme à l'accoutumée très à l'aise, présente ses grands projets. Les coûts annoncés font parfois écarquiller les yeux aux patrons français, notamment ceux relatifs au secteur ferroviaire. Par exemple, la construction de nouvelles voies, la réouverture d'anciennes liaisons et la conversion des voies traditionnelles aux écartements standard nécessiteront entre 1,4 milliard et 1,65 milliard de dollars (sic), précise l'un des patrons. Sans compter la Cité des Affaires de la capitale qui sera construite sur les 800 ha de l'actuel Aéroport de Dakar, le nouveau port minéralier de Bargny, les marinas et hôtels de luxe, etc. Le nouvel aéroport sera réalisé, précise Me Wade, par les Marocains grâce à des financements arabes déjà mobilisés (il va le financer désormais avec des taxes de billets d'avion et d'aéroport). Les patrons français ont trouvé certes l'exposé intéressant *mais sont restés sceptiques devant la capacité financière d'un pays qui compte essentiellement sur trois secteurs générateurs de croissance : l'agriculture, la pêche et le tourisme. Surtout que ces trois secteurs sont loin d'être au mieux de leur forme.*

Il serait intéressant, quatre à cinq ans après, de demander à Me Wade de faire état des retombées de ces fameux deux voyages qui avaient fait beaucoup de bruit. Où est Bouygues ? Où est Spineta ? Où est Louis Gallois ? Qu'ont-ils réalisé depuis lors au Sénégal et dans quel(s) secteur(s) ? On peut ne pas aimer le lièvre mais l'honnêteté commande de reconnaître qu'il court vite. Me Abdoulaye Wade est courageux, il a quand même du culot et n'a jamais froid aux yeux. Sinon, comment comprendre qu'il ose se présenter devant d'aussi grands patrons français et leur proposer une liste de projets, dont le moins cher ne peut pas être réalisé à moins de 100 milliards de francs Cfa ? Pendant que, dans son propre pays, la majorité de la population manque du minimum vital ; pendant que des milliers de femmes meurent en donnant la vie ou après l'avoir donnée ; que des milliers d'enfants meurent avant l'âge de cinq

---

[36] *J. A. I.* n° 2111 du 26 juin au 2 juillet 2001, P. 14.

ans ; que le paludisme, le choléra, la tuberculose, la malnutrition etc, sont encore meurtriers. Comment privilégier d'aussi gros projets, alors que l'agriculture reste encore désespérément archaïque, que l'analphabétisme confine encore dans l'ignorance des millions de femmes et d'hommes, que les villes, particulièrement la capitale nationale, sont jonchées d'immondices flottant dans des eaux usées nauséabondes ? Il suffit d'une pluie relativement importante pour que Dakar et sa banlieue soient inondées ? Pendant au moins une quinzaine de jours (dernière semaine de septembre et première semaine d'août 2005), Dakar est restée coupée du reste du pays : la seule voie d'entrée ou de sortie de la capitale, la Route nationale n° 1, a été occupée, par endroit, par les eaux de pluie sur une hauteur de 50 centimètres à un mètre. Des téméraires qui tentaient la traversée, mettaient 4 à 5 heures entre Dakar et Rufisque, distantes seulement de 26 km.

Ce penchant de Me Wade à voir grand, toujours plus grand, cette mégalomanie, nous coûte cher, trop cher et nous fait perdre énormément de temps. Du haut de son *olympe*, il ne voit pas les priorités qui nous préoccupent, mais s'accroche à ses éléphants bleus (couleur du PDS) qui ne peuvent pas régler nos problèmes avant dix ou quinze ans, si jamais ils devaient être réalisés. Par exemple, nos frères de Casamance préfèreraient de loin deux bateaux neufs, une route goudronnée qui contournerait la Gambie et passerait par Kaffrine (ils ont des propositions concrètes à cet égard) ou un pont sur la Gambie à ce chemin de fer chimérique Dakar-Tambacounda-Ziguinchor qui coûterait, si jamais il devait être réalisé, beaucoup de temps et d'argent : plusieurs années et des centaines de milliards de francs CFA. La fameuse Université du Futur africain (UFA), dont le coût initial annoncé (par l'architecte fétiche du Me Wade) était de 15 milliards, va en coûter infiniment plus en fin de compte. Lors de la dernière visite officielle au Sénégal du Chef de l'État mauritanien Mohamed Ould Taya (aujourd'hui déchu), Me Wade lui a fait visiter le chantier de l'UFA, près de Sébikotane, à une trentaine de kilomètres à l'Est de Dakar. Selon le (déjà) directeur de cette université, M. Pape Mohamed Camara, la première phase du projet, qui se compose de deux facultés et de six pavillons, a déjà coûté quatorze milliards (14) de francs Cfa. De l'avis du même directeur, il est prévu la construction de 25 pavillons coûtant environ 600 millions de Fcfa l'unité. Sans compter les autres facultés qui reviennent à deux milliards l'unité. Combien donc va coûter finalement l'UFA ?

Me Wade a répondu sur place à cette question, en déclarant :

« L'UFA va coûter beaucoup d'argent, mais elle va générer beaucoup d'argent grâce aux activités agricoles (sic) qui seront menées dans le site et tout autour. »

Grâce aux activités agricoles ? Quelles activités agricoles ? Si la seule première phase du projet de l'UFA coûte 14 milliards, cette fameuse université peut revenir, en fin de compte à trois ou quatre fois plus le coût initial. Pour quels résultats ? Me Wade est un grand professeur, doublé d'un grand visionnaire, un homme multidimensionnel, comme se plaît à le répéter son armée de courtisans. Nous ne lui contestons pas par conséquent la pertinence de l'UFA. Nous n'avons aucune compétence pour cela. Cependant, sa réalisation est loin d'être prioritaire par rapport à bien des attentes des populations. Les 35, 40 ou 50 milliards qui vont être engloutis dans l'UFA et sans résultats significatifs garantis, pourraient servir, en attendant de meilleurs jours, à construire plus de centres de santé, plus de centres universitaires régionaux équipés, plus de pavillons et plus de laboratoires dans les universités de Dakar et de Saint-louis. De même, leurs bibliothèques centrales et celles de leurs différentes facultés pourraient être notablement renforcées en manuels et en équipements divers. Même nos lycées et collèges, qui manquent presque de tout, malgré les 40 % du budget national consacrés à l'Éducation, pourraient en profiter largement[37].

Me Wade préfère frapper l'imagination des pauvres populations, au lieu de résoudre les problèmes vitaux avec lesquels elles sont confrontées. Dans cette perspective, il se laisse parfois aller à des promesses et à des engagements sans lendemain, qui mettent à nu l'incohérence de ces choix. Ainsi, en tournée politique à Kaolack, l'une des villes les plus sales du Sénégal, il s'adresse aux populations en ces termes :

« Il faut que kaolack devienne une ville moderne. Toutes les zones d'inondations, excepté les lieux où on récolte le sel, doivent être transformées en zones de pisciculture. »

---

[37] N'y a-t-il pas des risques à connaître, avec ce projet, les mêmes problèmes que les chantiers de Thiès ?

Et il ajoute, à l'intention des familles qui habitent dans ces localités :

« Il faut déplacer ces familles parce que cette ville a besoin d'un programme d'assainissement extrêmement important. *Les zones inondées, il faut absolument les enlever. Les plans d'eau seront alors transformés en lac artificiel au lieu de les laisser dans cette pourriture. »*[38]

Voilà donc la priorité de Kaolack bien campée : l'assainissement de la ville. Au lieu de s'atteler à mettre rapidement en place le programme d'assainissement extrêmement important dont Kaolack a besoin (dixit Me Wade lui-même), il propose aux populations un « Cœur de Kaolack ». D'un coût de 5 à 6 milliards, ce projet a commencé d'être réalisé au centre, au cœur de la ville. « Cette ville dans la ville », pour employer une expression consacrée, comportera, dit-on, des banques, des centres commerciaux, des esplanades, une maison de femmes, une maison des artisans, une case des tout-petits, des salles de spectacles, etc. Au début du mois de juin, le grand mur du bâtiment administratif (en construction) du « Cœur de Kaolack » s'est complètement affaissé, ainsi que la dalle, le mur, les planches et autres installations[39]. Un signe déjà annonciateur de lendemains incertains pour nos finances publiques.

Kaolack est la ville la plus sale du Sénégal. Elle est partout jonchée d'immondices, sans compter les eaux usées verdâtres qui la ceinturent de part en part. Les mouches et les moustiques y rendent presque la vie impossible, en tout cas au moins très incommode. Pendant l'hivernage, le

---

[38] *Le Quotidien* des samedi 19 et dimanche 20 juin 2004, P. 3

Depuis 1993, Me Wade promet un lac artificiel aux populations du Ndoukoumane, c'est-à-dire du Département de Kaffrine, qui fait lui-même partie de la Région de Kaolack. Voilà plus de cinq ans que Me Wade est aux affaires. Il ne fait même plus cas du fameux lac artificiel qui devait faire de Kaffrine « le grenier du Sénégal ». Les pauvres Kaolackois connaîtront la même désillusion que leurs parents de Kaffrine : ils ne verront aucun lac artificiel et encore moins de zones de pisciculture. Ils connaissent maintenant suffisamment leur homme qui ne fait que lancer des paroles en l'air.

[39] *L'Observateur* n° 514 du mercredi 8 juin 2005.

Salif Ba a été pendant longtemps directeur du PRCPE avant d'être promu, peut-être pour services rendus, Ministre de la Construction, de l'Habitat et du Patrimoine bâti. Le PRCPE, dont le point fort est le marché de gré à gré, est considéré comme une structure « corruptogène » par certaines organisations de la société civile, le *Forum civil* notamment. Nous reviendrons d'ailleurs largement sur cette structure. En attendant, il convient de signaler que Salif Ba est mis en cause par l'Inspection générale d'État (IGE) dans l'affaire des fameux chantiers de Thiès et est renvoyé devant la Haute Cour de Justice. Il était aussi, en temps que Ministre de la Construction, de l'Habitat et du Patrimoine bâti, le maître d'œuvre du « Cœur de Kaolack ». Ce qui n'augure rien de bon.

paludisme est l'objet de près de 50 % des consultations médicales. Il est surtout très dévastateur chez les jeunes enfants et les femmes en état de grossesse. Kaolack est également la ville où les épidémies de choléra font le plus de dégâts. Dans ces conditions-là, était-il réaliste et prioritaire d'y ériger un « Cœur » d'un coût de 5 à 6 milliards ? Peut-être bien plus, car les coûts initiaux annoncés par Me Wade et les siens, augmentent considérablement à l'arrivée. N'était-il pas infiniment plus pertinent pour les populations de consacrer ce *pactole* d'abord à l'assainissement de la ville ? À quoi bon construire un « Cœur de Kaolack » rutilant, entouré partout d'ordures et d'eaux usées nauséabondes ? Il n'est jamais trop tard d'embellir la ville, après son assainissement. En tout cas, si les populations avaient le choix entre ce « Cœur de la ville » et un bon plan d'assainissement de leur ville, elles opteraient sans conteste, dans leur écrasante majorité, pour le second investissement.

Malheureusement, leurs priorités ne recoupent pas celles de Me Wade, *dont les investissements sont conjoncturels et souvent inspirés par des motivations politiciennes.* Ils ne sont surtout pas orientés vers la satisfaction des besoins vitaux des populations. *Leur objectif premier, c'est de frapper les imaginations.* Il y a aussi que Me Wade n'est pas trop porté sur les travaux d'assainissement. C'est ce que pensent en tout cas maints observateurs. Avec lesdits travaux, tout se passe pratiquement dans le sol (avec les tuyaux enfouis). Or, c'est connu de tous maintenant, Me Wade affectionne particulièrement ce qui est visible, bien visible des populations. Ce n'est pas par hasard qu'il a appelé son « plan » de lutte contre les inondations de certains quartiers de la ville de Dakar « Plan Jaxaay ». *Jaxaay*, c'est l'aigle majestueux, qui vole très haut dans le ciel et qui est visible de tout le monde. Les maisons prévues dans ce fameux plan seront construites en hauteur pour que, de loin, nul ne les ignore. Les observateurs attentifs ont dû remarquer que l'essentiel des réalisations de l'alternance (Case des Tout-petits, Espaces Jeunes, Maisons à outils, Collèges universitaires régionaux, lycées, etc) se trouvent le long des routes nationales. Pour qu'elles soient bien visibles de tous nos compatriotes et des étrangers qui empruntent ces routes-là.

Me Wade préfère donc de loin le paraître, le grand et le visible à toutes autres considérations. Il nous rappelle d'ailleurs souvent la fable de Jean de La Fontaine : « La grenouille et le bœuf ». Sa mégalomanie, malheureusement entretenue par ses nombreux troubadours, se traduit non seulement par de gros projets, qui dépassent souvent de très loin nos capacités financières et n'ont, partant, aucune chance d'être réalisés d'ici à 10 ou 15 ans, mais le conduit parfois à des situations incommodes. Sûr de tout connaître et d'avoir réfléchi à tout avant les autres, il se mêle de tout, y compris de domaines où il n'est pas plus avancé que le plus commun des mortels[40]. Il lui est arrivé en particulier de critiquer souvent la gestion de la Banque centrale des États de l'Afrique de l'Ouest (BCEAO). Il trouvait surtout le personnel de très loin pléthorique et demandait avec insistance un audit de ladite banque. Le gouverneur, Charles Konan Banny, s'est vu évidemment obligé de réagir, surtout quand les critiques étaient répétées[41]. À propos de la demande d'audit exprimée par notre président omniscient, il répond ceci, avec habileté, courtoisie mais surtout avec une grande fermeté, teintée parfois d'ironie à peine perceptible :

« D'abord, il ne faut pas qu'on ait peur de ce mot. Quand on parle d'audit, il y a toujours une connotation péjorative, qui inquiète. Non. Cela fait partie des normes de gestion. Je dois dire que, bien que je ne (puisse) pas entrer dans les détails, il ne se passe pas une année où on ne fait pas d'audit à la banque centrale. L'audit opérationnel, l'audit des comptes, l'audit des procédures, etc. Nous, notre souci permanent depuis trente ans, ce n'est pas seulement depuis 2000 (sic), c'est de faire de la Banque une banque centrale qui soit aux normes internationales. Donc, on n'a pas peur de cela. Je ne souhaite pas qu'on donne une connotation autre que cela. »

Et le gouverneur de continuer son explication de texte :

« Qu'est-ce qu'il a voulu savoir le Président (Wade) ? Le Président a un certain nombre d'idées. Par exemple, il dit qu'il y a trop de personnel à la Banque centrale. Je lui ai répondu : "M. le Président, j'ai les chiffres contraires. Nous sommes en sous-effectif. Mais vous avez l'impression (sic) qu'il y a trop de gens parce que le siège (de la banque) est à Dakar. Vous avez le siège à Dakar, vous avez une agence à Dakar, donc vous avez trop de gens." Si le siège n'avait pas été à Dakar, on aurait amputé de sa vue ou de la vue des Sénégalais au moins 700 personnes. Donc, dans ces conditions, c'est un œil extérieur qui va nous départager. J'ai donné toute la

---

[40] La presse privée l'appelle de plus en plus *Wade man lèpp* et *Wade xam lèpp*, Wade qui sait tout et peut tout.

[41] *Le Quotidien* du mercredi 25 mai 2005, pp. 6-7.

documentation. Le nombre d'agents comparé. Par exemple, pour 80 millions d'habitants, nous sommes 3800 agents, y compris le petit personnel, sur l'ensemble des 8 pays et des 25 sites. J'étais avec l'ancien directeur du Trésor français. Il a dit au président : "la France a 62 millions d'habitants, la Banque de France a douze mille (12 000) agents." »

M. Konan Banny ne s'arrête pas en si bon chemin. Il ne veut surtout pas laisser de place à l'amalgame. Il poursuit donc son argumentation afin que nul ne l'ignore :

> *« Il y a des choses comparables. Quand on parle de normes, c'est pour pouvoir comparer. Eux qui sont plus avancés dans la technologie que nous, ils ont douze mille. Nous qui devons travailler en intensité de main-d'œuvre, comme on dit, nous avons 3800. »*

Enfin, au même président Wade qu'il a entendu dire qu'ils n'appartiennent pas à la même école, M. Banny répond :

> *« D'accord, mais je ne vois pas de quelle école je suis. Je sais qu'il est président, et moi, je suis gouverneur. Et je suis gouverneur d'une banque centrale de huit pays. C'est important. »*

On pouvait avancer que la cause était entendue et nos amis du quotidien *Le Populaire* ajouteraient *ñaw*, expression wolof qui pourrait signifier : « C'est bien fait pour lui ». Notre président a beau tout connaître, il trouverait difficilement des arguments à opposer à ceux du gouverneur Banny. D'ailleurs, on ne l'entend plus faire les mêmes critiques faciles et spontanées à la BCEAO.

On peut d'ailleurs multiplier les exemples pour illustrer cette tendance du Président sénégalais à se mêler de tout, à prétendre tout connaître et à avoir réfléchi sur tout. Pour ce faire, nous évoquons les précieux témoignages de quelqu'un qui l'a bien pratiqué dans les différents gouvernements élargis du président Diouf. Il s'agit de l'ancien Premier Ministre Habib Thiam qui, dans son excellent livre[42], nous apprend bien des choses sur l'opposant d'hier devenu Président de la République aujourd'hui. Sa première expérience de Gouvernement de Majorité présidentielle élargie (GMPE) avec l'opposition ne fut pas de tout repos. Les problèmes généraux de la nation étaient discutés au

---

[42] *Par Devoir et par Amitié*, op. cit., p. 121.

Conseil des Ministres où on arrêtait également les actions à mettre en œuvre par le Gouvernement. Avec le GMPE, fait remarquer l'ancien Premier Ministre, « il (le Conseil) devint un lieu où les ministres anciennement de l'opposition pensaient avoir trouvé un tambour de résonance de leur propre voix. Ce qui pouvait être dit en cinq minutes l'était en vingt et le moment était propice pour affirmer ce qu'on croyait être seul à connaître, que tout le monde savait, et faire étalage de *sa science*, au risque de dire quelquefois des absurdités. » Les communiqués du Président de la République et du Premier Ministre n'étaient pas longs : ils dépassaient rarement une dizaine de minutes. Malheureusement, malgré la patience et la tolérance dont le Président de la République qui dirigeait les débats faisait montre, les choses s'allongeaient inutilement et, « incontestablement, il y avait perte de temps et, parfois, profond ennui. »

Il n'y a aucun doute que notre regard et celui du lecteur prennent la même direction. Quand l'ancien Premier Ministre pointe un doigt sur les « anciens ministres de l'opposition », c'est bien un effet de style : dans son esprit, il s'agit bien d'un ministre dont tout le monde devine sans difficulté la personne. Les débats du Conseil des Ministres s'allongeaient non seulement inutilement, mais n'étaient plus secrets.

Le penchant de Me Wade à se mêler de tous les conflits, à jouer aux pompiers, à vouloir tout arranger comme à l'aide d'une baguette magique et à se comporter ensuite comme un paon, ne date pas d'aujourd'hui[43]. C'est ainsi qu'il se fit confier par le président Abdou Diouf, la mission difficile de servir de médiateur entre les différents protagonistes du très complexe problème zaïrois : Mobutu Sese Seko, Étienne Tchisekedi, Nguza Karl I Bond, etc. En un temps record, il déclare avoir trouvé la solution et préparé un accord entre les parties belligérantes pour ramener la paix. Avec la spontanéité qui le caractérise, il demande au président Diouf, qui se trouvait alors à Paris, de venir à Kinshasa parrainer le fameux accord. L'ancien Premier Ministre et les proches collaborateurs du président Abdou Diouf, sceptiques, tentèrent de le dissuader de se rendre à Kinshasa. Le président Diouf leur fit la réponse suivante : « C'est mon ministre d'État et, en n'y allant pas, je lui ferais honte. » *Ndeysaan* !

---

[43] Qui ne se souvient pas encore de son engagement, immédiatement après son installation officielle, à régler le problème casamançais en 100 jours ? Mille neuf cent cinquante (2000) jours après, nous traînons encore péniblement ce douloureux problème.

M. Habib Thiam et les collaborateurs du président Diouf eurent bien raison :

> *« Cette affaire fit long feu et, par la suite, Wade fut menacé d'avoir à passer de très mauvais moments s'il s'avisait de retourner au Zaïre, et les Sénégalais qui y séjournaient furent eux aussi l'objet de menaces précises. Nous en eûmes tous honte. »*[44]

M. Thiam rappelle également un séminaire de plusieurs jours, organisé à Saly Portudal (station balnéaire à 7 kilomètres de la ville côtière de Mbour) par la Banque mondiale, à l'intention du Gouvernement et de quelques hommes ressources de l'Université. À l'occasion, comme dans ses habitudes, « Abdoulaye Wade, homme-orchestre sachant tout, au moment de la discussion sur l'Union économique des différents États africains de l'Ouest, prétendit avoir écrit tout cela dans sa thèse de doctorat. Devant le scepticisme poli des uns et des autres, il demanda qu'on allât chercher l'ouvrage à Dakar, situé à environ 80 km de là. Et nous eûmes droit à un soliloque lorsque le ministre d'État (Me Wade) fut en possession du livre réclamé : "ah oui, c'est la page tant", dit-il tout en feuilletant l'ouvrage. "Ah non, c'est plus loin" et, cela, plusieurs fois, au milieu d'un silence plein de sens. Il posa finalement le livre sur la table et nous, Sénégalais du Gouvernement et de l'Université, nous nous regardâmes sans rien dire et baissâmes la tête. Et un mythe s'écroula ce jour-là. »

Une autre fois, le Gouvernement organisa, sous l'égide de Magued Diouf, alors Ministre de la modernisation, un séminaire d'imprégnation sur les Nouvelles Technologies de l'Information et de la Communication. Quand il annonça le projet au Conseil des Ministres, Me Abdoulaye Wade, encore lui, « avança avoir été le premier à donner un enseignement sur le sujet à l'Université. Et lors du séminaire, il fut constaté que quelques ministres savaient, que d'autres assimilaient assez vite et que pour d'autres encore, c'était vraiment du chinois. Abdoulaye Wade fut parmi ces derniers… »[45].

Me Wade cherche donc à se singulariser partout, à montrer qu'il est toujours le plus capable, le plus fort. C'est ainsi qu'il répète à l'envi, à l'occasion des nombreuses rencontres qu'il préside à Dakar – et Dieu sait qu'il en préside beaucoup – que quand il est arrivé au pouvoir, il a

---

[44] Habib Thiam, ibid., pp. 124-125.
[45] Habib Thiam, ibid., p. 126.

souhaité que le Sénégal ne découvre pas de pétrole (sic), pour manifester la preuve, à la face du monde, qu'il est bien capable de développer le pays sans pétrole. Et il conclut chaque fois, avec une pointe de fierté non dissimulée : « Vous voyez que je suis en train d'y arriver. Le Sénégal est partout en chantiers et tout le monde peut le constater (sic). » Comme si les chantiers étaient déjà le développement. Ceux de Thiès devraient en tout cas, désormais, relativiser notablement les discours faciles d'autosatisfaction sur les chantiers.

Me Wade va bien plus loin encore dans ses fanfaronnades et s'adonne parfois à des déclarations qui frisent le ridicule, et peut-être déjà, la sénilité. Après lui, ce sera le désert, le déluge pour notre pays. À cet effet, voici ce qu'il confie à *L'Observateur* du 17 mars 2004 :

> *« Je n'ai vu personne pour me remplacer (à la tête du pays). Ni dans mon parti, ni ailleurs. Je cherche encore, mais je ne trouve pas. Je ne suis pas un capitaine qui va jusqu'en pleine mer pour abandonner le navire. Je n'ai encore vu personne qui peut assurer ma relève dans la paix. (...) Vous savez, ce n'est pas facile du tout d'avoir quelqu'un pour me remplacer. Un président, cela demande du caractère et des qualités indéniables, beaucoup de caractère et un environnement favorable. Les gens doivent avoir une bonne opinion de lui, il ne doit pas être quelqu'un qui n'est pas aimé. Je n'ai pas encore vu ce personnage dans mon parti, mais je cherche. »*

Si ce n'était pas son âge et sa fonction, nous conclurions carrément que c'est dingue, vraiment dingue. *Nit Njaay* (l'homme réfléchi) peut-il faire une pareille déclaration ? Croire un seul instant que des dix millions de Sénégalaises et de Sénégalais, il n'y a pas un(e) seul(e) qui soit capable de le remplacer ! Le tunisien Bourguiba a-t-il fait pareille déclaration au beau milieu de sa sénilité ? Me Wade se croit-il en monarchie ? Oublie-t-il que nous lui avons accordé nos suffrages, de notre propre chef et en toute indépendance ? N'est-il plus en mesure, les délices du pouvoir et les louanges dithyrambiques aidant, de faire la part des choses et de se dire que, comme en février et en mars 2000, le moment venu, nous choisirons avec la même indépendance l'homme ou la femme qui va nous gouverner ? Et il y a une certitude sur laquelle même ses courtisans les plus bornés seront d'accord : *cet homme ou cette femme ne sera jamais, jamais celui ou celle qu'il nous aura désigné(e).* Nous serions devenus tous fous, en acceptant une quelconque proposition de sa part, surtout avec ce que nous vivons depuis le 1er avril 2000. On dit de Me Wade qu'il est intelligent et rusé. Certains observateurs en doutent de plus en plus. *Car il ne sait même plus que les cimetières sont pleins de gens qui se croyaient indispensables*[46].

On comprend bien mieux maintenant pourquoi un tel personnage n'a pas pu s'accommoder d'un Moustapha Niasse comme Premier Ministre. Un Moustapha Niasse dont les qualités intellectuelles et morales ne sont plus à prouver. Sans compter sa personnalité, sa longue et riche expérience politique, administrative et gouvernementale, ses bonnes relations internationales, ainsi que son ambition légitime de diriger le Sénégal. Un tel collaborateur, qui ne se laisse surtout pas dicter n'importe quoi, risque de le faire douter progressivement de sa supériorité sur tous ses compatriotes.

Il en était peut-être de même de l'ancien Premier Ministre Idrissa Seck à qui on pouvait tout reprocher sauf d'être bête. Il avait, semble-t-il, sa personnalité propre et donnait, chaque fois que de besoin, son avis sur certaines questions, lequel avis n'était toujours pas en accord avec celui du président Wade. Il avait surtout en bandoulière son ambition d'exercer un jour les fonctions de Président de la République du Sénégal. On connaît par exemple sa position sans équivoque par rapport à l'entrée de Djibo L. Ka au Gouvernement qu'il dirigeait. C'est donc peut-être moins les chantiers de Thiès que cette personnalité qui lui vaut ses déboires d'aujourd'hui[47]. Nous connaissons des compatriotes qui ont fait des malversations aussi graves que celles pour lesquelles M. Seck va être traduit devant la Haute Cour de Justice. Que valent 17 milliards (dont il partagerait la responsabilité avec au moins trois autres) par rapport à 27 autres, détournés par un seul individu, dont on n'a trouvé

---

[46] Il est sur le point en tout cas de donner raison à Ely Ould Mohammed Wall, président (autoproclamé) de la Mauritanie qui déclare : « Quand on se prend pour un homme providentiel et irremplaçable, on finit immanquablement en dictateur. »

[47] Et peut-être les milliards planqués quelque part dans les paradis fiscaux et dont même l'Inspectrice générale d'État Nafissatou Ngom Kéïta a fait publiquement état. D'où viennent ces milliards ? Qui les a planqués là où ils sont ? Avec la complicité de qui ? Ces milliards sont-ils les seuls à être soustraits de nos finances publiques ? Apparemment, d'après l'ancien Premier Ministre Idrissa Seck, il y aurait, à l'extérieur, bien au chaud, une grosse quantité d'autres milliards que ceux supposés des chantiers de Thiès. Quand le pauvre contribuable sénégalais sera-t-il édifié sur tout cela ?

malheureusement dans le dossier aucun élément qui pût justifier une poursuite pénale[48] ?

Pour revenir à la personnalité de Me Wade, après cette parenthèse, on ne doit pas être surpris de retrouver dans ses différents gouvernements, *des ministres qui ne seraient même pas attachés de cabinet du temps du président Senghor*. Et ils y sont légion. C'est ce qui fait dire au Pr Ousseynou Kane, certainement dépité, que « *jamais, depuis notre indépendance, notre pays n'a vu porter à la tête de ses institutions les plus prestigieuses des hommes d'une aussi affligeante médiocrité. On a le sentiment d'avoir des hommes plus pour servir sa personne propre (celle de Me Wade) que l'État lui-même. Wade s'est évertué, depuis le début, à s'entourer d'individus sans aucune envergure politique et surtout sans compétence avérée. Résultats : en quatre ans, quatre gouvernements et plus de cent ministres dont la plupart feraient noircir de honte certains de nos étudiants cartouchards* ! »[49] Et, à titre d'illustration, notre brillant philosophe de donner l'exemple de la dame Marie Tissa Mbengue Guèye, institutrice dans une modeste école (rurale) privée, nommée Ministre de l'Éducation nationale le temps d'une rose, du Pr Éva Marie Coll Seck, débauchée de son poste confortable de l'ONUSIDA à Genève, pour être nommée Ministre de la Santé dans le deuxième Gouvernement de l'alternance, avant d'être limogée (pour délit de non-engagement politique), et être remplacée par un de ses anciens étudiants (Issa Mbaye Samb), « dont le seul fait d'arme, de la bouche même de l'ancien porte-parole du parti régnant (Modou Diagne Fada) est que, *pendant la campagne présidentielle, c'est lui qui tenait la boîte à pharmacie...* » Le Pr Kane aurait pu continuer de donner bien d'autres exemples : Farba Senghor, « l'élément hors du commun », dont le travail consiste désormais à injurier tous ceux qui ne partagent pas la façon de gouverner de son prince, à parcourir le Sénégal avec ses camions de riz qui ne lui portent pas toujours bonheur (son riz est souvent boudé à cause de ses nombreuses maladresses), à aller dans le Département de

---

[48] Cette réflexion ne signifie, de notre part, aucun parti pris pour un camp ou pour l'autre. Nous renvoyons dos à dos les deux protagonistes (*Gòor Gi* et *Ngòor si*), qui ont chacun leur lourde responsabilité dans l'atmosphère délétère qui nous empoisonne aujourd'hui l'existence.

[49] Interview à *Walfadjri* du mardi 28 septembre 2004, p. 3.
Il convient peut-être de relativiser un peu ici : tous les ministres de Me Wade ne sont pas des médiocres. Certains d'entre eux ont un background bien respectable. Cependant, on n'en compte pas beaucoup de charismatiques. Ils ont intérêt d'ailleurs, car Me Wade n'aimerait pas ceux ou celles qui sortiraient carrément du lot des... médiocres et lui feraient ombrage.

Vélingara pour acheter lui-même de la paille destinée, dit-il, au bétail des populations du Nord ; Aliou Sow « Malaw » nommé ministre alors qu'il venait pratiquement de sortir du Cesti ; Aïda Mbodj, éducatrice préscolaire, envoyée au Maroc deux ou trois mois avant sa nomination, peut-être pour corser un peu son maigre curriculum vitae[50] ; Békaye Diop devant lequel les Officiers supérieurs et généraux de l'Armée nationale doivent être mal à l'aise pour faire le salut, etc. De tels ministres, ternes, sans relief et n'ayant rien d'autre à proposer que la vision et les instructions du Président de la République, sont nombreux dans le Gouvernement.

Notre intention n'est pas de dénigrer qui que ce soit. Il s'agit de sauver le pays, la République. Il s'agit de faire l'histoire pour les générations futures. Les autorités sont tellement conscientes des limites de nombre de nos ministres qu'il a fallu que Bruno Diatta, le Chef du Protocole présidentiel, leur apprenne le b.a.ba du comportement officiel d'un ministre de la République. *Le Quotidien* des samedi 18 et dimanche 19 juin 2005 (p.5) nous rapporte des propos de bénéficiaires de ce séminaire de formation. « C'est une véritable séance sur le protocole d'État que Bruno Diatta nous a administrée, confie l'un d'entre eux. Ce

---

[50] À la question « Qui êtes-vous, Madame le Ministre ? » posée par *Walfadri* du jeudi 29 avril 2004, p. 7, elle répond : « Je suis enseignante de profession. J'étais au Maroc pour préparer mon diplôme de troisième cycle en développement local géostratégique, géopolitique et en coopération décentralisée (sic) ». Voilà ce qu'il en coûte de nommer n'importe qui ministre de la République. Elle est obligée de raconter des histoires aux gens pour se faire bonne conscience. On ne se réveille pas un beau matin pour préparer un « doctorat » aussi costaud. Quelles études préalables a-t-elle faites pour arriver à ce niveau-là ? Quels diplômes a-t-elle obtenus ? Il serait intéressant que les deux journalistes de *Walf*, MM. Moustapha Barry et Ibrahima Benjamin Diagne qui l'avaient interrogée, lui posent ces questions complémentaires.
Quand on entend parler Mme Aïda Mbodj, on devine aisément les limites de son niveau intellectuel. Elle n'est pas plus qu'elle est. Elle n'a aucun intérêt à forcer le destin. Quand, par exemple, dans une autre interview à *Walfadjri* du mardi 8 juin 2004, à une question relative à la présence d'un Farba Senghor Ministre délégué à ses côtés, elle répond ceci « Farba Senghor, on peut tout lui reprocher, sauf d'avoir la volonté de se conformer aux instructions du Président de la République et du Premier Ministre. *C'est un grand commis de l'État* que j'ai eu à apprécier quand je l'ai eu à mes côtés ». On peut tomber à la renverse. Farba Senghor un grand commis de l'État ! De quel État ? Peut-être de l'État libéral ? Il est vrai qu'on peut pardonner à Mme le Ministre sa grosse bourde : *elle ne sait pas elle-même ce qu'est un grand commis de l'État*.
Enfin, pour en terminer avec elle, rappelons cette autre déclaration absurde au Journal parlé de 20 heures 30 du 23 mars 2005 : « L'Agence du Fonds de Développement social (AFDS) est le bébé de Me Abdoulaye Wade. C'est son Excellence Abdoulaye Wade qui a créé le Développement social. » Que l'AFDS soit le bébé de Me Wade, passe encore ! Et encore ! Mais qu'il ait créé le Développement social, il n'y a pas de plus grande énormité. Feue Mantoulaye Guène était déjà Ministre du Développement social dans les années 80. C'est peut-être un autre Développement social, un développement social bleu que *Laaye man lèpp* a créé !

qui a permis à certains d'entre nous de s'imprégner des règles de protocole d'État. » Me Madické Niang, même lui, à plus forte raison les autres, ne tarit pas d'éloges sur les vertus pédagogiques du séminaire. « Désormais, dit-il, nous avons acquis des connaissances sur comment se tenir devant un roi, un prince, un chef d'État, etc. Mais aussi vis-à-vis de ses collègues. » Et *Le Quotidien* de déplorer la dépréciation et la dévalorisation de la fonction ministérielle par Me Wade. Il regrette encore ces nombreux ministres qui, « *dès qu'ils prennent la parole, donnent la jaunisse à Voltaire et mutilent Molière sans frais* ».

Aussi paradoxal que cela puisse paraître, les ministres de Me Wade ont besoin d'être formés pour limiter les dégâts. Il les choisit sur mesure, pour en faire plus des chanteurs de louanges, de ses louanges, que des serviteurs de l'État. Il est vrai que l'État, c'est lui. Nous n'exagérons rien. C'est Me Wade qui nous conforte dans l'appréciation que nous avons de ses ministres. En marge du deuxième sommet de l'Union africaine (UA) qui se tenait à Maputo (capitale du Mozambique) du 10 au 12 juillet 2003, il a accordé une interview à l'Envoyé spécial de *Sud quotidien*. À une question sur la représentation des femmes dans la Commission de l'UA, il répondit longuement et, chemin faisant, fit ce témoignage sur ses femmes ministres :

> « *Les femmes ministres me donnent entière satisfaction dans leur travail gouvernemental. Elles viennent me demander, à chaque fois, la voie à suivre, ce qui n'est pas le cas avec les hommes ministres. Certains d'entre eux se permettent de tenter des choses dans leurs secteurs respectifs sans s'en référer au Président de la République,* en oubliant que nous avons depuis longtemps tracé la voie à suivre *(c'est nous qui soulignons). Le programme qui est appliqué est celui du Parti démocratique sénégalais (PDS). Ceci est très important à noter. C'est dire donc que les femmes ministres me donnent satisfaction.* »

Et le journaliste de saisir l'opportunité pour lui poser la question-ci :

> « *Est-ce à dire que vos ministres n'en font qu'à leur tête ?* »

Question à laquelle il répond :

> « *Je ne dis pas cela. Je constate simplement que les femmes de mon Gouvernement ne font rien sans s'en référer à moi. Et ceci me semble important et je les y encourage. Car nous avons réfléchi*

depuis longtemps, au moment où nous étions encore dans l'opposition, sur le programme à appliquer. Et c'est celui-là qui est aujourd'hui mis en œuvre. Il s'agit donc de s'y conformer. »[51]

De cette déclaration, nous retenons plusieurs remarques :

1) – C'est bien du Me Wade, encore du Me Wade, toujours du Me Wade, le même Me Wade de qui tout part et vers qui tout revient, qui sait tout et a réfléchi sur tout une fois pour toutes. Les ministres n'ont donc pas à réfléchir, ni à se risquer à prendre des initiatives. Ce qui pourrait leur coûter leur poste.

2) Le rôle du Premier Ministre de Me Wade est insignifiant. Qu'a-t-il à coordonner (ce qui est sa fonction fondamentale), dans la mesure où aucun ministre ne doit rien entreprendre sans s'en référer au Président de la République ? Si c'est à lui seul qu'il se réfère avant de prendre quelque initiative que ce soit, c'est également à lui qu'il en rendra compte. Quel intérêt y a-t-il donc à être Premier Ministre de Me Wade ? Aucun ? C'est ce qu'a compris le débonnaire Macky Sall quand il a tenu à faire comprendre à tous ses compatriotes, parlant de ses prérogatives par rapport à celles de Me Wade que « c'est lui, encore lui, toujours lui seul qui décide ».

3) Me Wade dit sa satisfaction de ses femmes ministres. Pourtant, il se débarrasse progressivement de nombre d'entre elles : Mame Madior Boye, le Pr Éva Marie Colle Seck, la regrettée Mme Thiéwo Cissé Doucouré, Mme Awa Guèye Kébé, Mme Soukeyna Ndiaye Ba, limogée alors qu'elle était en tournée de travail à l'intérieur du pays, Sofiétou Ndiaye Diop et, à l'occasion du Conseil des Ministres du 20 octobre 2005, Mme Aïcha Pouye Agne, de la Plateforme de Diamniadio où elle venait à peine d'être nommée.

4) Personne ne s'étonne plus donc du penchant de Me Wade à nommer des ministres médiocres, ternes, sans relief, même si le profil de

---

[51] *Sud quotidien* du lundi 14 juillet 2003, p. 3.

certains d'entre eux devrait leur permettre de faire un travail acceptable. On comprend mieux que la plupart d'entre eux se contentent d'exercer la fonction, en répétant à l'envi : « *Selon la vision du Président de la République, son excellence Abdoulaye Wade, comme me l'a instruit son Excellence Me Abdoulaye Wade, etc.* » Le Président de la République *m'a instruit*, tel semble être le slogan, la feuille de route que portent en bandoulière tous les ministres. De tels ministres valent-ils les avantages exorbitants dont ils sont inondés ?

Quand nous accordions nos suffrages à Me Wade le 19 mars 2000, ce n'était pas pour qu'il règne sur nous, qu'il nous prenne pour des moins que rien au point de vouloir nous faire croire que, des dix millions de Sénégalaises et de Sénégalais, il est le seul à pouvoir diriger ce pays et qu'après lui ce sera le déluge. Ce n'était pas pour qu'il nous forme un gouvernement de ministres qui ne sachent pas faire bouger rapidement les choses. Nous avions une autre idée d'un Gouvernement de l'alternance. Après les élections législatives du 29 avril 2001 et un peu avant la formation du nouveau Gouvernement, nous faisions publier une contribution dans *Sud quotidien* n° 2426 du lundi 7 mars 2001, p.10. Dans cette contribution intitulée « Nous avons besoin de ministres qui gagnent » et qui était une interpellation indirecte du nouveau Président de la République, nous donnions, en ces termes, notre vision du nouveau Gouvernement qui allait être formé :

> « *Pour ma part, je l'imagine et le conçois différent, bien différent de ces devanciers, de ceux que nous avons jusqu'ici connus, y compris celui de l'alternance (formé le 3 avril 2000) qui faisait l'objet de critiques sévères dont certaines étaient loin d'être infondées. Je ne le (le gouvernement) vois surtout pas (...) comme une addition encombrante de ministres, mais plutôt comme une équipe homogène, et autant que faire se peut restreinte d'hommes et de femmes dont les premiers habits seront la compétence, l'expérience, l'esprit d'initiative et d'entreprise, l'intégrité morale, etc. Ces hommes et ces femmes ne devraient pas considérer le ministère comme une fin en soi, comme un pal, une sinécure que l'on utilise pour se faire une santé pour les siens et pour soi-même. Un ministère est une parcelle de pouvoir que le Président de la République confie à un homme ou à une dame, cette parcelle pouvant concerner des secteurs de la vie nationale comme l'éducation, la santé,*

l'agriculture, la sécurité, etc. Ce n'est pas une sinécure mais un sacerdoce, un défi à relever. La Sénégalaise ou le Sénégalais, choisi(e) parmi neuf à dix millions d'autres pour exercer cette importante fonction, a le devoir, l'impérieux devoir d'identifier les problèmes au niveau du secteur qui lui est confié et de leur trouver les solutions les plus en rapport avec les préoccupations des populations. Il (elle) a le devoir de pouvoir dire, au moment où il (elle) quitte son ministère pour un autre ou pour sortir définitivement du gouvernement : j'ai fait avancer le secteur qui m'avait été confié. »

Les préoccupations qui nous inspiraient au moment où nous écrivions ces lignes et qui nous habitent encore plus aujourd'hui, ne sont pas partagées par le Président de la République. Ni hier, ni aujourd'hui. Dès les trois premiers mois qui ont suivi son installation comme troisième Président de la République du Sénégal, Me Wade a donné une idée de ce qu'allait être sa gouvernance : *politicienne, très politicienne*. Il a surtout dévoilé, à travers les premiers actes posés, que sa priorité, sa préoccupation première était de travailler à sa réélection en 2007. Et du tout début de son septennat à nos jours, toutes les initiatives qu'il a eu à prendre s'inscrivent en droite ligne dans cette perspective.

Chapitre IV

La priorité des priorités : se faire réélire en 2007

« La différence entre l'homme politique et l'homme d'État, c'est que l'homme politique se soucie de la prochaine élection, alors que l'homme d'État se soucie de la prochaine génération. »

Babacar Justin Ndiaye,
journaliste politologue

Me Wade a accédé à la magistrature suprême à l'âge de 74 ans, pour un mandat de sept ans. C'est à cet âge – il convient de le rappeler sans cesse – que le président Senghor a volontairement choisi de quitter le pouvoir. À la fin de son septennat, Me Wade sera officiellement âgé de 81 ans. Selon certains observateurs, il en aurait deux ou trois de plus. Nombre de Sénégalaises et de Sénégalais croyaient qu'il allait rapidement mettre le pays au travail, lui imprimer les changements et les ruptures attendus, terminer son mandat en apothéose et sortir par la grande porte. Il ne serait pas alors très loin d'un Mandela et le pays gagnerait encore en crédit et entrerait presque de plein pied dans le concert des plus grandes démocraties du monde. Malheureusement, les Sénégalaises et les Sénégalais ont très vite déchanté : ils ne tardèrent pas à découvrir, non pas un homme d'État soucieux de respecter ses engagements et de développer le pays, mais un politicien soucieux d'abord, malgré son âge assez avancé, d'assurer sa réélection en 2007. Il s'attela, au grand jour, avec son ministre directeur de cabinet d'alors (devenu aujourd'hui son pire ennemi), à mettre en place sa stratégie, prioritaire par rapport à toutes autres considérations.

La coalition qui l'avait porté au pouvoir, la *CA 2000*, n'avait recueilli que 31,01 % des suffrages exprimés au premier tour du scrutin du 27 février 2000. Le PDS, qui était la principale force de cette coalition, pesait au plus entre 20 et 25 % des voix. Devenu après le 19 mars 2000 un parti au pouvoir, il fallait en élargir les bases, notamment par l'absorption d'autres partis et la détestable transhumance. Me Wade n'eut pas de scrupules pour utiliser le gouvernement et l'administration à aider le PDS à s'implanter fortement dans des localités où il était faiblement représenté avant le 19 mars 2000. C'était le cas à Matam, à Podor, à Louga, etc. Il allait également, n'ayant rien retenu de l'histoire pourtant toute récente, tout mettre en œuvre pour gagner à sa cause les chefs religieux. Non seulement les chefs religieux, mais aussi toutes les Sénégalaises et tous les Sénégalais qui, par les fonctions qu'ils (elles) exercent, peuvent influencer le processus électoral dans un sens ou dans un autre. Tous ces choix vont entraîner inévitablement des coûts et il va y faire face, en faisant couler l'argent, à un rythme et à niveau jamais atteints dans ce pays.

1) L'élargissement des bases du PDS

a) Le retour des enfants prodigues et la phagocytose des partis d'opposition

Le tempérament de Me Wade et les difficultés liées à une longue opposition aidant, de nombreux militants, surtout parmi les cadres, eurent à quitter le PDS avant le 19 mars 2000. Dès le lendemain de l'accession de Me Wade à la magistrature suprême, ce fut une bousculade folle sur le chemin du retour vers la « maison du père ». Les plus chanceux n'eurent aucune peine à se faire pardonner et à réintégrer le parti désormais très attrayant. C'est le cas du distingué professeur Serigne Diop, dont le *buxaaba* (marabout-féticheur) fut certainement plus fort que celui de Me Ousmane Ngom. Il retrouva sans grands frais, moins d'un an après l'avènement de l'alternance, le même portefeuille qu'il occupait dans le dernier Gouvernement de Mamadou Lamine Loum : celui de Garde des Sceaux, Ministre de la Justice[52]. Cheikh Tidiane Touré et Baïla Wane

[52] Depuis le dernier remaniement ministériel, il est nommé Ministre d'État auprès du Président de la République.

sont également acceptés. Le premier sera nommé pour un temps Directeur général du COSEC et le second de la LONASE. Tous les deux seront d'ailleurs rapidement victimes de ce que la presse appelle la valse des directeurs nationaux. Une tentative de repêcher Cheikh Tidiane Touré ne fit pas long feu : il fut nommé Directeur général de la LONASE, mais dut démissionner ou s'est fait démissionner dans les vingt-quatre heures. Baïla Wane fut plus chanceux. Avec l'aide, dit-on, de la famille du regretté chef religieux Serigne Mbacké Sokhna Lo, dont il se dit apparenté, il a été nommé Président de Conseil d'Administration au niveau d'une société nationale.

Jean-Paul Dias était revenu aussi au bercail, non sans difficultés, il est vrai. Il a été même nommé pour un temps Directeur général de l'IPRES. Mais, suite au bras de fer qui l'a opposé au Conseil d'administration de la structure, du fait de ses prétentions salariales jugées exagérées, il fut éjecté et remplacé par El Hadj Ibrahima Sall, ancien Ministre du Plan du Gouvernement de Mamadou Lamine Loum. Ce dernier a été retenu après une sélection jugée rigoureuse et démocratique. Jean-Paul Dias attendit par la suite pendant plusieurs mois, sans que le moindre signe ne lui parvînt de la Présidence de la République. Il ne fut même pas fait suite à sa demande d'audience. Il reprit sa liberté, en même temps que les activités de son parti, le BCG. Pourtant, ce parti avait fusionné, au moins théoriquement, avec le PDS. Le BCG s'est d'ailleurs rapproché du *Cadre permanent de Concertation* (CPC), qui regroupe l'essentiel des partis d'opposition.

Le retour le plus difficile fut incontestablement celui de Me Ousmane Ngom. Idrissa Seck, encore Premier Ministre et théoriquement numéro deux du PDS, s'y opposait catégoriquement. Il est vrai que le passé récent ne lui facilitait pas les retrouvailles avec son ancienne famille. Surtout que son rival de toujours, Idrissa Seck, se plaisait à plonger profondément le couteau dans la plaie en rappelant certaines trahisons. On se souvient que Me Ngom, Serigne Diop et Jean-Paul Dias avaient mis en place la « *Convergence patriotique* » et apporté leur soutien actif au candidat Diouf lors de l'élection présidentielle de 2000. Non content de tourner le dos à leur ancien mentor, il décochait sur lui une pluie de flèches empoisonnées. À cet égard, la résolution qui a sanctionné leur convention nationale du 18 décembre 1999 est une véritable

« anthologie »[53]. Jean-Paul Dias disait de Me Wade qu'il ne serait jamais Président de la République du Sénégal. Me Ngom a été, par moment, beaucoup plus dur encore. Sa lettre de démission du PDS en particulier, adressée à Me Wade le 5 juin 1998, a été d'une rare méchanceté. Nous y reviendrons d'ailleurs. Donc, malgré ses clins d'œil et appels du pied incessants, il a eu toutes les peines du monde à se faire pardonner et accepter par ses anciens camarades. Il avait beau rejoindre le camp présidentiel en adhérant à la CAP 21 et déployer d'autres signes de bonne volonté, rien n'y fit : ses anciens camarades, en particulier Idrissa Seck, ne voulaient pas entendre parler de lui. Il a fallu toute la « magnanimité » du « père », qui privilégie largement le réalisme sur les principes, pour que sa réintégration au sein du désormais attrayant PDS fût acceptée.

Dès que leur réintégration fut effective, les trois anciens compères de la « *Convergence patriotique* » fondirent leurs partis respectifs dans le PDS. Ils avaient été bien inspirés car la fusion-absorption faisait partie des stratégies mises en place par Me Wade pour élargir les bases du PDS. Pour quelqu'un qui connaît bien Me Wade d'ailleurs, cette stratégie pouvait trouver une autre explication. Ce dernier se prenant pour le nombril du Sénégal, au point de croire qu'il est le seul des dix millions de Sénégalaises et de Sénégalais apte à diriger ce pays, tolère difficilement la cohabitation du désormais très attrayant PDS avec d'autres partis politiques d'opposition. Il doit être le seul maître à bord et ne supporte surtout pas les critiques. Son souhait, ce serait donc une sorte de pensée unique réalisée à travers la fusion-absorption de tous les autres partis significatifs au sein du Parti au pouvoir. La même stratégie a été utilisée par le président Senghor entre 1966 et 1974. Il avait réussi à mettre en place un Parti unique de fait : l'UPS, résultant de la fusion des partis d'opposition significatifs.

Donc, après avoir phagocyté les partis sortis des flancs du PDS, Me Wade s'attela à en faire autant avec les autres, surtout ceux de l'opposition la plus significative. C'est ainsi qu'il proposa, très tôt, la fusion aux chefs de partis alors membres de la mouvance présidentielle. D'abord à son Premier Ministre Moustapha Niasse, qui serait le second du nouveau Parti, Idrissa Seck venant en troisième position. Ce dernier lui opposa naturellement un refus poli mais catégorique. Malgré cet échec, il entreprit la même démarche auprès du Pr Abdoulaye Bathily,

[53] Pour plus d'information sur cette résolution, cf notre livre, op. cit., chapitre IV, pp. 97 -102.

d'Amath Dansokho, de Landing Savané, etc. Ces derniers ont également décliné l'offre, aussi catégoriquement que Moustapha Niasse pour les deux premiers. Peut-être que, la proximité avec Me Wade et les délices du pouvoir aidant, la position de M. Savané pourrait évoluer favorablement. Et elle est effectivement en train d'évoluer notablement, Landing Savané ayant déjà renoncé à se présenter à l'élection présidentielle de 2007, si Me Wade est candidat. Me Wade a fait la même offre à son nouvel allié Djibo Leïty Ka, pour la formation d'un grand parti du *Centre droit*. Qui va se hasarder à spéculer sur la réponse que le second a faite au premier ? *En tout cas pas nous, qui touchons ces deux larrons de la politique sénégalaise avec un très long bâton.*

La chasse du côté des grands partis politiques n'a donc apparemment pas été fructueuse. Me Wade jeta alors son dévolu sur les partis minuscules de la mouvance présidentielle. Il fit courir le bruit que le PDS irait sous sa seule bannière lors des élections législatives de 2006, créant ainsi une véritable panique chez les responsables desdits partis. Ces derniers, sachant parfaitement qu'il serait difficile, voire impossible à l'écrasante majorité d'entre eux de faire élire un seul député grâce à leurs maigres partis, se bousculèrent devant la porte du PDS, pour s'y fondre avec armes et bagages. Parmi ces partis, on peut citer le Parti pour la Citoyenneté (PPC) de Me Mbaye Jacques Diop, la CDP Garab Gi du Pr Iba Der Thiam, le Parti pour la Renaissance africaine (PARENA) de Mme Marème Wane Ly, le Parti *Ñaq Jariñu* du jeune Oumar Khassimou Dia. De ces partis, seul peut-être le PPC de Me Mbaye Jacques Diop pourrait peut-être faire élire un député.

L'élargissement du parti par la réintégration des enfants prodigues et la phagocytose de certains autres partis, peu significatifs, n'a pas semblé satisfaire l'appétit du PDS et de son chef. Il fallait mettre en œuvre d'autres stratégies, plus porteuses de militants, notamment l'ouverture du Gouvernement libéral ou « entrisme » aux chefs de l'opposition et la détestable transhumance.

b) L'ouverture du Gouvernement libéral

Me Wade passe pour un homme qui dit ce qu'il pense, parfois de façon directe et crue. Ses alliés de la Convergence d'actions autour du Président de la République pour le 21e siècle (CAP 21) en ont eu une parfaite illustration, au cours de leur rencontre tenue le 5 mars 2004 au Palais Léopold-Sédar-Senghor[54]. En cette circonstance, Me Wade leur parla en ces termes :

« Je voudrais vous informer de ma décision d'élargir le Gouvernement. Cela n'est pas une tradition, parce que quand un président de la République décide d'élargir son gouvernement, c'est sa responsabilité personnelle, il n'a pas à informer tel ou tel, même pas son propre parti. Mais moi, je ne respecte pas les traditions. Donc je vous informe sur mon intention d'élargir le Gouvernement. D'ailleurs, vous connaissez cette intention, mais vous ne connaissez pas mes motivations profondes. »

Ses alliés pensaient peut-être que cette intention procédait de sa volonté de mettre en œuvre le fameux concept (éculé) de majorité d'idées en vue de gouverner dans un climat apaisé. Ils n'y étaient pas du tout : il s'agissait bien d'autres motivations qu'il leur expliqua sans gangue, sans nuance :

« La minorité oppositionnelle a déclenché une offensive multiforme à l'intérieur du pays et à l'extérieur contre ma politique et en particulier contre ma personne (sic). Connaissant leur poids minoritaire à l'intérieur du pays, cette campagne n'y a pas eu de grands effets, mais à l'extérieur du pays, les effets sont réels. L'autre jour, je me suis rendu en Arabie saoudite et un de mes amis saoudiens m'a demandé (ce qui se passait) au Sénégal. La capacité de nuisance de l'opposition est réelle et nous n'avons pas été à la hauteur. »

La vie réserve bien des surprises et le pouvoir révèle bien des personnalités, les vraies personnalités de ceux et de celles qui y accèdent. Me Wade, avoir une peur aussi bleue des critiques, au point de s'en soucier à ce point ! Me Wade qui était passé maître dans l'art de brocarder le président Diouf à l'intérieur comme à l'extérieur du Sénégal ! Me Wade qui faisait feu de tout bois pour convaincre l'extérieur que Diouf avait usurpé le pouvoir (grâce à l'article 35 de la Constitution) et qu'en réalité, c'était un incapable ! Voilà que ce même Me Wade tremble et perd les pédales devant les critiques de son opposition. Critiques bien en deçà d'ailleurs, tant par leur intensité que

[54] *Sud Quotidien* du mercredi 7 avril 2004, p. 3.

par leur fréquence, des flèches empoisonnées qu'il décochait à longueur de journée sur le pauvre président Diouf.

Bref, Me Wade a expliqué à ses alliés les vraies raisons de son intention d'ouvrir son gouvernement. Sa préoccupation était donc ailleurs que dans une quelconque majorité d'idées, et il allait se montrer plus explicite encore en exprimant, chemin faisant, des regrets :

> *« Quand j'ai été attaqué, ceux qui ont réagi sont rares. J'ai dit au Premier Ministre que nous avons perdu cette bataille. Cette campagne n'aurait pas dû faire mouche au point d'ébranler nos amis extérieurs. La seule manière de régler ce problème est d'établir des rapports civilisés avec l'opposition et pour cela, il faut intégrer ses chefs dans le gouvernement. Ne me dites pas de ne pas faire appel à l'opposition vu que nous sommes incapables de faire face. Donc, j'ai estimé devoir faire appel à eux pour cela. Les manœuvres et la ruse sont indissociables de la politique (sic). »*[55]

Le journaliste politologue Babacar Justin Ndiaye fait une distinction entre l'homme d'État et l'homme politique. Le premier se soucie des générations futures, le second de sa réélection. Me Wade n'a pas mis beaucoup de temps pour nous montrer ce qu'il est : *non pas seulement un homme politique, mais un politicien bon teint, pur et dur*. Toutes ses actions, toutes ses intentions ont des fondements politiciens. Il est tellement politicien qu'il est convaincu que ses adversaires le sont tout autant. C'est pourquoi il n'a aucun égard pour eux. Comment comprendre autrement qu'il affirme que l'opposition sénégalaise ne s'active que pour obtenir des maroquins dans son gouvernement ? Il n'a que mépris pour l'opposition quand il affirme ceci :

> *« C'est une bataille pour des postes, ce n'est pas un problème d'idéologie ou de programme. Je le sais bien. Je suis payé pour le savoir. C'est un problème de poste. Donc, je vais ouvrir les rangs du Gouvernement à l'opposition, sauf au Parti socialiste... »*

Il dira plus loin qu'il pourra bien l'appeler mais qu'il n'en a pas encore l'intention.

Me Wade fait même montre d'un peu d'énervement : il tient à ce que les choses soient claires. Il n'est pas homme à baisser rapidement les bras

---

[55] Ibidem, p.3

mais veut rester à la fois pratique et réaliste. Et il déclare, comme pour signifier qu'il n'y reviendra pas :

> *« J'ai lancé un appel pour l'élargissement du gouvernement aux opposants. Je souhaite qu'ils viennent. Je serais heureux qu'ils viennent. Mais s'ils ne viennent pas, on verra. Je souligne que c'est le dernier appel, parce que bientôt les élections vont arriver et moi je vais bientôt commencer ma campagne. Il faut que je sache ceux qui sont avec moi et ceux qui sont contre moi... »*

Le lecteur se rappelle-t-il encore ce que Senghor et Jacques Foccart ont pensé de la véritable intention de Me Wade, quand ce dernier s'est fait recevoir à Mogadiscio par le premier Président de la République du Sénégal, pour lui exprimer son souhait de créer un parti politique ? Le même lecteur se souvient-il de ses entrées et sorties des différents gouvernements socialistes ? Me Wade voit le reste de l'opposition à son image : pendant ses longues années d'opposition, il jouait sur les nerfs du président Diouf, pour le contraindre pratiquement à lui ouvrir le gouvernement. Il est convaincu aujourd'hui que, chaque fois que ses adversaires critiquent, c'est pour obtenir un poste dans le gouvernement. C'est probablement fort de cette certitude qu'il a très tôt enfourché le cheval de l'« entrisme » pour faire taire l'opposition et gouverner tranquillement jusqu'aux élections de 2006 et 2007. Sans autres considérations que son objectif déclaré, il a proposé à plusieurs chefs de l'opposition significative, notamment à Moustapha Niasse et à Amath Dansokho, de revenir dans son gouvernement. Ces derniers ont évidemment, chaque fois, décliné l'offre. De source sûre, il a même fait appel au Parti socialiste.

L'incohérence de Me Wade n'a donc pas échappé aux Sénégalaises et aux Sénégalais un tant soit peu averti(e)s : ce dernier dispose de tous les instruments pour gouverner sans entraves. Que va-t-il faire appel avec insistance à des responsables de partis dont lui-même et ses proches collaborateurs ont organisé méthodiquement et progressivement la sortie de ses premiers gouvernements ? Où est la morale dans toute cette entreprise ? Il est vrai que quand on fait de la ruse et des manœuvres son credo en politique, on ne s'embarrasse pas de morale ou de quelque principe que ce soit.

On était à deux ans neuf mois de l'élection présidentielle de 2007 et Me Wade était déjà obnubilé par sa réélection, administrant ainsi la preuve qu'il est de loin plus politicien qu'homme d'État, qu'il est plutôt simplement politicien. Et il va continuer à déployer ses actions politiciennes, en débauchant sans état d'âme les militants les plus influents de l'opposition, faute de pouvoir embrigader celle-ci dans son gouvernement[56]. Il remettait ainsi au goût du jour l'exécrable transhumance.

c) La transhumance

Pendant sa longue opposition, Me Wade a eu à souffrir terriblement de la nauséabonde transhumance. Ses adversaires socialistes ont utilisé contre son parti les initiatives les plus inélégantes et les plus antidémocratiques. Ils ne ménageaient ni postes de responsabilité, ni argent pour lui enlever ses cadres les plus compétents (qui n'étaient malheureusement pas nombreux) et ses élus les plus représentatifs. Ils mettaient tout en œuvre pour humilier, marginaliser et amaigrir son parti[57]. Cette pratique malsaine était vigoureusement et régulièrement dénoncée par l'opposition dans toutes ses composantes, et principalement par le PDS qui en avait le plus souffert. C'est pourquoi, dès les premiers mois qui ont suivi l'installation officielle de Me Wade comme troisième Président de la République du Sénégal, le peuple de l'alternance qui commençait à peine à savourer sa victoire sur le PS découvrit, avec stupeur, que le nouvel élu s'adonnait publiquement et sans état d'âme à l'immonde transhumance. Les Sénégalaises et les Sénégalais croyaient avoir définitivement enseveli certaines pratiques malsaines, dès le soir du 19 mars 2000. Ils s'attendaient plutôt à voir émerger un autre Sénégal, avec de nouvelles femmes et de nouveaux hommes, une nouvelle gouvernance. Grande fut donc leur surprise de découvrir, tous les soirs, à la télévision nationale, des Socialistes défiler devant Me Wade, au cœur même de la République, c'est-à-dire au Palais de l'avenue Léopold-Sédar-Senghor. Nous avions été amené nous-même, pour marquer déjà

[56] À l'occasion de son message à la Nation le 31 décembre 2005, il est encore revenu à son invitation de l'opposition à entrer dans son gouvernement, à moins d'un an de la fin de son septennat. Pourquoi tant d'insistance ? Que ne termine-t-il pas son mandat et que ne se présente-t-il pas alors devant les électeurs pour un second mandat ? N'a-t-il plus confiance en sa popularité et en son bilan élogieux ? Il nous sera difficile de comprendre la logique de Me Wade.

[57] Se reporter, pour de plus amples informations sur cette plaie de la démocratie, au chapitre IV de notre livre (op. cit. pp. 79-119).

notre total désaccord, notre déception, notre indignation, voire notre dégoût, à faire publier une contribution à la page « Libres opinions » de *Walfadjri* du mardi 11 juillet 2000. « *Me Wade, ne poignardez pas la démocratie* ! », tel était le titre de la contribution.

Ce qui était plus insupportable encore pour les électeurs et les électrices de Me Wade, c'est qu'il avait, qu'il a toujours une préférence pour les plus mauvais gestionnaires des Socialistes et pour ceux et celles qui lui étaient les plus hostiles[58]. Ainsi, Abdoulaye Diack le « parrain », questeur inamovible de l'Assemblée nationale du temps des Socialistes, qui avait « oublié » deux cents millions de francs Cfa (le salaires des personnels de cette Institution) dans un taxi ; Sada Ndiaye, le bourreau du COUD ; Adama Sall, qui avait mis à genou la SAPCO[59] ; Landing Sané, qui confiait de gros marchés de gré à gré à des entrepreneurs-tailleurs ; Abdourahmane Sow, accusé d'un détournement de 5 milliards de francs Cfa lorsqu'il était directeur général de la Caisse de Péréquation et de Stabilisation des Prix[60] ; Salif Ba, pratiquement inconnu avant le 19 mars

---

[58] Le Pr Abdoulaye Bathily a bien dénoncé cette pratique en ces termes (cf *Le Quotidien* n° 233 du lundi 28 juin 2004, p. 4) : « On a pris, dans bien des cas, des déchets de l'ancien système qu'on a recyclés dans le nouveau.... » Il ajouta avec pertinence : « Non seulement ce sont les déchets de l'ancien système qu'on a retrouvés dans le nouveau, mais encore les méthodes de gestion n'ont pas fondamentalement changé... »

C'est pourquoi ceux qui nous reprochent de travailler à la restauration de l'ancien régime sont malhonnêtes ou n'ont vraiment rien compris. Où est l'ancien régime ? Où est le nouveau ? Quelle(s) différence(s) font-ils entre les deux ? Le nouveau est d'ailleurs pire que l'ancien. Il nous en administre chaque jour la preuve. La « transparence » que les libéraux donnent l'impression d'avoir découvert dans l'affaire des nébuleux chantiers de Thiès n'y change rien. Rien du tout ! Chaque jour qui passe, nous découvrons, avec l'évolution de cette affaire, qu'elle a davantage des soubassements politiques et politiciens, des relents de règlements de compte. Chaque jour qui passe, elle nous révèle les gros scandales qui jalonnent la gouvernance libérale. Les derniers en date sont relatifs à la gestion nébuleuse des fonds politiques du Président de la République, qui sont grassement alimentés autrement que par la voie légale des autorisations de l'Assemblée nationale.

[59] Sada Ndiaye et Adama Sall, bien que lourdement et gravement épinglés par la Cour des Comptes, avaient été totalement blanchis : ils avaient été bien inspirés en faisant partie des premiers Socialistes qui, dès le lendemain du 19 mars 2000, ont pris leurs jambes à leur cou pour aller se réfugier sous le paratonnerre bleu, la couleur du PDS.

Dans le chapitre VI de notre livre (op. cit., pp. 193-202), le lecteur peut trouver de larges extraits de leurs indélicatesses révélées par la Cour des Comptes.

[60] La Caisse était responsable de l'importation du riz et de sa distribution au Sénégal. Le n° 10 des Dossiers noirs de la Politique africaine de la France, *France-Sénégal : une vitrine craquelée*, *L'Harmattan* 1997, p. 51, révèle, qu'au niveau de la Caisse, « un audit international a mis en lumière un déficit de treize milliards de francs Cfa (à l'époque, 260 millions de FF). » Quatre milliards de FCF en chèques avaient également disparu et pour toute explication, Abdourahmane Sow aurait déclaré : « Je les ai remis au président ». C'est le journal *Sopi* (du PDS) du 25 octobre 1993, qui avait fait état de la disparition desdits quatre milliards. « Quatre milliards disparus de la

2000 et dont on dit qu'il était toujours accroché aux basques de l'ancien Ministre d'État Ousmane Tanor Dieng et lui ferait le thé les week-ends[61] ; les deux homonymes Aïda Diongue et Aïda Mbodj ; Assane Diagne, qui a mis à sac la SICAP dont il était le directeur général pendant de longues années, etc. La part belle est donc paradoxalement faite aujourd'hui à ces néo-libéraux, souvent au détriment des libéraux des premières heures : ils sont membres du Gouvernement, de l'Assemblée nationale, du Conseil de la République pour les Affaires économiques et sociales, directeurs de sociétés nationales, présidents de conseil d'administration, maires, conseillers spéciaux du Président de la République, diplomates, etc.

Me Mbaye Jacques Diop, qui en fit voir de toutes les couleurs à l'opposition dans sa ville de Rufisque et qui traitait Me Wade de bandit de grand chemin, trône aujourd'hui à la tête du Conseil de la République pour les Affaires économiques et sociales (CRAES). C'est la quatrième personnalité de l'État, après le Président de la République, le Président de l'Assemblée nationale et le Premier Ministre alors que, pendant quarante-deux ans de militantisme actif dans le PS, il n'a jamais été plus que député dans ce parti. Parmi les membres du bureau du CRAES, on trouve comme secrétaire élue, Mme Aïda Diongue, présidente jusqu'au 27 mars 1990 de la tonitruante et activiste « *Association des Amis de Jean Collin* », ce même Jean Collin alors puissant Ministre d'État, qui disait que Wade ne serait jamais Président de la République du Sénégal. Mme Diongue se signalait particulièrement par son insolence à l'endroit de Me Wade et son activisme débordant contre l'opposition en général. Abdou Fall, Ministre libéral de la Santé et de la Prévention médicale en a été un témoin « privilégié », lui qui a été son adversaire dans les premiers HLM de Dakar.

Son homonyme Aïda Mbodj, était plus insolente encore. On l'a entendue, pendant la campagne pour l'élection présidentielle de 2000,

---

Caisse de Péréquation : Abdou Diouf mis en cause », tel était le titre du texte de *Sopi* signé de Médoune Ndongo Diop.

[61] Salif Ba a rendu sa démission de Ministre du Patrimoine bâti, de l'Habitat et de la Construction. Il a été, avant sa propulsion à cet important ministère, directeur du sulfureux PCRPE. Cette structure était, en effet, le siège – il l'est encore d'ailleurs – des marchés de gré à gré. Salif Ba a cumulé cette structure avec ses fonctions de ministre pendant plusieurs mois. Même après qu'un nouveau directeur du PCRPE a été nommé, Salif a continué de garder le bureau qu'il y occupait. Qu'y avait-il de particulier dans ce bureau, pour qu'il décidât de le garder, même lorsqu'il n'en était plus directeur ?

traiter Me Wade de tous les noms, y compris de *Fantomas*. Elle était même allée plus loin, en lançant à son adversaire (du PDS), au cours d'un débat radiodiffusé : « *Toppal fale ! Xam ngéén ne séén boroom gimiñ gu mokk gi du fi nekk Président de la République !* » Ce qui, traduit, donne : « Vous perdez votre temps ! Avec sa bouche édentée, votre candidat ne sera jamais Président de la République du Sénégal. » Mme Aïda Mbodj est aujourd'hui Ministre de la Femme, de la Famille et du Développement social dans le Gouvernement de Me Wade, pendant que le militant des premières heures du PDS, Papa Diouf, avec qui elle partage la même ville, est exclu définitivement de ce parti, pour avoir été étiqueté ami de l'ancien Premier Ministre Idrissa Seck.

Me Wade a donc vraiment une logique que la logique ne connaît pas. De toute sa carrière mouvementée au sein du PS, Mme Mbodj n'a jamais été député, ni même maire de sa ville de Bambey. Elle n'aurait même pas osé caresser le rêve d'être ministre, si Diouf avait été réélu. Car elle sait parfaitement qu'elle n'en a pas le profil. Voilà que Me Wade, rien que pour s'assurer la bonne grâce des familles Mbacké-Mbacké[62] du Département de Bambey et de la Région de Diourbel en général, la bombarde Ministre de la République.

Dans le même département, le Président de la République a procédé à une nomination plus inacceptable encore : celle d'un autre transhumant, Assane Diagne, comme Ministre de l'Urbanisme et de l'Aménagement du Territoire. Ce dernier a été le premier Socialiste à avoir théorisé le « Dioufisme » dans un livre. Il a été, en outre, sévèrement épinglé par la Cour des Comptes qu'il couvre d'injures en les traitant publiquement d'«ignorants », d'« ingrats » et de « méchants ». Me Wade n'a aucun respect pour l'opinion publique sénégalaise. Il n'a cure de la transparence dont se gargarisent les libéraux depuis que leur ennemi Idrissa Seck a été livré à la Haute Cour de Justice. Sinon, comment se permettrait-il de nommer Assane Diagne Ministre de la République, après tous ses forfaits rendus publics par la Cour des Comptes et dont nous proposons quelques exemples...

Dans son rapport sanctionnant la gestion de M. Diagne, la Cour des Comptes relève qu' « en 1992, la SICAP a négocié une vague de départs

---

[62] Les Mbacké-Mbacké sont les descendants de l'illustre Cheikh Ahmadou Bamba, fondateur de la Confrérie sénégalaise des Mourides. Leur influence sur les disciples est très grande et ils peuvent les faire voter dans un sens ou dans un autre. Il est vrai que, de plus en plus, des disciples font la part des choses et votent selon leur propre conscience.

volontaires qui a concerné 106 agents et a coûté à la société 1,100 milliard de francs, avec différents avantages en nature (bénéfice d'un logement ou d'une parcelle). Parmi ces agents, 40 ont cependant été immédiatement recrutés à nouveau (sic), d'abord au moyen d'un contrat à durée déterminée (CDD), puis d'un contrat à durée indéterminée (CDI) alors qu'ils s'étaient engagés à quitter définitivement la société. La décision de leur maintien a été entérinée par le Conseil d'Administration (CA) et leur salaire revu à la hausse en 1997 ». Le rapport de la Cour précise que « malgré les injonctions d'une directive présidentielle prise suite au précédent contrôle de la Commission en 1994, les indemnités de départ injustifié n'ont jamais été remboursées »[63].

La « générosité » de M. Diagne au profit du personnel de la Société était sans limites. Le rapport de la Cour des Comptes fait particulièrement état d'un prêt de véhicules au personnel cadre, dont « le remboursement est conditionné par l'octroi d'une indemnité kilométrique nette d'impôt de 200 000 francs, ainsi qu'une dotation gratuite de carburant (2250 litres au directeur général et au Président du Conseil d'Administration, 350 litres aux directeurs et entre 150 et 200 litres aux chefs de service) ». Notre « généreux » directeur général s'est permis d'« octroyer à M. Moussa Mara, ancien directeur technique de la Société, 5 millions de francs comme cadeau de départ à la retraite et a décidé de l'annulation intégrale de son endettement sans avoir consulté au préalable le CA ». Cette dernière structure ne levait pas évidemment le plus petit doigt, puisqu'on la lui avait bouclée, à force d'une pluie de faveurs.

Le rapport de la Cour des Comptes avait aussi mis en évidence la mauvaise gestion du patrimoine foncier de la SICAP, « illustrée par la vente de terrains nus résultant des reliquats non construits à la SOCABEG et à Mody Sow à des conditions leur ayant largement profité, soit respectivement à 18 000 F et à 6000 F le m2, ce qui leur a permis d'encaisser des plus-values substantielles au détriment de la SICAP ». Et probablement, très probablement au profit du très « généreux » directeur. De nombreux Sénégalais et Sénégalaises qui ont déposé leur argent à la SICAP couraient depuis plusieurs années derrière un logement. Alors, pourquoi ne pas construire ces « reliquats » au profit de ces gens-là ? Il est même curieux de parler de reliquat, alors que la SICAP avait de plus

[63] Si Me Wade a pris la grave responsabilité de nommer ministre de la République un tel mauvais gestionnaire, celle du PS est aussi largement engagée. Comment a-t-il pu fermer les yeux pendant neuf à dix ans sur la gestion désastreuse d'un tel directeur ?

en plus de problèmes de terrains. Que M. Diagne ne nous prenne donc pas pour ce que nous ne saurions être : des imbéciles qui ne comprennent rien et à qui on peut faire tout avaler.

La Cour des Comptes n'a pas manqué non plus de flétrir vigoureusement « ses » critères d'attribution de logements qui étaient aux antipodes d'« une directive présidentielle prise dans ce sens »[64]. Il « s'immisçait directement dans l'attribution des logements pour favoriser des candidats n'ayant pas effectué de dépôts, au moment où la société se trouve devoir 1,8 milliard de francs au 31 décembre 1999, correspondant aux apports des dossiers non satisfaits et dont le remboursement risque de poser problème, en l'absence de logements disponibles en nombre suffisant ». C'est ce moment-là que M. Diagne choisit pour vendre des « reliquats » de terrains de la SICAP. Il distribuait aussi les seules maisons disponibles à des gens fort nantis et probablement déjà propriétaires de plusieurs villas. La fille de l'ancien Président de la République (M. Diouf) faisait partie des privilégiés. Nous avions du mal, à l'époque, à comprimer notre indignation devant une injustice aussi flagrante. Aussi, dans une contribution dans un quotidien de la place, réagissions-nous en ces termes :

> *« Est-ce seulement décent (...) d'octroyer sans caution un logement à une Fabienne Diouf, alors qu'on n'a pas besoin d'être un devin pour savoir qu'elle est cousue d'or et probablement déjà propriétaire d'une ou de plusieurs villas cossues ? »*

Et nous ajoutions, pour vider notre trop-plein d'indignation :

> *« Il en est de même des autres personnalités citées dans le rapport et qui ont bénéficié, comme la fille du président Diouf, d'un logement sans bourse délier. Pendant ce temps, d'honnêtes citoyens, qui se sont sacrifiés pendant plusieurs années pour se constituer péniblement une caution, attendaient une hypothétique maison pour y loger leurs familles. »*

M. Assane Diagne ne ménageait pas du tout les pauvres deniers de la SICAP, nos pauvres deniers. « Entre 1996 et 1999, il a dépensé 500,8 millions en promotion et insertion publicitaire, sur des supports inappropriés (à diffusion confidentielle ou à vocation politique), alors

[64] M. Diagne devait avoir de solides attaches à la Présidence de la République, pour ignorer royalement toutes directives ou instructions qui venaient de ce côté-là.

que les budgets de cette rubrique autorisés par le CA se chiffrent à 310 millions de francs. »

M. Diagne, à l'image de Me Wade qui a pris la grave décision de le promouvoir ministre de la République, raffolait des voyages : il était pratiquement présent à tous les forums internationaux. En 1999, le montant des frais d'inscription du directeur à ces rencontres se chiffrait à 6,7 millions de francs, « compte non tenu des frais de transport et des frais de mission (100 000 francs par jour) ». Le rapport de la Cour des Comptes enfonce le clou en révélant que « la société a même pris en charge le billet d'avion (Dakar-New-York-Montréal) de l'épouse du directeur général pour un montant de 4,8 millions de francs à l'occasion des assises de l'organisation Réseau dont la SICAP est membre ».

Pour la même période, notre Dg « a utilisé les deniers de la SICAP à concurrence de 287 millions de francs, largement au-dessus du budget autorisé, pour accorder des dons dont l'essentiel est destiné au Parti socialiste ». Et le rapport de signaler « de nombreuses locations de véhicules (qui) ont eu lieu durant les fins de semaines, et plus particulièrement en période électorale (sic) ». La SICAP a supporté ainsi, sur trois ans, 36,5 millions pour couvrir ces locations de véhicules.

Le rapport continue d'épingler M. Diagne en signalant l'élaboration, en 1996, d'un manuel de procédures consécutive à une commande directe, pour plus de 53 millions, alors que ledit manuel n'a jamais été utilisé (sic). Et que dire de l'appel fait par la SICAP, au cours de l'exercice 1999, à deux intermédiaires financiers grassement payés, respectivement 15 millions de francs hors taxe (pour négocier un milliard à la SGBS) et 57,5 millions également hors taxe (pour lever deux milliards auprès de la Well Building Company) ? Le rapport exprime, à juste titre, son étonnement que la SICAP « ait eu recours à un intermédiaire pour conclure un emprunt avec une banque de la place dans laquelle elle possède un compte (SGBS) et pour qu'un partenaire mette en place des fonds prévus pour un programme. »

Walaf Ndiaay dit bien que *ku demul gannar sax, xam ne gúddi lañuy reer*. Cet adage exprimé en langue nationale *walaf* signifie qu'on n'a pas besoin d'aller en Mauritanie pour savoir que les dîners s'y prennent la nuit. En d'autres termes, point n'est besoin de se perdre en conjectures pour imaginer les motivations qu'il y avait derrière le choix très contestable de ces deux intermédiaires, qui « ne possèdent ni RC, ni NINEA, (et) n'ont (donc) pas payé l'impôt relatif à ces prestations ». M.

Diagne s'est même permis le luxe, son successeur n'ayant pas encore été nommé, de « continuer à engager des dépenses jusqu'à hauteur de 300 millions de francs durant les trois mois qui ont suivi la cessation de ses fonctions ».

Nous aurions pu nous étendre bien davantage sur bien d'autres exemples de mauvaise gestion de l'ancien Dg de la SICAP. Notre intention était d'attirer l'attention de tous nos compatriotes, de tous les adeptes de la bonne gouvernance d'Afrique et du reste du monde, *des partenaires au développement du Sénégal en particulier*, sur les « prouesses » en matière de mauvaise gestion de ce transhumant prétentieux et arrogant, *qui méprise et injurie des juges financiers qui n'ont fait que leur travail.* Ce symbole parfait de la mauvaise gestion, que Me Wade a pris la grave responsabilité, pour des raisons bassement politiciennes et électoralistes, de nommer ministre de la République.

Nous aurions également pu nous étendre longuement sur les cas flagrants de mauvaise gestion de Sada Ndiaye, de son « pays » Adama Sall[65] et de nombreux autres mauvais gestionnaires socialistes qui ont détalé comme des lièvres dès le lundi 20 mars 2000, pour aller se réfugier sous le parapluie du PDS et se faire blanchir de toutes fautes. En accueillant ces « déchets » du PS et en les nommant à d'importants postes de responsabilité, aussi bien au niveau du Gouvernement, de l'Administration que du PDS, Me Wade a trahi l'esprit et la lettre de l'alternance et du Sopi. Il a profondément déçu les 58 % de Sénégalaises et de Sénégalais qui avaient porté leur choix sur lui, avec l'espoir qu'il apporterait des changements profonds et qualitatifs à notre pays qui en avait tant besoin[66].

Me Wade remet donc sans état d'âme la détestable transhumance au goût du jour. On serait moins choqué si c'était les seconds couteaux du PDS qui s'adonnaient à cette pratique abjecte, au débauchage de militants

[65] Ce dernier a été nommé Ministre dans le huitième gouvernement de Me Wade intervenu le 9 août 2005. Il est aussi mauvais gestionnaire qu'Assane Diagne. Partout où il est passé, il a laissé de lourdes ardoises. Nous renvoyons le lecteur au chapitre VI (pages 194-198) de notre livre cité. Ils y liront de larges extraits des « prouesses » qui lui ont valu d'être attrait devant les tribunaux. Il a bénéficié évidemment d'un non-lieu pendant que d'autres anciens socialistes, qui ont préféré rester fidèles au Parti socialiste, ont été condamnés pour des fautes beaucoup moins graves que celles dont les juges de la Cour des comptes l'accablaient.

[66] Ce qui est incompréhensible, c'est l'attitude de la Banque mondiale, du FMI et de tous les partenaires au développement du Sénégal, qu'ils soient publics ou privés. Ils sont bien représentés au Sénégal et certainement bien informés de l'opacité qui est un trait caractéristique de la gouvernance de Me Wade.

de l'opposition. Ce que toutes les Sénégalaises et tous les Sénégalais constatent, c'est que c'est le Président de la République lui-même qui s'implique publiquement et sans état d'âme dans la débauche de militants de l'opposition et principalement de l'AFP. Les observateurs se demandent de plus en plus d'ailleurs pourquoi le Président de la République fait de ce parti sa cible privilégiée. Pourquoi s'acharne-t-il contre Moustapha Niasse dont l'apport a été déterminant dans l'avènement de l'alternance ? Ses sergents recruteurs investissent le Niombatou (département de Foundiougne), la Région de Kaolack et toutes les autres localités où le Parti de M. Niasse compte de nombreux élus. À titre d'exemple, le maire AFP de la ville de Vélingara (Région de Kolda au Sud du pays), M. Amadou Woury Diallo, a été approché à plusieurs reprises mais sans succès par les sergents recruteurs de Me Wade. C'est finalement ce dernier lui-même qui devait le décrocher. Il le reçoit le 19 juillet 2004 à la Présidence de la République (en présence du Pr Iba Der Thiam), après l'avoir fait convoquer, dit-on, par deux gendarmes. M. Diallo qui était accompagné de deux de ses conseillers, MM. Sène et Sy, a confirmé lui-même cette audience[67].

Les téléspectateurs se rappellent surtout avec dégoût cette autre audience (une véritable humiliation celle-là) que Me Wade a accordée à un transhumant frais de l'AFP, un certain Gakou de Kaolack. Le spectacle était proprement affligeant. À sa sortie d'audience, un « journaliste » de la Cellule de Communication de Me Wade, qui était visiblement de la partie, a tenu à lui faire boire le calice jusqu'à la lie. C'était à une heure de grande écoute : au Journal télévisé de 20 heures 30. L'entretien, que nous avons suivi avec attention et amertume, peut se résumer ainsi :

Le « journaliste » :

« M. Kagou, vous venez d'être reçu en audience par le Président de la République. De quoi avez-vous parlé ? »

M. Gakou :

« De ma décision de venir désormais travailler à ses côtés, de l'appuyer. »

---

[67] *Le Quotidien* du lundi 27 septembre 2004, p. 2.

Le « journaliste » :

« Comment allez-vous l'appuyer ? »

M. Gakou :

« Je vais travailler à ses côtés.... »

Le « journaliste » qui l'interrompt :

« L'appuyer comment ? En militant au PDS ? »

M. Gakou, n'ayant plus le choix et la corde au cou :

« Oui, en militant au PDS. »

Le « journaliste », qui poursuit le supplice :

« Vous avez donc démissionné de l'AFP ? »

M.Gakou, tout blême et confus :

« Oui, j'ai démissionné de l'AFP. »

Le « journaliste », satisfait d'avoir joué sa partition :

« M. Gakou, je vous remercie. »

Cette mise en scène qu'on nous sert souvent à la Télévision nationale, par des journalistes-griots comme Mohamed Gassama, est une honte pour l'alternance du 19 mars 2000, une honte pour la Démocratie, une trahison de l'esprit et de la lettre du *Sopi*.

Parfois, c'est Me Wade lui-même qui jette son dévolu sur un responsable d'un parti d'opposition et s'emploie à le décrocher. Il nous revient par exemple les démarches de débauchage qu'il a effectuées auprès du Coordonnateur de l'AFP de Rufisque. L'intéressé lui-même, M. Ousmane Samb, reconnaît avoir été reçu en audience par le Chef de l'État[68]. « Une chose normale dans la mesure où tout citoyen a le droit d'être reçu et de s'entretenir avec le Chef de l'État », précise M. Samb. Ce qui l'est moins, c'est la manière et les circonstances dans lesquelles son audience a été décidée et organisée. M. Samb révèle que « c'est lors du déplacement de Me Wade à Bargny pour présenter ses condoléances à la députée Awa Diop, suite au décès de son mari, que j'ai eu des échanges avec lui. (...) Le Chef de l'État m'a reconnu (...) car c'est moi

[68] *Le Quotidien* du mardi 22 février 2005, (page 5).

qui avais été l'initiateur de la caravane de l'espoir lors des élections présidentielles de 1988. Considérant la portée du travail que j'avais abattu à l'époque pour lui et la réussite de cette initiative, le Président de la République a jugé nécessaire de me revoir pour discuter avec moi. » M. Samb explique ensuite que l'audience a été l'occasion de souvenirs et d'échanges, comme « dans l'ordre normal des choses quand deux politiciens de différentes sensibilités se rencontrent ». Il reconnaît ensuite que « le président a bel et bien émis son vœu de (me) voir travailler à ses côtés en adhérant au PDS ». Le Coordonnateur de l'AFP alors en sursis demanda un temps de réflexion avant de donner une réponse définitive. Devant l'insistance du Président de la République pour avoir une réponse définitive le même jour (sic), M. Samb, presque la corde au cou, lui fera remarquer, en prenant son courage à deux mains : « J'ai une base naturelle à Rufisque et je ne peux rien décider sans (la) consulter. »

Voilà l'homme qui préside malheureusement aux destinées du Sénégal depuis le 1er avril 2000. Un Président de la République qui profite de toutes les opportunités, de tous ses déplacements, y compris lorsqu'il va présenter des condoléances, pour s'adonner à la détestable transhumance, qui presse un pauvre adversaire politique à le rejoindre dans son camp, tout en sachant que ce dernier, surtout par les temps qui courent, résisterait difficilement à ses arguments probablement sonnants et trébuchants ! Nous nous étions insurgé à l'époque contre cette attitude du Chef de l'État sénégalais, à travers une contribution publiée dans *Le Matin* du jeudi 3 mars 2005, p. 9. Cette attitude, nous la trouvions *honteuse* pour son âge et pour sa fonction et nous le réitérons ici. Me Wade trouve du plaisir à se comparer aux plus grands chefs d'État du monde. Ces derniers, qui ont d'autres chats à fouetter, ne descendront jamais aussi bas. Ils se font une bien autre idée de leurs hautes fonctions.

Me Wade et les transhumants sont à mettre dans le même sac : le premier n'a cure de la morale, de certains principes qui doivent inspirer ses actions. Les seconds ont accepté de se délester de ces vertus cardinales qui font la différence entre les hommes et les femmes de bien et les autres : le sens de l'honneur et de la dignité, le *ngor* et le *jom*. Nous avons honte quand nous entendons un homme comme Mbaye Jacques Diop déclarer le plus naturellement du monde : « *Me Wade m'a prêté des yeux, je regarde où il veut.* »[69] Nous sommes gêné, très gêné quand le Pr

---

[69] *L'Observateur* n° 395 du mercredi 12 janvier 2005, P. 5.

Iba Der Thiam et Me Ousmane Ngom inondent Me Wade de louanges. M. Thiam qualifie aujourd'hui Me Wade d'« *homme unidimensionnel* » autour duquel « *l'ensemble des couches sociales en présence dans le pays peuvent se retrouver* ». Il appelle à une « *jonction des idéologies autour de Me Wade* », thème d'une conférence organisée à Saint-Louis par Me Alioune Badara Cissé, nommé tout récemment conseiller à la Primature[70]. L'honneur revenait au professeur néo-libéral d'introduire la conférence. Avec la verve qu'on lui connaît, il lançait : « Que vous soyez marxistes, libéraux, paysans, pasteurs, pêcheurs, arabisants, handicapés etc, l'idéologie *wadienne*, synthèse de tous les humanismes, vous offre un cadre d'évolution. » Et le professeur de poursuivre : « La pensée politique de Me Wade n'est pas seulement celle d'un homme politique ordinaire, mais d'un homme hors du commun, un homme du peuple profondément immergé (dans) sa culture qu'il comprend et affectionne. »

Nous vivons dans une démocratie où les gens sont libres de leurs propos et de leurs choix. Le Pr Iba Der Thiam a donc bien le droit de penser ce qu'il veut de l'homme qui nous gouverne et personne ne peut le lui reprocher. Il est tout à fait fondé, si c'est cela sa conviction, à appeler les dix millions de Sénégalais à se retrouver autour du cadre d'évolution que représenterait l'idéologie « wadienne ». Mais nous avons, nous aussi, le droit de ne pas être d'accord avec lui. Nous avons surtout celui de nous souvenir d'un passé très récent et de nous étonner. C'est un secret de Polichinelle : Iba Der Thiam n'aimait pas du tout Me Wade, l'homme politique Wade. En 1988, alors qu'il était Ministre de l'Éducation nationale dans le Gouvernement du président Diouf et qu'on était à quelques encablures de l'élection présidentielle de cette année-là, il s'est donné corps et âme pour inviter les Sénégalaises et les Sénégalais à ne pas voter pour Me Wade. C'était à l'occasion de la mise en place de son *Abdòo ñu doy* (c'est en Abdou que nous plaçons notre confiance). Le discours qu'il a prononcé en cette circonstance et qui n'était pas du tout un modèle de tendresse à l'endroit de Me Wade, a été repassé à plusieurs reprises par quelques radios privées de la place. C'était pendant le « jour sans presse » organisé en protestation contre l'arrestation de M. Madiambal Diagne, directeur de publication du journal *Le Quotidien*.

---

[70] *Le Journal* du lundi 18 avril 2005, p. 4.
Le militantisme actif de M. Cissé et ses sorties au vitriol contre l'ancien Premier Ministre Idrissa Seck n'ont donc pas tardé à donner des fruits succulents. Depuis lors, on ne l'entend pratiquement plus d'ailleurs.

Voici quelques morceaux choisis de ce discours, où le professeur incitait ses compatriotes à voter pour le candidat Diouf et à se méfier comme de la peste de son adversaire de toujours, Me Abdoulaye Wade :

> *« Si nous voulons éviter les pièges de l'illusion dans lesquels beaucoup de pays ont sombré, nous devons soutenir le candidat Abdou Diouf. Non seulement parce qu'il est le candidat de l'espoir, le candidat de la stabilité et de la continuité, mais aussi et surtout parce qu'il incarne une certaine idée de l'unité nationale. Le mouvement Abdòo ñu doy ne peut soutenir un candidat qui invite les citoyens de son pays à organiser des prières contre le gouvernement qu'ils ont démocratiquement investi de leur confiance et s'insurge après contre la prise de position des chefs religieux en faveur du candidat Diouf lorsqu'il se confie à des observateurs étrangers. Le mouvement Abdòo ñu doy ne peut pas soutenir un candidat dont l'avis sur les institutions de la République varie d'un jour à l'autre. Le mouvement Abdòo ñu doy ne peut voter pour un candidat à la magistrature (suprême) qui se réclame de s'intéresser au sort de son peuple alors qu'il détient le record olympique de l'absentéisme au Parlement où il continue pourtant de toucher ses indemnités. Le mouvement Abdòo ñu doy ne peut voter pour un candidat à la magistrature suprême qui, après avoir abandonné le Sénégal à ses difficultés pendant neuf mois consacrés à gagner de l'argent à l'étranger, surgit un certain jour comme un diable de sa boîte et déclare (...) obtenir les solutions miraculeuses de tous les maux dont souffrait notre pays. Un candidat qui passe tout son temps à l'étranger à dénigrer son pays, son peuple, ses institutions, ses leaders, ses forces de l'ordre (...) »*[71].

On connaît la suite : malgré toutes les forces qu'il avait investies dans *Abdòo ñu doy* pour embellir l'œuvre de Diouf et jeter l'opprobre sur le diable, l'absentéiste à souhait et le dénigreur du Sénégal à l'étranger qu'était Abdoulaye Wade, le Pr Thiam fut éjecté du gouvernement après la réélection de Diouf en février 1988. Me Wade a dû beaucoup changer, profondément changer entre 1988 et 2000. Le diable, le dénigreur d'hier est devenu le saint, l'homme miracle et unidimensionnel d'aujourd'hui. L'homme sans tache, sans faille, qui réussit tout ce qu'il entreprend et « dit ce qu'il fait et fait ce qu'il dit ».

---

[71] Ces extraits du discours de M. Thiam ont inspiré à la talentueuse journaliste Dié Maty Fall, son « Billet » savoureux de l'édition du jeudi 4 août 2005 de *Sud quotidien*.

Un certain Mor Diop a fait publier une excellente contribution au *Quotidien* des samedi 27 et dimanche 28 novembre 2004. Celle-ci, intitulée « *Djibo Ka, Bara Diouf*[72] *et Iba Der : le triplet maudit de la politique au Sénégal* », est un véritable réquisitoire contre l'inconstance de nos trois compatriotes. Nous trouvions, à l'époque, les propos de M. Diop trop sévères. Finalement, l'ont-ils été assez ? M. Diop a introduit sa contribution par un adage russe selon lequel « *avec une colonne vertébrale solide on ne saurait conquérir les hauts postes* ». Il affirmait que Messieurs Ka, Diouf et Thiam ont bien compris cet adage et fini par « *avoir une colonne vertébrale molle et souple pouvant faire des courbettes à l'odeur d'un quelconque avantage* ». Après les avoir traités de « *professionnels de la trahison* », il les crucifie par ces mots terribles : « *Ka, Der, Diouf se reconnaissent en ces trois caractéristiques : leur langue contredit leur cœur, leur cœur contredit leurs actes et leur apparence leur for intérieur.* »

Mor Diop a donc été dur mais il a tout à fait raison, surtout lorsqu'il affirme que « *le pire des hommes est celui qui présente deux visages et tient un double langage* ». Nombre de Sénégalaises et de Sénégalais présentent, non pas seulement deux visages, mais bien plusieurs et tiennent plus qu'un double langage. Leurs visages et leurs langages dépendent des circonstances et de leurs variations, de la direction du vent du pouvoir et de ses honneurs. Nous l'illustrerons abondamment plus loin d'ailleurs, en prenant l'exemple frappant de l'allié privilégié de Me Wade d'aujourd'hui : Djibo Leïty Ka. Auparavant, nous évoquerons rapidement le cas de Me Ousmane Ngom, revenu à la « maison du père » et de deux autres tout récents transhumants.

Nous savons déjà qu'après les élections législatives du 24 mai 1998, Me Ousmane Ngom, qui dirigeait la liste départementale de Saint-Louis a été battu. Ayant mal supporté sa défaite et reprochant vivement à Me Wade sa gestion antidémocratique du PDS et la manière dont les investitures avaient été menées, il rompit les amarres avec le PDS et son chef, après un compagnonnage de 24 ans. À cet effet, il adressa à Me Wade un véritable brûlot qui, semble-t-il, l'avait beaucoup affecté. Dans cette lettre, Me Ngom écrivait notamment :

[72] Bara Diouf, ancien Directeur général du quotidien national *Le Soleil*, ancien chantre des présidents Senghor et Diouf, et qui l'est devenu de Me Wade depuis le 19 mars 2000.

« Vous pensez pouvoir toujours, par la ruse, dérouter et déstabiliser vos interlocuteurs (...). Mais cette fois-ci, la ficelle est trop grosse et la manœuvre ne passera pas. »

Au fur et à mesure le ton monte. « *Vous parlez comme un démocrate et vous agissez comme un monarque* », lui lance Me Ngom qui poursuit, avec cette confession qui suscite bien des questions :

« Avec vous, après vingt quatre ans sous votre ombre, j'aurai appris beaucoup de choses qu'un homme doit faire ; mais aussi trop de choses qu'un homme ne doit pas faire. C'est pourquoi je reprends ma liberté et je demande pardon à Dieu. »

En conclusion de sa lettre, Me Ngom évoque la succession au sein du PDS sous la forme d'une invite à méditer l'anecdote relative à Nietzche qui, « *au soir de sa vie, (réunit) ses disciples pour leur demander de brûler tous ses livres.* » Le philosophe allemand expliquait ainsi sa demande :

« Mon vœu le plus ardent est que mes disciples me dépassent plutôt que de replonger en permanence dans mon œuvre. »

Qu'on est loin, bien loin de celui-là qui avale tous ses enfants, de peur que l'un d'entre eux le détrône, de celui-là qui se croit si indispensable qu'il est convaincu qu'aucun de ses dix millions de compatriotes n'est de taille à lui succéder !

Me Ngom n'a donc pas du tout ménagé ici Me Wade. De la création de son propre parti (le PLS) le 18 juin 1998 au 19 mars 2000, il en dira infiniment plus sur son ancien Mentor. Il s'investira de toutes ses forces dans les différentes entreprises menées pour empêcher Me Wade d'accéder à la magistrature suprême. Il n'aura, cependant, aucun scrupule, au lendemain du 19 mars, pour changer de visage et de langage, se faire pardonner et revenir à la « maison du père ».

Des Me Ousmane Ngom, c'est-à-dire des hommes et des femmes à plusieurs visages et à plusieurs langages, le Sénégal en compte beaucoup sous l'ère Me Wade. Après les nombreux exemples que nous avons déjà passés en revue, trois autres retiennent notre attention : deux tout récents et un troisième plus ancien et plus significatif encore.

Quelques jours après l'ébruitement, par un quotidien de la place, des enveloppes et des quotas de riz que Me Wade distribuait gracieusement aux responsables de partis membres de la CAP 21 (mouvance présidentielle), le PARENA de Mme Marème Wane Ly et le *Mouvement pour la Démocratie et le Socialisme/Ñaq Jariñu* (MDS/ÑJ) du jeune Oumar Khassimou Dia rejoignirent avec armes et bagages le camp présidentiel. Coïncidence ou calcul d'épicier ? Seuls Dieu et les nouveaux transhumants connaissent la réponse. Ce qu'on sait, par contre, c'est que, à peine installée au sein de la CAP 21, Mme Ly eut « l'honneur » de faire partie d'une délégation présidentielle et bénéficia probablement, à l'occasion, d'une enveloppe de la part du Président de la République[73]. Depuis lors en tout cas, elle tape sur l'opposition à chacune de ses sorties, qui deviennent de plus en plus fréquentes. Elle a été d'ailleurs nommée tout récemment conseillère spéciale auprès du Premier Ministre. Son mari et ancien porte-parole de la PARENA invité lui aussi à l'Émission « Pluriel » de la Télévision nationale, commença son intervention par ces termes : « Permettez-moi d'abord, avant d'entrer dans le vif du sujet, de féliciter chaleureusement le Directeur général de la Radiodiffusion Télévision nationale (RTS), pour la manière avec laquelle il rend visibles les actions du Président de la République (sic). » Si l'émission avait eu lieu deux ou trois mois avant leur entrée dans la mouvance présidentielle, il n'aurait jamais tenu ces propos de petit militant de quartier, destinés seulement à plaire et à donner des gages de fidélité au prince qui en raffole.

Oumar Khassimou Dia a eu un parcours très spécial. Il a milité successivement à la LD/MPT, au PAI et au PS, puis a créé son propre parti (MDS/ÑJ) dont l'objectif déclaré était « *l'alternance générationnelle* ». Il trouvait que les dirigeants des partis traditionnels étaient trop vieux et que le personnel politique avait besoin d'être renouvelé. Le voilà qui non seulement rejoint le camp présidentiel – ce qui n'est pas en soi grave – mais qui va rapidement se fondre dans le PDS de Me Wade, un homme de 80 ans. Il travaille activement aujourd'hui, en faisant table rase de toutes ses convictions déclarées hier, à la réélection d'un candidat qui aura 82 ans en 2007. Et certainement beaucoup plus. Où est « *l'alternance générationnelle* » ?

Il convient de rappeler également que *Ñaq Jariñu* est, avec le PIT et l'Alliance Jëf Jël de Talla Sylla, les seuls trois partis qui avaient

[73] C'est le coordonnateur de la CAP 21 lui-même qui, s'expliquant sur les enveloppes du président, reconnaît qu'il en donne à tout le monde, même dans l'avion de commandement, aux membres des délégations qui l'accompagnent. C'est pourquoi les voyages avec le président Wade sont très courus par les courtisans de la mouvance présidentielle.

l'inspiration d'appeler et de voter non au référendum du 7 janvier 2001, estimant, avec juste raison, que la Constitution proposée donnait trop de pouvoirs au Président de la République. Tout cela est désormais derrière notre jeune loup aux dents longues. Ce qui importe, c'est son devenir dans son nouveau parti, c'est la promotion (professionnelle) qui l'empêcherait de dormir et qu'il peut décrocher à partir de sa position actuelle. *Le Sénégal est un petit village où pratiquement tout le monde connaît tout le monde et où tout se sait.*

Voilà ce que Me Wade a réussi à faire du Sénégal et de certains Sénégalais. Nous avons la certitude désormais qu'il n'a d'yeux que pour nos compatriotes *retors, à la colonne vertébrale souple et molle, prêts à toutes sortes de courbettes et dont la langue contredit le cœur, le cœur les actes et l'apparence le for intérieur.* Et l'homme qui nous a le plus habitués à ces travers-là est incontestablement le nouvel allié privilégié de Me Wade : Djibo Leïty Ka, l'actuel Ministre d'État, Ministre de l'Économie maritime du Gouvernement libéral.

L'ancien Premier Ministre Idrissa Seck parlait de sa « tortuosité » et refusait de le prendre dans son gouvernement. M. Ka n'était pas, à ses yeux, un exemple à présenter aux jeunes Sénégalaises et aux jeunes Sénégalais. Et il avait parfaitement raison. M. Ka, à l'image de celui qui a mis fin prématurément à sa traversée du désert, est un homme à plusieurs visages, à plusieurs langages. On peut faire une distinction au moins entre trois Djibo Ka : Djibo Ka de la période qui va de sa démission du PS en 1998 au 19 mars 2000 ; Djibo Ka de la traversée du désert, du 19 mars 2000 au 22 avril 2004, date de son entrée dans le gouvernement libéral ; un troisième Djibo, un tout autre Djibo, de son entrée au gouvernement à nos jours.

* Djibo Ka d'avant le 19 mars 2000

Rappelons que l'homme a été pendant de longues années un apparatchik du PS. Il a été directeur de cabinet du président Senghor puis, sans désemparer, ministre du président Diouf de 1981 à 1995. Il rompra définitivement les amarres avec ce parti, après que le président Abdou Diouf l'eut traité publiquement d'hypocrite, le 14 mars 1998. Un peu moins de trois mois après, le 5 juin, il créa l'Union pour le Renouveau démocratique. Auparavant, il avait présenté une liste, sous la bannière de l'Alliance Jëf Jël de Talla Sylla, aux élections législatives du 24 mai 1998 et fait élire onze députés. Le 27 février 2000, le leader de l'URD, ragaillardi par son bon score aux législatives, se présente à l'élection présidentielle.

De la date de la création de son parti, le 5 juin 1998 au 14 mars 2000, M. Djibo Ka proclamait sans équivoque son appartenance au camp du changement. Nous invitons le lecteur à suivre patiemment cette odyssée.

Le 11 septembre 1999, à l'occasion de la cérémonie d'installation du comité de pilotage, de gestion et de coordination de son parti pour la campagne électorale de février 2000, il déclarait nettement :

> *« Nous voudrions réaffirmer solennellement que si par extraordinaire, dans une hypothèse irréelle, le candidat du PS était présent au deuxième tour, et que celui du Renouveau n'y était pas, nous apporterions notre soutien au candidat de l'opposition, donc celui de l'alternance. »*

C'était clair et sans équivoque et nous invitons le lecteur à retenir cet engagement, en attendant les déclarations qui vont suivre. Moins de deux mois plus tard, il réaffirmera, avec la même « détermination », son appartenance au camp de l'alternance et du changement. Il s'exprimait alors fermement ainsi :

> *« Nous luttons pour l'alternance et le changement. L'alternance se fera par le Renouveau et les forces du progrès, les forces démocratiques. J'ai dit que tous ceux qui luttent pour l'alternance et le changement sont nos alliés naturels. »*[74]

Pendant qu'il proclamait urbi et orbi son attachement indéfectible et sans faille au camp de l'alternance et du changement, il menait secrètement des négociations avec le Premier Ministre Habib Thiam, en vue de son retour dans le giron socialiste, avant la date fatidique du 27 février 2000. M. Thiam confirme ces négociations dans son excellent livre (op. cit., pp. 206-207). Il écrit ceci :

> *« Depuis plus de six mois, par l'entremise de mon neveu, Mayoro Wade, j'avais pu établir le contact avec Djibo Ka. Je voulais le rapprocher d'Abdou. Je l'ai reçu plusieurs fois chez moi, en présence de Mayoro. Finalement, il a donné son accord pour laver le linge sale*

---

[74] *Sud quotidien* n° 1974 du 2 novembre 1999.

en famille, Djibo étant un parent d'Abdou et m'ayant dit que ce dernier serait le meilleur président pour le Sénégal ainsi que sa détermination à voter et faire voter pour lui au second tour... »

Que le lecteur se reporte à l'engagement de M. Ka que nous lui demandions un peu plus haut de retenir, et qu'il le compare à cette autre position qui vient d'être révélée !

L'ancien Premier Ministre Thiam a indiqué également que de nombreuses autres personnes avant lui avaient tenté d'organiser sans succès une rencontre Abdou-Djibo. Il reconnaît surtout avoir perdu beaucoup de temps pour organiser cette rencontre. Le président Abdou Diouf « fixa la date, l'heure et toutes les procédures pour amener M. Ka, la nuit, au palais de la République en ma présence et celle de Mayoro Wade. La veille, exactement la veille, Djibo m'appela pour me dire qu'il fallait renoncer à la réunion, des fuites ayant eu lieu ». Malgré l'insistance de M. Thiam et tous les arguments qu'il a pu développer, Djibo resta sur ses positions, non sans lui avoir donné au moins l'assurance, en présence de Mayoro Wade, que « *si lui n'était pas au second tour, il se rallierait à Abdou Diouf* ».

Voilà le Djibo d'avant 27 février 2000. Il proclame sur tous les toits son ancrage sans équivoque dans le camp du changement et de l'alternance et donne en même temps, entre quatre murs, l'assurance qu'il voterait pour Abdou Diouf au second tour.

Abdou Diouf et Abdoulaye Wade sortaient respectivement premier et deuxième à l'issue du premier tour de scrutin du 27 février 2000. Pendant que les tractations allaient bon train, Djibo Ka réaffirmait toujours son attachement au camp du changement et de l'alternance. Ses négociations avec Me Wade ne donnant apparemment pas les résultats escomptés, il est reçu en audience le 2 mars 2000 à 19 heures par le président Abdou Diouf. Au sortir de cette audience, il fit la déclaration suivante, qui donna la chair de poule aux Socialistes et à leurs souteneurs :

« Je lui ai demandé de ne pas se présenter au second tour, ... parce que c'est la demande populaire la plus partagée. » « Le pays a besoin de changement », poursuivit le renversant Djibo Ka qui ajouta, comme pour donner le coup de grâce à Abdou Diouf et aux siens :

> *« Son départ est le premier acte de changement dans ce pays. C'est le meilleur service qu'il peut rendre au pays. »*

La cause semblait donc entendue et l'ancien Premier Ministre Habib Thiam en resta coi. « *Je fus rarement aussi stupéfait que ce jour-là* », reconnut-il, désabusé, vraiment désabusé.

M. Thiam et ses compatriotes n'étaient pas d'ailleurs au bout de leurs peines et de leur surprise car, en ce mémorable 14 mars 2000, ce mardi funeste qui a marqué d'une pierre noire l'histoire politique de notre pays, Djibo Ka est de nouveau reçu par le président Abdou Diouf. Au sortir de cette audience, il lâche sa terrible bombe qui fait encore trembler nombre de Sénégalaises et de Sénégalais :

> *« Je demande aux militants et aux sympathisants du Renouveau démocratique, aux électeurs et aux électrices qui m'ont accordé leur confiance le 27 février 2000, de porter leurs suffrages sur le candidat Abdou Diouf le 19 mars, pour que nous apportions la preuve que le Renouveau est la clé du changement dans notre pays. »*

À propos de cette volte-face et de nombreuses autres, nous faisions remarquer dans une contribution et nous le répétons ici avec force :

> *« Le Sénégal a beau être le Sénégal et la politique la politique, on n'y comprend vraiment rien. »*

Bref, malgré ce retournement spectaculaire de Djibo Ka, le candidat Abdou Diouf fut finalement battu et le Sénégal accéda enfin au changement, au *Sopi* tant espéré et attendu. Une page était tournée et nous découvrions d'autres facettes de Djibo Ka.

* Djibo Ka du 19 mars 2000 au 22 avril 2004

De cette date historique du 19 mars 2000 au limogeage d'Idrissa Seck le 21 avril 2004, nous avons découvert deux autres Djibo Ka : un Djibo assumant son choix du 14 mars 2000 et très critique à l'endroit du Gouvernement de l'alternance et de son chef, un autre très accommodant et tout d'un coup très amoureux de Me Wade et de son parti. Au cours de cette période, le versatile leader de l'URD s'est signalé par des déclarations renversantes, aussi contradictoires les unes que les autres. Nous en évoquerons seulement quelques-unes, pour ne pas trop nous attarder sur cette page trop sombre de l'histoire politique du Sénégal.

On a vu, dès l'installation de l'alternance, un Djibo Ka se délecter des premiers couacs, trébuchements et maladresses des nouveaux gouvernants. Dans une interview accordée au *Soleil* du vendredi 17 mai 2002, il parlait d'« overdose électorale », pour caractériser l'attitude du Gouvernement qui ne travaillait pas. « Or, ils (les nouveaux gouvernants) étaient là pour régler les problèmes des Sénégalais. Leurs problèmes sont intacts ; ça s'aggrave. Les paysans, les pasteurs, les pêcheurs et les travailleurs le savent. » M. Ka aborde ensuite les Finances publiques qu'il qualifie d'exsangues, l'inflation qui était maîtrisée et qui est repartie aux environs de 3 %, le malheureux (c'est de lui) taux de croissance qui a été bouffé par l'inflation, etc. Le leader de l'URD poursuit son réquisitoire, en mettant en cause la compétence de Me Wade et sa capacité de gouverner :

> *« C'est la manière de gouverner de Me Wade qui pose problème. Il a beaucoup de bonnes idées, trop nombreuses à mon goût et qui s'entrechoquent pêle-mêle. Il n'y a pas de fil conducteur. »*

On en apprend encore sur Djibo quand il parle du CPC, oui, du CPC dont son parti était alors membre. Et voici en quels termes :

> *« Je considère que le CPC est aujourd'hui comme une alternative possible au pouvoir en place (sic). Nous allons donc travailler à son renforcement et sa cohésion, pour que cette nouvelle espérance puisse s'incruster dans un projet politique majeur (...) Nous sommes aujourd'hui une opposition démocratique qui montre aux Sénégalais l'alternative. Parmi ceux qui nous gouvernent aujourd'hui, il y a des individualités remarquables, mais il y a un problème de ligne politique et de gestion. Celui qui gouverne ce pays n'a pas de ligne (sic). Avec le CPC, demain, il fera jour. »*[75]

C'est bien M. Ka qui parle. Que le lecteur retienne bien ce qu'il dit de la manière de gouverner de Me Wade, surtout de ce que, avec lui, le pays n'a pas de ligne politique, de fil conducteur.

---

[75] Le lecteur se rappelle que, avant le 27 février et le 19 mars 2000, il réaffirmait avec force et sur tous les toits son ancrage dans le camp du changement et que, pendant ce temps, par le Premier Ministre Habib Thiam et Mayoro Wade interposés, il négociait secrètement sa réconciliation avec le candidat socialiste. On peut donc douter – et nous en douterons jusqu'à preuve du contraire – de la sincérité de ses propos sur le CPC. Pendant qu'il y siégeait en attendant d'autres opportunités, il avait probablement les trois quarts du cœur et de l'esprit du côté de l'avenue Léopold-Sédar-Senghor. Sans doute, ses négociations avec Me Wade étaient-elles déjà en cours.

Donc, le leader de l'URD ne ratait aucune occasion pour clouer au pilori la gestion des libéraux et les traiter de « *cuune* » (d'amateurs, d'incompétents). Il reprochait souvent au Président de la République « *son manque d'orientation et de vision politique et économique* », comme nous venons d'en avoir l'illustration. Dans une interview à *Walfadjri* des mercredi 31 décembre 2003 et jeudi 1er janvier 2004, il déclarait, à propos de son fameux choix du 14 mars 2000 :

> *« Lorsque le 14 mars 2000, j'avais pris la décision historique de ne pas m'embarquer dans une aventure (sic), beaucoup de Sénégalais n'avaient pas perçu le sens de mon message. Ceux qui ont gagné les élections de 2000 ne pouvaient pas gouverner, les Sénégalais ne pouvaient pas le comprendre. Ils étaient si fatigués qu'ils voulaient du "jooni jooni". Mais la politique, ce n'est pas le jooni jooni, c'est la réflexion, la prospective ; c'est le sens du réel (...) Aujourd'hui, les faits m'ont donné raison puisqu'on constate avec regret que ceux qui nous gouvernent sont incapables de faire face... »*

M. Ka se faisait aussi le plaisir de brocarder la politique économique – si on peut parler de politique – du Gouvernement libéral. Dans le domaine de l'agriculture et de l'élevage en particulier, il ne leur concédait rien. Pendant que le Ministre de l'Agriculture Habib Sy et son compère Abdou khadim Guèye, ex-Pdg de la SONACOS, manipulaient le peuple avec leurs résultats tripotés, il lançait, impitoyable :

> *« (...) Je parle souvent de l'économie de l'élevage, mais je constate que ce secteur est oublié depuis l'alternance (sic). Il est même en voie de disparition. Dans le domaine agricole, c'est pareil. L'arachide est au point mort, sa situation catastrophique est sans précédent, le niébé, hélas, ne va guère mieux. C'est dans ce contexte qu'est intervenu le battage médiatique fait autour de la récolte du maïs. Or, le maïs aura été une arnaque officielle. »*[76]

Dans l'édition du même quotidien du 6 janvier, il tourne en dérision le taux de croissance de 6,6 % annoncé par le Gouvernement pour l'année 2003. Il trouve surtout « ridicule » et considère (encore) comme une « arnaque officielle » l'une des réalisations les plus affectionnées par les autorités de l'alternance : *la production de 500 000 tonnes de maïs en 2003*. Voici donc ce qu'il répondait à une question du même journal

---

[76] *Walfadjri* du mercredi 31 décembre 2003 et du jeudi 1er janvier 2004, p.4

(édition du 6 janvier, page 7) sur cette fameuse production de 500 000 tonnes de maïs :

« C'est ridicule. Je souhaite que les techniciens sénégalais édifient le peuple. Je conteste ces chiffres. Je considère qu'ils sont faux. Cinq cent mille tonnes de maïs, cela suppose que, si c'est du maïs sur irrigation, nous ayons 150 000 hectares irrigués avec des rendements de 6 t ou de 4,5 t à l'hectare. C'est impossible. Nous avons 240 000 hectares le long de la vallée. Nous n'avons aménagé que 60 000 et mis en valeur 35 à 40 000. Ce n'est pas pour le maïs seulement. Si ce sont des cultures sous pluie, il nous faudrait 300 000 hectares avec des rendements de 1,5 t. Nous ne pouvons pas faire 300 000 ha alors que sur l'ensemble du territoire national, les surfaces emblavées pour les céréales, c'est 1 250 000 ha. Donc, il resterait 900 000 ha, ça n'a aucun sens. Ce n'est pas vrai. Et il n'y a que trois zones où on peut faire cela : dans le Sénégal oriental, dans le Fouladou et un peu dans le Fouta. Tous les Sénégalais savent que cela n'existe pas. »

Et M. Ka poursuit son implacable réquisitoire contre les prétentions folles du Gouvernement :

« Ajoutez à cela les semences qu'on a données. Aucun membre du gouvernement ne m'a encore contesté cela. Ce sont des semences fourragères qui ont été vendues aux Sénégalais. Beaucoup de plantes ont poussé, longues de 3 mètres, mais sans épi ou avec des épis hybrides. Ce n'est pas pour l'alimentation des personnes, mais pour celle des animaux. En tant qu'éleveur, j'en suis heureux. Je souhaite que le gouvernement dise la vérité aux Sénégalais. Si on dit qu'on a eu 150 000 ou 200 000 t de maïs, c'est une bonne chose. Mais qu'on n'invente pas des chiffres. C'est pourquoi, je continue de les contester radicalement. Et, jusqu'à présent, personne ne m'a démenti. Ils savent que j'ai raison. »

Pendant qu'il saisissait ainsi toutes les opportunités pour mettre à nu l'incompétence et l'amateurisme du Gouvernement libéral, le porte-parole de son parti, Diégane Sène, lui prêtait main forte. Il se montrait particulièrement insolent à l'endroit de Me Wade. Personne ne l'a jamais entendu, avant son entrée dans le Gouvernement de Maky Sall le 22 avril 2004, dire le président Wade ou même seulement Me Wade. « *Ablaye Wade, Ablaye Wade, Ablaye Wade* ! » Voilà tout ce qu'il savait dire. Et chaque fois qu'il s'agissait d'apprécier une action, une déclaration ou une initiative quelconque, qui relevait de l'incompétence, de l'improvisation, du pilotage à vue, etc, il se plaisait à faire remarquer que c'était du *wadisme*. Le *wadisme*, voilà un « néologisme » que nous devons à Diégane Sène, ce même Diégane Sène qui, dans une interview à *Walfadjri* du vendredi 26 décembre 2003 (page 4), a traité les ministres de l'alternance de tous les noms d'oiseaux. Dans cette interview, il reprochait en particulier au Ministre de l'Intérieur son incapacité d'assurer la sécurité des Sénégalaises et des Sénégalais. On peut avancer avec certitude que, si on lui présentait aujourd'hui le même texte sous les yeux, il jurerait sur *Ròok Sèen* (Dieu chez les Sérères) que ce n'est pas lui qui en est l'auteur.

Aujourd'hui, les choses ont changé, profondément changé. Et nous découvrons un troisième Djibo Leïty Ka.

* Djibo L. Ka du 22 avril 2005 à nos jours

Après la nomination de Macky Sall à la place d'Idrissa Seck, le 21 avril 2004, nous nous trouvons en face d'un tout autre Djibo Ka. Promu Ministre d'État, Ministre de l'Économie maritime, il tient un tout autre discours sur Me Wade, devenu entre-temps « *un très grand visionnaire que l'Afrique et le monde reconnaissent* ». A une question sur son nouveau compagnonnage avec Me Wade, il répond sans sourcillier :

> « *Nous l'admirons beaucoup, nous travaillons à ses côtés parce qu'il est l'exemple de la ténacité, le type modèle d'endurance et de patience... Quand je lis Léopold Sédar Senghor et j'écoute Me Abdoulaye Wade, j'avoue, je suis ému, je retrouve des voix et des voies de salut.* »

Quelques mois plus tard, en procédant à la réouverture de la permanence de son parti dans la capitale du Rail fermée depuis belle lurette pour défaut de paiement (sic) il renvoie la balle à qui de droit en ces termes :

> « *Me Wade est un gor (loyal) qui ne sera pas plus gor que nous. Aujourd'hui, il s'est fait jour*[77]. *Nous nous sommes retrouvés avec le*

[77] Le lecteur se rappelle-t-il qu'en parlant un peu plus haut du CPC, il avait conclu : « Avec le CPC, demain il fera jour » ? Il a fait effectivement jour puisqu'il a trouvé un bon strapontin dans

chef charismatique (depuis quand ?) *du Sopi qui se battait aussi pour le changement. Notre convergence programmatique avec le président Wade est une convergence philosophique, structurelle et de méthode* (depuis quand tout cela?)[78].

Le même journal révèle également que Djibo Ka a estimé, dans les colonnes du *Populaire*, qu'« avant son entrée au gouvernement, il n'avait pas caché qu'une banque de la place s'apprêtait à saisir son *château* sis aux Almadies ».

Me Wade est devenu vraiment fréquentable aujourd'hui. Pourtant, quelqu'un qui connaît bien Djibo Ka, le député Aliou Dia, élu sur la liste départementale URD de Linguère lors des élections législatives du 29 avril 2001 révèle que, à l'heure du choix, entre les deux tours du scrutin présidentiel de 2000, Djibo Ka avait affirmé qu'il *préférait voter pour la peste plutôt qu'en faveur de Me Wade.*

Les Sénégalaises et les Sénégalais connaissent donc bien M. Ka maintenant. Avec lui, ils s'attendent aux retournements de situations les plus spectaculaires. Mais ils n'auraient jamais imaginé qu'il en viendrait à affirmer que «*jamais le Sénégal n'a été aussi bien gouverné que du temps de Me Wade* ». Et il a choisi la période la plus incertaine et la plus tumultueuse de l'histoire politique de notre pays pour faire cette surprenante déclaration.

Voilà l'homme d'État[79], le républicain changeant et insaisissable. Le numéro deux de son parti, à qui Me Wade a aussi tendu une perche salutaire, a subi la même mue. Tous les deux servent aujourd'hui d'éclaireurs, de facteurs et de ballons de sonde à leur sauveur, qui les a fait passer sans transition de l'enfer au paradis. Et ils ont raison, car ils renvoient l'ascenseur : Me Wade dégainant très vite, plus vite que *Lucky Luke*, le *château* de M. Ka est probablement sauvé. C'est du moins ce

---

le Gouvernement de Macky Sall. Et depuis lors, lui et son numéro 2 Modou Amar font du CPC leur cible privilégiée. Pour plaire à leur nouvel allié et lui donner un gage de fidélité ?

[78] *Taxi Le Journal* du mardi 14 septembre 2004, P.4

[79] Il répète à l'envi « je suis un homme d'État, je suis un homme d'État... ». Un homme d'État, c'est quoi même, comme diraient nos parents ivoiriens ! Le chilien Augusto Pinochet, le Sud-africain Nelson Mandela, le Guinéen (de Malabo) Macias Nguema, l'Anglais Tony Blair, le Zimbabwéen Robert Mugabe, etc sont des hommes d'État. Comme l'étaient le Zaïrois Mobutu Sese Seko, le Canadien Robert Bourassa, le Centrafricain Jean Bédel Bokassa, le Suédois Olof Palmer, l'Ougandais Idy Amin Dada et bien d'autres encore.
Aucun Sénégalais, aucune Sénégalaise ne conteste à M. Ka sa qualité d'homme d'État, mais quel homme d'État est-il ?

que laissent entendre certains journaux privés. Quant à son numéro deux Modou Amar, ceux qui le connaissent de près disent qu'il était en train de crever de faim. Me Wade est donc bien leur bienfaiteur. *En les nommant l'un Ministre d'État Ministre de l'Économie maritime et l'autre Ministre conseiller spécial, il va leur permettre de se refaire rapidement une santé, eux-mêmes et leur parti.*

Comme la girouette donc, Djibo Ka et ses proches camarades prennent toujours la direction du vent, du vent des honneurs et des sinécures. Bien avant 1998 d'ailleurs, M. Ka avait déjà donné un avant goût des nombreux visages qu'il nous montre et des langages différents auxquels il nous habitue depuis sa rupture avec le PS.

Les gens de notre génération se rappellent encore qu'il ne vivait et ne respirait que par Senghor, dont il a été le Directeur de cabinet de 1978 au 31 décembre 1980. Il ne tolérait aucune critique contre la politique de ce dernier et nous traitait alors à longueur d'année, nous qui n'étions pas d'accord avec Senghor, d'« anti-nationaux téléguidés de l'étranger ». Nombre de nos compatriotes d'un certain âge se souviennent encore de ses positions particulièrement tranchées lors des conférences contradictoires qui opposaient pendant les vacances scolaires et universitaires, les étudiants de l'UPS et les autres. Djibo Ka était un adepte de la pensée unique et passait pour être un *senghoriste* pur et dur. Pourtant, quelque huit ans après le départ du pouvoir du président Senghor, il s'attaqua sans état d'âme, dans une contribution au *Soleil* du jeudi 23 avril 1988, aux aspects fondamentaux de la politique qu'il menait. C'était en réponse au journaliste Jean Mark Kalflèche du *Quotidien Le Paris*, qui dénonçait alors les fraudes massives des élections de 1988, qu'il qualifiait d'« élections farces ». M. Djibo Ka écrivait notamment ceci :

> *« La réalité est que Abdou Diouf prenait en charge, à bout de bras, les destinées d'un pays qui se débattait dans des difficultés si graves que certains pariaient fort que l'avenir du Sénégal était compté. Un pays exsangue, plus ouvert sur l'extérieur qu'enraciné dans ses valeurs de culture et de civilisation.*
>
> *Il prenait en charge une jeunesse désorientée, et qui avait cru, tout naturellement, dans les vertus du patrimoine historique de son pays, mais dont elle voyait de moins en moins l'illustration pratique.*

Il prenait en charge une organisation socio-politique bloquée, par une vision politique trop étroite pour favoriser l'expression volontaire et responsable des forces politiques sans laquelle il ne peut pas y avoir de démocratie véritable.

On se souviendra des difficultés de convaincre les Sénégalais, attachés à la liberté, d'accepter qu'il leur suffisait, pour être heureux, de se contenter d'un carcan tantôt tripartite, tantôt quadripartite aux antipodes de la volonté démocratique nationale.

Abdou Diouf prenait en charge des citoyens, sensés être responsables de leurs actes, mais obligés d'avoir la permission de voyager, comme s'ils étaient des mineurs ou des suspects permanents porteurs à l'extérieur de virus congénitaux...

Voilà ce qu'il en était du Sénégal au moment où Abdou Diouf prenait les destinées du pays... »

C'est extraordinaire ! C'est proprement renversant ! On a l'impression, en lisant ces extraits du texte de M. Ka, que le Sénégal venait de naître avec Abdou Diouf. Il démolit proprement, entre autres choix politiques de Senghor, les fameux courants de pensée politiques et les visas de sortie alors imposés aux candidats sénégalais aux voyages. Les plus jeunes ne pourront certainement pas saisir toute la portée de cette sortie de Djibo Ka contre Senghor. *Par contre, nos compatriotes qui ont vécu les années de braise 1968-1980 savent combien l'homme Djibo Ka étonne ici par sa versatilité, son inconstance et son ingratitude.* Il nous étonne, nous déroute encore plus quand, le 7 décembre 2005, il organise une conférence de presse *pour revendiquer la paternité de l'idée du couplage des élections*, comme si on la lui disputait. Profitant de l'opportunité, il charge copieusement Ousmane Tanor Dieng et le Pr Abdoulaye Bathily. Il parle de leur « vocifération », traite M. Dieng de « petit géomètre » et met en doute sa connaissance de la langue française[80]. Dans la même conférence de presse, il encense Me Wade en

---

[80] Pourquoi l'homme d'État Djibo Leïty Ka descend-il aussi bas ? Son cœur serait-il en train d'être rongé par son vieux désir de vengeance ou peut-être par la jalousie ? Ousmane Tanor Dieng est quand même énarque comme lui, titulaire d'une maîtrise en droit international et d'un DEA en droit constitutionnel. En outre, tous ceux et toutes celles qui lisent ses textes reconnaissent, pour peu qu'ils (elles) soient honnêtes, sa bonne connaissance de la langue française.
Dans un témoignage rapporté par *J. A. I.* « Hors série » (op. cit.), Ousmane Tanor Dieng évoque sa première rencontre avec Senghor en octobre 1978. Il venait d'être nommé auprès de lui comme conseiller diplomatique. Après l'avoir mis en confiance de façon très pédagogique, l'ancien

déniant à Abdou Diouf *les qualités requises pour être de la stature du premier et du troisième Président de la République du Sénégal*[81]. Il « oublie » son article au *Soleil* du 23 avril 1988 que nous venons de citer largement, et son fameux appel du 14 mars 2000 en faveur de l'homme dont il dénie aujourd'hui jusqu'à l'existence.

C'est cet homme qui s'enorgueillit, sous nos yeux, de son compagnonnage avec Me Wade, après avoir failli l'empêcher pour de bon d'accéder à la magistrature suprême, après l'avoir traité de tous les noms, lui et ses ministres « *cuune* » (amateurs, incompétents, inexpérimentés). L'homme sans vision d'avant le 22 avril 2004 est devenu depuis cette dernière date le meilleur, le plus compétent, le plus expérimenté des Sénégalaises et des Sénégalais. D'ailleurs aucun, aucune d'entre nous n'est capable de le remplacer.

Il faut véritablement être un Me Wade et un Djibo Ka pour, après tout ce qui s'est passé entre le 5 juin 1998 et le 22 avril 2004, arriver à s'entendre aussi rapidement comme larrons en foire. Comme s'il n'y avait jamais eu l'ombre d'une divergence entre eux. Les deux hommes se soucient très peu de la morale ou de l'opinion publique dans leur marche vers la réalisation des objectifs qu'ils se sont fixés. Les Sénégalaises et les Sénégalais connaissent mieux aujourd'hui ces deux personnages et comprennent pourquoi ils se sont facilement retrouvés, malgré l'épisode du 14 mars 2000. Ils comprennent également pourquoi le premier n'a pas eu de scrupules à couvrir (et peut-être à inspirer) la loi « Ezzan » et le second à la faire voter sans état d'âme par ses députés.

Il nous arrive souvent d'évoquer le cas de Djibo Ka. Pourtant, nous n'avons aucun problème particulier avec lui, ni avec aucun membre de son parti. Ce que nous ne supportons pas, de lui comme de Me Wade et de nombre de nos compatriotes qui leur ressemblent, c'est leur

---

Président de la République du Sénégal lui fit savoir qu'il cherchait « un internationaliste qui sache écrire ». Et il a gardé son jeune conseiller diplomatique jusqu'à son départ du pouvoir, non sans l'avoir recommandé à son successeur. Ce n'était quand même pas rien. Djibo Ka le sait parfaitement : Senghor n'aurait jamais accepté à ses côtés un « petit géomètre » qui n'était pas à l'aise avec la langue de Molière.
Notre préoccupation ne saurait être évidemment de chercher à faire plaisir ici à Tanor en le défendant. Nous ne lui devons rien. En outre, il est bien mieux outillé que nous pour assurer sa propre défense. Nous ne l'avons jamais ménagé dans nos contributions avant le 19 mars 2000. Ni dans notre livre (op. cit.) où nous avons sévèrement mis en cause sa responsabilité dans de nombreuses dérives du régime socialiste. Cependant, l'honnêteté intellectuelle commande de reconnaître à *Leuk-Le-Lièvre* la vélocité de ses pattes.

[81] *L'AS* du jeudi 8 décembre 2005, page 5.

inconstance, c'est leur « tortuosité », leur caractère fongible et ondoyant. Ce dont nous avons horreur, c'est la détestable transhumance qui alimente tous ces travers et que Me Wade se plaît à entretenir, lui et sa horde de courtisans. Même Samba Diouldé Thiam s'emploie aujourd'hui, pour être dans l'air du temps, à justifier l'immonde transhumance[82]. Celle-ci est, selon lui, un « phénomène véritablement social, culturel et politique (...), qui a encore de beaux et nombreux jours devant elle ». Il trouve normal que le PDS et Me Wade s'adonnent à cette pratique nauséabonde, que nous combattions ensemble du temps des Socialistes. De son point de vue, « un parti arrivé au pouvoir dans les conditions du PDS ne pouvait pas ne pas se préoccuper en urgence de l'extension de sa base politique. Que l'objectif soit de devenir autonome par rapport à tout apport d'un parti est tout à fait légitime. » Ce qui gêne peut-être M. Thiam, « *c'est la trop grande visibilité donnée à des transhumants repoussoirs, dans des responsabilités d'État éminentes. Cela a brouillé l'image que l'Alternance renvoyait d'elle à de nombreux Sénégalais.* » Sinon, « *le fait de transhumance est une leçon universelle, à l'occasion des événements de l'envergure d'une révolution, d'une contre-révolution, ou de changement de régime qui a duré des décennies...* »

M. Thiam est un homme pondéré, adroit, cultivé, très expérimenté sur le plan politique et pour qui nous avions beaucoup de respect. Cependant, il ne nous convainc pas du tout. C'est, du moins c'était, un homme de Gauche avant le 19 mars 2000. Il sait que, le 10 mai 1981, François Mitterrand et la Gauche sont revenus au pouvoir après une très longue opposition. Ce changement de régime (la Droite était restée au pouvoir au moins pendant 23 ans) n'a donné lieu à aucun fait de transhumance. La Gauche plurielle a gouverné et la Droite a commencé sa traversée du désert, en travaillant. En travaillant si dur que, cinq ans après seulement, elle reprend la majorité, aidée évidemment en cela par les erreurs (dues notamment à l'inexpérience) de l'autre camp. Des changements de ce genre, on peut en citer bien d'autres en Europe. Le Parti social-démocrate suédois (du très regretté Olof Palme) a gouverné la Suède de 1932 à 1976, avant d'être renversé par les Conservateurs. Il n'y a eu, à l'occasion, aucun fait de transhumance. En tout cas pas à notre connaissance.

[82] *Taxi Le Journal* n° 732 du jeudi 11 novembre 2004, p. 2.

Le doyen Samba Diouldé Thiam justifie aussi les enveloppes que le président Wade distribue avec « générosité » à ses obligés de la CAP 21. Son argument massue, c'est que cela se faisait aussi du temps du président Diouf et que Tanor le sait si bien qu'il n'en parle jamais. Et qu'il n'est pas particulièrement décent de mettre certaines choses sur la place publique. Notre ami El Hadji Hamidou Kassé lui aurait répliqué : « *Ils l'ont fait, je le fais. Degré zéro d'invention.* »

Nous comprenons bien le souci de M. Thiam de ménager la chèvre et le chou, mais la générosité ambiante, déferlante et surtout très sélective de Me Wade est indéfendable, surtout avec le seul argument que les autres le faisaient. C'est justement parce qu'ils le faisaient que nous les avons sanctionnés le 19 mars 2000 et élu Me Abdoulaye Wade, pour qu'il fasse bien mieux. Si ce n'était que pour qu'il leur emboîte le pas dans la mauvaise gestion, ce n'était vraiment pas la peine de changer d'équipe. Le phénomène de la transhumance, tel qu'il se passe chez nous depuis le 1er avril 2000, n'existe nulle part ailleurs. Il est aussi indéfendable que la générosité sélective et intéressée de Me Wade.

M. Samba Diouldé Thiam est cependant beaucoup moins radical que son camarade de la CAP 21 le Pr Iba Der Thiam, qui défend, avec une vigueur rarement égalée, la détestable transhumance et y prend – c'est maintenant une certitude – une part active. Il se fait même le théoricien d'une transhumance à rebours. Les transhumants ne sont plus Abdoulaye Diack, Sada Ndiaye, Adama Sall, Assane Diagne, Aïda Diongue, Aïda Mbodj, etc. Les vrais transhumants, les *transhumants de la restauration*, ce sont désormais Moustapha Niasse, Abdoulaye Bathily, Amath Dansokho, Abdoul Aziz Diop, Mody Niang, Mandiaye Gaye, Abdoul Aziz Diagne et tous ceux et toutes celles qui, membres de partis politiques ou de la société civile, ne sont pas d'accord avec la gouvernance catastrophique de Me Wade et l'expriment ouvertement. Voici la nouvelle et bien curieuse théorie du Pr Thiam :

> « *En vérité, en fait de transhumants, il y en a de deux catégories : les transhumants du changement et les transhumants de la restauration. Alors que les premiers répondant à une invitation du Président à partager le pouvoir, sont venus au grand jour, courageux et résolus pour participer aux changements à promouvoir, les seconds, honteux, transhument vers le Parti socialiste (sic) qu'ils veulent ramener au pouvoir sans oser l'avouer. Pour ce faire, ils élaborent des théories fumeuses d'alliances en prétendant que le*

Parti socialiste n'est plus hégémonique, alors que dans l'opposition, il est le parti dominant, auquel doit logiquement profiter tout regroupement... »[83]

Sans commentaires ! Nous n'en avons pas la force. Peut-être nous poserons-nous simplement cette question : *comment peut-on craindre à ce point le retour à la maison d'une vipère, alors qu'on y cohabite confortablement nuit et jour avec un crotale ou un cobra* ?

La transhumance est incontestablement, malgré ses défenseurs zélés, une plaie béante et puante pour l'alternance. Pourtant, elle ne gêne pas le moins du monde Me Wade qui en fait officiellement une stratégie pour élargir son électorat. C'est cette même préoccupation qui explique les changements fréquents et intempestifs de gouvernements et de ministres auxquels il nous a habitués depuis le 1er avril 2000.

2) Des changements intempestifs de gouvernements

« Cherche-t-il la combinaison gagnante ou poursuit-il une chimère ? Me Wade fait et refait ses jeux. Dans le grand casino du pouvoir, le maître du jeu mise, gagne, perd et rejoue pour la sixième fois. Jusqu'en 2007, rien ne devrait l'empêcher de revenir au tapis

---

[83] *L'Observateur* n° 452 du lundi 21 mars 2005, p. 4.
Dans la page « Opinion » de l'édition de *Sud quotidien* du lundi 22 août 2005, le Pr Thiam est allé plus loin encore, en faisant publier une contribution dont le titre est « *Et si nous parlions de la transhumance* ? » Dans ce texte, qui est plutôt « *un éloge de la transhumance* », le distingué professeur appelle à un débat qui ne nous tente guère. Nous nous sommes tellement expliqué sur la transhumance, cette honte de l'ère Wade ! D'ailleurs, de débat, il n'y en eut presque pas (une seule réaction a été notée). À son « éloge de la transhumance », nous opposons ces mots de Vieux Savané, extraits de sa chronique « Le déficit éthique », *Sud quotidien* des samedi 19 et dimanche 20 mars 2005, page 7. Voici ce que M. Savané pense de l'immonde transhumance :
« (...) Cinq ans après, la transhumance politique s'affiche avec insolence. Aussi, faut-il se pincer pour se persuader de ne pas rêver au vu des visages bavards qui défilent dans la galerie des portraits de l'alternance. Portés par la force du caméléon, ils ont pris la couleur du pouvoir. Aucune expertise particulière, sinon qu'ils se font remarquer par une capacité laudative extraordinaire, prêts à se renier. Contempteurs de la morale, leur force, c'est de ne pas avoir de convictions, de pouvoir jeter aux orties ce qu'ils ont adoré hier et de pouvoir se regarder dans la glace et soutenir le regard des autres... » Les voilà, les Abdoulaye Diack, Aïda Diongue, Aïda Mbodj, Iba Guèye, Mbaye Ndiaye COSAPAD, Sada Ndiaye, Adama Sall, Assane Diagne et tous les autres anciens ennemis jurés de Me Wade, qui ont renoncé aujourd'hui à tout sens de l'honneur... pour des sinécures. Voilà les « sans vergogne » à qui le Pr Iba Der Thiam tente désespérément de trouver des vertus.

vert tant que le gain ne lui semblera pas valoir la mise – certes devenue élevée pour les Sénégalais... »

Voilà ce qu'écrivait Mme Saphie Ly, à la « Une » de l'édition du vendredi 7 mai 2004 de *Sud quotidien*. C'était au lendemain du sixième remaniement du Gouvernement libéral. Et Sophie Ly se demandait à juste raison s'il ne pourrait pas procéder encore à un autre remaniement d'ici à 2007. C'est arrivé : *le 8 août 2005, Me Wade a remanié pour la septième fois en cinq ans, battant ainsi tous les records*. Ce Gouvernement compte 40 ministres. Déjà, lors de la formation du premier Gouvernement de Macky Sall, enfanté dans la grande douleur après les atermoiements dont on se souvient encore, *Sud quotidien* du jeudi 23 avril 2004 titrait : « *40 intermittents du spectacle* », en référence à l'encombrement du gouvernement qui comptait exactement 39 ministres. De son côté, *Le quotidien* du même jour, également à sa « Une », proposait un autre titre illustratif de la dégradation progressive de la fonction ministérielle sous l'ère Wade : « *Pacotille est ministre* ».

Ce que les deux quotidiens ont voulu exprimer et qui rencontre l'adhésion de nombreux compatriotes, c'est leur lassitude et leur inquiétude par rapport à cette inflation de gouvernements inutilement pléthoriques, avec des ministres dont le maigre curriculum vitae administratif, politique et moral les disqualifie pour exercer cette importante fonction. Or, « *un ministre doit être un citoyen qui en impose à ses compatriotes par l'exemplarité de son cursus, par son ardeur dans l'accomplissement républicain de ses missions, avec compétence, désintéressement et esprit novateur.* »[84] S'il y a un domaine où Me Wade a pratiquement fait l'unanimité, *c'est la dévalorisation de la fonction ministérielle*. Des observateurs affirment qu'en cinq ans, il a nommé plus de ministres que les présidents Senghor et Diouf réunis. Un grand écrivain sénégalais, qui modérait une conférence sur nos institutions a révélé que son jardinier lui a dit un matin, que dans la nuit, il s'est vu ministre en rêve. Un tel rêve ne l'aurait même pas effleuré du temps de Senghor. Il s'est vu ministre parce que chacun peut le devenir dans la gouvernance de Me Wade.

Avec l'instabilité gouvernementale, avec des ministres qui sont nommés le temps d'une rose, renvoyés puis repris deux à trois mois

[84] Me Wagane Faye, député à l'Assemblée nationale, page « contributions » de *Walfadjri* du mardi 7 juin 2005.

après, le pays est sur le qui-vive. Le drame, c'est que cette situation ne gêne pas le moins du monde l'homme qui en est directement responsable, « quelqu'un qui ne s'embarrasse pas de la Constitution, des règles, de l'État. Il fait ce qu'il a à faire et il l'assume. Il ne s'embarrasse pas non plus des institutions et les viole impunément ». Par ailleurs, « il nous a montré pendant ces cinq ans qu'il est obsédé par sa réélection. Tous les actes qu'il pose sont d'ordre politicien. Et puis, il se prononce très vite et ne s'embarrasse pas à revenir sur ce qu'il avait déjà dit alors »[85].

Voilà l'explication du drame que nous vivons avec la gouvernance de Me Wade. Nous l'avions élu avec l'espoir qu'il s'emploierait à développer le pays et à lui imprimer les changements et ruptures indispensables. Installé officiellement dans ses fonctions, il ne met pas beaucoup de temps pour nous révéler qui est réellement l'homme sur qui nous avions porté nos suffrages le 19 mars 2000 : un politicien pur et dur, plus amoureux du pouvoir que de l'avenir du pays et de ses enfants. Il oublie tous ses engagements, toutes les attentes populaires et n'est obnubilé que par sa réélection, à laquelle il consacre tous ses efforts. Tous les actes qu'il pose s'inscrivent directement et au grand jour dans cette perspective. C'est pourquoi, il se cherche dans les différents gouvernements et dans les différents ministres. Il les considère comme un jeu d'échecs, de dames ou de courses de chevaux. Il essaie et réessaie les différentes combinaisons. Aucun Premier Ministre ne lui donne satisfaction. C'est pourquoi il en a grillé cinq en cinq ans (quel record !) si on considère le Gouvernement Idrissa Seck I et Idrissa Seck II. Moustapha Niasse avait de la trempe, une forte personnalité, une bonne expérience politique, administrative et gouvernementale, d'excellentes relations internationales. Il est donc naturellement fondé à avoir pour ambition d'accéder un jour à la magistrature suprême et, du coup, devenait insupportable pour Me Wade : *lui seul a le droit et la capacité de prétendre à l'exercice de cette haute fonction*. Mame Madior Boye, la remplaçante de M. Niasse, ne présentait certes pas de danger dans la mesure où sa préoccupation majeure n'était pas de devenir Président de la République. Elle traînait malheureusement une *tare* : elle n'était pas suffisamment politique, elle ne l'était même pas. Me Wade a reconnu

[85] Me Abdoulaye Babou, Député à l'Assemblée nationale, porte-parole de l'AFP, *Sud quotidien* des samedi 19 et dimanche 20 mars 2005, p. 3.

publiquement, devant une grande Association de femmes, que c'est le seul reproche qu'il lui avait fait.

Idrissa Seck, le troisième Premier Ministre, était plus insupportable encore. D'abord, il n'était pas, semble-t-il, quelqu'un qui rampe ou qui est obéissant comme Farba Senghor (un farfelu nommé ministre). Il est, quoi qu'on puisse penser de lui, intelligent. Il avait, en outre, sa personnalité propre et surtout une ambition que ceux qui le connaissent de près trouvaient démesurée. Il ne cachait surtout pas ses ambitions présidentielles. Tout ce cocktail explosif a conduit à la fameuse *dualité réelle ou alléguée*, qui a empoisonné l'atmosphère politique du pays pendant deux bonnes années au moins. La tension entre les deux hommes s'est alourdie par un autre facteur qui a commencé officiellement à se faire jour avec les fameux chantiers de Thiès : *la passion immodérée pour l'argent qu'ils partageraient.* Celui-là, M. Seck, était donc lui aussi bon à avaler. Et il est sur le point de l'être. Chronos a ouvert grandement sa gueule pour l'engloutir à jamais. Va-t-il accepter stoïquement son sort ou va-t-il résister, en se faisant couvrir tout le corps de grosses épines ? Ne va-t-il pas utiliser tout ce qu'il sait de *pas très catholique* sur la gestion des Libéraux et principalement du premier d'entre eux pour se sortir d'affaire ? Pour ce qui nous concerne, nous pensons, jusqu'à preuve du contraire, que les affaires d'atteinte à la sûreté intérieure de l'État et à la défense nationale et des chantiers de Thiès accoucheront finalement d'une toute petite souris. Idrissa Seck devant un tribunal, en présence de journalistes et d'avocats nationaux et étrangers, ce serait sûrement l'effondrement de la République du PDS. Me Wade n'ira jamais jusqu'à courir un tel gros risque. Idrissa Seck pourrait donc ne pas être avalé aussi facilement. La presse privée annonce déjà l'imminence d'un non-lieu total pour le chef d'inculpation d'atteinte à la sûreté de l'État et à la défense nationale.

Quant au quatrième, cinquième Premier Ministre exactement, M. Macky Sall, il vit en sursis, si le Président de la République respecte ses engagements (ce qui n'arrive pas souvent). Il avait en effet révélé, depuis Londres où il était en visite officielle, qu'après les élections législatives de 2006, il nommerait, en cas de victoire de son camp, une dame comme Premier Ministre. M. Sall n'étant pas à notre connaissance une femme, ses jours sont donc forcément comptés. À moins que, comme il en a l'habitude, Me Wade revienne sur ses premiers engagements. En attendant, le Premier Ministre Sall se fait tout petit, mais comme avec le pouvoir on ne sait jamais, il peut toujours trébucher et se faire lui aussi avaler. On lui prête surtout l'intention de placer petit à petit ses hommes. À ses risques et périls. Dans tous les cas, il bénéficie d'un sursis avec la prorogation du mandat des députés jusqu'en 2007.

Cette instabilité qui est le trait caractéristique des gouvernements de Me Wade se répercute forcément sur le nombre des ministres. Jamais le Sénégal n'a eu autant de ministres qu'avec le régime libéral. Jamais leur durée de vie n'a été aussi aléatoire. Mme Tissa Guèye Mbengue, une institutrice d'une école privée rurale, nommée Ministre de l'important et stratégique Département de l'Éducation nationale dans le premier Gouvernement de l'alternance, n'a jamais siégé au Conseil des Ministres. Moins d'une semaine après sa nomination qui lui est tombée du ciel, la ministre météore a demandé honnêtement à être déchargée des fonctions trop pesantes qu'on lui proposait de porter sur ses très frêles épaules. Elle sera nommée auprès du Président de la République comme conseillère technique chargée des problèmes d'éducation. Que va-t-elle lui conseiller ?

Un ministre de la Culture, M. Makalou, a eu une longévité d'un mois. De nombreux autres ministres n'ont été nommés que pour quelques maigres mois : il en a été ainsi du Pr Mame Moussé Diagne, de Samba Diouldé Thiam et d'Aminata Diallo, respectivement ministres de l'Enseignement supérieur, du Plan et de la Santé. On peut en citer de nombreux autres qui ont eu une durée de vie ministérielle de moins d'un an. Deux départements ministériels, ceux de la santé et de la Culture, ont vu chacun se succéder six ministres en cinq ans, soit un peu plus d'un ministre par an, si on peut s'exprimer ainsi. Wade a donc la manie de changer les ministres à la moindre incartade. Il se compare d'ailleurs à un entraîneur de football qui peut sortir à tout moment un joueur pour en mettre un autre. On comprendrait et serait moins surpris si ce changement de joueurs se faisait par souci d'efficacité. Ce qui, malheureusement, est loin d'être le cas. Me Wade a préféré remercier Mme Éva Marie Colle Seck, professeur de médecine réputé pour sa compétence, son expérience des politiques de santé et son sérieux, pour la remplacer par l'obscur Issa Mbaye Samb, dont les Sénégalaises et les Sénégalais ont entendu parler pour la première fois quand le Secrétaire général du Gouvernement rendait publique la liste des membres du gouvernement. Le général Mamadou Niang, qui a fait ses preuves comme Président de l'ONEL et Ministre de l'Intérieur, a été remercié au profit de Cheikh Sadibou Fall qui, manifestement, n'était pas à l'aise à la tête de cet important département ministériel. D'ailleurs, il a eu vite fait d'être renvoyé et remplacé par Me Ousmane Ngom. Il en était également de même d'Issa Mbaye Samb, lui aussi rapidement relevé pour être remplacé par une anonyme Aminata Diallo, qu'on a fait venir de Tambacounda où elle tenait paisiblement une modeste clinique privée. Au cours de ses premières sorties de prise de contact, elle n'osait même pas regarder ses interlocuteurs les yeux dans les yeux, ni s'adresser elle-même à eux. Elle se faisait accompagner d'un directeur de service qui parlait en son nom. Ce qui n'était pas convenable et apprécié. Elle dut se résoudre à parler elle-même, mais en prenant le soin de rédiger quelques mots qu'elle lisait très mal et en tremblant comme une feuille au vent. Elle fut remerciée et nommée conseillère technique (encore !) à la Présidence de la République. Issa Mbaye Samb, dont les parents de Kébémer (sa ville natale en même temps celle du Président de la République) eurent à réagir violemment à son limogeage, en barrant la route nationale n° 1 (Dakar-Saint-Louis) et – sacrilège – en brûlant le drapeau national, fut rappelé trois mois après au gouvernement, en remplacement de la pauvre dame de Tambacounda. Les concitoyens *kébémérois* de Me Wade le menaçaient surtout de vote-sanction. Ce dont il a horreur et une peur bleue, étant donné sa volonté farouche de se faire réélire en 2007.

La seule explication à l'instabilité des gouvernements de Me Wade et à la valse étourdissante des ministres, est donc à trouver dans sa préoccupation, son désir tenace d'être coûte que coûte réélu. Dans cette perspective, il n'est jamais sûr d'avoir le bon gouvernement, avec les hommes et les femmes susceptibles de lui garantir suffisamment de cartes d'électeurs pour sa réélection. D'où sa volonté de toujours changer, pour ratisser le plus large possible. Me Wade a toujours voulu se débarrasser de l'ancien Premier Ministre Idrissa Seck, mais il a toujours été retenu par l'incertitude et la peur que cette séparation ne se traduise par une perte significative de militants. Il a été défié publiquement, à la veille d'un remaniement ministériel, par deux de ses ministres : Modou Diagne Fada et Aliou Sow. Le premier avait carrément démissionné, précisant qu'il ne siègerait pas dans un gouvernement dont Idrissa Seck n'était pas le Premier Ministre et le second menaçait de démissionner si son frère Diagne Fada ne figurait pas dans le gouvernement. Ce double défi était impensable du temps de

Senghor et d'Abdou Diouf. Me Wade, lui, a préféré avaler la couleuvre, en refusant la démission de Modou Diagne Fada et en le reconduisant avec son frère Aliou « Malaw » Sow. Il s'est résolu finalement à limoger Diagne Fada le 8 août 2005, mais s'est empressé de le remplacer par un ressortissant de la ville religieuse de Darou Mouhty, fief du ministre limogé. Pour tempérer sans nul doute la colère des chefs religieux de la localité, qui n'appréciaient pas que leur protégé fût remercié. À titre de rappel, une forte délégation de ces chefs religieux s'était fait recevoir par Me Wade à qui ils avaient signifié leur attachement à Modou Diagne Fada et leur souhait de le voir maintenu dans le gouvernement. C'est ce qui explique certainement le sursis dont il a bénéficié jusqu'à cette date fatidique du 8 août 2005. C'est aussi la raison pour laquelle, tout récemment, Me Wade l'a reçu longuement en audience et lui a fait des propositions qu'il n'a pas voulu rendre publiques, préférant attendre leur concrétisation. C'est en tout cas la réponse qu'il a donnée au journaliste qui l'interrogeait à sa sortie d'audience.

Dans la mise en place de ses nombreux gouvernements et du choix de ses hommes et de ses femmes, Me Wade ne se préoccupe donc pas le moins du monde de quelque critère que ce soit : ni de compétence, ni d'expérience, ni d'efficacité, ni de bonne moralité. Ce qu'il privilégie par-dessus tout, c'est le nombre de militants qu'il y a derrière chaque homme, derrière chaque femme. Que cet homme, cette femme ait le profil ou non, soit bon(ne) ou mauvais(e) gestionnaire ; qu'il (elle) ait été son (sa) pire ennemi(e), ce n'est pas ce qui importe pour lui. C'est pourquoi d'aussi mauvais gestionnaires que Sada Ndiaye, Adama Sall, Assane Diagne, d'aussi implacables adversaires de Me Wade que les caciques socialistes Mbaye Jacques Diop, Iba Guèye, Aïda Diongue, Aïda Mbodj, Abdoulaye Diack, etc. se trouvent aux niveaux les plus élevés du PDS et de l'administration libérale. Il faut donner le maximum de sinécures pour contenter le maximum de gens. D'où la fréquence des remaniements et la taille des gouvernements dits de l'alternance. Un gouvernement de 40 ministres, nous ne l'avons jamais connu avant l'arrivée de Me Wade au pouvoir. Sans compter le nombre indéterminé de ministres conseillers spéciaux à la Présidence de la République. Depuis le 1er avril 2000, n'importe qui peut se retrouver ministre de la République du jour au lendemain. De sorte que nul ne peut se hasarder aujourd'hui à dire combien de ministres et de ministres conseillers compte le Sénégal.

Il convient peut-être de signaler aussi que le Gouvernement libéral compte *dix Ministres d'État*. Cette distinction honorifique, qui consacrait une carrière ministérielle exemplaire, est devenue banale sous l'ère Wade. Les présidents Senghor et Diouf n'ont jamais abusé de cette distinction. Ils n'ont jamais nommé plus de quatre ministres d'État dans un seul gouvernement. Et c'était des ministres qui en valaient la peine par leur background et la qualité des services qu'ils ont rendus. Qu'est-ce qui explique, par contre, que Kader Sow, Souleymane Ndéné Ndiaye, Habib Sy etc. pour ne prendre que ces trois exemples, aient été nommés ministres d'État ? La promotion d'Habib Sy à cette distinction ne s'explique que par une volonté de rééquilibrage politicien à Linguère. Lui, libéral bon teint ne pouvait pas être moins bien loti que le nouvel allié Djibo Leïty Ka, nommé ministre d'État. Il ferait piètre figure dans le fief politique qu'il partage avec M. Ka.

Ce que l'observateur le moins averti constate donc, c'est que, au fur et à mesure que les échéances électorales approchent, les gouvernements de Me Wade changent, s'engraissent et prennent de plus en plus de poids, les ministres et les sinécures se multiplient. Ce n'est donc pas l'efficacité qui inspire leurs changements intempestifs, mais bien des considérations bassement politiciennes et électoralistes. La grande différence entre les ministres de Wade et ceux de Senghor par exemple c'est, par-delà la qualité, la stabilité des derniers. Ils pouvaient rester 10, 11, 12 ans voire plus dans le gouvernement et se retrouver à la tête de deux ou trois départements ministériels. Cette longévité avait pour conséquence d'améliorer et d'enrichir notablement leur expérience et leurs compétences techniques. Parmi eux, on peut citer Abdoulaye Fofana, Karim Gaye, Doudou Thiam, André Guillabert, Alioune Badara Mbengue, Jean Collin, etc. Ces ministres laissent des traces dans la mémoire collective, longtemps après leur départ du gouvernement ou leur décès[86]. Contrairement aux *« intermittents du spectacle »* de Me Wade, qui retomberont très vite dans l'anonymat, d'où on n'aurait jamais dû les tirer.

Pour revenir donc aux gouvernements de Me Wade, ils sont caractérisés par une espérance de vie ministérielle très faible, d'où leur instabilité chronique. Il y a également qu'ils sont non seulement pléthoriques, mais les ministères qui les composent sont carrément

[86] L'administrateur civil Alpha Dieng a consacré une belle contribution (cf *Walfadjri* du mercredi 11 décembre 2002) à la dévalorisation de la fonction ministérielle.

saucissonnés, pour faire de la place au plus grand nombre. Que signifient le Ministère chargé des Sénégalais de l'Extérieur, le Ministère chargé du NEPAD et de la bonne gouvernance (celle-ci est transversale, si toutefois elle existe chez nous)[87], le Ministère chargé des questions pédagogiques, le Ministère de la Case des Tout-petits devenu rapidement une agence ? Selon quelle logique a-t-on amputé le Ministère de la Santé de l'hygiène et de la prévention ? Que va faire la Francophonie au Ministère de l'Alphabétisation et des Langues nationales ? Quelqu'un qui sait ce dont il parle en la matière estime qu'elle n'est pas là où elle doit être. Car « c'est (la Francophonie) un organisme éminemment politique, c'est la raison pour laquelle elle s'occupe de droits de l'Homme, d'élections et d'autres questions politiques qui intéressent l'espace qu'elle gère. Par conséquent, sa place naturelle est au Ministère des Affaires étrangères et non là où on a voulu la loger »[88].

Le Parti socialiste avait, à un moment donné, regroupé beaucoup de services, supprimé des directions et d'autres postes de responsabilités, notamment de nombreux postes de secrétaires généraux de ministère. Avant le 19 mars 2000, seul le Ministère des Affaires étrangères en était doté. Aujourd'hui, on assiste au mouvement inverse. C'est la course à la création de postes pour trouver des sinécures à des parents, à des camarades de partis ou à des amis. Ainsi, l'ancienne Direction de la Construction et de l'Habitat a été éclatée en deux directions : la Direction de la Construction et celle de l'Habitat. On remarque aussi que, de partout émergent des agences nationales au détriment des ministères techniques. Chaque ministre s'empresse de créer ou de trouver un poste et de le confier à un ami, à un frère de parti ou à un parent, même s'il est loin d'avoir le profil requis. Ainsi, lors d'un tout récent Conseil des Ministres, Me Ousmane Ngom a nommé un « économiste » (c'est ce que dit laconiquement le communiqué) Secrétaire général du Ministère de l'Intérieur. Du temps des Socialistes, ce Ministère n'avait pas de Secrétaire général, pour des raisons spécifiques. Le Conseil des Ministres du 9 mars 2005 a nommé un certain Babou Sarr, ingénieur du génie civil, chef des services administratifs de la Faculté des Lettres et Sciences

[87] Ce Ministère cohabite avec une Délégation au Management et à la bonne Gouvernance logée à la Présidence de la République.

[88] Ousmane Tanor Dieng s'exprimait ainsi lors de la nomination du sixième Gouvernement post-alternance, celui de Maky Sall (*Sud quotidien* du vendredi 7 mai 2004, p. 3). M. Dieng s'inquiétait à juste titre du découpage de ce sixième gouvernement qui « comporte plusieurs incongruités et risque d'être source de conflits d'attribution et de compétence ».

humaines. Que va faire un ingénieur du génie civil à ce poste administratif, alors que des administrateurs civils très gradés et très expérimentés se tournent les pouces dans les différentes administrations, parfois sans affectation précise ?

Le prestigieux et stratégique poste de secrétaire général de ministère, à l'image de tous les autres, est dévalorisé, avec la gouvernance libérale. Traditionnellement, le Secrétaire général d'un ministère était un haut fonctionnaire, l'un des plus gradés et des plus compétents de sa catégorie. Il était nommé pour de longues années et était la mémoire du ministère, dont il assurait la permanence et la continuité des services. C'est notamment le cas au Quai d'Orsay en France, où Dominique de Villepin a été longtemps Secrétaire général, avant de l'être pour l'Élysée. Il en a été de même d'Hubert Védrine du temps du président Mitterrand. On peut citer aussi au Sénégal l'exemple de Mady Ndao, de François Bop, de Moustapha Diagne et de l'actuelle Mme Claude Absa Diallo au Ministère des Affaires étrangères. Les secrétaires généraux de ministère de l'alternance n'ont pas le profil de l'emploi, en tout cas pour l'écrasante majorité d'entre eux. Ce sont en général des militants, des amis, des parents à qui on tient à trouver une sinécure. Rien de plus !

Me Wade se cherche donc, utilise l'administration à des fins politiciennes, nomme et dégomme au hasard de ce qu'il considère comme des opportunités politiciennes. Il est passé surtout maître dans l'art de remanier les gouvernements. Il y a de fortes chances que le gouvernement du 8 août 2005 soit encore remanié avant les prochaines élections législatives. Traumatisé par la perspective lugubre de ne pas être réélu, Me Wade mettra tout en œuvre pour conjurer cette éventualité. Surtout en remaniant, encore en remaniant, toujours en remaniant. En créant des sinécures, encore des sinécures, toujours des sinécures.

Apparemment d'ailleurs, tout cela ne semble pas le rassurer. Il lui faut ratisser plus large encore, en faisant feu de tout bois, y compris du bois sacré de la religion. De ce côté-là, Me Wade espère engranger beaucoup de cartes d'électeurs et y met le prix, un prix très fort.

3) La quête permanente des faveurs des chefs religieux

Trois ans après son installation officielle comme troisième Président de la République du Sénégal, alors que nous constations que, contrairement à ses engagements d'avant le 19 mars 2000, Me Wade posait des actes qui étaient de nature à remettre en cause notre cohésion nationale, nous tirions la sonnette d'alarme dans une contribution parue dans la page « contributions » de *Walfadjri* du 20 mai 2003 et qui avait pour titre : « Il est temps que la République se relève ». Dans cette contribution, nous écrivions notamment ceci :

> *« Me Wade a raté le coche. Il n'a pas été élu par les chefs religieux. Il a même été élu contre leur gré. La majorité d'entre eux avait appelé à voter Diouf et à barrer la route à l'incendiaire (on le considérait alors comme tel). Il avait donc l'opportunité de s'affranchir de certaines pesanteurs que notre pays traîne comme un boulet depuis de longues années et de redonner à sa fonction et à la République tout le lustre qui leur sied. Il pouvait bien réussir ce pari, en donnant en même temps à nos chefs religieux toute la considération due à leur rang. C'était en tout cas l'un des plus grands espoirs des hommes et des femmes qui l'ont porté si brillamment au pouvoir le 19 mars 2000. Ils déchantent malheureusement de plus en plus, avec la tournure que prennent les événements sous nos yeux. En effet, la République ne s'est jamais autant couchée et n'a jamais été aussi humiliée qu'au cours de ces trois dernières années. La paix sociale et la cohésion nationale n'ont jamais été aussi menacées. Il est donc temps, grand temps que la République se relève et que nos gouvernants, à commencer par le premier d'entre eux, se reprennent et conduisent ce pays, à l'image de leurs pairs des démocraties les plus avancées du monde. »*

De nombreux autres compatriotes, comme le Pr Ousseynou Kane du Département de philosophie de l'Université Cheikh Anta Diop et Abdou Aziz Diop, chroniqueur au quotidien *Le Matin* dénonçaient avec la plus grande vigueur certains choix contestables du nouveau Président de la République. Et ils avaient parfaitement raison car, dès le début de son septennat, il affichait nettement son appartenance à la confrérie des Mourides. Personne ne lui conteste d'ailleurs d'être adepte de la confrérie de son choix ou de n'en avoir pas du tout. Ce qui est moins supportable, c'est le caractère ostentatoire et manifestement intéressé de son choix ; ce sont les instruments et les symboles de la République qu'il utilise, pour que tous les mourides sachent qu'il est des leurs et votent le moment venu pour lui et sa majorité. Sinon, personne n'a le droit de s'occuper de ce qu'il fait *à titre privé* : qu'il rampe, se prosterne ou manifeste son mouridisme de quelque manière que ce soit.

On se souvient qu'au lendemain de sa victoire du 19 mars 2000, Me Wade s'était rendu à Touba pour y passer la nuit et remercier son marabout, pour avoir prié pour lui. Il donna un caractère strictement privé à son geste : c'était le Secrétaire général du PDS, le disciple qui allait faire acte d'allégeance devant son marabout. Des Sénégalaises et des Sénégalais restèrent sceptiques devant son explication. C'est certainement le marabout qui avait prié. Mais c'est le peuple qui s'était vaillamment battu pendant plusieurs années pour le porter, par son vote massif du 19 mars 2000, à la magistrature suprême. Celui-ci ne méritait-il pas les premiers remerciements ?[89]

Le second acte posé cette fois par le Président de la République du Sénégal, c'était sa décision, alors très contestée, de conduire tous les élus de la liste « *Coalition Sopi ak PDS* », victorieuse des élections législatives du 29 avril 2001, pour aller encore remercier le Khalife de ses prières. La délégation comprenait non seulement les députés nouvellement élus, mais aussi les ministres du gouvernement et une cohorte de courtisans. L'opportunité a même été saisie pour organiser un séminaire sur « le rôle du nouveau député » au siège du *Hisbut Tarquiah*, l'Association dite des Étudiants mourides[90]. Les Sénégalaises et les Sénégalais ont commencé alors sérieusement à douter et à se poser des questions.

La liste victorieuse de la « *Coalition Sopi ak PDS* » comprenait certainement des mourides, mais aussi des tidianes, des khadres, des musulmans sans confréries et des chrétiens. Sans doute que s'il était donné à chacun de choisir librement de partir ou de s'abstenir, beaucoup n'auraient certainement pas fait le voyage. Abdoulaye Wade d'avant le 19 mars 2000 n'était plus celui qui a été installé officiellement dans ses

---

[89] Le 19 mars 2000, nous n'avons pas élu un khadre, un mouride, un tidiane, un catholique, un animiste ou un protestant. Nous avons élu un Président de la République, le Président de tous les Sénégalais et de toutes les Sénégalaises, quelles que puissent être leurs différentes appartenances : ethnique, politique, religieuse, confrérique ou autres. Sans doute, et personne ne peut raisonnablement le lui contester, Me Wade a-t-il le droit d'être adepte d'une confrérie ou de n'en avoir pas du tout. Ce qui pose problème, c'est lorsqu'on en arrive, à cause de ses agissements, à l'identifier carrément à sa confrérie, plutôt qu'à la République et à la Nation qu'il est sensé incarner. Il traîne d'ailleurs comme un boulet le surnom suggestif de « *télé-tukki-Touba* ». Ce qui signifie qu'il passe le plus clair de son temps dans son palais volant, à sa télévision qu'il ne partage avec personne et à Touba, la capitale du Mouridisme.

[90] Ousseynou Kane, *La République couchée*, contribution à *Walfadjri* du mardi 8 mai 2001.

fonctions le 1er avril 2000. Il était désormais – et il convient de le rappeler constamment - le Président de toutes les Sénégalaises et de tous les Sénégalais. Les députés étaient également d'abord ceux du peuple sénégalais, qu'ils habitent Touba, Tivaouane, Ndiassane, Popenguine, Mbour, Thiénaba, Médina Baay, Gorée, Léona Niassène ou Palmarin. On n'avait jamais vu, du temps des Socialistes, une longue caravane composée de députés nouvellement élus, conduite par le Président de la République, aller faire acte d'allégeance devant un chef religieux. Ce deuxième acte de Me Wade était déjà un signe avant-coureur de ce qui allait être l'un des traits caractéristiques de sa gouvernance : *la confusion des genres*.

Me Wade est allé plus loin, beaucoup plus loin encore en prenant la grave responsabilité de faire du Khalife général des Mourides, le très détaché, très humble et très pieux Serigne Saliou Mbacké, la tête de liste du PDS à Touba Mosquée lors des élections régionales, municipales et rurales du 12 mai 2002. Les mourides ont connu la surprise de leur vie : à la « Une » de *Sud quotidien* du mercredi 13 mars 2002, ils découvrent avec stupeur cette nouvelle : « *Serigne Saliou Mbacké dirige la liste PDS de Touba* ». Dans l'édition du lendemain du même journal, ils lisent, avec la même stupeur, toujours à la « Une » : « *Tête de liste de Touba : le khalife général se désiste* ». Chacune de ces deux éditions était illustrée, en très bonne place, par la photo du vénéré khalife. Quel sacrilège !

Les langues se délieront par la suite. C'est Idrissa Seck lui-même qui aurait passé deux nuits à Touba, pour abuser et convaincre le khalife, avec l'aide de son entourage, le nommé Mahtar Diakhaté en premier. Serigne Saliou Mbacké a été incontestablement abusé, pour donner son accord à la sordide cabale montée par des hommes sans scrupules, soucieux seulement de gains ici-bas. Dès le début de son califat en 1990, il avait nettement tenu à marquer son territoire qui se limite, précisait-il, à Dieu, à son Prophète Mohamed et à Serigne Touba Khadim Rassoul (son père et fondateur du Mouridisme). « *En dehors d'eux*, avait-il martelé sans ambages, *je n'agirai ni dans un sens ni dans un autre* ». Il vit, depuis lors, conformément à cet engagement, détaché des choses futiles d'ici-bas. Peu lui importe donc de diriger quelque structure que ce soit, surtout une communauté rurale. M. Adama Gaye, homme de communication de renom, a bien perçu l'intention machiavélique et bassement politicienne qui a inspiré cet enrôlement pour une cause aussi futile du vénéré Serigne Saliou Mbacké. Dans une contribution intitulée

« Politique et religion : les limites de la décence » et publiée dans l'édition de *Walfadjri* du 15 mars 2002, il écrit :

« Les prestidigitations politiciennes sont comme un boomerang : leur retour est toujours violent, impitoyable. Comme cette pitoyable tentative d'enrôlement du khalife des mourides dans une affaire dont, j'en suis sûr, on s'est bien gardé de lui donner les tenants et les aboutissants, ni les conséquences négatives qu'elle peut avoir sur une confrérie qui ne doit tenir sa force qu'en restant solidement rivée sur les deux principes fondamentaux que son fondateur lui a fixés : le travail et la religion, mais pas les petits calculs politiciens. »

Me Wade le politicien, n'a cure de ces principes, ni de l'engagement de 1990 de Serigne Saliou Mbacké dont tout bon mouride était fier. Au lieu de l'aider à garder le cap de cet engagement, Me Wade travaille quotidiennement à l'en dégager et à le mêler, lui et la ville sainte, dans la puante politique politicienne. Il a déjà réussi à diviser Touba en deux camps : les pro et les anti-Idy.

Quand la presse rendait public l'enrôlement du khalife Serigne Saliou dans cette sordide affaire politicienne, Me Wade était en voyage à l'Ile Maurice. Ceux et celles de nos compatriotes qui étaient suffisamment naïfs pour croire à la sincérité de son mouridisme se disaient que, dès son retour au Sénégal, il sévirait terriblement contre les auteurs du grave forfait. Ils (elles) durent vite déchanter. En effet, dès l'Aéroport de Dakar, Me Wade regretta le retrait du khalife qui, à ses yeux, est le fait *« de personnes de son entourage, de sa famille qui n'ont pas très bien compris le sens de sa démarche »*. Il considère le plus naturellement du monde que Serigne Saliou *« est un citoyen et par conséquent il peut accomplir des actes républicains »*. De son point de vue, c'est normaliser son statut de chef de village que de l'élire Président de la Communauté rurale de Touba. « Il accepte d'entrer dans l'ordre républicain, pour occuper la place qui est la même que dans la réalité et je trouve cela extraordinaire », poursuit-il. C'est pourquoi d'ailleurs il ne comprend pas l'importance donnée par les médias à cette affaire, puisque « Abdou Diouf avait en son temps bénéficié du soutien des chefs religieux qui avaient même pris la radio pour demander à leurs talibés de voter pour tel candidat. »[91] Sans doute. Cependant, Abdou Diouf ne se serait jamais laissé aller à une telle forfaiture : *moom, amoon na lu muy rus, amoon na*

[91] *Le Soleil* des samedi 16 et dimanche 17 mars 2002, p. 3.

lu muy ragal ak lu muy bañ (il y a des choses que lui, Abdou Diouf, répugnait à dire ou à faire).

C'est une certitude : Me Wade était manifestement dans le coup, dont le seul objectif était de barrer la route à toute autre liste rivale à Touba, celle de l'AFP notamment. Le gain de la communauté rurale de Touba Mosquée vaut-il le tort qui a été fait au Mouridisme, à Touba et à son vénérable khalife ? Les partisans de Me Wade se plaisent à rappeler cette affirmation de leur champion : « *Je ne marcherai pas sur des cadavres pour accéder à la magistrature suprême.* » Qu'ils nous permettent de douter de la sincérité d'une telle assertion. Tout peut arriver, avec une certaine boulimie du pouvoir. Serigne Saliou Mbacké a très tôt fait un choix net et sans équivoque : celui de ne jamais se mêler des choses ici-bas, surtout quand elles ont une allure politique et surtout politicienne. Les mourides, les vrais mourides qu'on appelle généralement mourides « *saadix* », se sont toujours honorés du comportement détaché de leur khalife et s'émeuvent de plus en plus, surtout depuis un certain 1er avril 2000, que des politiciens seulement préoccupés de retombées électorales s'agitent, leur mouridisme tonitruant et ostentatoire en bandoulière, s'activent tous les jours à impliquer Touba et son khalife dans la chose politique.

Heureusement, ils (les mourides) découvrent de plus en plus que nombre d'initiatives de Me Wade en direction de Touba sont inspirées par ces préoccupations-là, des préoccupations politiciennes et électoralistes Il est trop présent à Touba et chaque fois qu'il s'y déplace, c'est avec une longue et bruyante caravane, accueillie à l'arrivée par des foules « délirantes », manifestement préparées à cet effet. Le très discret et très humble ermite de Touba et de Khelkom (concession rurale à 70 km de Touba) doit être très mal à l'aise face à ces présences fréquentes, bruyantes et manifestement intéressées. Me Wade s'est même payé le luxe, deux jours avant le dernier grand Magal de Touba (fin mai 2005), avec la complicité de ses acolytes tapis dans l'entourage du khalife général des Mourides, d'organiser un « *doxantu* » (une promenade en caravane) à travers la ville religieuse. Il venait de terminer de procéder à l'inauguration d'un hôtel de police, d'un marché et d'un hôpital, les deux dernières infrastructures ayant été entièrement financées par le khalife et les disciples mourides pour respectivement 3,7 et 6 milliards de francs Fcfa. L'hôtel de police, réalisée par l'État, a coûté 50 millions de francs. Le « *doxantu* » organisé dans la ville de Touba, inédit, pourrait constituer un précédent dangereux. D'ailleurs, depuis lors, les différentes factions entretenues par la politique politicienne de Me Wade se disputent âprement les différents quartiers pour organiser des meetings. Ce que la ville sainte n'a jamais connu auparavant.

Au fur et à mesure que s'approchent les élections qu'il devra gagner par tous les moyens, Me Wade redouble d'effort pour impliquer le vénérable Khalife général dans la détestable chose politicienne. Lors de sa visite dans la ville sainte le 27 novembre 2005, il s'est fait recevoir par une foule constituée surtout de femmes et de badauds déversés sur Touba par des cars venus de toutes les localités de la Région de Diourbel et même d'au-delà. En cette circonstance, l'un des pions de Me Wade dans l'entourage du Khalife, Matar Diakhaté, a annoncé partout dans la ville sainte le *ndigël* (la recommandation) de ce dernier à réserver un accueil chaleureux à son « hôte ». Nous doutons, jusqu'à preuve du contraire, que Serigne Saliou ait donné un tel *ndigël*. Et si d'aventure on le lui avait arraché, ce serait pour recevoir tout au moins le Président de la République. Or, c'est bien le Secrétaire général national du PDS, candidat à sa propre succession à la tête de l'État sénégalais en campagne électorale, qui s'était rendu à Touba. Au cours de son bref séjour, il a accordé des audiences à tous les responsables PDS de la Région, à une dizaine de Mbacké-Mbacké et à Cheikh « Ndigël » Fall dans « Keur Serigne Touba », la « Résidence des Hôtes » du Khalife.

Avant de quitter la ville sainte, Me Wade, manifestement aux anges, a déclaré qu'il *a eu tout ce qu'il voulait*. Que voulait-il ? Peut-être faire sortir le vénérable Serigne Saliou Mbacké de sa neutralité, en lui extorquant un *ndigël* ? Il a aussi fait, s'adressant aux responsables libéraux qu'il avait fini d'écouter, cette autre déclaration qui peut être lourde de signification : « *Le PDS peut avoir 400 000 électeurs à Touba. Je sais ce que vous avez fait, maintenant c'est à moi de sortir les moyens pour atteindre cet objectif.* »[92] L'opposition est avertie : Me Wade a annoncé la couleur et il n'est pas un homme à reculer ou à s'encombrer de principes quand il a un objectif à atteindre. D'ores et déjà, il « *a ordonné à Me Madické Niang de procéder dans les plus brefs délais à l'électrification de la ville de Touba. Par la même occasion, il a annoncé que le ravitaillement en eau sera réglé définitivement avec la*

---

[92] L'AS des samedi 26 et dimanche 27 novembre 2005, P. 5

réactivation du Canal du Baol »[93], tout en sachant que la réalisation de cette dernière promesse n'est pas pour demain la veille.

Nous doutons sérieusement que Me Wade soit un mouride. Un bon mouride, un mouride « saadix » doit conforter Serigne Saliou dans son choix honorable de 1990 et non tenir coûte que coûte à le mêler à la nauséabonde politique politicienne. Me Wade et Matar Diakhaté sont arrivés à lui extorquer un premier *ndigël*. Ils ne s'arrêteront pas en si bon chemin. Leur objectif final pourrait bien être de lui en extorquer un autre, celui-là de taille, à la veille des élections. Et ce serait bien triste pour le vénérable khalife, pour la ville sainte et pour le mouridisme tout entier. D'ores et déjà, Me Wade et son pion Matar Diakhaté ont réussi une « prouesse » inédite : faire de « Keur Serigne Touba » (la Résidence des Hôtes) le siège du PDS et de la capitale du mouridisme la capitale politique du Sénégal, du PDS tout au moins.

Me Wade se signale donc, depuis le 1er avril 2000, par ses agissements ostentatoires et maladroits en direction de Touba, agissements qui deviennent de plus en plus fréquents et qui créent, naturellement, des frustrations chez les chefs et adeptes d'autres confréries. L'un des premiers chefs religieux à se faire entendre sans ambages à cet effet, est Serigne Abdoul Aziz Sy, le porte-parole du Khalife général de la Confrérie des Tidianes, qui est connu pour les relations particulièrement privilégiées qu'il entretenait avec le Président Diouf. On l'a entendu, à quelques jours du grand Magal de Tivaouane (2003), adresser une sévère mise en garde aux autorités de l'alternance. Il leur a ainsi lancé sans porter de gants :

> *« Tivaouane fait partie du Sénégal et a droit à un peu plus de considération. J'ai dit au Président de la République que les Tidianes font partie de ceux qui l'ont élu. Nous faisons face à toutes nos obligations comme tous les citoyens. Comme tous les citoyens, nous avons autant de devoirs que de droits. Ce sont les droits que nous réclamons. »*

Les autorités ont vite pris peur et l'ont mis sans tarder en rapport avec un membre du Gouvernement. Serigne Abdou Aziz le confirmera en ces termes :

---

[93] Ibidem

« Le Ministre de la Décentralisation m'a appelé pour me dire qu'il a reçu des instructions pour "travailler" Tivaouane. Je lui ai répondu que je prends acte et nous nous sommes donné rendez-vous après le gamou. »

Il reviendra plus tard à la charge, constatant que les rues de Tivaouane n'étaient pas réfectionnées, contrairement aux engagements du Gouvernement. Il va encore malmener les autorités en leur faisant savoir haut et fort son courroux en ces termes brefs et impitoyables : « *Rien n'a été fait à Tivaouane.* »[94] Dans la même période d'ailleurs, le Directeur général de l'Agence autonome des Travaux routiers a été relevé de ses fonctions et remplacé. Il aura été auparavant vertement et publiquement interpellé et humilié par le Ministre de l'Intérieur, qui n'a rien voulu entendre de ses explications. C'était lors d'un Conseil régional de Développement (CRD) spécial consacré à la préparation d'un gamou de Tivaouane. Sanction pour atténuer le courroux du marabout ou simple coïncidence ? Nous n'en savons rien. En tout cas, dans d'autres familles religieuses, des voix se faisaient également entendre (pourquoi pas ?) pour manifester leur ras-le-bol et réclamer, elles aussi, plus de considérations et éventuellement leurs parts des gâteaux et des honneurs qui se partageaient.

Pour revenir à l'engagement pris par le Ministre de la décentralisation de « travailler » Tivaouane consécutif à la protestation vigoureuse du porte-parole du Khalife général des Tidianes, le Premier Ministre Macky

[94] Cette année encore, le mardi 29 novembre 2005, il a lancé la même bombe au gouvernement de l'alternance. Profitant d'une visite du Ministre de l'Urbanisme et de l'Aménagement du Territoire dans la ville sainte de Tivaouane, il a (encore) déclaré sans ambages : « *L'alternance n'a rien fait à Tivaouane.* » Selon le porte-parole du Khalife général des Tidianes, le président Wade s'était engagé fermement à reconstruire la ville, par des actions de restructuration urbaine et régularisation foncière, le tout conformément à *un plan spécial de développement estimé à 12 milliards de francs Cfa.* Le marabout, visiblement très énervé, fait savoir qu' *« ils (les Tidianes) n'hésiteront pas à prendre leurs responsabilités lors des prochaines élections »*. Il va même plus loin en martelant, connaissant bien le point faible de Me Wade : « *Le gouvernement de l'alternance doit faire quelque chose pour Tivaouane et je donne un ultimatum au Chef de l'État.* » (cf *L'AS* du mercredi 30 novembre 2005, page 4) Le Pr Ousseynou Kane avait bien vu juste : *la République est vraiment couchée.* Elle va carrément s'effondrer avec les choix confrériques hasardeux de Me Wade et surtout sa volonté effrénée de se faire réélire coûte que coûte en 2007. Volonté que les porteurs de voix potentiels exploitent à fond, vraiment à fond, en allant jusqu'à lancer des ultimatums à la République.

Sall, à la tête d'une forte délégation d'au moins quinze ministres[95], s'est rendu à la ville sainte à quarante-huit heures du Gamou de 2005. Peut-être pour confirmer l'engagement déjà pris en 2003 qui tardait à se réaliser. Après avoir présenté ses vœux au Khalife général des Tidianes, le Premier Ministre le rassure :

« Le Président de la République Me Abdoulaye Wade a donné des instructions fermes à son Premier Ministre pour que rapidement le visage de la ville sainte change, avec la naissance de nouvelles infrastructures capables d'accompagner l'essor de la cité religieuse. S'il y a le moindre retard à ce niveau, ce n'est pas le Président Wade, mais le Gouvernement (sic) ».

Prenant la parole au nom du khalife général, le porte-parole exprime sa joie, s'honore de la forte réprésentation du Gouvernement et promet que le Khalife général bénirait le président Wade dès son retour de voyage. Il souligne au passage avoir reçu du Ministre de la Solidarité nationale, Farbariz Senghor, 150 moutons et une quantité importante de riz (quantité non précisée)[96].

Imaginons que les engagements du Gouvernement soient respectés et que Tivaouane change effectivement de visage, les autorités religieuses des localités de Thiénaba, de Médina Baay, de Léona Niassène, de Médina Gounasse, de Guett Ardo, etc. ne seraient-elles pas fondées, elles aussi, à taper sur la table, pour exiger que leurs cités religieuses soient « travaillées » ?

Par-delà l'engagement du Ministre de la Décentralisation, c'est pour réaffirmer celui fait auparavant par le Président de la République lors du Gamou de 2004 que le Premier Ministre Macky Sall s'est surtout rendu à Tivaouane. Cette année-là, en effet, le Président de la République en personne avait effectué le voyage, pour donner l'engagement du Gouvernement à moderniser la ville sainte. Il avait profité de l'opportunité pour rassurer le khalife de Tivaouane, ses fidèles et les autres confréries du Sénégal. Il avait souligné que *« sa propre famille est partagée entre les deux grandes confréries sénégalaises, c'est-à-dire les Tidianes et les Mourides »*, que chez eux (les Wade) *« ils sont deux – une*

[95] Tous ces quinze ministres n'avaient-ils pas autre chose à faire que d'aller se bousculer à Tivaouane ? Le Premier Ministre et deux ou trois autres ministres ne suffiraient-ils pas pour constituer une délégation pour Tivaouane, comme pour Touba ou une autre ville religieuse ?

[96] *Le Populaire* du mercredi 20 avril 2005, p. 5.

de ses sœurs et lui – à être des disciples de Cheikh Ahmadou Bamba ». « *Ce qui n'altère en rien,* s'était-il empressé de préciser, *ses relations avec Tivaouane et la communauté tidiane* ». Il déclinait ensuite ses ambitions pour la ville de Mawdo Malick Sy (le patriarche) qu'il se proposait de moderniser. Ainsi prévoyait-il : l'assainissement pour la ville, les lotissements, la construction d'un centre d'épuration, la réalisation d'un « dara » (genre d'école arabe) moderne, etc...[97] Quelle est la ville qui n'aimerait pas bénéficier de ces importantes infrastructures, que ce soit Saint-Louis, Kaolack, Kolda, Mbour, Tambacounda, etc. ? Qu'ils habitent Tivaouane, Touba, Ndiassane, Kanel, Missira, Ndindy ou Mbilor, tous les Sénégalais, toutes les Sénégalaises sont des citoyen(ne)s à part entière et aspirent, partant, tous au bien-être. Comme leurs concitoyennes et leurs concitoyens des villes dites saintes.

Il faut s'attarder sur le fait inédit qui a consisté, pour un Président de la République, à aller s'expliquer publiquement sur ses choix privés. Ce fait était apparemment presque passé inaperçu et n'avait pas en tout cas fait à l'époque l'objet de beaucoup de commentaires. Le Président de la République commençait à prendre conscience que son « mouridisme » bruyant et ostentatoire faisait des vagues et créait même des frustrations qui pouvaient lui coûter des cartes d'électeurs. Il s'était donc senti obligé de s'expliquer publiquement sur son « mouridisme » devant le khalife général des Tidianes[98]. C'était inédit, proprement piteux et gênant, très gênant pour *la République*, *la Démocratie*, *la Laïcité*. Il y était d'autant plus contraint que le porte-parole du khalife général des Tidianes ne le ménageait pas du tout en critiques, en critiques sévères et souvent pertinentes. C'est notamment le cas quand il s'exprimait ainsi dans le *Nouvel Horizon* n° 447 du 03 au 09 décembre 2004 :

> « *Je ne comprends pas pourquoi Me Wade tient vaille que vaille à médiatiser ses actions à Touba. Le Président Diouf allouait 800 millions, annuellement, à la confrérie mouride, c'est-à-dire beaucoup plus que le Président Wade, mais dans la grande discrétion. En*

---

[97] Le Soleil du jeudi 29 avril 2004, p. 8.

[98] Peu nous importe qu'une partie de sa famille soit mouride et l'autre tidiane ! Le 19 mars 2000, quand nous introduisions notre bulletin dans l'urne pour lui accorder notre confiance, nous ne nous préoccupions pas de ses différentes appartenances religieuses ou confrériques. Nous élisions un Président de la République dont nous espérions qu'il allait, surtout à son âge, se consacrer prioritairement au développement économique, social et culturel du pays et lui imprimer les changements et les ruptures attendus de nous tous.

médiatisant ses actions, on a l'impression qu'il cherche à froisser la susceptibilité des autres. »

Cette appréciation, largement partagée ailleurs, est très grave pour la cohésion nationale et la cohabitation pacifique entre nos différentes confréries, qui ont toujours vécu dans la plus grande harmonie. Le porte-parole du Khalife général des Tidianes a parfaitement raison : Me Wade trouve un énorme plaisir à médiatiser ses différents gestes de « générosité », surtout si c'est au bénéfice des familles religieuses. Non pas tellement qu'il cherche à froisser la susceptibilité des uns ou des autres, mais plutôt qu'il veut que ces gestes soient entourés d'une grande publicité. Pour ce qui concerne Touba en particulier, le caractère ostentatoire de tous ses gestes s'explique par sa seule volonté de bénéficier de l'écrasante majorité de l'électorat mouride. Ses différentes marques d'attention à l'endroit de Tivaouane et des autres familles religieuses visent exactement le même objectif. Dans tous les cas, pour nombre de disciples d'autres confréries, Me Wade accorde la priorité des priorités à Touba[99]. Et ils tiennent à le manifester chaque fois qu'ils en ont l'opportunité.

On se souvient encore de la « révolte » de la communauté layène (confrérie religieuse implantée principalement dans la Région de Dakar) de 2001, quand certains de ses membres décidèrent de boucher le canal d'évacuation des eaux usées de la station de pompage de Cambérène (village de la confrérie layène). Les autorités gouvernementales n'avaient pas osé lever le plus petit doigt à l'époque, malgré les graves menaces qui pesaient sur les populations environnantes. Elles étaient d'autant plus mal à l'aise que les disciples layènes qui dirigeaient les opérations profitaient de l'occasion pour dénoncer vigoureusement ce qu'ils appelaient la préférence confrérique du Président de la République[100]. Les Layènes reviendront deux fois à la charge : une première fois pour

[99] À propos de ce « confrérisme », M. Babacar Touré écrit, dans son *Post-Face* paru à la « Une » de *Sud quotidien* du mardi 12 avril : « Me Abdoulaye Wade le Président de la République a largement contribué à brouiller l'image de celle-ci par sa propension à manifester de manière ostentatoire son appartenance confrérique à grand renfort d'images télévisuelles connotant une forte soumission de la République, des attitudes qui frisent le parti pris, ne faisant pas le départ entre le talibé et le président de la République aux yeux d'une opinion à la fois troublée et médusée. »
La confusion est entretenue à dessein par Me Wade, qui y trouve un moyen de capter l'électorat mouride, très important à ses yeux. C'est pourquoi il ne se rend jamais à Touba sans être flanqué de sa tonitruante télévision.

[100] *Le quotidien* n° 302 du lundi 20 septembre 2004, p. 3.

rejeter la quantité de riz que le Gouvernement leur offrait à l'occasion d'une cérémonie religieuse, une deuxième quand, par la voix des jeunes, la communauté dénonçait avec véhémence ce qu'elle considérait comme sa marginalisation.

La cérémonie religieuse en question, c'était l'anniversaire fêté tous les ans de l'Appel de Limamou Laye, le fondateur de la Confrérie. Comme de tradition, le Gouvernement, par l'intermédiaire d'un de ses membres, le Ministre délégué auprès du Ministre du Développement social, de la Famille et de la Solidarité nationale chargé de ce dernier secteur, a donné 30 tonnes de riz à la communauté. Celle-ci bouda le riz et renvoya pratiquement le Ministre délégué comme un malpropre. Le Président de l'Assemblée nationale s'empressa d'apaiser la colère de la communauté en lui proposant 37 tonnes, cette fois acceptées. Le pauvre Ministre délégué mettra le geste du Président de l'Assemblée nationale sur le compte des rivalités politiques et va le prendre comme un défi (c'était son adversaire politique) qu'il va s'employer à relever par tous les moyens. Il réussira plus tard à faire accepter lui aussi son don de riz et s'empressera d'en informer la presse. Avec une grande fierté.

Tout cela faisait trop désordre et était vraiment gênant pour la République. Ce qui nous amena, pour marquer notre différence, à faire publier dans *Le Quotidien* n° 538 du jeudi 7 octobre 2005, la contribution suivante : « *La République n'a jamais été tant humiliée* ». En voici de très larges extraits :

« (…) Nombre de Sénégalaises et de Sénégalais avaient été franchement surpris de la nomination de ce truculent *élément hors du commun* (c'est ainsi que l'appelle la presse privée) comme Ministre délégué chargé de la solidarité nationale[101]. Ce ministre se comporte, depuis sa promotion, plus en ministre du riz qu'en ministre de la solidarité nationale. La presse privée l'appelle de plus en plus d'ailleurs *Farbariz* et *Farba xeewël* (xeewël peut signifier de la largesse, de la générosité qui nous tombe presque du ciel). On l'a entendu, dès ses premières apparitions publiques, déclarer que le Président de la République lui avait donné l'instruction de recenser toutes les cérémonies religieuses qui se déroulent au Sénégal. Il lui faudra une très bonne partie de son temps pour s'acquitter de cette tâche titanesque. Et Farba Senghor

[101] Il a été bombardé entre-temps Ministre (plein) de la Solidarité nationale. Pour justifier cette promotion, le Président de la République a laissé entendre qu'il est obéissant (sic) et suit à la lettre ses recommandations.

– c'est bien de lui qu'il s'agit – aime particulièrement parler de son riz, son riz de la *téranga*, qui deviendra de plus en plus le riz de la honte. Il en parle tellement, et surtout avec une telle maladresse, que les bénéficiaires potentiels font la fine bouche, le boudent même dans un premier temps. Pour placer la barre plus haut ?

Nous savions pratiquement tous que les chefs religieux recevaient du riz et d'autres denrées des différents gouvernements qui se sont succédés au Sénégal. Mais aujourd'hui, avec les maladresses de *l'élément hors du commun*, de *Farba xeewël*, on sait jusqu'au détail, on connaît les quantités distribuées. On sait même que les combats politiciens entre différentes factions du PDS se prolongent jusque dans la distribution du riz du Gouvernement : les 30 tonnes de *Farbariz* ont été dans un premier temps boudées par la communauté *layène* au profit des 37 tonnes de son rival connu, le président de l'Assemblée nationale. *Farba xeewël* nous apprendra plus tard que ses 30 tonnes ont été finalement acceptées[102]. Il a fallu évidemment, pour y arriver, faire presque la cour à la communauté en question.

Notre truculent ministre du riz a eu les mêmes difficultés avec la famille Mbacké de Darou Mouhty (deuxième ville mouride après Touba) qui, elle aussi, a d'abord boudé son quota de riz. Le khalife de cette localité a même fait une déclaration, selon le correspondant d'une radio privée de la place, pour préciser que sa communauté n'a pas faim et que c'est le Gouvernement, de son propre chef, qui donne le riz. Le ministre *Farbariz* nous a expliqué que là aussi, le riz gouvernemental, le riz de la *téranga*, a été finalement accepté. À Léona Niassène (Kaolack) également, le porte-parole de la communauté a fait face à la presse pour annoncer que la famille a retourné le riz (1,9 tonne) qui lui était destiné. Elle recevait habituellement 5 tonnes[103].

---

[102] La première assistance que le Gouvernement français a apportée aux populations du Darfour en détresse était de 27 tonnes de denrées alimentaires. Alors qu'ici, à l'occasion d'une cérémonie qui dure 24 heures au plus et ne concerne qu'une seule famille religieuse, le Gouvernement donne 67 tonnes de riz.

[103] *Le Populaire* n° 477 du jeudi 21 et vendredi 22 avril 2005, p. 2.

De ce riz de Farba Senghor, on peut retenir au moins quatre leçons :

1- Notre ministre délégué a déclaré que le Président de la République lui a donné l'instruction de recenser toutes les cérémonies religieuses qui s'organisent au Sénégal, pour permettre au Gouvernement de préparer les assistances nécessaires. S'imagine-t-il l'ampleur de la tâche qui l'attend ? Les seuls gamous et magals traditionnels sont déjà fort nombreux. Il faudra y ajouter les différentes célébrations d'anniversaires (de décès ou de naissances) de chefs religieux particuliers, qui sont appelées à se multiplier au fil des années. En effet, ceux qui fêtent ces anniversaires sont appelés, malgré leur « sainteté », à mourir eux aussi. A partir de ce moment, leurs fils célèbrent l'anniversaire de leurs décès, et ainsi de suite... Alors, combien de cérémonies religieuses notre ministre comptabilisera-t-il ? Certainement des centaines, peut-être un millier ou plus.

2- Si on considère qu'une seule communauté, celle des *Layènes* par exemple, a reçu un quota de 67 tonnes de riz à l'occasion d'une seule cérémonie, combien faudra-t-il de tonnes de riz pour satisfaire l'ensemble des communautés religieuses du Sénégal ? Par quels moyens ces quantités industrielles de riz seront-elles financées ? Par le budget national ? Par la coopération internationale ? Par les retombées substantielles des nombreux marchés de gré à gré ? Est-il juste que ce riz de la collectivité nationale soit distribué en priorité à des Sénégalais déjà nantis, au détriment de nombreux autres qui arrivent difficilement à assurer les trois repas quotidiens ? Les bénéficiaires des quotas de riz se posent-ils des questions sur l'origine licite ou illicite de ce riz, des autres denrées alimentaires et des sommes d'argent importantes qu'ils reçoivent du Gouvernement ?

3- Un grand bruit, un véritable tapage médiatique entoure aujourd'hui la distribution de riz aux communautés religieuses. Les donateurs font comme s'ils voulaient que nul ne l'ignore. Ils veulent effectivement que les talibés et les fidèles de toutes les religions et de toutes les confréries sachent que le Gouvernement « s'occupe » bien de leurs chefs et en tirent les bénéfices électoraux. Que pensent nos autorités religieuses de cette nouvelle donne exempte de *sutura* (discrétion) ?

4- Le seul objectif du Gouvernement et de son chef, dans la distribution ostensible de quantités industrielles de riz à ces *porteurs de voix*, est d'entrer dans leur bonne grâce et de bénéficier, le moment venu, de *ndigël* (consignes) formels de vote. Nos autorités religieuses accepteront-elles de se faire *acheter* aussi facilement par du riz, d'autres denrées alimentaires et même par des pièces sonnantes et trébuchantes ?

5- Les disciples (talibés) doivent refuser catégoriquement, comme ils l'ont fait dans le passé, tout éventuel *ndigël* de vote. Les libéralités du Gouvernement en faveur des donneurs de consignes de vote n'arrivent jamais jusqu'à eux. Qu'elles soient données sous forme de riz ou d'autres denrées alimentaires, d'argent ou de passeports diplomatiques, les disciples n'en bénéficieront pas en priorité, si jamais ils devaient en bénéficier d'ailleurs (...) »[104]

Nous annoncions, avant les extraits que voilà, que la communauté layène eut à se faire entendre deux fois après la « révolte » de 2001 : une première fois pour bouder le riz dont nous venons de passer en revue certaines péripéties, une deuxième pour protester vigoureusement contre la marginalisation dont elle serait l'objet. Le quotidien *Walfadjri* du lundi 2 mai 2005 (page 6) avait, en relatant les faits, titré : *« Fronde à Cambérène »*.

Profitant de la commémoration de la Fête du Travail, le *Réseau des jeunes Layènes* qui regroupe des associations de jeunes femmes, a tenu un point de presse pour faire part de leur amertume et de leur désarroi. Les jeunes s'adressaient carrément au président Wade pour lui faire comprendre qu'il ne doit pas compter sur la Communauté layène pour les prochaines élections. Cette communauté qu'il a marginalisée depuis son accession au pouvoir et qui ne rêve que de 2007 pour se venger de lui. De

[104] Avant le 27 février 2000, les chefs religieux nous incitaient à voter pour le candidat Diouf et à nous méfier comme de la peste de l'autre. Aujourd'hui, la peste étant devenue malgré leur volonté le Président de la République, ils nous demandent avec insistance de voter à sa réélection à 82 ans. Demain, quand les destinées du pays seront dans d'autres mains, ils nous inviteront à appuyer le nouvel élu, à voter pour lui chaque fois que de besoin. Nos chefs religieux donneurs de *ndigël*, ne sont donc en réalité avec personne. Ils ne donnent pas leur *ndigël* de vote en fonction de la bonne ou de la mauvaise politique de tel ou tel autre Chef d'État. Ils se déterminent par rapport à leurs propres intérêts, aux avantages exorbitants qu'ils tirent des différents régimes qui se succèdent. Les talibés doivent donc comprendre cette arnaque et ne voter que par rapport à leur propre conscience, à leurs propres intérêts et à ceux du pays tout entier.

leur point de vue, « *l'alternance est une déception pour la Communauté layène* ». Leur porte-parole se fait plus précis encore :

> *« Il faut que le traitement inéquitable des communautés religieuses cesse. Les budgets alloués par l'État (sic) pour les manifestations des autres familles religieuses sont de loin supérieurs aux miettes qu'on nous donne pendant l'Appel de Limamou Laye. »*

Les jeunes Layènes déplorent ensuite que leur lieu de culte ait été délaissé. En outre, le Gouvernement qui a été informé de la pose de la première pierre de la mosquée de Seydina Issa Rohou Layi (un ancien khalife de la communauté) n'a pas daigné sortir un sou. Alors que, poursuit le porte-parole, le président Wade a déboursé plus de 600 millions de francs Cfa pour la réfection de la Cathédrale de Dakar et près de 250 millions pour l'achèvement des travaux du mausolée de la famille omarienne (celle d'El Hadj Oumar Foutiyou Tall). Pour conclure, les jeunes regrettent l'absence des Layènes aux grands postes de responsabilité et rappellent que depuis 1945, ils n'ont eu droit qu'à un ministre dans un gouvernement et ce dernier, le Pr Libasse Diop, ne l'a été que pendant 21 jours. La Communauté layène va donc mener la bataille contre l'alternance qui ne représente, à ses yeux, qu'« un rêve brisé »[105].

Des protestations fusent de partout ailleurs dans le pays, pour dénoncer le parti pris (ou ce qui est considéré comme tel) de Me Wade au bénéfice de la confrérie mouride. Ainsi, à l'occasion de la visite de courtoisie à Léona Niassène (famille tidiane de Kaolack) de Me Mbaye Jacques Diop, Président du Conseil de la République pour les Affaires économiques et sociales[106], le porte-parole El Hadj Ibrahima Niasse n'y est pas allé de main morte pour fustiger « *le favoritisme du gouvernement envers les chefs religieux (...) et le manque de considération à l'endroit de la famille de Léona Niassène* ». Le porte-parole se fait plus précis en regrettant que « *chaque fois que le Gouvernement fait des faveurs aux chefs religieux du Sénégal, la famille de Léona Niassène est laissée en rade* ». C'est le cas notamment lorsque le Président de la République offre des billets pour la Oumra (petit pèlerinage à la Mecque). Seule la famille Niassène est oubliée. Le porte-parole révèle enfin une autre

---

[105] Nous ne sommes plus donc seul à le constater. Pensez au titre de notre premier livre !

[106] *Walfadjri* du mardi 11 janvier 2005, p. 6.

grande discrimination à l'égard de sa famille, dans le traitement relatif aux événements religieux annuels. Décidément !

> *« Tout le matériel destiné aux autres familles religieuses n'est ni contrôlé ni vérifié lors des gamous annuels (sic) alors que si c'est la famille religieuse de Léona Niassène qui organise un ziarra, elle ne bénéficie d'aucune faveur. »*[107] *Et le porte-parole de taper sur la table et de prévenir : « La famille de Léona Niassène et ses talibés ont aussi leurs cartes d'électeur (sic) et sont libres de voter pour qui ils voudront. »*

À bon entendeur, salut !

Nos parents chrétiens ne tiennent pas à être en reste et ils ont parfaitement raison. Toutes les communautés religieuses ont le droit de s'engouffrer dans la brèche béante imprudemment ouverte par Me Wade, pour des raisons essentiellement politiciennes et électoralistes. Ainsi, la *Convergence chrétienne libérale*, parrainée par le Ministre Joseph Ndong, a tenu une rencontre à Diourbel, le samedi 13 novembre 2004, dans la salle des banquets de la mairie de la ville. Au cours de cette rencontre, qui avait tout l'air d'un meeting, nos frères chrétiens n'ont pas été très tendres avec les autorités gouvernementales. M. Étienne Ngom, qui s'est exprimé au nom des jeunes, n'a pas mâché ses mots. Il a déclaré :

> *« Les catholiques sont peu représentés dans les instances de décision. Nous ne faisons l'objet d'aucune considération. Nos églises et autres chapelles sont dans des états de délabrement avancés. Nous faisons l'objet de discriminations dans l'attribution des financements. »* (Le porte-parole des jeunes Layènes ne disait-il pas exactement la même chose ?)

Une autre des jeunes chrétiens, Mme Marie Mendy, appuie vigoureusement son frère Ngom en ces termes : « Il nous faut une morgue, car nos parents musulmans refusent qu'on amène nos morts dans leurs morgues. L'État doit nous donner des billets pour se rendre dans les

---

[107] À l'occasion des grands événements religieux, le Gouvernement ferme en général les yeux sur les bagages des talibés qui viennent des USA, d'Italie, de la Gambie, de la Mauritanie, etc. C'est l'occasion rêvée pour introduire toutes sortes de marchandises prohibées au Sénégal. Aucune cérémonie, fût-elle religieuse, ne doit être l'occasion de piétiner les lois de la République.

lieux de pèlerinage de la chrétienté comme il le fait pour les musulmans. »[108]

Il ne s'agira pas seulement de couvrir un pauvre Mody Niang d'injures et de l'accuser de tous les péchés d'Israël, comme c'est le cas chaque fois qu'il fait publier une contribution qui dérange les courtisans de la République. Ce serait trop facile. Nous n'avons rien inventé. Nous n'avons fait que rendre compte des déclarations, choix, maladresses et agissements politiciens et électoralistes de Me Wade, qui mettent à mal *la République, la Démocratie et la Laïcité*. Et des graves dérives qui en résultent. Aujourd'hui, des nuages lourds de tous les dangers s'amoncellent au-dessus de nos têtes. Jamais la cohésion nationale et la cohabitation entre religions et confréries n'ont été autant menacées. Aujourd'hui, chrétiens, mourides, khadres, layènes, tidianes de toutes variantes connaissent le point faible de Me Wade et en tirent le maximum de profit pour leurs communautés respectives. Dans pratiquement tous les discours de protestation, on laisse entendre des menaces de vote sanction parce que ce n'est plus un secret pour personne : Me Wade tient à sa réélection comme à la prunelle de ses yeux et y travaille plus qu'il ne travaille pour le développement du pays. Aujourd'hui, avec la gouvernance politicienne de Me Wade, la République et ses différentes institutions sont tenues en otage par les chefs religieux, les grands notables et tous les autres porteurs de voix potentiels. Et ce dont nous sommes témoins aujourd'hui, n'est que la partie visible de l'iceberg libéral. Au fur et à mesure que les élections de 2007 approcheront, la partie immergée de l'iceberg sortira progressivement de l'eau et le pays sera arrosé d'argent comme il ne l'a jamais été dans son histoire politique[109].

Les présidents Senghor et Abdou Diouf étaient très liés respectivement aux khalifes Serigne Falilou et Serigne Abdoul Ahat Mbacké. Ils les appuyaient certainement sous toutes les formes. Mais toutes les faveurs leur étaient accordées, de leur propre chef, et dans les limites du raisonnable et surtout dans la discrétion la plus totale. Au contraire de ses prédécesseurs, Me Wade tient, lui, à ce que ses actes de

[108] *Le Quotidien* du jeudi 18 novembre 2004, p. 5.

[109] Que nos compatriotes se souviennent que le PS avait dépensé beaucoup d'argent en février et en mars 2000. Pour rien. Une fois dans l'urne, le citoyen, la citoyenne doit se déterminer non pas par rapport aux miettes qu'il (elle) a reçues, mais bien par rapport à l'intérêt général, à l'avenir des générations futures.

« générosité » se fassent au grand jour, afin que nul ne les ignore, surtout pas les talibés qui doivent savoir dans le détail et commenter. Il n'y avait surtout pas, du temps de Senghor et de Diouf, un ministre qui se promenait à travers le pays, devant une file de camions de riz et se chargeait lui-même de la distribution publique et télévisée. On ne leur a jamais connu un ministre aussi truculent que le *ministre sénégalais du riz*, qui se fait éconduire comme un malpropre avec ses cargaisons de cette denrée pourtant très prisée.

À force de vouloir coûte que coûte s'attirer la faveur des chefs religieux et de bénéficier, partant, du vote de leurs disciples le moment venu, Me Wade s'est laissé prendre dans un piège d'où il aura bien du mal à se sortir. Il a beau être généreux (nous aborderons d'ailleurs largement cette « générosité-là ») et riche comme Crésus, il ne pourra jamais satisfaire l'appétit de plus en plus grand de tous les prétendus porteurs de voix. Me Wade doit revenir à la raison : *le Sénégal est un État démocratique et laïc. La vocation de son président n'est pas de distribuer à longueur d'année des dizaines, voire des centaines de millions de francs Cfa, de réhabiliter ou de construire des morgues, des mosquées, des églises, des instituts islamiques. Sa priorité ne devrait pas être non plus de distribuer des quantités industrielles de billets pour le pèlerinage aux lieux saints de la Chrétienté ou de l'Islam. Toutes ces activités sont des activités privées, qui relèvent d'abord de la responsabilité des différentes communautés, l'État pouvant apporter un appui raisonnable. Et surtout discret.*

Il existe tellement d'autres priorités où l'État est attendu et pour lesquelles Me Wade avait bénéficié du vote de l'écrasante majorité des Sénégalaises et des Sénégalais, en ce soir historique du 19 mars 2000. Au lieu de s'y consacrer, il entraîne le pays vers des horizons où il peut connaître des convulsions susceptibles de mettre gravement en péril sa stabilité, son unité, sa cohésion et, partant, sa chance de devenir un pays émergent. Et il existe peu de chance que le politicien Wade change de cap. La situation du pays pourrait même s'aggraver car, en plus de son choix confrérique contestable et de sa « générosité » décriée, Me Wade se laisse aller parfois, toujours en direction des chefs religieux, à de graves maladresses. De graves maladresses dont nul ne peut prévoir, à terme, les conséquences, si on ne réussit pas, entre-temps, à y mettre un terme d'une manière ou d'une autre.

« *Serigne Mansour en colère après la sortie de Wade* », tel est le titre qu'on lisait dans *Le Populaire* n° 1388 du jeudi 1er juillet 2004, p. 5. Ce jour-là, de nombreux autres journaux et des radios privées ont commenté ce problème car c'en était réellement un. Faisant devant la presse le bilan de la visite du Roi du Maroc à Dakar, Me Wade révèle que « *le site où devaient s'effectuer les travaux d'une partie des 10 000 logements entamés par le Groupe marocain Chaabi sur la Voie de Dégagement Nord (VDN) était occupé sans droit par Serigne Mansour Sy, Khalife général des Tidianes* ». Me Wade ajoute qu'il est entré personnellement en contact avec le marabout pour lui demander de libérer le terrain qu'il occupe afin qu'on lui en octroie un autre. Des sources proches du marabout indiquent que ce dernier avait effectivement abordé la question avec le Chef de l'État lors de la visite de ce dernier dans la ville sainte, juste avant le Gamou (de 2004). Quelle mouche avait-elle donc piqué Me Wade pour qu'il fût amené à faire sa révélation publique sur le marabout ?

Il se raconte que Serigne Mansour est entré dans une colère noire quand il a été mis au courant de l'indiscrétion publique du Chef de l'État. Et il a parfaitement raison, dans la mesure où il croyait que l'affaire était définitivement close, après qu'ils en ont déjà discuté. Le marabout avait jeté son dévolu sur ce site de 1,9 hectare depuis 1997, pour y édifier, disait-on, un « daara » moderne avec un internat. L'incohérence c'est que, selon les proches du marabout qui brandissent des documents irréfutables, dès l'avènement de l'alternance, le nouveau Président de la République s'est particulièrement intéressé au projet. Ainsi, dans une lettre adressée le 23 août 2001 à l'ancien Premier Ministre Mame Madior Boye, il écrit : « La directive n° 4 issue du rapport n° 3 / 99 du 10 février 1999 de l'Inspecteur général d'État Moctar Diouri, demande de soumettre à l'avis *de* la Commission de contrôle des opérations domaniales la demande d'attribution d'une parcelle du TF n° 1306 / DG formulée par Mamadou Thiané Diop. » Ce dernier agissant, au nom du Khalife Serigne Mansour, Me Wade poursuit dans sa lettre : « Cette directive tardant à être exécutée, il a été demandé à votre prédécesseur, par lettre n° 476 / PR.SG.IGE du 26 décembre 2000, d'inviter le Ministre de l'Économie et des Finances à faire connaître les raisons qui s'opposent à son application. » Me Wade poursuit à l'endroit de Mame Madior Boye : « Je vous prie en conséquence d'inviter le Ministre de l'Économie et des Finances à soumettre cette affaire à une consultation à domicile de la Commission de contrôle des opérations domaniales en vue de l'attribution de la parcelle sollicitée et de me rendre compte. » D'autres lettres suivront dont celle adressée le 15 novembre 2002 au Premier Ministre Idrissa Seck. Dans cette lettre, Me Wade lui indique qu'« il n'a pas été rendu compte de l'exécution de mes directives. Je vous prie de bien vouloir me faire connaître la suite qui leur est réservée. »

Avec tous ces antécédents, Serigne Mansour et les siens étaient donc bien fondés à se mettre en colère après la fameuse sortie publique de Me Wade. Ce qu'il convient peut-être de retenir encore, c'est que Me Wade presse, presse des services compétents qui sont manifestement réticents à exécuter ses directives. Cette réticence, si réticence il y avait effectivement, pourrait bien se comprendre. L'un des problèmes les plus cruciaux à Dakar, c'est l'accès à un logement. Les besoins, dans ce domaine, sont devenus énormes. La SICAP, la SN / HLM et les promoteurs immobiliers privés sont confrontés à une pénurie terrible de terrains à Dakar. Comment, dans ces conditions-là, attribuer une parcelle de *19 000 m2* à quelqu'un qui est déjà largement servi, qui a déjà des parcelles de choix dans de nombreux quartiers de Dakar et des autres grandes villes du Sénégal ?

Bref, dans cette affaire, l'attitude du Président de la République n'a pas été du tout appréciée par le Khalife Serigne Mansour et, partant, par une bonne partie de la Communauté tidiane. Ce qui constitue un gros risque pour le chasseur permanent de voix (électorales) qu'est incontestablement Me Wade. Il va d'ailleurs tout faire pour se rattraper, par des voyages à Tivaouane et des engagements sans cesse renouvelés à moderniser la ville sainte.

On se souvient encore du litige foncier de Ngor, qui opposait Serigne Mansour à une certaine Mme Corinne Koel[110]. Ils se disputaient un lopin de terre de *5000 m2* situé sur la plage du « virage » de Ngor. Le khalife était descendu en personne sur les lieux, pour procéder à l'expulsion de la dame, flanqué en la circonstance, de gendarmes et de talibés. La dame, une veuve, tenait un restaurant sur les lieux depuis deux ans. Serigne Mansour, avec un permis d'occuper de… deux mois entre les mains, explique que c'est le président Wade lui-même qui l'a rétabli dans ses droits, au détriment de la pauvre dame sans défense et sans autre voix (électorale) que la sienne propre. Le marabout recommande ensuite, sur

---

[110] *L'Observateur* n ° 424 du mercredi 16 février 2005, p. 5.

place, de « prier pour le président Wade et son Gouvernement » et demande à ses fidèles de réciter des versets de coran au bénéfice du Chef de l'État. Il revient ensuite sur le litige foncier (qui n'en est plus d'ailleurs) et explique :

« C'est le président Wade qui m'a remis dans mes droits après que je l'ai saisi. Ce terrain m'appartient de plein droit. Je l'ai acquis depuis longtemps. Mais comme j'étais sur la VDN (pour un autre litige foncier), je n'avais pas assez de temps pour le récupérer. J'ai saisi le président qui a tout réglé et je possède actuellement un permis d'occuper. »

Il profite de l'occasion pour révéler que Wade lui a aussi promis, personnellement, de lui construire un institut islamique. Le même Wade, poursuit-il, a offert 100 millions à Thierno Mountaga Tall pour les travaux d'une mosquée et 60 autres millions à Serigne Moustapha (il n'a pas précisé lequel). « *Wade est quelqu'un de très généreux* », a-t-il conclu. Bien sûr !

C'est vers 14 heures en tout cas que le marabout quitte les lieux dans une superbe 4x4, non sans avoir dit à un gendarme : « *jox naa la ndigël ; ku fi jage duma ko* ! » Ce qui, traduit en Français donne : « Je t'ordonne formellement de tabasser quiconque ose s'approcher ici. » Et depuis lors, personne n'a osé mettre les pieds sur sa parcelle.

Voilà Me Wade et sa gouvernance ! Un chef d'État qui se mêle de tout, règle lui-même (c'est le marabout qui le précise à plusieurs reprises) des litiges fonciers, qui distribue à tour de bras des parcelles de plusieurs hectares et des centaines de millions de francs Cfa, de surcroît à des gens déjà fort nantis !

Le Sénégal est quand même un pays de droit. L'expulsion des personnes qui occupent illégalement des terrains obéit à des procédures. N'importe qui ne devrait pas pouvoir expulser n'importe qui. Il existe bien des services et des fonctionnaires compétents en la matière. Alors, où sommes-nous ? Des policiers se sont d'ailleurs offusqués de ce que le marabout « ait utilisé les deux motards qui assurent son escorte (oui, il est donc escorté !) pour agir au nom de la loi ». Ils soutiennent qu'« il n'est pas de leurs prérogatives, ni de leur mission d'user de leur statut pour exécuter une telle décision. Le rôle du motard est de loin différent de celui qui doit être prêté à la force publique en cas d'intervention dans des opérations de ce genre. » Ils ajoutent enfin que « cette affaire serait d'une gravité insoupçonnée si cette expulsion, faite par des agents qui ne sont pas nantis de mandat à cet effet, était suivie d'incidents dont la responsabilité des policiers est engagée. On mettrait très mal à l'aise la corporation et l'on serait incapable de justifier ces actes répréhensibles à plus d'un titre et ô combien risqués »[111].

La télévision nationale nous a montré en fin juillet dernier, le Président de la République en visite chez Serigne Mountaga Tall. Il y était, a-t-il expliqué, pour s'enquérir des travaux qu'il s'est engagé à financer totalement et pour lesquels il avait déjà donné 100 millions. C'est comme s'il supervisait finalement lui-même les travaux. *Jusqu'où nous mènera cette gouvernance inédite, hasardeuse et dangereuse de Me Wade ?*

Me Wade exploite jusqu'au-delà de l'indécence notre fibre religieuse. Chaque année, il envoie des centaines et des centaines de Sénégalaises et de Sénégalais au grand pèlerinage de la Mecque. Des Sénégalaises et des Sénégalais triés sur le volet, parmi ses parents, les militants du PDS et de la mouvance présidentielle, les représentants de chefs religieux, avec billets et devises confortables. Il affectionne surtout les Oumras ou petits pèlerinages fortement médiatisés, avec de fortes délégations d'imams et de chefs religieux. Le petit pèlerinage de 2004 a dépassé toutes les limites de la décence, avec l'exploitation bassement politicienne qui en a été faite à la télévision nationale. Celle-ci a choqué nombre de nos compatriotes. Nous avons eu à dénoncer ce cirque, à travers une contribution parue dans le « Forum » de l'édition du quotidien *Le Matin* du vendredi 26 novembre 2004. « *Le cinéma de la République* », tel était le titre de la contribution dont voici des extraits :

« (...) Dans son désir ardent de se faire réélire coûte que coûte en 2007, notre octogénaire fait feu de tout bois, y compris du bois sacré de l'Islam. Son petit pèlerinage de cette année en particulier et l'utilisation politicienne qui en a été faite par la télévision nationale, ont dépassé toutes les bornes de la décence. Ainsi, nous avons eu droit, le jeudi 18 novembre 2004 après le journal télévisé, en lieu et place de la précieuse émission *Lettres musulmanes*, à une copieuse page spéciale consacrée à cet événement. Le caractère particulier et inédit du pèlerinage de cette année a été, selon Mohamed Gassama très en verve, que le Président de la République s'est fait accompagner des représentants de toutes les

---

[111] *Le Quotidien* du mercredi 23 février 2005, p. 3.

familles religieuses et des imams du Sénégal. Le troubadour de Me Wade a pris ensuite tout le temps qu'il faut pour nous présenter pas à pas toutes les facettes, tous les moments du pèlerinage : Circumambulation (tawaaf), prière des deux rakas de la Circumambulation, parcours entre El Safa et El Marwah, visite du tombeau du Prophète (PSL) et prières dans sa mosquée, visite aux autorités saoudiennes, etc. Mohamed Gassama est allé plus loin encore dans le détail, en nous montrant Me Wade en prière ou lisant le Coran, en nous faisant même entendre sa voix. Il se levait, nous précise-t-il, presque tous les jours à minuit (sic) pour s'adonner à ces deux activités. Le clou de tout ce cérémonial, de toute cette mise en scène, de tout ce cinéma, a été sans conteste la rencontre finale, à Médine, entre Me Wade et ses invités, qui défilaient au micro pour retourner l'ascenseur à leur bienfaiteur, confortablement installé dans un gros fauteuil de luxe, en le remerciant et en priant longuement pour lui.

Qu'on nous comprenne bien ! Le problème, ce n'est pas que le Président de la République ait choisi d'inviter les représentants des familles religieuses et des imams à effectuer le petit pèlerinage avec lui, quoiqu'on puisse émettre des réserves sur son choix. Il se promène à longueur d'année et à la moindre incartade avec d'autres Sénégalais dans l'avion de commandement. Peu nous importe donc qu'il effectue le pèlerinage tous les ans ! Peu nous importe qu'il l'effectue seul ou en compagnie de Massemba ou Mademba ! Là où le bât blesse, c'est d'abord l'arrière-pensée électoraliste qui inspire le choix des personnes ciblées. C'est aussi et surtout l'exploitation indécemment politicienne que ses troubadours ont faite du petit pèlerinage inédit de 2004. La foi est une affaire proprement intérieure, privée, personnelle, qui ne concerne que l'individu et son Créateur. Nous n'avons aucun intérêt à suivre à la télévision nationale Me Wade et sa délégation accomplir les différents rites du petit ou du grand pèlerinage. Nous ne gagnons rien à le voir prier ou lire le Coran, même à minuit. Et puis, comment Mohamed Gassama s'est-il rendu compte qu'à Médine, Me Wade priait et lisait le Coran tous les jours à minuit ? De deux choses l'une : ou le troubadour épiait avec ses techniciens les moindres gestes et déplacements de son prince, ou bien ce dernier l'avertissait chaque fois qu'il allait s'adonner à sa prière et à sa lecture du Coran de minuit. Dans tous les cas de figure, la chose est indécente et obscène.

A la fin du pèlerinage, Me Wade a senti la nécessité de préciser qu'il n'y avait aucune intention, aucun soubassement politique à son geste *inédit*. Il a même pris Dieu à témoin. Nous aurions été plus portés à le croire en tout cas si au moins ce geste avait été entouré de plus de discrétion, de plus de *sutura* ; s'il s'était rendu aux lieux saints sans Mohamed Gassama et sa tonitruante télévision. Les actions les plus pieuses en Islam sont celles qui s'accomplissent dans la discrétion, pour la seule Face de Dieu. Même si le Chef de l'État s'était fait accompagner de tous les chefs religieux et de tous les imams du Sénégal, même s'il les avait couverts de cadeaux de toutes sortes, cela n'aurait pas un grand intérêt pour les autres Sénégalais. Que représentent, en effet, les invités privilégiés de Me Wade par rapport au reste des dix millions de Sénégalais et de Sénégalaises ? Presque rien (...) »

Et puis, quel est le musulman sénégalais qui ne souhaite pas avoir l'occasion, au moins une fois dans sa vie, d'effectuer le petit ou le grand pèlerinage ? Qui ne souhaiterait pas lui aussi bénéficier de ces pèlerinages organisés avec l'argent du contribuable ? Est-il juste que le Président de la République ne porte son choix que sur des compatriotes qui ont déjà largement les moyens d'effectuer le petit ou le grand pèlerinage, et qui les ont peut-être déjà effectués plusieurs fois ? Me Wade ne trompe personne. Derrière les chefs religieux et imams sur lesquels il porte chaque année son choix, il y a des préoccupations électoralistes. Ce qu'il vise par-dessus tout, c'est le grand nombre de talibés, donc d'électeurs potentiels qui grouillent derrière tout ce beau monde. Rares sont les Sénégalaises et les Sénégalais qui sont désormais dupes à cet égard. Son jeu est de plus en plus découvert, grâce à ses nombreuses maladresses, qu'il ne commet pas seulement avec les musulmans, mais aussi avec nos parents chrétiens.

Tout le monde se souvient encore de la grosse bourde qu'il avait commise, en adressant une sorte de lettre de mise en garde aux évêques sénégalais, parce qu'ils avaient simplement donné, dans une déclaration publique, leur point de vue sur la conduite des affaires du pays. Pendant ce temps, dans la même période, à l'occasion de la fête de la Korité, des imams ont fait des sorties au vitriol, sans que le plus petit doigt fût levé sur eux. Nous nous étions permis, à l'époque, de dénoncer cette colère sélective du Chef de l'État sénégalais, dans une contribution parue dans *Walfadjri* du vendredi 9 janvier 2004. Le titre en était : « *Trop sélective, la colère de Me Wade contre l'église* ».

Dans sa fameuse lettre adressée à Monseigneur Théodore Adrien Sarr, Archevêque de Dakar, le Président de la République exprime toute sa peine et reproche sans état d'âme aux prélats sénégalais d'avoir « fait preuve de beaucoup d'injustice en son endroit, en celui du gouvernement et du Sénégal ». Le Chef de l'État note également que « le Sénégal est notre pays commun » et que, partant, les hommes d'église n'avaient pas, de son point de vue, le droit de « le (le Sénégal) présenter comme une terre d'apocalypse au milieu d'une mer tranquille ».

Rappelons que, du 24 au 30 novembre 2003, les évêques du Sénégal ont tenu, à Tambacounda, leur conférence épiscopale. C'était en présence de leurs pairs de la Mauritanie, des Iles du Cap-Vert et de la Guinée-Bissau. En marge de cette rencontre, ils font, comme pour tirer la sonnette d'alarme, la fameuse déclaration qui a suscité le courroux du Chef de l'État. Celle-ci, qui s'adresse aussi bien aux gouvernants, à la classe politique, à la société civile qu'aux jeunes et au peuple sénégalais tout entier pour le souci du « bien commun d'abord », fait état d'un ciel « chargé de nuages » et de « dangers rampants ». Plus précisément, les évêques du Sénégal affirment :

> *« Nous sommes témoins de violences verbales et physiques, de menaces de mort, de tentatives d'assassinat, d'agressions de toutes sortes, de violation de la loi, voire de la Constitution du pays. »*

Plus loin, ils poursuivent :

> *« Le Sénégal connaît aujourd'hui des crimes sans criminels : crimes économiques, crimes de sang blanchis par des procès favorisant l'impunité, laissant croire que la justice dans ce pays n'est pas totalement indépendante. »*

Et les courageux prélats de se poser la question de savoir dans quelle démocratie nous sommes, avant de poursuivre :

> *« Le ciel de notre pays est chargé de nuages qui ne présagent pas de lendemains de paix, de joie et d'épanouissement pour tous nos citoyens, ni de consolidation pour notre démocratie. »*

Ils s'inquiètent ensuite devant « *les menaces de conflits latents, voire d'implosion et d'embrasement* » qui pèsent lourdement sur notre pays.

Les évêques en appellent ensuite à la nécessité de « restituer au débat politique sa vraie place, en le recentrant sur le bien commun », et mettent en garde contre les « *intérêts de parti* », « *les intérêts de terroirs, de clans, de familles religieuses*, etc (…) »[112]

Y avait-t-il vraiment de quoi fouetter un chat dans cette déclaration qui campait exactement le climat politique malsain et délétère que connaît notre pays depuis plus de cinq ans ? La violence est partout présente, qu'elle soit morale, verbale ou physique. Des crimes impunis sont également légion, des crimes politiques comme des crimes économiques. De dangereux criminels de sang, condamnés à de longues années d'emprisonnement, sont subrepticement graciés[113]. Il en a été de même de deux gros délinquants économiques qui purgeaient une peine d'emprisonnement de deux ans et étaient condamnés à payer collectivement deux milliards de francs CFA au trésor public[114].

Les fameux audits sont pratiquement classés et de gros fossoyeurs de notre modeste économie nationale, lourdement accablés par les structures de contrôle ont été, contre toute attente, « blanchis » et maintenus au niveau le plus élevé de l'administration et du Parti gouvernemental, qui sert de plus en plus de paratonnerre aux mauvais gestionnaires. Où est donc le problème ? Nos évêques avaient bien raison de sonner l'alerte en rendant publique leur déclaration pour laquelle ils méritaient de chaleureuses félicitations.

Des observateurs avaient abordé, à l'époque, la déclaration de Tambacounda comme s'il s'agissait d'une première en la matière, d'une révolution spirituelle. Une contribution avait même porté le titre suivant : « *l'Église sort du ghetto* ». Celle-ci, de mon point de vue, ne s'est jamais enfermée dans un ghetto. Les hommes d'Église, les chefs religieux en général, qu'ils soient musulmans ou chrétiens, ne doivent pas constituer un monde à part. Ils font partie intégrante de l'ensemble qu'est le Sénégal. Ce sont des citoyens à part entière et ont, partant, des droits et des devoirs. Même au-dessus de la mêlée, ils gardent un droit de regard sur la vie politique, économique, sociale et culturelle du pays. L'Église

---

[112] Ceux qui ont pris la responsabilité d'attribuer à Me Wade *Le Prix Houphouët Boigny pour la Recherche de la Paix* devraient lire cette déclaration des évêques et séjourner chez nous pendant quelque temps.

[113] Il s'agit de Clédor Sène et de sa bande.

[114] Il s'agissait d'un Marocain et d'un Sénégalais épinglés par nos valeureux « soldats de l'économie » pour importation frauduleuse de marchandises. Ils avaient soustrait et mis sur le marché sénégalais des marchandises qui étaient destinées à la Foire de Dakar. Au moins deux journaux privés avaient rendu largement compte de cette affaire ténébreuse que Mouhamadou Mbodj, Coordonnateur du *Forum civil*, évoque souvent quand il parle de gouvernance.

sénégalaise n'a jamais été, en tout cas, indifférente à cette vie-là. Il me revient que, en janvier 1983 déjà, à un mois donc de l'élection présidentielle de cette année-là, un séminaire, qui regroupait, à Kaolack, les diocèses de cette ville et celle de Tambacounda, concluait ainsi ses travaux :

> « *En dépit de leur confession, les chrétiens doivent s'intéresser à la vie politique du Sénégal, en militant activement au parti de leur choix.* »

Les séminaristes s'étaient gardés, bien sûr, de leur donner quelque autre indication que ce fût. Depuis lors, les chefs religieux chrétiens sont restés fidèles à cette honorable position, sans s'aventurer jamais à donner une consigne de vote à leurs ouailles. Ils n'hésitent pas à donner leurs points de vue sur certaines questions d'intérêt national. Ainsi, dans une interview au *Soleil* des samedi 09 et dimanche 10 septembre 1995, Monseigneur Hyacinthe Thiandoum, alors Archevêque de Dakar, après avoir regretté « *qu'on ne travaille pas assez au Sénégal* », martelait :

> « *Le bien commun n'appartient pas à une personne, mais à tout le monde, à la nation tout entière. Ces détournements qui continuent de se produire, c'est une gangrène, un cancer qu'il faut extirper de la société sénégalaise...* »

Le même archevêque déclarera plus tard, à propos de la qualité de nos dirigeants, ce qui suit à *Jeune Afrique* n° 1991 du 15 mars 1999 :

> « *Les instances dirigeantes, économiques ou politiques, sont envahies de gens incompétents ou corrompus, et certains efforts pour nettoyer la maison ont été réduits à néant....* »

Ces différentes déclarations n'avaient jamais fait l'objet d'un quelconque commentaire de la part des gouvernants d'alors, à plus forte raison d'une mise en garde à l'ancien archevêque. Pourtant, elles n'ont rien à envier, sur le plan du ton, à la déclaration de novembre 2003, qui avait suscité l'ire du Président de la République.

Les prélats sénégalais ne doivent pas se laisser impressionner le moins du monde par la lettre inédite du Président de la République. Chaque fois que le ciel du Sénégal se chargera de nuages qui n'augurent rien de bon pour son avenir, ils doivent faire entendre leurs voix, à l'instar de leurs pairs Musengo (Kinshasa), Da Souza (Cotonou), Yago (Abidjan), Desmond Tutu (Pretoria) et surtout du très regretté Dom

Helder Camara, ex-archevêque « rouge » de Recife (Brésil). Ils se sont fait heureusement entendre d'ailleurs, à propos de la ténébreuse affaire des chantiers de Thiès, et ont exprimé le souhait que toutes les personnes impliquées soient entendues.

L'Archevêque de Dakar, Monseigneur Théodore Adrien Sarr, a pris une position très nette par rapport à l'interview que le rebelle Salif Sadio a accordée à l'antenne de *SUD FM* de Ziguinchor et à l'invasion par des Forces de Police des locaux du *Groupe Sud Communication* (la maison mère). Il trouve parfaitement normal que l'interview ait été diffusée. Cette intervention a été bien appréciée par nombre de nos compatriotes, y compris nous-même. C'est de telles attitudes qu'on attend de temps en temps d'un chef religieux, d'un pasteur. Nous avons d'autant plus apprécié la position exprimée officiellement par Monseigneur qu'elle lève toute équivoque : ce n'est pas parce que le Président de la République fait réfectionner la grande Cathédrale de Dakar et envoie quelques chrétiens en pèlerinage que les évêques doivent se taire. Ils refusent de se laisser *corrompre* ou *acheter* aussi facilement. *Pour cela, ils ont toute notre considération.*

La place des hommes d'Église, des chefs religieux en général, doit être plus à côté des démunis que des gens repus qui ont pillé ou continuent de piller nos maigres ressources nationales et consacrent le plus clair de leur temps à travailler à se maintenir au pouvoir.

Le Président de la République ne cessera jamais en tout cas de nous étonner. Pourquoi envoyait-il une lettre de protestation aux seuls hommes d'Église, comme s'ils étaient les seuls à l'époque à avoir fait une déclaration sur la situation politique du pays ? Le jour de la Korité de 2003, de nombreux imams se sont fait entendre sans ambages : Papa Djiby Diène de la mosquée de Dakar, Ismaïla Diène de Pikine Icotaf, Thierno Mansour Barro de Mbour, Tamsir Ndiour de Thiès, etc… Ce dernier en particulier n'a pas été tendre avec les libéraux dont l'ex-numéro deux, Idrissa Seck, était parmi les fidèles à qui il s'adressait. La palme de la virulence du ton est revenue sans aucun doute à Serigne Abdoul Aziz Sy Junior, porte-parole du Khalife général des Tidianes. *Le Populaire* du 27 novembre 2003 nous apprend que « dans la capitale de la Tidjaniya, le pouvoir en a pris pour son grade. En effet, le porte-parole du Khalife général, Serigne Abdoul Aziz Sy Junior, en a balancé des vertes et des pas mûres sur le régime de Wade. En résumé, pour Junior, ce pouvoir nous mène droit vers un inconnu gros de tous les risques. Et pour le chef religieux, au lieu de travailler, encore travailler, toujours travailler, c'est plutôt *wax rek* (seulement des paroles) au sommet (...). Junior a appelé tous les khalifes généraux à prendre leurs responsabilités et parler à *Gòor gi*, sinon le pays va s'embraser. » Si ce sont dans les mêmes termes que Serigne Abdoul Aziz Sy Jr s'est prononcé ce jour-là, les prélats sénégalais sont vraiment *weex dúnq* (ont vraiment bon dos). Pourquoi une lettre à eux seuls ? Selon l'avant dernier recensement général de la population (le dernier en cours n'ayant pas encore communiqué les résultats définitifs), le Sénégal comptait 95 % de musulmans, 4 % de chrétiens et 1 % d'autres. Le nombre d'électeurs musulmans potentiels infiniment plus important aurait-il pesé sur la décision bizarre du Chef de l'État de n'adresser une mise en garde qu'aux seuls évêques ? Cette hypothèse est bien plausible, si on considère la volonté affichée de Me Wade de gagner coûte que coûte un second mandat. N'est-ce pas son ex-numéro deux (aujourd'hui en prison) qui disait que, s'il le faut, ils iraient chercher des voix jusqu'en Chine ?

Des voix, Me Wade en pêche de tous les côtés, notamment par le biais des différentes stratégies que nous venons de passer en revue. Il compte surtout en engranger beaucoup d'autres grâce à l'argent dont il fait un véritable cheval de bataille. D'où sa « générosité » qui devient de plus en plus ambiante, déferlante et inquiétante.

4) Une générosité ostentatoire, déferlante et sélective

C'est désormais une certitude pour la majorité des Sénégalaises et des Sénégalais : Me Wade affectionne l'argent et croit à sa force, à sa magie, à son infaillibilité. Certains observateurs ont très tôt prêté aux libéraux, à leur chef et à leurs souteneurs, l'idée fortement ancrée que « *c'est l'argent qui gagne les élections* ». Jamais l'argent n'a en tout cas autant coulé à flot au Sénégal que depuis le 1er avril 2000. Des coins les plus reculés du pays, on ne parle que de la « générosité » de Me Wade et des nouveaux riches du PDS. Mais cette générosité ne profite malheureusement pas aux Sénégalaises et aux Sénégalais les plus démuni(e)s, aux *gòorgòorlu* qui en ont le plus besoin. Elle achète plutôt les consciences et est destinée en priorité aux porteurs potentiels de voix. Parfois, elle est utilisée pour réparer des bourdes et regagner la confiance de toute une communauté. C'était le cas avec Serigne Mansour Sy quand l'indiscrétion publique de Me Wade l'avait sérieusement outré. Il en a été de même avec le clergé qu'il a rabroué d'avoir simplement exprimé son point de vue sur la conduite des affaires du pays. Les catholiques sénégalais avaient très mal pris cette mise en demeure particulièrement maladroite et tenu à l'exprimer publiquement. Me Wade a profité de deux événements importants dans la vie de la communauté pour rattraper sa bourde : le décès de Mgr Thiandoum et le pèlerinage marial de Popenguine de 2004.

Selon *L'Observateur* du mercredi 26 mai 2004, il aurait déboursé, en ces deux circonstances, la coquette somme de cent soixante quinze (175) millions de francs ainsi répartis :

*Cent cinquante (150) millions pour « goudronner tous les axes menant à la Maison du pèlerinage, à l'église, au sanctuaire et à l'entrée du campement »,

*dix (10) « aux populations de Popenguine pour les aider à préparer les obsèques de l'illustre défunt »,

*dix (10) « aux jeunes marcheurs qui se rendaient au pèlerinage marial de Popenguine »,

*cinq (5) à l'Église « pour les besoins des dépenses mortuaires ».

À ces actes de « générosité » ou de réparation s'ajoute la réhabilitation en cours de la cathédrale de Dakar pour 600 millions de francs, dit-on.

On constate aussi la générosité de Me Wade lors de nombreuses autres cérémonies familiales. Par exemple, la presse privée avait fait état, lors du décès de la mère de l'ancien président Diouf et de celui du président Senghor, de *jaxal* (soutien financier donné en de telles circonstances) particulièrement consistants de la part du président Wade : il aurait ainsi donné 50 millions à chacune des deux familles. Selon la même presse, il aurait donné le prix du mouton de tabaski (25000 francs en 2003 et 50000 en 2004) à chacun des membres de l'Association des Imams et Ouléma du Sénégal. Il aurait répété le même geste en 2005. À cela s'ajoutent les centaines de pèlerins qu'il envoie chaque année à la Mecque et aux lieux saints de la Chrétienté, avec billets d'avion et devises particulièrement consistantes. Sans compter les millions qui se comptent par dizaines, voire par centaines qu'il distribue à Touba, à

Tivaouane et aux autres villes religieuses à l'occasion des magals et des gamous annuels organisés sur toute l'étendue du territoire national. Et Dieu sait qu'ils sont nombreux et le deviennent de plus en plus. On a entendu – on le rappelle - de jeunes cadres d'une confrérie religieuse qui estimaient la leur défavorisée par rapport à d'autres, réclamer publiquement au cours d'un point de presse « *leurs parts des millions qui se distribuent à Touba et à Tivaouane* ».

La « générosité » du Président de la République se manifeste donc largement au bénéfice des chefs des différents ordres religieux, même si ces derniers font partie des mieux nantis, pour les raisons que le commun des mortels devine. Cette « générosité » légendaire profite également à ses souteneurs, à ses affidés de la mouvance présidentielle. Ainsi, à l'occasion d'une audience qu'il leur a accordée en fin 2004 au siège du PDS et de la CAP 21 qu'est devenu le Palais de l'Avenue Léopold-Sédar-Senghor, il a révélé le plus naturellement du monde, sa décision d'offrir un ordinateur à chacun des partis politiques qui le soutiennent, pour leur permettre de se moderniser. Il a également annoncé, avec la même aisance, avoir dégagé des fonds pour la construction d'une permanence à la CAP 21 (sic). Le Coordonnateur de ladite structure a confirmé lui-même ces décisions particulièrement partisanes du Président de la République à la sortie de l'audience en question.

Comme pour enfoncer le clou, *Le Quotidien* du mercredi 2 juin 2004 révèle, encore lui, que les chefs de partis membres de la CAP 21 recevaient chacun une enveloppe de 400000 francs par mois, dont 200000 de la présidence et 200000 autres de l'Assemblée nationale, ainsi qu'un quota de riz du Commissariat à la Sécurité alimentaire. Ces gestes de « générosité » qui se révélaient ainsi au grand jour, ne seraient probablement que la partie visible de l'iceberg libéral. Il y en aurait, il y en a de bien plus importants en sourdine, que Me Wade va finalement rendre publics et les faire supporter par le pauvre budget national, pour soulager ses fonds politiques qui commençaient à s'essouffler. Pour ce faire, il avait choisi une occasion, une période qui était loin d'être la meilleure.

On était en septembre 2004, au beau milieu du péril acridien, dont personne ne pouvait encore prévoir les conséquences sur les cultures. Le Président de la République présidait un séminaire de son camp à la Somone (village touristique à quelques encablures de la station de Saly Portudal). Entouré de militants libéraux et d'autres membres de la mouvance présidentielle chauffés à blanc, il annonce sa décision de porter le salaire mensuel de ses nombreux ministres de 350 000 à 2 000 000 de francs Cfa. Dans la même période, il décide de régulariser les « dessous de table » confortables qu'il accordait mensuellement aux autorités administratives[115] et, pour se donner bonne conscience, d'augmenter le salaire des fonctionnaires de l'État.

Des mois auparavant, il avait, au détour d'une audience accordée à l'Association des Magistrats du Sénégal (Ams), porté leur indemnité dite de judicature de 150 à 300 000 francs. Cette indemnité va passer probablement à 500 000, après le récent coup de gueule des magistrats qui menaçaient de se faire sérieusement entendre. La générosité très sélective et très intéressée[116] du Président de la République a également copieusement arrosé les maires du Sénégal et leurs adjoints : 900 000 francs d'indemnités mensuelles pour les maires des villes de Pikine, Guédiawaye, Rufisque et des communes chefs-lieux de région (onze au total) ; 500 000 pour les maires chefs-lieux de département (33) et les maires d'arrondissement des villes de Dakar, Pikine, Guédiawaye, Rufisque (43) ; 300 000 pour les maires des communes rurales (20 environ). Sans compter leurs nombreux adjoints et les présidents de conseils ruraux et leurs adjoints qui ne sont pas laissés en rade. Tout cela fait beaucoup d'argent, dont une bonne partie sera sûrement supportée par le trésor public car rares sont les collectivités locales qui peuvent faire face à autant de charges.

L'histoire retiendra sûrement de la présidence de Me Wade sa propension à distribuer à tour de bras l'argent du contribuable, sa trop grande « générosité ». Une « générosité » particulièrement sélective et profitant d'abord aux seules Sénégalaises et aux seuls Sénégalais qui, de

---

[115] Gouverneurs (500 000), préfets (300 000), sous-préfets (200 000) et leurs adjoints (respectivement 300 000, 200 000 et 100 000 francs). Il convient de signaler que lesdites autorités n'étaient pas déjà très mal loties : en plus d'être logées, elles bénéficient d'indemnités et de véhicules de fonction, de la gratuité de l'électricité, de l'eau, du téléphone et de la domesticité. Ce n'est pas rien tout cela. Sans compter que les administrateurs civils ont vu leur salaire augmenter de 60 000 francs en 2004, de 60 000 autres en 2005. La même somme leur sera octroyée en 2006. Ce qui fait qu'en trois ans, ils auront une augmentation de salaire, sous forme d'indemnités, de 180 000 francs. Une telle somme sur le salaire mensuel, ce n'est quand même pas rien. Il y a désormais un grand intérêt à se faire administrateur civil et autorité administrative.

[116] Les autorités administratives sont déjà en train de payer très chèrement cette générosité : le Préfet de Dakar se distingue de plus en plus par sa tendance fâcheuse à interdire pratiquement toutes les marches de l'opposition et de la société civile. D'autres lui emboîtent le pas. Jusqu'où ces autorités pourront-elles aller, pendant les prochaines élections générales, avec la « générosité » substantielle de Me Wade à leur endroit ?

leurs fonctions, sont susceptibles d'influer le vote de leurs compatriotes dans un sens ou dans un autre : magistrats, autorités administratives, chefs de collectivités locales, chefs religieux, grands notables, etc. Personne ne s'y trompe : Me Wade distribue notre argent prioritairement à ceux et à celles qui sont susceptibles de l'aider à se maintenir au pouvoir en 2007, à 82 ans (au minimum). Aucun chef d'État au monde n'est réélu à cet âge et Me Wade le sait parfaitement. Et il veut forcer le destin en achetant carrément certains de nos compatriotes avec notre argent à nous tous.

L'aspect le plus pernicieux de la « générosité » du Président de la République du Sénégal, c'est, par-delà l'injustice et les frustrations auxquelles elle donne lieu, le précédent dangereux qu'elle constitue pour notre pays : son successeur traînera comme un boulet les situations de rente qu'il héritera de la gestion catastrophique de l'alternance bleue. Il aura bien du mal à les éradiquer. A moins qu'il soit très courageux et très différent du politicien Wade.

Aujourd'hui, le front social chauffe. De nombreuses organisations de travailleurs de la Santé et de l'Action sociale, de l'Éducation nationale, de la Justice, de l'Administration générale, des mairies etc, sont en grève ou s'y préparent. L'Association des Magistrats du Sénégal, déjà pas mal lotie, est revenue à la charge – nous l'avons indiqué plus haut – pour exiger encore davantage du Gouvernement. Sa plateforme revendicative comporte notamment des véhicules, des parcelles de terrain et une indemnité de judicature de 500 000 Fcfa intégrée dans le salaire et prise en compte au moment du calcul de la pension de retraite. Elle menace, si ses exigences n'étaient pas toutes satisfaites, de boycotter la rentrée solennelle des Cours et Tribunaux et peut-être même les prochaines élections. Malgré les désagréments que les nombreuses grèves ne manqueront pas de causer çà et là aux populations, personne ne pourrait raisonnablement le reprocher aux organisations de travailleurs, si on considère la générosité ambiante et inconsidérée du Président de la République ; si on se rappelle ses déclarations tapageuses sur la situation économique du pays. N'est-ce pas lui qui déclare sur tous les toits que cette situation est excellente, que le pays ploie sous l'argent, à tel point que nous ne pouvons pas tout dépenser (sic) ?

Personne ne pourrait, non plus, reprocher à un gouvernement d'améliorer les conditions de travail des agents de l'État, pour qu'ils produisent plus et mieux. Mais en tout, il faut savoir raison garder et éviter les frustrations. *Le président Senghor avait constamment l'œil fixé sur les écarts de salaire. Il veillait, pour des raisons de justice sociale, à ce qu'ils ne fussent jamais trop grands*. La préoccupation du Président Wade est malheureusement tout autre. Les maires et présidents de conseils ruraux en particulier sont loin de mériter les privilèges exorbitants qu'il leur accorde avec une facilité déconcertante. Nous vivons quotidiennement avec eux, à côté d'eux. Rien ne justifie, dans leur gestion de tous les jours des collectivités qui leur sont confiées, la « générosité » du Président de la République. Pour ne donner qu'un exemple parmi de nombreux autres, le maire de Matam, qui percevait une indemnité mensuelle de *40 000* francs au plus (39 075 exactement), en perçoit aujourd'hui *900 000*, soit *25 fois le SMIG et 1,5 fois le salaire d'un professeur d'université en fin de carrière, avec le titre de professeur titulaire de classe exceptionnelle de 3e échelon*. Au 1er janvier 2003, ce dernier percevait un salaire brut de 649 651 francs[117]. Qui ose comparer le cursus du maire de Matam, de Louga ou de Kolda à celui de ce professeur d'université en fin de carrière ?

L'iniquité de la « générosité » de Me Wade serait moins perceptible et peut-être moins inacceptable, si certains bénéficiaires comme les maires le méritaient par leur travail. Or, ce n'est plus un secret pour personne : leur gestion est catastrophique. Dans une contribution antérieure, nous nous étions permis de lancer un défi au Président de la République. *Nous réitérons ici le même défi, avec plus de force encore : s'il lâche l'Inspection générale d'État et la Cour des Comptes sur la gestion des collectivités locales et qu'il réserve à leurs rapports une suite républicaine, nombre de maires, présidents de régions et de conseils ruraux iront en prison. Nous le répétons et l'assumons : nombre d'entre eux seront coupables de malversations particulièrement graves et iront en prison, si la réglementation leur est strictement appliquée. Dans ces conditions-là, méritent-ils tant de générosité* ?

Il convient de rappeler au Président de la République, que le 21 juin 2002, il avait déposé sur le bureau de l'Assemblée nationale, et à la grande surprise des députés, deux projets de loi destinés, selon l'exposé des motifs, à sanctionner sévèrement les maires, présidents de régions et de conseils ruraux qui se seraient rendu coupables de « *carence notoire* » et de « *manquements graves aux obligations* » dans l'exercice de leurs

---

[117] Pr Ousseynou Kane, *Walfadjri* du mardi 28 septembre 2004, p. 3.

fonctions. La sanction pouvait aller, menaçaient les deux projets de textes, jusqu'à la révocation pure et simple. Ces fameux projets de loi, qu'il avait déjà annoncés avec pompe le jour même des élections locales (le 12 mai 2002), avaient fait l'objet d'une bombe chez les élus locaux, qui étaient astreints à « *faire désormais des résultats* », sous peine d'être suspendus pour une durée qui pouvait aller d'un à trois mois, selon la faute commise. Et nos fameux projets de loi d'énumérer alors une vingtaine de fautes pouvant entraîner des sanctions contre les élus locaux fautifs.

Nous sommes en 2006. Les projets de loi de Me Wade se sont évanouis dans le labyrinthe de ses nombreux engagements et déclarations sans lendemain. Plus de trois longues années après, on nous annonce par-ci, par-là, que la gestion de tel ou de tel autre maire est en train d'être contrôlée. Aucune suite n'est encore réservée, à notre connaissance, à ces contrôles annoncés. Ces contrôles, si contrôle il y a effectivement, devraient commencer par Dakar. Le maire bleu de la capitale nationale, qui gère un budget annuel de plus de 20 milliards, se distingue de plus en plus, à l'image de son champion de président, par sa très grande « générosité ». Il distribue à bout de bras riz, enveloppes bourrées de fric, moutons de tabaski, billets de pèlerinage à la Mecque. Le grand Serigne de Dakar, El Hadj Bassirou Diagne, confirme cette « générosité » dans l'interview qu'il a accordée au *Populaire* du mardi 8 février 2005. A une question du journaliste, il répond ceci : « (...) Mais cette année, mes charges ont été amoindries. D'ailleurs, j'ai lu dans votre journal que Papa Diop m'a arrosé d'argent. C'est vrai, il m'a bien arrosé, mais je n'ai pas touché d'argent. Par contre, il m'a demandé de lui donner une liste de 40 personnes qu'il peut aider en donnant à chacun le prix d'un mouton. Puis, il m'a envoyé personnellement un grand bélier. Le Président Wade également m'a envoyé un très gros bélier qui coûte 500 000 francs... » Combien de moutons le Maire de Dakar a-t-il donnés à l'autre Grand Serigne de Dakar, aux autres familles religieuses, aux notables, à ses nombreux frères déshérités du Pds ?

Le Populaire du jeudi 27 janvier 2005, révèle, en sa page 2 que « le très liquide Papa Diop, par ailleurs Président de l'Assemblée nationale, qui a distribué quelque chose comme 7 000 enveloppes comportant en moyenne chacune 40 000 francs Cfa (faites le calcul) à ses militants et amis, n'a pas oublié les citoyens porteurs de voix comme le Grand Serigne de Dakar, l'homme aux grands boubous légendaires ». Le Maire de Dakar dépense donc sans compter, puisqu'il a de qui tenir. Combien lui coûtent les différentes mobilisations de militants, les innombrables manifestations religieuses et cérémonies familiales ? Personne ne le saura peut-être jamais, car il y a peu de chance que la gestion de ce maire bleu soit contrôlée. Et si d'aventure elle l'était, le rapport d'inspection finirait comme celui qui avait sanctionné la gestion désastreuse de l'ex-Dg de la Poste, Ibrahima Sarr : classé sans suite.

Pour revenir à l'interview du Grand Serigne de Dakar, il révélera également ceci (c'est important d'être rappelé) : « J'ai une maison que j'habite à la SICAP depuis dix ans. À l'époque, j'avais demandé à l'ancien pouvoir socialiste de me la vendre, mais cela n'avait pas abouti. Quand Me Wade est arrivé au pouvoir, *« il a réglé le problème séance tenante, lors de notre première rencontre au début de l'alternance. Un autre exemple : il m'a remis des passeports diplomatiques pour moi et certains de mes proches.* »

Et le Grand Serigne d'ajouter, avec une pointe d'ironie qui peut échapper au non vigilant :

> *« Rappelez-vous qu'il avait gelé, dans un premier temps, tous les passeports délivrés par Abdou Diouf.* »

Cette révélation appelle quelques commentaires : le Président de la République, comme à ses habitudes, *règle séance tenante et à la première rencontre un tel problème*, certainement sans avoir pris l'avis du ministre de tutelle. Comment l'a-t-il réglé ? En donnant purement et simplement la maison au Grand Serigne ? En réglant lui-même la note avec ses fonds politiques ? En lui vendant la maison à un prix particulièrement étudié ? On n'aura peut-être jamais de réponses à ces questions-là. Les Socialistes ont eu en tout cas au moins le mérite de n'avoir pas cédé à la première charge. Le Grand Serigne a reconnu lui-même cette réticence des Socialistes.

Si le Président de la République remet des passeports à l'un des Grands Serignes de Dakar (ils sont deux) et à ses proches, combien en a-t-il remis à l'autre et à ses proches ? Combien aux familles Seck de Thiénaba et de Ngourane ? Niassène de Kaolack ? Sy de Tivaouane ? Mbacké de Touba ? À ce rythme, combien de passeports sont en circulation ? Que vaut ce précieux document dans ce Sénégal de l'alternance ? On peut être tenté de répondre : presque plus rien.

La grande « générosité » de Me Wade se mesure aussi dans les contrats juteux au bénéfice de personnes venues souvent de nulle part. Dans un dossier consacré aux « Grands maux de l'Administration sénégalaise » par *Sud quotidien* du jeudi 30 mars 2002, un administrateur civil confie que, « sous l'ère Diouf, on a eu droit à un maximum de 50 contrats spéciaux dans l'administration ». Deux ans après l'alternance, « les contrats spéciaux sont passés sous l'ère du président Abdoulaye Wade à près de 900 ». Les contractuels bénéficient de rémunérations substantielles, sans commune mesure avec ce qui a cours dans la Fonction publique. Le paradoxe, c'est que « *ces contractuels n'apportent le plus souvent aucune plus value à l'administration* ». Les contrats sont souvent établis sans que cela ne réponde à aucun critère, à aucune cohérence, à aucune utilité. D'anciens fonctionnaires du journal « Sopi » et des calots bleus ont été ainsi purement et simplement versés au « *Quotidien de la République* », avec des contrats spéciaux fort « intéressants ». Il n'est pas rare qu'une secrétaire contractuelle perçoive un salaire de 400 à 500 000 francs pendant qu'un haut fonctionnaire en fin de carrière se contente de 250 000 à 300 000 francs. Ce qu'il y a de plus grave dans cette situation, c'est que « les compétences sont étouffées. On nomme des gens à des postes névralgiques de l'État, à la place de personnes formées pour cela, mais mises sous le boisseau ».

Cette iniquité a dû encore s'aggraver. Si, deux ans après l'alternance, l'administration libérale en était déjà à 900 contractuels, combien sont-ils aujourd'hui, avec les changements intempestifs de gouvernements et d'inflation de ministres que nous connaissons depuis lors ? 2 000 ? 4 000 ? 7 000 ? Qui sait ? Les ministres de Me Wade, dont beaucoup n'ont jamais travaillé, constituent des cabinets à leur image. Il n'est pas rare que, dans un cabinet ministériel, la majorité des membres soit des contractuels, qui sont pratiquement analphabètes en matière d'administration. Si on y ajoute les directeurs de services et de sociétés nationales, les directeurs de diverses agences nationales[118], de projets et

[118] On assiste, depuis l'avènement de l'alternance, à une prolifération effarante d'agences nationales, créées souvent pour « recaser » des amis, des parents ou des frères de parti. Selon les conclusions de l'Étude du Programme Intégré de Réforme du Secteur Public (PIRSP) menée en novembre 2002, « *l'administration sénégalaise est l'objet de nombreuses modifications de structures qui répondent moins à des critères organisationnels qu'à une volonté politique. Cet état de fait conduit non seulement à une profusion de structures, mais aussi à des incohérences structurelles. On note ainsi tantôt des chevauchements de compétence, tantôt un affaissement des prérogatives, par le transfert d'une structure d'un département ministériel à un autre, ou des couplages peu pertinents de structures. Tous ces éléments concourent à une instabilité*

de programmes, on se retrouve avec un nombre incalculable de bénéficiaires de contrats juteux, sans rapport avec leur profil. La plus grande aberration se rencontrerait au niveau des très nombreux « conseillers techniques ». Beaucoup d'entre eux, qui sont au plus de la hiérarchie B (alors qu'ils doivent être de la hiérarchie A), seraient nommés à cette fonction dans les différents ministères, à la Primature et à la Présidence de la République. De nombreux autres n'ont jamais travaillé de leur vie dans une administration, publique ou privée.

On est loin, très loin de l'époque du président Senghor qui, au lendemain de chaque formation d'un nouveau gouvernement, adressait de superbes instructions (tant au niveau du fond, de la forme que de la langue) aux nouveaux ministres. Il en était ainsi, pour ne donner que quelques exemples, de :

- l'Instruction générale n° 15 P.R. du 1er mars 1968, sur l'organisation du travail gouvernemental ;
- l'Instruction n° 16 P.R. du 1er mars 1968, relative aux cabinets ministériels ;
- l'Instruction n° 15 P.M. / JUR du 13 mai 1970, relative à la déconcentration des pouvoirs au sein des départements ministériels (Instruction primatoriale).

L'instruction n° 15 distinguait les conseillers techniques du cabinet du Ministre et les conseillers techniques du Ministère. Elle précisait aussi les conditions de choix des membres des cabinets. *Ces derniers devaient jouir de leurs droits civiques et politiques, être d'une honorabilité parfaite et posséder les compétences et la formation requises pour collaborer au plus haut niveau à la fonction ministérielle.* Dans cette perspective, les directeurs et conseillers techniques devaient être titulaires d'un diplôme d'enseignement supérieur (ou d'un diplôme d'ingénieur), ou appartenir à la hiérarchie A de la Fonction publique. Et le Président Senghor précisait qu'il n'accepterait aucune dérogation à cette règle. Il exerçait d'ailleurs, par l'intermédiaire du Secrétariat général de la Présidence, un contrôle personnel sur la nomination des membres de cabinets ministériels.

---

institutionnelle, créant des conditions négatives à l'efficacité de l'administration et à la continuité du service public. » (cf *Sud quotidien* du jeudi 30 mai 2002, p. 3)

L'instruction définissait également les conditions matérielles des membres de cabinets et précisaient nettement que ceux d'entre eux qui n'appartenaient pas à la Fonction publique percevaient, conformément à la loi en vigueur, une rémunération correspondant à leur qualification professionnelle, selon les règles appliquées au recrutement d'agents contractuels ou décisionnaires. Leur décision ou contrat d'engagement à titre précaire et révocable, comportait obligatoirement la clause suivante :

> *« Le présent contrat – ou la présente décision d'engagement – prendra automatiquement fin au plus tard en même temps que cesseront les fonctions du ministre auquel M. X... apporte sa collaboration ».*

Le président Senghor voulait éviter ainsi l'utilisation des cabinets ministériels comme voie clandestine d'accès à l'administration. L'instruction précisait ainsi que « *lorsque cessent les fonctions d'un ministre, ceux de ses collaborateurs personnels qu'il avait cru devoir recruter hors de l'administration, cessent de plein droit d'appartenir à celle-ci à quelque titre que ce soit* ». Toutes informations utiles étaient ainsi données par l'instruction présidentielle.

Si nous avons tenu à rappeler ces importantes instructions, c'est pour mettre en relief *le flou, l'informel et l'amateurisme qui sont les traits caractéristiques du régime libéral*. Dans le cadre de la rédaction de ce livre, nous avons été obligé de faire des va-et-vient interminables entre Dakar et l'Imprimerie nationale de Rufisque. Nous devions consulter le *Journal officiel* de la République du Sénégal (JORS) pour passer en revue certains textes et règlements pris par le Gouvernement libéral. C'était peine perdue. Le JORS n'est plus ce qu'il était dans les années Senghor-Diouf. Il a beaucoup perdu de sa qualité et sa régularité. C'est une gageure que d'y trouver certains textes. Il est vrai que quand des textes de lois et de règlements sont pris pour résoudre des problèmes d'ordre politicien, individuel, on n'est pas pressé de les voir publiés dans le journal officiel.

L'administration sénégalaise souffrira donc beaucoup du passage des libéraux. Elle est aujourd'hui infestée de contractuels dont on ne s'est assuré ni de la formation, ni du niveau de compétence, ni de la maîtrise des rouages de l'administration. Ils sont tellement nombreux qu'on se demande bien s'ils quitteront jamais la Fonction publique. Ils sont d'autant plus fondés à s'y accrocher que Me Wade a fait encore jouer sa

« générosité » légendaire à leurs profits. La « Une » du *Quotidien* du 17 mars 2005 confirme cette « générosité » en titrant : « Hausse en catimini des *contrats spéciaux* : l'Alternance engraisse son personnel politique ».

C'est dans une lettre n° 1 231 du 10 décembre 2004 adressée à l'ex-Ministre de la Fonction publique, du Travail, de l'Emploi et des Organisations professionnelles M. Yoro Dey, que le Premier Ministre Macky Sall a notifié sa décision de relever les niveaux de rémunération des contrats spéciaux. Au terme de la décision du Premier Ministre, les directeurs de cabinet, conseillers techniques, chefs de cabinets, chargés de mission à la Présidence de la République recrutés sur la base d'un contrat spécial, perçoivent respectivement un salaire mensuel de 500 000, 450 000, 300 000 et 250 000 francs Cfa. Quant aux attachés de cabinet, secrétaires et chauffeurs, ils ont un salaire mensuel de 200 000 francs. Cette « générosité » avait évidemment suscité bien des frustrations chez les fonctionnaires. *Sud quotidien* fait dire à l'un d'eux, très en colère :

> *« C'est frustrant pour nous de voir des gens du PDS si gracieusement rétribués, alors que beaucoup d'entre eux n'ont travaillé nulle part auparavant ».*

Un autre s'insurge contre de tels montants octroyés « à des gens sans qualification, sans expérience alors que des fonctionnaires totalisant 20 ans de service ou sortis de l'École nationale d'Administration et de Magistrature (ÉNAM, devenue aujourd'hui École nationale d'Administration et Centre de Formation judiciaire) gardent leur niveau de salaire. » Nous avons rappelé précédemment que leurs salaires ont été sensiblement revalorisés.

Imagine-t-on, par-delà les grosses frustrations légitimes, les conséquences pour nos pauvres finances publiques de la décision hasardeuse du Premier Ministre ? Avait-il, en signant sa fameuse lettre du 10 décembre 2004, une idée du nombre de bénéficiaires de contrats spéciaux du fait du PDS ? Le Président de la République est-il conscient qu'il est en train de dégrader et de polluer l'administration sénégalaise en y faisant recruter progressivement et en grand nombre tous les militants qui gravitent autour de lui depuis bientôt trente ans ? En s'installant au pouvoir, il a hérité d'une bonne administration, compétente et professionnelle. Au rythme où vont les recrutements de contractuels, il risque de nous la laisser très mal en point.

Me Wade se montre donc particulièrement « généreux », mais surtout avec ses libéraux, qui se trouvent propulsés comme par enchantement de l'état de « crasse » à l'état de grâce. L'argent de Me Wade coule, coule à flot, pour « décrasser » ses frères libéraux, mais aussi au profit des porteurs de voix et des autorités qui, par leurs fonctions, sont susceptibles d'influencer le processus électoral dans un sens qui lui est favorable. Crésus finance aussi gracieusement les différentes manifestations du Parti gouvernemental et de la CAP 21. Dans une émission (radio) interactive *wax sa xalat* (donner son point de vue sur une question du jour), un auditeur, chauffeur de *Ndiaga Ndiaye* (car de transport en commun) exprimait le souhait que le régime libéral dure le plus longtemps possible, car il ne se passe pas de mois sans que son car soit loué pour transporter des militants du PDS d'une ville à une autre ou, à l'intérieur d'une même ville, d'un quartier à un autre[119]. Ce chauffeur a parfaitement raison : le PDS organise beaucoup de meetings, y compris des meetings dits de ralliement de militants de l'opposition. À l'occasion, des milliers de militants sont transportés de tous les coins du pays et déversés sur le lieu du rendez-vous. Le meeting qui a battu jusqu'ici tous les records d'affluence est celui organisé à Mbacké, ville à sept kilomètres environ de la ville sainte de Touba. Le Maire de Diourbel et Ministre d'État Aminata Tall l'a appelé « le meeting du siècle ». Les avis sont partagés sur les montants dépensés pour financer cette manifestation : 100, 200, 300 millions, peut-être plus. Il y eut d'ailleurs, à l'intérieur du Parti, une véritable passe d'arme entre le Ministre d'État Aminata Tall et le Président du Comité d'organisation Iba Guèye, maire

---

[119] Lors de l'installation officielle du Conseil de la République pour les Affaires économiques et sociales (CRAES), le président de ladite structure a dépensé 4 millions de francs Cfa pour le transport des militants de Rufisque à Dakar distantes de 26 km. Deux millions avaient d'abord été prévus mais, ayant trop attendu après avoir effectué leur travail, les chauffeurs qui commençaient à s'impatienter se sont rués sur le « caissier », un certain Collin, agent municipal à Rufisque. En un clin d'œil, il a été délesté de la somme qu'il portait sur lui. Mais tout le monde n'était pas servi et l'atmosphère était surchauffée. Me Mbaye Jacques Diop, le président du CRAES confie : « *Devant l'insistance des chauffeurs et la tournure que ces événements risquaient de prendre, j'ai dépêché un émissaire pour apporter une enveloppe de deux autres millions de francs (sic) afin de mettre fin aux protestations et désamorcer la bombe.* »
Le Quotidien du jeudi 30 septembre 2004 qui rendait compte de cet événement précise que, à ces quatre millions qui ont servi pour le transport des militants, il faut ajouter « le magot ayant servi à la confection des tee-shirts, des boubous et au déjeuner copieux des milliers de militants ». Le journal révèle encore qu'à ces montants déjà fort importants, « devraient s'ajouter les trois millions de francs dégagés pour le transport et le déjeuner des conseillers lors de la réunion de prise de contact ». Cette réunion a eu lieu avant la cérémonie officielle d'installation du CRAES (cf *Le Quotidien* du jeudi 9 septembre 2004).

de Mbacké et transfuge du PS. Le différend était relatif à la gestion du magot du meeting. On a entendu d'ailleurs un Iba Guèye apparemment très énervé, confier à une radio privée qu'il ne donnera l'argent qu'à des gens qui sont capables de mobiliser les militants (sic).

En tout cas, selon le correspondant de *Walfadjri* dans la localité, les seuls libéraux de Touba ont mobilisé 600 cars de 25 places. Faute d'être sûrs de faire sortir les populations de Mbacké de leur indifférence – nombre d'entre elles opposent que l'alternance n'a rien fait pour leur ville – les libéraux se sont employés à importer des militants de tous les coins du Sénégal[120]. Le journal *Le Quotidien* des samedi 11 et dimanche 12 décembre 2004 (page 5), s'est aussi intéressé au fameux meeting. Il titre : « *un gâchis de 300 millions et d'une tonne de tissus* ». Dans ce texte, les journalistes Soro Diop et Boucar A. Diallo avancent le chiffre de 300 millions. Mais, « ce qui est sûr et connu de tous ceux qui étaient à la municipalité de Diourbel, le jeudi, vers les coups de 19 heures, une malle remplie d'argent a été descendue par deux policiers armés de fusils Mass 36. Cette malle a été convoyée de Dakar à bord d'un véhicule banalisé de marque pick-up 4x4 de couleur blanche. Des tonnes de tissus de marque *Khartoum* et de couleur bleue, celle du PDS, vont servir à habiller les militantes. » Nombre d'observateurs qui ont lu ce texte se disaient que les autorités du PDS allaient rapidement démentir cette information très grave. Il n'en a rien été : elles ont, au contraire, préféré garder le profil bas.

Ce que tous les nationaux et les étrangers constatent, c'est que les meetings, les inaugurations d'infrastructures, les nombreux déplacements du chef de l'État, très folkloriques, donnent lieu à des transports massifs de militants, habillés de la couleur bleue du PDS et brandissant le drapeau dudit parti, qui supplante désormais le drapeau national. Dans son « *Point d'Interrogation* » de *Nouvel Horizon* n° 449 du 17 au 23 décembre 2004, Tamsir Ndiaye Jupiter se pose la question de savoir d'où vient l'argent des libéraux. À propos du meeting de Mbacké en particulier, il écrit :

« Du jamais vu au Sénégal ! Et voilà qu'à Mbacké, près d'un demi-milliard est dilapidé en 24 heures. Seul le système libéral peut réussir une si tragique prouesse. Les Sénégalais s'interrogent alors : d'où vient l'argent de ces libéraux arrivés au pouvoir il n'y a pas encore cinq ans ?

[120] *Walfadjri* des samedi 11 et dimanche 12 décembre 2004, p. 3.

Et qui, faute de moyens en 2000, ont dû inventer la fameuse *Marche bleue* pour battre campagne contre Diouf. Sur la route de Mbacké, des 4x4 d'un luxe infâme dépassent des villages et des pauvres n'ayant parfois pour vêtements que des monceaux infects de chiffon en fermentation. C'est ainsi qu'ils découvrent que la gabegie, la jouissance, l'enrichissement et le confrérisme sont certainement les seuls triomphes publics du libéralisme à la sauce sopi. »

M. Ndiaye a bien raison de se poser des questions et nombre de nos compatriotes se les posent avec lui. En tout cas, ce qui crève les yeux, c'est que l'argent coule, coule à flot chez les libéraux et profite largement à une minorité de Sénégalaises et de Sénégalais déjà privilégiés. Il convient constamment de dénoncer avec la plus grande vigueur cette aberration coûteuse. Les audiences de Me Wade sont aujourd'hui très courues, car il semblerait qu'on sorte rarement de son bureau aussi léger qu'on y était entré. La Présidence de la République est régulièrement envahie de plusieurs centaines de militants qui viennent faire acte d'allégeance ou présenter des transhumants. Une délégation de 500 femmes des Parcelles Assainies (un quartier de la banlieue de Dakar) reçue par Me Wade le lundi 1er novembre 2004, a quitté la présidence avec une enveloppe de 40 millions de francs ainsi répartis : 30 millions pour appuyer leur groupement d'intérêt économique (GIE) et 10 offerts à titre de transport[121]. L'exemple n'est pas rare. Il est devenu, au contraire, monnaie courante. Des membres d'une délégation de militants ont eu d'ailleurs à se battre en plein Palais de la République, pour se disputer l'enveloppe qui leur avait été offerte.

Me Wade est si « généreux » qu'il a transmis le virus de sa « générosité » aux libéraux, aux nouveaux riches de la République. Pour ne donner qu'un exemple, M. Lamine Ba, Ministre de la Coopération internationale et de la Coopération décentralisée a offert 10 millions de francs au chef religieux Serigne Mansour Sy. Ils se sont rencontrés à Louga (à 200 km au Nord-Est de Dakar), le second venant poser la première pierre d'un institut islamique, le premier pour prendre contact avec ses frères libéraux de la ville[122]. Ce qui avait surpris encore plus les gens, c'est la déclaration du ministre après son geste de « générosité ».

---

[121] *Le Quotidien* du vendredi 1er novembre 2004, p. 5.

[122] *L'Observateur* n° 445 du lundi 14 mars 2005, p 5.

« Aujourd'hui, c'est le hasard qui a fait que nos chemins se sont croisés à Louga et il a formulé des prières pour moi en me remettant les clés de la ville (il brigue la mairie de la ville) », confiait-il gaillardement.

Voilà un ministre qui rencontre par hasard un chef religieux et qui lui donne 10 millions. Combien de millions devait-il alors avoir dans sa valisette pour en donner 10 de façon imprévue ? Où trouve-t-il tout cet argent ? La question mérite quand même d'être posée. Un autre de ses collègues, M. Aliou Sow, profitant d'un voyage au Bénin, fait une visite de courtoisie à nos compatriotes qui vivent à Cotonou. Le rendez-vous a lieu dans une sorte de « Maison des Sénégalais » qu'ils se sont construite à Cotonou, la capitale du pays. Il leur offre, en les quittant, 1 200 000 francs. Il convient de signaler que M. Sow, qui a créé un journal à Dakar (un journal suppose quand même des investissements importants), ne travaillait pas avant le 19 mars 2000. Il venait à peine de sortir, péniblement d'ailleurs, semble-t-il, du Centre d'Étude des Sciences et Techniques de l'Information (CESTI).

On peut aussi citer l'exemple de Modou Diagne Fada, ex- Ministre de l'Environnement et de la protection de la Nature et celui du Ministre d'État Habib Sy. Pour répondre à l'appel que Me Abdoulaye Wade, Secrétaire général national du PDS, avait lancé à la télévision nationale en octobre 2004, pour la construction du Quartier général du Parti gouvernemental, M. Diagne avait contribué pour 12 millions de francs, au nom de la Fédération départementale de Kébémer. Cette coquette somme aurait été recueillie au cours d'une réunion qui s'est tenue le samedi 6 novembre 2004 à la Permanence du PDS de Kébémer (ville natale de Me Wade). Des militants de Ndande, de Sagatta, de Darou Mouhty (des localités du département) ont donné leur contribution. C'est ce que précise en tout cas la dépêche de l'Agence de Presse sénégalaise (APS) reprise par *Walfadjri* du lundi 8 novembre 2004, p. 2. Quelques jours auparavant, son ex-collègue Habib Sy avait contribué pour 5 millions pour le compte de la Fédération départementale de Linguère.

Quelqu'un disait de Me Wade qu'il prenait le Sénégal pour un jardin d'enfants. Modou Diagne Fada et Habib Sy ne sont pas loin de nous traiter avec le même mépris. Kébémer et Linguère font partie des départements du Sénégal les plus pauvres et les plus déshérités. De surcroît, au moment où les deux responsables politiques annonçaient leurs contributions de 12 et 5 millions, c'était la disette totale dans tous les deux départements. Les criquets venaient de passer par là et avaient tout ravagé : champs, arbres, pâturages. Les paysans n'avaient donc pas fait la moindre récolte. Dans le Département de Linguère, qui ne compte que sur l'agriculture et l'élevage, les troupeaux étaient partis en transhumance vers des régions plus hospitalières. Les populations avaient donc un réel problème de survie. S'assurer deux repas par jour devenait pour elles une vraie gageure. Comment, dans ces conditions-là, pouvaient-elles se permettre de recueillir 5 millions de francs en une seule réunion ? Pour les mêmes difficultés, le Département de Kébémer et ses populations ne sont pas capables de collecter 12 millions dans les mêmes circonstances. Ces pauvres populations ont vraiment bon dos : les 17 millions ont été plutôt donnés par les deux ministres (Modou Diagne Fada l'était encore). Le Ministre d'État, Ministre de l'Agriculture et de l'Hydraulique Habib Sy venait de boucler la campagne de lutte contre l'invasion acridienne. Son ministère avait reçu d'importants dons en nature et en... espèces sonnantes et trébuchantes. L'utilisation de ses dons substantiels n'a jamais été, en tout cas pas à notre connaissance, évaluée.

Des actes de « générosité » de Me Wade et de ses nouveaux riches, on peut en citer indéfiniment. La télévision nationale nous les fait vivre tous les soirs, nous les rend visibles (pour employer une expression consacrée). Et c'est ainsi que l'aime *Gòor gi* : ces actes-là doivent être connus par le maximum de Sénégalaises et de Sénégalais. Ils se manifestent jusqu'à Arafat, à la Mecque où les fidèles, ce jour-là, doivent entrer directement en communion avec leur Créateur. Malgré ce climat de grande ferveur religieuse, Me Wade n'hésite pas à s'interposer entre Dieu et ses fidèles recueillis, pour remettre, au grand jour, 30 millions au Commissaire général au Pèlerinage. Pour le repas, précise-t-on, des pèlerins. La télévision nationale n'a évidemment rien raté de cet acte politicien : elle a montré les épaisses liasses, comme l'aime Me Wade. C'était à la limite indécent et, peut-être même, un véritable sacrilège, si on considère l'intention qui a manifestement inspiré l'acte.

Ce n'est donc plus un secret pour personne, ni de l'intérieur ni de l'extérieur : Me Wade est d'une « générosité » légendaire. L'argent coule à flot partout où il passe. Cette « générosité » déferlante, malheureusement sélective et intéressée, génère des frustrations dont nul ne peut prévoir les développements. Qu'à cela ne tienne ! Me Wade va continuer de déployer sa « générosité » et arroser abondamment les

Sénégalaises et les Sénégalais susceptibles de l'aider à gagner la majorité à l'Assemblée nationale et d'être réélu pour un second mandat en 2007. Il vit comme une tragédie la perspective de ne pas être réélu et mettra tout en œuvre pour la conjurer, dût-il, pour y arriver, vider les caisses de l'État ou organiser des élections frauduleuses. Il n'a cure des conséquences sociales que sa « générosité » débordante peut entraîner. Nous avons déjà évoqué le front social qui chauffe partout et les grèves qui succèdent aux grèves. Tous les syndicats de travailleurs sont légitimement fondés à exiger de meilleures conditions de travail pour leurs membres, leurs parts des millions que Me Wade distribue à droite et à gauche. Le cas des vacataires, des volontaires et des contractuels de l'Éducation est le plus frappant. Voilà des gens qui enseignent le même programme, pendant le même horaire, aux mêmes cibles que leurs collègues enseignants fonctionnaires. Vont-ils continuer d'accepter des « salaires » de 80 000 à 120 000 francs, pendant qu'un député analphabète simple (non membre du Bureau de l'Assemblée nationale) se promène dans une 4x4 rutilante, avec un salaire de 1 300 000 francs, une dotation de carburant et des « facilités » de téléphone ? Rien n'est moins sûr et ils sont déjà en train de se faire entendre, faisant ainsi courir à l'année scolaire le risque d'une grande instabilité.

Me Wade n'est pas seulement « généreux » envers les autres. Il l'est surtout avec lui-même et avec ses très proches. Il s'est d'ailleurs taillé, avec son Premier Ministre, la part du lion dans le budget de 2006. Celui de la Présidence passe de 40 milliards 22 millions 660 mille francs Cfa en 2005 à 49 milliards 350 millions 129 mille en 2006[123]. Le budget de la Primature, quant à lui, passe, dans la même période, de 19 milliards 883 millions à 27 milliards 995 millions, soit une hausse substantielle de 8 milliards. Le Ministre d'État, Ministre de l'Économie et des Finances, trouve une explication à cette hausse vertigineuse en ces termes :

> *« Pour la Présidence de la République et pour la Primature, c'est tout simplement dû à un certain nombre d'activités qui sont transférées à ce niveau. Par exemple les agences qui s'occupent de la construction des routes, comme l'APIX qui s'occupe de l'élargissement de l'autoroute et de la construction des routes. Pour la Primature, il y a une agence qui est chargée des inondations. »*

---

[123] Cinquante-quatre milliards, rectifie Mbaye Diack, Secrétaire général adjoint de la Présidence de la République (*Le Populaire* du jeudi 22 décembre 2005, p. 5).

Il y a un an jour pour jour, le 29 novembre 2004, son Ministre délégué chargé du Budget donnait la même explication de la hausse substantielle du budget des deux institutions. Ils ne convainquent en tout cas personne. Que vont faire toutes ces agences à la Présidence de la République et à la Primature ? Où sont les ministères techniques ? La Présidence de la République et la Primature n'ont-elles pas d'autres préoccupations que de gérer des agences ? Ne nous a-t-on pas toujours donné l'assurance que l'Autoroute à péage ne nous coûterait pas un rotin et quelle serait construite par système BOT ? Une partie importante des centaines de milliards de Fcfa que gèrent les deux premières branches de l'Exécutif ne risque-t-elle pas d'alimenter la longue campagne électorale que le Président de la République et le Premier Ministre ont déjà entamée ? Tout cela est très confus et à mille lieux de la transparence et de la bonne gouvernance qui ne sont vraiment pas le point fort de la gestion libérale.

De retour de Paris le jeudi 22 décembre 2005, le Président de la République a tenté de rectifier le tir et de rassurer le contribuable : l'argent de l'Agence nationale de l'Organisation de la Conférence islamique (ANOCI) ne sera pas géré par cette structure, mais bien par le Ministère de l'Économie et des Finances. Ce dernier et son Ministre délégué chargé du budget nous ont toujours donné une autre explication. Que s'est-il passé entre-temps ? En tout cas, même si les milliards de l'ANOCI sont logés ailleurs, leur gestion portera forcément la marque lourde de Karim Wade et d'Abdoulaye Baldé, respectivement son président et son directeur exécutif.

Me Wade se sent de plus en plus obligé de s'expliquer. En particulier, pour justifier notamment la hausse vertigineuse de son budget et celui de son Premier Ministre, ainsi que sa « générosité » déferlante, il clame sous tous les toits que la situation économique du Sénégal est bonne, que la croissance est soutenue et que, de partout, il nous vient de l'argent dont nous ne saurions finalement que faire. Oui, c'est lui-même qui trouve un malin plaisir à se laisser aller à de telles fanfaronnades. Nous reviendrons d'ailleurs largement sur ces fanfaronnades, cette mégalomanie, cette mythomanie qui pousse comme de façon irrésistible le Président de la République à se lancer trop facilement et trop imprudemment dans des déclarations et des promesses mirobolantes, que le pauvre *Gòorgòorlu* prend pour argent comptant et qui, finalement, se révèlent rapidement sans lendemain.

Dans sa « générosité » sans limite, le Président de la République se comporte comme quelqu'un qui a une poule d'or et qui, au lieu de veiller sur elle comme sur la prunelle de ses propres yeux, s'emploie, paradoxalement, à tuer à petits feux le précieux gallinacé. C'est ce qui amène d'ailleurs des économistes plus soucieux de l'avenir du Sénégal et de ses générations à tirer la sonnette d'alarme. Ainsi, après la hausse vertigineuse de certains salaires et indemnités et l'achat de véhicules neufs pour les députés, M. Moubarack Lo s'est fait entendre[124]. Il reconnaît, comme maints observateurs, que l'État respire une certaine aisance financière. Mais il avertit : cette « manne » ne doit pas pousser les autorités gouvernementales à l'euphorie. Celles-ci doivent en particulier éviter l'erreur consistant à donner largement la priorité aux dépenses de prestige au détriment des couches vulnérables défavorisées. Dans le contexte de lutte contre la pauvreté, les dépenses gagneraient à être orientées vers des secteurs productifs. Les trois milliards gaspillés dans l'achat de 120 4x4 flambant neuf pour des députés *qui ne se souviennent même pas de leur dîner de la veille*, seraient infiniment plus utiles pour notre agriculture et notre élevage encore archaïques. Ils seraient infiniment plus profitables à l'écrasante majorité des Sénégalaises et de Sénégalais, s'ils avaient servi à doter les localités enclavées d'ambulances, à équiper des centres de santé, des laboratoires et bibliothèques de nos universités, à acheter des manuels et autres matériels pédagogiques pour nos élèves des enseignements élémentaire, moyen et secondaire.

L'hivernage de cette année a été particulièrement pluvieux et le tapis herbacé est partout bien fourni. Malheureusement, les feux de brousse ont déjà commencé à causer des dégâts énormes sur les pâturages, devant des paysans et des services techniques compétents dépourvus de tout moyen de lutte. Dans la zone sylvo-pastorale en particulier, où les incendies de forêt font le plus de dégâts, les Services des Eaux, Forêts et Chasses ne disposent d'aucun camion-citerne en marche. Les 3 milliards gaspillés pour l'achat de 4x4 à 120 députés sans rendement prouvé, auraient été infiniment plus utiles pour le pays s'ils avaient servi à équiper lesdits services.

M. Moubarack Lo met l'État en garde contre son emballement, sa folie dépensière, contre un piège dangereux. Ce piège, « c'est de mal

[124] *Walfadjri* du vendredi 4 mars 2004, p.5.

orienter les dépenses lorsqu'on a une aisance financière. Si le gouvernement utilise toutes les marges financières dont il dispose dans des secteurs non productifs, il risque de retourner à la case départ, c'est-à-dire quand il avait des difficultés de trésorerie et qu'il a fallu consentir des efforts ces dernières années pour arriver à cette situation de vaches grasses. » M. Lo rappelle la même bonne santé financière des années 70 (avec le boom des prix des phosphates et des produits arachidiers notamment) et que les autorités de l'époque avaient mal gérée. « Il nous faut éviter, prévient M. Lo, de répéter l'erreur des années 70 où l'État, bénéficiant d'une facilité de financement et de termes de l'échange favorables, avait procédé au gonflement des dépenses publiques, notamment de fonctionnement, et avait augmenté drastiquement la taille des secteurs en procédant à des nationalisations d'entreprises et en augmentant les effectifs des fonctionnaires. » Cette politique, que M. Lo qualifie de « hasardeuse et imprudente », avait « *conduit à la crise financière* de la fin des années 70 qui a justifié la mise en place de programmes de stabilisation et d'ajustement structurel dont on continue de vivre les effets. »[125]

Le très prudent et sage économiste Moubarack Lo rappelle qu'un pays classé pauvre doit demeurer « *frugal et économique* » dans sa gestion budgétaire. Car « c'est en dégageant une épargne budgétaire qu'on peut faire des investissements pour améliorer les routes, renforcer les capacités des citoyens. Ce n'est ni le lieu, ni le moment d'attribuer des ressources financières à des dépenses de luxe ». Le fragile équilibre des finances publiques acquis après plusieurs années d'efforts et de sacrifices, ne devrait pas être « *sacrifié sur l'autel des considérations politiques. Sinon, le pays le paiera tôt ou tard* ».

Un autre économiste, M. Diaïté, affiche la même inquiétude que M. Moubarack Lo devant la furie dépensière de Me Wade, qui accorde largement la priorité aux activités qu'il considère comme mortes, au détriment des activités génératrices de revenus. Dans ces *activités mortes*, c'est-à-dire non génératrices de revenus, M. Diaïté range l'achat de véhicules pour les députés, l'augmentation de salaires, l'octroi d'indemnités exorbitantes qui font parfois 27,5 fois l'indemnité initiale et autant de fois le SMIG. Il met lui aussi en garde contre un risque : *les ressources importantes que Me Wade est en train de consacrer*

[125] Le Compte K2, à l'époque logé à la BNDS a été pour beaucoup dans le gaspillage de nos ressources nationales au profit d'une minorité de privilégiés.

aujourd'hui dans des activités mortes, nous pouvons avoir à les payer chèrement dans dix ou vingt ans. Peu lui importe ! Ses enfants, son épouse et lui-même seront à ce moment-là en train de se la couler douce quelque part du côté de Versailles ou ailleurs en Europe, aux USA, au Canada ou en Australie.

Messieurs Lo et Diaïté n'ont donc, malheureusement, aucune chance d'être entendus. Nous avons rappelé, au tout début de ce livre, une assertion fort pertinente du journaliste politologue Babacar Justin Ndiaye, selon laquelle :

> *« La différence entre l'homme politique et l'homme d'État, c'est que l'homme politique se soucie de la prochaine élection alors que l'homme d'État se soucie de la prochaine génération ».*

Dans une contribution antérieure, nous souscrivions totalement à cette assertion et faisions remarquer que, moins qu'un homme politique, nous avions à la tête de notre pays un politicien pur et dur, qui avait annoncé la couleur six mois à peine après son installation officielle comme troisième Président de la République. Depuis ce 1er avril 2000, il n'a jamais fait mystère de sa seule préoccupation : gagner la majorité lors des élections législatives et se faire réélire en 2007. Ces deux objectifs sont pour lui plus importants que toutes les autres considérations. Il dirige sans état d'âme nos ressources prioritairement vers ces deux objectifs, la prochaine génération ne retenant pas particulièrement son attention. Me Wade est donc loin d'avoir la même préoccupation que messieurs Lo, Diaïté et B. J. Ndiaye.

Les Wolofs disent bien que « *lu feeñ ci ab sëy, nuyoo woon na ca ngoro ga* » (les défauts qui empoisonnent le ménage, qu'ils soient le fait de l'homme ou de la femme, s'étaient bien signalés pendant les fiançailles). Cet adage peut s'appliquer parfaitement à l'homme qui préside aux destinées du Sénégal depuis le 1er avril 2000. L'ancien Premier Ministre Habib Thiam l'a bien connu, pour l'avoir pratiqué dans deux gouvernements dits de majorité présidentielle de Diouf[126]. Il révèle ceci :

« Les ministres entrants, issus de l'opposition, avaient certainement beaucoup d'idées préconçues sur les revenus des membres du gouvernement et furent ébahis de constater la "misère" de ceux-ci. Ils

[126] Op. cit., pp.122,123, 124.

menèrent immédiatement une action, sous la bannière d'Abdoulaye Wade, soutenus, finalement par les autres ministres, victimes de la même "misère", pour que le Président de la République fasse, sur ces fonds politiques, un geste afin d'améliorer la situation de chacun. Ce n'était pas très grave, mais assez indicatif pour la suite. Très vite, on s'aperçut que les nouveaux cultivaient ou essayaient de cultiver au plus haut point de bonnes relations avec les ministres chargés des Finances ou de l'Économie. Ces derniers, souvent technocrates, sans base politique, avaient aussi besoin de points d'appui pour essayer de faire prévaloir leurs conceptions auprès du Président de la République ou du Premier Ministre, même si cela n'était pas conforme aux orientations du chef de l'Etat... »[127]

L'ancien Premier Ministre Habib Thiam révèle également que « la tendance de certains ministres à faire fi de la réglementation m'opposa souvent à Abdoulaye Wade. Il aimait beaucoup voyager. Il aimait le faire, entouré comme un chef d'État ou un Premier Ministre. Cela coûtait extrêmement cher. Or, j'avais un problème sérieux de redressement sur le plan budgétaire. Les arriérés sur la "rubrique missions et indemnités de mission" dépassaient le milliard de francs CFA et ces crédits, logés à la primature, pouvaient être mieux contrôlés par le Premier Ministre. Une fois, constatant l'exagération des demandes, je me limitai à un nombre d'accompagnants raisonnable. Abdoulaye Wade crut bon de m'appeler au téléphone pour me dire "sa conception" sur la manière de gouverner. À cause du ton employé, rogue et donneur de leçons, je l'ai envoyé sur les roses en lui précisant qu'aussi longtemps que j'occuperais le poste de Premier Ministre il en serait ainsi (...) »

> *« Abdoulaye Wade aimait donc les voyages. À l'occasion de l'intronisation du président du Bénin, Nicéphore Soglo, le président Diouf obtint pour son Ministre d'État une place dans l'avion du fils du président Bush qui se rendit à Cotonou pour y représenter son pays. Nous eûmes alors la désagréable surprise de constater que, lors de ce voyage, Abdoulaye Wade cassa du sucre sur le dos du Chef de l'État du Sénégal. Cela recommença auprès de certains chefs d'État qui me dirent leur embarras... »*

---

[127] À propos de ces ministres technocrates sans base politique, il faisait certainement allusion à Famara Ibrahima Sagna, alors Ministre de l'Économie et des Finances. On le disait ami de Wade et il a eu à jouer un rôle déterminant dans la mise en place des différents gouvernements de majorité présidentielle élargie.

Donc, Me Wade, ministre dans un gouvernement, le gouvernement de son principal adversaire, n'est pas le moins du monde gêné de prendre l'initiative d'aller le voir pour pleurnicher sur le sort des ministres, sur leur misère, pour quémander une augmentation de salaire en leur faveur et en la sienne propre bien sûr. En outre, il aimait déjà beaucoup voyager, « *entouré comme un chef d'État ou un Premier Ministre* ». Quoi de plus naturel donc que Me Wade, devenu président, s'attelle prioritairement, et de façon clandestine, à transformer l'avion de commandement en palais volant ? Pour dix-sept milliards, sûrement plus, alors que, dans la même période, l'État n'avait pas suffisamment d'argent pour faire réparer le deuxième moteur du bateau *Le Joola*... pour 250 maigres millions de francs Cfa. Quoi de plus normal donc qu'il passe le plus clair de son temps à voyager, accompagné de fortes délégations de 50, 100, 200 personnes ou plus ? Quoi de plus naturel que, devenu le seul décideur, lui qui quémandait une augmentation de salaire, il se montre particulièrement « généreux » avec ses ministres et autres collaborateurs et distribue à tour de bras et sans état d'âme l'argent du contribuable ? Les tendances qui étaient déjà visibles chez le Me Wade ministre dans les deux gouvernements de majorité élargie de Diouf, se sont rapidement amplifiées et ont littéralement explosé dès le 1er avril 2000. Il nous revient cette confidence qu'il aurait faite très tôt à Idrissa Seck : « Nos soucis d'argent sont désormais derrière nous. » Des soucis d'argent, il n'y en aura plus effectivement pour Me Wade, ses très proches et ses courtisans zélés, qui vont dépenser, dépenser sans compter. Les moyens et le train de vie de l'État en feront terriblement les frais.

5) Emballement des moyens et du train de vie de l'État

Me Wade va donc persister dans sa « générosité » légendaire, qui ira même crescendo au fur et à mesure qu'on s'approche des prochaines élections. Les moyens de l'État, qui n'ont jamais été tant utilisés à des fins politiciennes que sous le régime de Me Wade, vont encore l'être bien davantage. Nous vivons dans un véritable Parti-État. Les libéraux, pris dans la tourmente du pouvoir, sont incapables de faire la différence entre les moyens de l'État et ceux du Parti, puisque, à leurs yeux, les deux ont la même signification. À la limite, ils placent le PDS avant l'État. On le constate à l'occasion des nombreux déplacements du Président de la République. En ces circonstances, le drapeau bleu (celui du parti) supplante carrément celui de la Nation. Me Wade et les siens considèrent donc les moyens de l'État comme les leurs propres et y puisent sans ménagement, à un niveau jamais égalé dans ce pays. Le rythme du train de vie de l'État s'en ressent terriblement. Plus qu'un train ordinaire, il est devenu aujourd'hui un véritable *Train à Grande Vitesse (TGV) de vie de l'État*. Pourtant, nous nous souvenons encore des attaques en règle de l'opposition et principalement de Me Wade contre l'utilisation des moyens de l'État. Nous nous souvenons aussi, comme si c'était hier, de leurs exigences incessantes pour une réduction sensible du train de vie de l'État, qui figurait en très bonne place dans les programmes de la CA 2000 puis du FAL. Nous serons peut-être un jour édifiés sur le véritable coût pour notre pauvre pays, des différentes activités politiciennes déployées au grand jour par Me Wade, pendant tout son septennat.

Les voyages de Me Wade en particulier pèsent lourdement sur les Finances publiques. Jamais un président sénégalais n'a autant voyagé que lui, et souvent pour des motifs qui n'en valent vraiment pas la peine pour le Sénégal. C'est notamment le cas de ses nombreux déplacements pour collecter des distinctions sans grande signification pour les nombreux *gòorgòorlu* sénégalais, dont la dépense quotidienne constitue un véritable casse-tête. La vocation du Haut Commissaire aux Droits de l'Homme et à la Promotion de la Paix serait prioritairement de faire du lobbying pour lui glaner des distinctions. Pendant la dernière décade de septembre 2004, Me Wade a fait un voyage à New York, pour recevoir un prix des Droits de l'Homme d'une certaine Ligue internationale des Droits de l'Homme et au Minnesota où l'Université de ladite ville avait élevé son épouse au grade de Docteur honoris causa. Le voyage a drainé énormément de monde : en plus du personnel de la Présidence, une bonne centaine de personnalités étaient du voyage présidentiel. Parmi eux, des membres du Gouvernement et d'autres institutions (les Ministres Moustapha Sourang, Lamine Ba, Aminata Tall, Landing Savané, Aïda Mbodj, Me Mbaye Jacques Diop du CRAES, Abdoulaye Faye du Conseil régional de Dakar et même – chose bizarre – Mamour Cissé, Secrétaire général d'un parti dit de l'opposition, etc). La délégation comprenait aussi un bon groupe d'hommes d'affaires comme Jean-Claude Mimran de la Compagnie sucrière sénégalaise, Bara Tall de l'Entreprise Jean Lefèbvre, Baïdy Agne du Conseil national du Patronat, Mbagnick Diop du Mouvement des Entreprises du Sénégal, Serigne Mboup du Groupe

CCBM[128], ainsi que les artistes Youssou Ndour, Baba Maal et Demba Dia « Rock Mbalakh » – ces derniers, probablement pour disséminer le succès du couple présidentiel une fois de retour à Dakar[129]. Donc, l'objectif visé, par-delà toutes autres considérations, par la course effrénée de Me Wade à collectionner des prix, c'est qu'on parle de lui. C'est pourquoi il se fait accompagner de musiciens, de griots comme à l'École des Hautes Études commerciales (HEC) en France, de ses plus zélés et éloquents courtisans de la CAP 21. À New-York, les distingués hôtes étaient hébergés au luxueux hôtel Grand Hyatt où la nuitée est à 300 dollars, soit 165 000 francs CFA environ[130].

Comme d'habitude, les services de la Présidence de la République ont voulu nous faire avaler l'amère pilule que le voyage n'a pas coûté un rotin au contribuable sénégalais, comme lors de la rénovation de l'avion de commandement et de la création du Conseil de la République pour les Affaires économiques et sociales. En réalité, l'État du Sénégal a largement contribué à payer les différentes factures. C'est ainsi que le Ministère de l'Économie et des Finances « a payé la note de frais occasionnés par la cérémonie de remise du prix au Waldorf Astoria à New-York, ainsi que les notes laissées par la délégation sénégalaise au

---

[128] C'est à lui que Me Wade a « cédé » le très grand terrain qui fait face à l'Assemblée nationale pour, dit-on, la modique somme de 800 millions. La presse privée a également révélé l'intention du PDS d'acheter, par son intermédiaire, 300 Pick Up double cabine en vue de la préparation des prochaines élections générales, alors qu'il n'est pas concessionnaire de véhicules. Pourquoi donc précisément lui ? Peut-être pour lui permettre de retourner l'ascenceur.
L'intéressé a accordé une interview au *Quotidien* des 20 et 21 janvier 2006. Abordant le problème du terrain sur lequel il envisage de construire une tour moderne de 26 étages, il déclare : « Le terrain de la *Tour de la Démocratie*, nous ne l'avons pas racheté avec de l'argent liquide. Nous avons fait une offre d'échanges. Nous construisons le terrain et après nous céderons une partie de l'édifice à l'État. Dans ce cas, l'État gagne sur son terrain et des investissements. Ainsi, nous lui donnerons deux à trois étages selon le coût de construction et non le coût d'achat. » Cette offre d'échange est-elle légale ? Les étages seront-ils bien donnés à l'État ou à Me Wade ou à son fils ? Cette dernière question surtout mérite bien d'être posée par les temps qui courent.
M. Mboup a aussi révélé qu'il s'est lancé dans l'importation de véhicules de la Chine (de Beijing bien entendu). C'est peut-être la raison pour laquelle le PDS lui aurait confié la commande de 300 Pick up.

[129] *Walfadjri* du 23 septembre 2004. L'envoyé spécial de ce quotidien à New-York, Johnson Mbengue révèle qu'après la cérémonie de remise de la distinction, Me Wade annonce (déjà avec une fierté non dissimulée) qu' « il y a des musiciens qui ont décidé d'organiser une soirée lundi prochain, à Sorano, pour m'honorer. Ils demandent que je sois là. Donc le message a été compris déjà par les artistes. Ce qui est important. Le message de l'homme politique est limité dans le temps. Il appartient aux autres catégories de Sénégalais de voir ce qu'il faut faire avec ce prix. Les musiciens ont déjà annoncé la couleur. » Ce qu'il attend des prix apparaît donc nettement ici.

[130] Ibid. P.3.

Grand Hyatt de Manhattan où elle a séjourné du 20 au 27 septembre »[131]. Au total, le contribuable sénégalais aura payé aux deux réceptifs les plus huppés de New-York, la coquette somme de 194 millions de francs cfa. *Le Quotidien* révèle encore que « des sources très au fait de cette opération renseignent que l'argent officiellement dépensé par l'État du Sénégal a été transféré à la mission diplomatique du Sénégal à New York par le biais de la procédure *d'avances à régulariser.* » Laquelle avance « a été notifiée à la représentation sénégalaise à New York par un message officiel numéro 0753 / Mef / Dgf / Db en date du 17 septembre 2004 ». La somme a permis de régler les factures présentées par les hôtels Waldorf Astoria et Grand Hyatt. Les mêmes sources du journal précisent que « les perdiems des membres du Gouvernement et autres fonctionnaires de la Présidence de la République qui ont effectué le déplacement des États-Unis, ont été payés sur le budget de l'État ». Chacune de ces personnes aurait reçu comme perdiem l'équivalent de 200 000 francs par jour.

Certains chefs d'entreprises « ont été convaincus d'effectuer ce voyage, avec en contrepartie l'opportunité de rencontrer des partenaires d'affaires au cours de ce séjour ». Leur participation a sans doute permis de soulager le budget présidentiel de certaines charges[132]. L'envoyé spécial du *Quotidien* révèle que deux entrepreneurs au moins lui ont confié avoir dépensé 25 millions chacun pendant le voyage. Ces chefs d'entreprise ne s'attendront-ils pas à un renvoi d'ascenseur de la part du Chef de l'État, surtout que de nombreux litiges subsistent entre le Gouvernement et les entreprises privées ? C'est en tout cas la question que se pose l'envoyé spécial du *Quotidien*. La baisse substantielle de 25 % de l'impôt sur les sociétés consentie par le Chef de l'État à tout le patronat sénégalais ne constitue-t-elle pas un signal fort à cet égard ? L'envoyé spécial du *Quotidien* signale également que la *Pointe de Sangomar* (l'avion de commandement) s'étant révélée trop petite pour assurer le transport de toute la délégation de New-York à Minneapolis, il a fallu affréter spécialement un avion commercial pour transporter la trentaine de personnes qui restaient. Les dépenses afférentes auraient été prises en charge par « *un grand ami du Président de la République* », dont l'identité n'a pas été révélée. N'avons-nous pas déjà entendu quelque chose de pareil, à propos de la rénovation de l'avion de

[131] *Le Quotidien* des samedi 2 et dimanche 3 octobre 2004, p.4
[132] *Le Quotidien* du lundi 27 septembre 2004, p.4.

commandement ? Qu'on cesse de nous prendre pour ce que nous ne sommes pas : des canards sauvages. *Ces « amis » qui préfèrent toujours garder l'anonymat n'existent pas. On les invente pour justifier l'injustifiable, pour nous rouler dans la farine. Nous sommes en tout cas loin d'être aussi naïfs que nos gouvernants le pensent.*

Des voyages comme celui que venons de passer en revue, le président Wade en effectue beaucoup pour récolter des distinctions. Sans compter les nombreux autres qu'il effectue à la moindre incartade : pour aller assister à l'installation officielle d'un dictateur comme Macias Nguema de la Guinée équatoriale (Malabo) ; pour aller présenter, dans notre avion, ce dernier aux autorités françaises, etc. Les déplacements interminables de Me Wade, avec les fortes délégations qui l'accompagnent toujours, coûtent beaucoup d'argent au Trésor public. Non seulement il voyage beaucoup, mais il incite et aiguise l'appétit des autres en bonifiant notablement les perdiems. Ainsi, les personnalités administratives, judiciaires et militaires perçoivent un perdiem de 200 000 francs par jour pour les missions en Amérique du Nord, en Amérique latine et en Asie ; 180 000 pour l'Union européenne, la Scandinavie, l'Europe de l'Est, l'Afrique australe et l'Afrique du Nord ; 100 000 pour l'Afrique (centrale, de l'Ouest, de l'Est). Les autres agents de l'État ou assimilés reçoivent 120 000 ou 100 000 en fonction des zones ci-dessus mentionnées[133]. Les gens voyagent donc, avec de fortes délégations, qui peuvent aller jusqu'à 30 personnes, comme celle qui accompagnait Mme Aïda Mbodj, Ministre de la femme, de la famille et du Développement social à Beijing (capitale de la grande Chine populaire). Cette délégation qui s'était envolée de Dakar le jeudi 24 février 2005, devait prendre part à l'évaluation de la plateforme retenue dix ans auparavant par la Conférence internationale de Beijing. La trentaine de personnes représentaient diverses institutions, des « techniciens » du Ministère, de la Société civile, etc[134].

Nos gouvernants voyagent beaucoup. C'est devenu désormais chez nous une lapalissade. C'est ce qu'a tenté d'illustrer *L'Observateur* n° 359 des samedi 27 et dimanche 28 novembre 2004, p.2, dans la réflexion suivante :

---

[133] *Le Quotidien* du jeudi 17 juin 2004, P.5.

[134] *L'Observateur* n° 430 du 24 février 2005, p.2.

« Vous direz sans doute que nous sommes des mal-pensants. Mais qui dirige actuellement le pays ? Wade est au Burkina Faso, avec le Ministre d'État, Ministre des Affaires étrangères Cheikh Tidiane Gadio et son épouse Viviane Wade. Macky Sall est à Paris où il assiste au Congrès de l'Union pour la Majorité Présidentielle (UMP). Le Premier Ministre, qui revient mardi, est accompagné d'une importante délégation dont... son épouse. Il y avait aussi Aminata Tall, Ministre d'État, Ministre des Collectivités locales, Aliou Sow, Ministre de la Jeunesse, Ousmane Masseck Ndiaye, Ministre du Tourisme, par ailleurs directeur des structures du PDS, Lamine Ba, Ministre de la Prévention, de l'hygiène publique et de l'Assainissement, Abdou Fall, porte-parole du Parti démocratique sénégalais ainsi que plusieurs directeurs de sociétés nationales. Landing Savané, autre Ministre d'État qui vient dans l'ordre protocolaire après Macky Sall et Aminata Tall, est lui aussi à Paris... »

Le Premier Ministre était accompagné donc, pour aller représenter le PDS au Congrès d'un autre parti, de 5 ministres, de son épouse (sic) et de nombreux directeurs de sociétés nationales. La délégation dépassait largement dix personnes, y compris son épouse, il faut le rappeler. Il n'y a aucun doute : *l'UMP n'a pas pris en charge tout ce beau monde. Elle n'avait sûrement pas invité autant de personnes à son congrès.* Des compatriotes qui résident à Paris ont révélé d'ailleurs que le Premier Ministre et sa délégation n'ont pas séjourné dans l'hôtel qui leur était proposé par leur hôte. Ils auraient préféré, à leurs frais, un hôtel haut de gamme. La presse privée avait même donné des détails sur cet hôtel : nuitée, prix des repas, etc. Il serait souhaitable qu'un jour, la Cour des Comptes ou l'IGE s'intéresse à certains voyages. On parle beaucoup aujourd'hui de perdiems irréguliers. Les textes se prononcent clairement sur l'attribution de ces perdiems, selon que le missionnaire est pris en charge totalement, en partie ou pas du tout. Le voyage princier de Macky Sall à Paris sent le roussi, à l'image de nombreux autres.

Donc, à l'instar du Président de la République, le Premier Ministre, les ministres et leurs collaborateurs, les directeurs et chefs de services nationaux, les députés, les membres du CRAES, etc, voyagent beaucoup. Ces voyages nous coûtent cher. Ils nous coûtent d'autant plus cher que les candidats aux voyages sont très nombreux. C'est presque une course effrénée pour bénéficier au maximum des perdiems substantiels.

Combien comptons-nous de ministres et de ministres conseillers spéciaux du Président de la République ? Soixante-dix ? Quatre-vingt-dix ? Cent ou plus ? A-t-on une idée du nombre de chargés de missions, de conseillers techniques, de secrétaires, de chauffeurs qui pullulent dans notre administration avec des contrats spéciaux juteux ? Combien nous coûte tout ce monde qui n'apporte pas grand-chose à notre administration ?

Avec l'inflation de ministères, d'agences et d'autres services créés pour donner des sinécures et loger les hommes et les femmes du régime libéral, le Gouvernement est obligé de *débloquer 3 milliards de francs Cfa pour conventionner des villas et des immeubles*[135]. Les ministères, agences nationales et autres services, sont disséminés à travers Dakar-Centre et les quartiers périphériques comme Nord Foire, Ouest Foire, Mermoz, etc. Aujourd'hui, tout le petit monde qui grouille autour du Président de la République, de son épouse, du Premier Ministre et d'autres grands responsables du PDS sont logés dans des bâtiments administratifs ou conventionnés. Les journalistes de la Cellule de Communication de la Présidence de la République (sept au total, semble-t-il), eux qui ont le redoutable privilège de rendre visibles les actions du prince, seraient tous logés dans les immeubles environnants. Qu'on est loin de la France, infiniment plus riche que nous et où l'utilisation du logement administratif est drastiquement réglementée ! Le pauvre Hervé Guaymard, ancien Ministre français de l'Économie, des Finances et de l'Industrie, très proche de Jacques Chirac, a été contraint à la démission : *il avait pris, pour son logement de fonction, un appartement de 600 m2 alors qu'il n'avait pas droit à plus de 200 m2.* Catholique pratiquant, il est marié et père de huit enfants. C'est peut-être cette situation familiale qui l'avait poussé vers ce grand appartement. Rien n'y a fait : son erreur ne lui a pas été pardonnée.

Les mêmes abus sont constatés au niveau de l'utilisation des véhicules administratifs. L'État ne sait même plus combien de véhicules compte son parc. Comment le saurait-il d'ailleurs, puisque le gérant du parc automobile de la présidence, un certain Mbaye Faye, est un... ancien enseignant. À la question de savoir combien de véhicules compte le Parc automobile, le pauvre gérant répond qu'il ne sait pas[136]. Les innombrables véhicules administratifs (divers Peugeot, Renault,

[135] *Walfadjri* du mercredi 9 mars 2005, p.5.
[136] *L'Obsvervateur* du vendredi 6 mai 2005, P.2.

Mercedes, 4x4, 8x8, peut-être même 16x16) ne sont-ils pas pour quelque chose dans les embouteillages monstres de Dakar ? Les ministres et des responsables de la Présidence de la République se retrouvent avec plusieurs véhicules (3, 4, 5).

> *« Un garde du corps du Président a... trois véhicules : l'un pour lui, l'autre pour une de ses femmes et le troisième pour sa maman.... »*[137]

Même les secrétaires seraient largement servies.

Les véhicules roulent à tout bout de champ, le week-end comme les jours de semaine. On imagine que le carburant, comme l'argent, coule à flot. Combien de précieux milliards se volatilisent-ils de ce côté-là ? Bien génial qui pourra répondre à cette question ?

Combien nous coûte notre auguste Assemblée nationale, avec les nombreux membres de son bureau ? Rappelons quand même – puisque le rappel est pédagogique – que le député dit ordinaire, non membre du bureau de l'Assemblée nationale, perçoit un salaire mensuel de 1 300 000 francs, sans compter une 4x4 rutilante, une dotation de carburant et des « facilités » pour le téléphone. Ce salaire passe à 1 600 000 avec les présidents de commissions. Quant au président, aux neuf vices-présidents, aux sept secrétaires élus, aux deux questeurs et aux présidents de groupes parlementaires (trois au total), ils ont rang de ministres et perçoivent donc un salaire mensuel de 2 000 000 de francs, plus une dotation substantielle de carburant de 1000 litres par mois. Sans compter la fameuse caisse noire et autres avantages occultes de l'auguste assemblée. Tout cela coûte trop cher au pauvre contribuable sénégalais, si on y ajoute que chacun des 120 députés a reçu une parcelle de terrain.

Passe encore, si nos députés s'acquittaient avec compétence et efficacité du travail pour lequel ces avantages exorbitants leur sont octroyés ! C'est malheureusement très loin d'être le cas. Quelques exceptions mises à part, le gros de la troupe n'a pas sa place dans une assemblée nationale. Les députés sénégalais se signalent au mieux (ou au pire) par leur absentéisme lors des séances plénières de l'Institution parlementaire ou, s'ils sont d'aventure présents, se contentent d'applaudir à tout rompre tout propos exprimé par les ministres, tous de leur camp.

---

[137] Ibidem, P.2.

Dans une longue interview accordée au *Populaire* du mardi 8 mars 2005, M. Ousmane Tanor Dieng, un homme du sérail, qui a été au cœur du pouvoir pendant 27 longues années, donne son point de vue, sans dédouaner son propre parti, sur les dysfonctionnements de nos institutions et les passe sans complaisance en revue :

« Tout est concentré entre les mains du Président de la République qui a des pouvoirs quasi-illimités, quasi-monarchiques. Cela crée un déséquilibre par rapport au pouvoir législatif qui est pratiquement assujetti à l'Exécutif. L'assemblée nationale, dont la souveraineté législative d'une part et le contrôle de l'Exécutif d'autre part sont les deux attributs, devient par cet état de fait quasiment croupion, asservie au pouvoir exécutif. Elle ne peut exécuter aucun de ses attributs. Il n'y a pas de souveraineté législative. Avec ses projets de loi, nous avons un gouvernement législateur et le contrôle que doit exercer sur lui le Législatif devient anémique, totalement inexistant. »

Un autre homme du sérail socialiste, Me Mbaye Jacques Diop, qui a totalisé cinq mandats de député et troqué entre-temps le vert socialiste au bleu plus attrayant du PDS, disait de notre auguste assemblée, que *« c'était la plus faible que notre pays ait jamais connue depuis l'indépendance et qu'elle était composée en majorité d'analphabètes »*. Il tenait ces propos, en notre présence, lors d'une conférence donnée au Novotel par le Pr Ismaïla Madior Fall. Cette conférence qui avait pour thème le fameux Amendement « Moussa Sy », était modérée par notre vieil ami El Hadj Hamidou Kassé, ancien Directeur général du quotidien national *Le Soleil*.

Ousmane Tanor Dieng et Me Mbaye Jacques Diop sont des hommes politiques et certaines mauvaises langues pourraient nous rétorquer que leurs témoignages ne sont pas objectifs, sont partisans. Peut-être ! Le brillant professeur de droit Abdoulaye Dièye ne serait peut-être pas suspecté de parti pris. Le vendredi 19 août 2005 dans l'après-midi, le Pr Dièye donnait une conférence, comme personne ressource, dans le cadre du Symposium organisé par l'Association nationale des Cadres du Progrès (ANCP) de l'AFP. Le thème en était : « Quel système institutionnel fiable pour le Sénégal de demain ? » En abordant l'Assemblée nationale, le Pr Dièye a mis l'accent sur son caractère *docile*, *assujetti* et *asservi* à l'Exécutif. A titre d'illustration à son propos, il révèle que, de « *2001 à 2004, 146 lois ont été votées par nos honorables députés, dont... 3 seulement d'origine parlementaire* ». Et ces trois maigres lois ont été sans aucun doute inspirées par l'Exécutif, comme la scélérate loi « Ezzan ».

Le même professeur, saisissant l'opportunité de la toute récente prorogation du mandat des députés, revient à la charge pour exprimer une conviction, celle que « nous avons un parlement malade » et qu' « il faut changer le mode de scrutin ». Il se pose, comme pour partager sa conviction, un certain nombre de questions :

> *« À quoi sert aujourd'hui l'Assemblée nationale sénégalaise ? Avons-nous véritablement besoin d'un Parlement ? Peut-on aujourd'hui soutenir que la loi est l'expression de la volonté générale ? »*

Le Professeur répond lui-même à ses questions :

> *« Le diagnostic est là : au lieu d'un travail sérieux de contrôle de l'action gouvernementale, les Sénégalais retiennent de l'Assemblée nationale des images choquantes de députés qui dansent, qui chantent et qui injurient, des comportements indignes d'honorables représentants du peuple. »*

À ses yeux, « la majorité parlementaire (est) actionnée à partir de l'Exécutif (et) l'Assemblée nationale devient une simple chambre de mise sous forme législative des décisions de l'Exécutif… »

Le professeur revient sur la nécessité de « changer le mode de scrutin » qu'il explique par le fait que « la loi ne sera l'expression de la volonté générale que si le Parlement est une photographie exacte de l'état de l'opinion »[138].

Il convient peut-être de signaler aussi que, si toutes les illustrations qui viennent d'être données ne suffisaient pas pour convaincre du caractère croupion de l'Assemblée nationale du Sénégal, lors d'une toute dernière visite du Premier Ministre au Khalife général des Tidianes absent de Tivaouane et représenté par son cousin Serigne Mbaye Sy Mansour, ce dernier, connu pour son franc parler, lui a tenu un langage cru. Après avoir regretté, au-delà des problèmes économiques et sociaux, la crise morale et d'autorité qui sévit dans le pays, il s'est adressé au

---

[138] *Le Populaire* du mardi 27 décembre 2005, page 4.

Président du Groupe parlementaire libéral et démocratique (de la majorité) en ces termes :

> « *Les députés ont été élus à l'Assemblée nationale par le peuple pour défendre ses intérêts. Mais, constate-t-il avec amertume, le peuple est profondément déçu parce qu'ils (les députés) ne font que défendre les intérêts des chapelles politiques, jetant aux oubliettes ceux de leurs mandants.* »[139]

Alors, que valent ces députés qui passent le plus clair de leur temps, lors des séances plénières, à défendre les ministres et à déverser des tombereaux de louanges sur le Président de la République et d'injures

---

[139] *Office* du vendredi 28 octobre 2005, page 5.
Pratiquement, tous les quotidiens de ce jour ont rendu compte de la visite du Premier Ministre à Tivaouane et beaucoup insisté sur les « leçons » de Serigne Mbaye Sy Mansour.
Après Tivaouane, la forte délégation du Premier Ministre s'est ébranlée vers une autre ville religieuse : Ndiassane, à une vingtaine de kilomètres. *Le Populaire* du vendredi 28 octobre (page 2) raconte que « l'homme de Dieu (le khalife) qui est âgé aujourd'hui de plus de 90 ans a reçu hier dans sa chambre le Premier Ministre Macky Sall qui lui a remis une enveloppe comme il a l'habitude de le faire chaque fois qu'il rencontre un guide religieux (sic). Mais dès qu'il est revenu dans le grand salon où était organisée la cérémonie avec la délégation du Premier Ministre, le Khalife général de Ndiassane a dit à tous ses talibés qu'Haj Macky n'est pas venu les mains vides et qu'il lui a remis une enveloppe *bu duun* (sic). »
Une enveloppe « bu duun », c'est une enveloppe bourrée de fric. Le Premier Ministre venait de Tivaouane et continuait, après Ndiassane, sur Thiénaba, une autre cité religieuse. Avant Tivaouane, il a été à Touba. Après Thiénaba, ce sera le tour des Layènes et de la Famille omarienne de Dakar. Il se rendra ensuite chez les Niassènes de Kaolack et chez tous les chefs religieux dits représentatifs au Sénégal et partant, porteurs de voix. Et « comme il a l'habitude, chaque fois qu'il rencontre un guide religieux, de lui remettre une enveloppe *bu duun* », combien d'enveloppes remettra-t-il, puisque des guides religieux, il n'en manque vraiment pas au Sénégal et il les rencontre souvent pour solliciter leurs prières et… leur *ndigël* (consigne de vote) ? D'où viennent ces importantes sommes qu'il distribue à la pelle et à longueur d'année à des gens loin d'être dans le besoin ? Peut-être du budget substantiel de la Primature qui est passé de 19 milliards en 2005 à 27 milliards en 2006 ? De ses fonds politiques ou de ceux de la Présidence de la République qui se comptent désormais par milliards ? Des retombées des juteux marchés de gré à gré ?
Et puis, un Premier Ministre n'a-t-il pas d'autres préoccupations que de parcourir le pays avec une forte délégation de ministres, de députés, de hauts fonctionnaires etc, pour distribuer des enveloppes *yu duun* (lourdes de gros billets de banques) ? Ce n'est certainement pas de cette façon-là que le pays se mettra sur les rails de l'émergence.
Nous pouvons nous accrocher quand même à un espoir : Serigne Mbaye Sy et Monseigneur Théodore Adrien Sarr ont sauvé la face, en prouvant que ce n'est pas avec des pièces sonnantes et trébuchantes qu'on achète leur silence et leur *ndigël*. Surtout si on y ajoute que, du côté de Touba, cela a toujours été le silence total. Il est vrai que Me Wade et l'entourage du Khalife, Matar Diakhaté et Moustapha Cissé Lo notamment, s'attellent publiquement et sans d'état d'âme à sortir Touba et son vénérable Khalife de ce silence. Les Mourides « saadix » les laisseront-ils facilement faire ?

infamantes sur l'opposition ? Les Sénégalaises et les Sénégalais ont découvert, ahuris, les députés de la majorité applaudir à tout rompre, chanter à tue-tête, sauter de joie et se congratuler, après le vote de la résolution de mise en accusation de l'ancien Premier Ministre Idrissa Seck. C'était carrément lamentable. Ces gens-là méritent-ils d'être entretenus à coups de milliards qui pouvaient être dirigés vers des secteurs bien plus profitables pour des millions de Sénégalaises et de Sénégalais ?

Deux autres institutions qui nous coûtent terriblement cher et contribuent largement à l'accélération du rythme du train de vie de l'État, c'est la Présidence de la République et la Primature. Nous avons déjà fait état de leurs budgets respectifs particulièrement substantiels et qui sont régulièrement en hausse. *Ces deux institutions engloutissent, avec l'Assemblée nationale et la CRAES, 87 milliards du budget de 2006.* Et le pauvre contribuable ne saura jamais comment tous ces milliards seront gérés. En tout cas tant que Me Wade sera Président de la République.

Les libéraux et leur chef nous trompent donc tous les jours, quand ils nous parlent de transparence et de bonne gouvernance. Celles-ci sont loin, bien loin d'être leur point fort. Leur gestion est, au contraire, fortement marquée du sceau de l'opacité et jalonnée de scandales de toutes sortes, portant sur des sommes importantes, parfois des dizaines de milliards.

Ces milliards ne doivent d'ailleurs plus représenter grand-chose pour les nouveaux riches du régime libéral. Ils en parlent aujourd'hui avec tellement de facilité et de naturel qu'ils donnent le tournis au pauvre enseignant à la retraite que nous sommes. On se souvient des journées de l'investissement que l'APIX avait organisées à Dakar en mars 2004. Interrogée sur le coût de la manifestation, Mme la Directrice générale répond tout naturellement :

> *« Le coût n'est pas exorbitant. Il y a peut-être un peu moins de 100 millions. »*[140]

Il est vrai que pour elle, qui a l'habitude de parler en milliards, 100 millions, c'est presque rien. On dit qu'elle a un salaire mensuel de 6 ou 7 millions de francs. Apparemment, l'APIX nous coûte beaucoup d'argent. Draine-t-elle en retour beaucoup d'investissements dans ce pays, ce qui

---

140 *Le Quotidien* du lundi 29 février 2005, p.4.

était sa vocation première ? Elle glisse de plus en plus vers la réalisation d'infrastructures, à la place des ministères techniques, du cœur même de l'État : la Présidence de la République. Ce n'est pas grand, ce n'est pas décent. Peu importe pour les autorités de l'alternance et surtout pour Me Wade, dont la furie dépensière n'épargne aucun secteur, surtout pas la diplomatie !

Depuis le 1er avril 2000, il procède à l'ouverture ou à la réouverture d'ambassades (Madagascar, Suède, Cameroun, Ghana, Bahreïn, Emirat du Golfe, Oman, etc.). Les consulats ne sont pas en reste. Après le Havre, Bordeaux et Marseille, Lyon a été ouvert[141]. Il en est ainsi dans de nombreux autres pays comme l'Espagne et la République sud-africaine. Cette ouverture et réouverture effrénée d'ambassades n'a pas échappé à Ousmane Tanor Dieng qui révèle :

> *« Au moment où Senghor partait, il y avait 53 ambassades. On en a réduit une vingtaine et il en restait une trentaine. Ces trente ambassades sont presque restées pendant les 20 ans que nous étions au pouvoir. Entre 2000 et 2005, on en a ajouté vingt encore, entre consulats et ambassades. Du point de vue du nombre d'ambassades et de consulats, le Sénégal est sur-représenté. (...) Je suis persuadé que le Sénégal ne fait pas la politique de ses moyens, mais plutôt une politique de prestige. »*[142]

Cette diplomatie que l'on veut de prestige a évidemment un coût, un coût parfois exorbitant par rapport à nos ressources et à certaines de nos priorités pressantes. En moins de cinq ans, l'État du Sénégal bleu, « comme saisi par une frénésie d'acquisition et de rénovation d'immeubles et de résidences, a sollicité sa tirelire pour dépenser plus de 11 milliards de francs Cfa aux quatre coins du globe. »[143] Cette frénésie, que *Le Quotidien* appelle encore le *gigantisme diplomatique*, s'est surtout manifestée par l'achat d'un immeuble attenant à la résidence du Sénégal à Paris, 23 rue de Vineuze. « (...) Ce nouvel immeuble a été acquis par le gouvernement sénégalais pour un pactole de 6 milliards dans des conditions qui nourrissent quelques soupçons. » Selon les sources du journal, l'immeuble est « destiné à loger le président de la République Abdoulaye Wade, lors de ses nombreux passages à Paris ». L'immeuble

---

141 *L'Observateur* du jeudi 24 février 2005, p.3.

142 *Walfadjri* du mardi 29 novembre 2005, p. 7.

143 *Le Quotidien* du mercredi 18 mai 2005, p.4.

se situe à deux pas de la résidence de l'ambassadeur du Sénégal. Son achat serait difficilement justifiable puisque « notre pays est l'un des pays africains les mieux lotis en biens immobiliers dans l'Hexagone ». Il y a ensuite que « la résidence de l'ambassadeur à Paris est suffisamment spacieuse pour accueillir d'autres constructions ». Sans compter qu'il « existe d'autres espaces appartenant à l'État sénégalais, pour servir de lieux de passage au président lors de ses séjours parisiens ». *Le Quotidien* évoque également des sources qui soupçonnent que « le président prendra des dispositions légales pour s'approprier le nouvel immeuble, même après son départ ». On peut s'attendre à tout avec la gouvernance Wade, mais qu'il en arrive jusque-là me paraît quand même peu probable. Enfin, sait-on jamais avec lui ?

Ce ne sont pas seulement les conditions, l'opportunité et la finalité de l'acquisition de l'immeuble de Paris à 6 milliards qui font que certains diplomates s'interrogent :

> *« Il y a aussi l'acquisition du complexe diplomatique de Ryad qui fait grincer leurs dents. »*

Ce n'est d'ailleurs pas tant le coût (2,5 milliards) qui pose problème, mais plus encore le fait que cette « *opération a été pilotée de A à Z par un ambassadeur, beau-fils du président, exclusivement ; l'administration sénégalaise n'a joué aucun rôle, sinon décaisser* ». Le Ministre d'État, Ministre des Affaires étrangères, s'est évidemment expliqué dans le même quotidien et à la même page. Il appartient aux compatriotes d'apprécier et de faire la part des choses. Pour ce qui nous concerne, nous sentons, dans les diverses opérations incriminées par le journal, le flou et l'opacité qui entourent maintes autres opérations du Gouvernement libéral, tant à l'intérieur qu'à l'extérieur du pays. Nous en donnerons d'ailleurs des illustrations dans le prochain chapitre. Il y a ensuite qu'il n'est pas pertinent de dépenser de précieux milliards de francs dans l'acquisition ou la rénovation d'immeubles pour soigner l'image de marque du pays à l'extérieur, alors qu'à l'intérieur, les gens sont confrontés à des problèmes de minimum vital. C'est peut-être terre à terre, mais il convient de le signaler : une série d'incendies a éclaté à Dakar au cours des mois d'août et de septembre 2005. L'intervention des sapeurs pompiers a été considérablement ralentie : ils étaient obligés d'aller chercher de l'eau très loin, Dakar, la capitale nationale, *n'ayant de bouches d'incendie qu'en de très rares endroits*. Dans cette affaire donc, nos gouvernants nous font penser à l'image de la poule et de sa propreté par rapport à son poulailler. Dehors, elle est propre, présente bien et est très fréquentable. Ce qui est tout le contraire à l'intérieur du poulailler.

En soignant du mieux qu'ils peuvent l'image de notre pays, Me Wade et les siens peuvent y attirer des Européens, des Américains, des Australiens, etc. Mais ces derniers, une fois arrivés sans encombre à Dakar, peuvent mettre deux à trois heures pour accéder au centre-ville ou, plus gravement, cinq à six heures pour en sortir, s'ils choisissent d'aller passer quelques jours dans la zone touristique de Saly Portudal (à 80 km de la capitale). Tout le monde a constaté ce qui s'est passé à Dakar les vendredi 19, samedi 20, dimanche 21 et lundi 22 août 2005 : après de fortes pluies, la capitale sénégalaise était complètement coupée du reste du pays. Personne ne pouvait y entrer ou en sortir en moins de cinq heures : la seule voie de sortie ou d'entrée à Dakar était inondée sur 5 à 6 kilomètres. Dans ces conditions-là, n'était-il pas plus pertinent de consacrer les 6 milliards qui ont servi à l'achat de l'immeuble de Paris, à l'assainissement de la capitale nationale en général et de la route nationale n° 1, entre le Rond Point de la Patte D'oie et la Légion de Gendarmerie d'Intervention (LGI) en particulier ? C'est quand même une honte pour nos anciens comme pour nos nouveaux gouvernants, qu'on reste plus d'une semaine sans pouvoir sortir de Dakar ou y accéder, après seulement quelques pluies, même diluviennes.

L'ouverture ou la réouverture d'ambassades ou de consulats, l'achat ou la rénovation d'immeubles à l'étranger, seraient un peu plus acceptables si les autorités bleues visaient seulement l'efficacité et même le prestige. Ces différentes opérations, très coûteuses pour nos finances publiques, seraient davantage motivées par la recherche de planques, de sinécures pour des parents, des amis, des militants de la mouvance présidentielle. Selon *Le Quotidien* des samedi 9 et dimanche 10 août 2003, p.3, « *la parenté vaut mieux que la compétence* » dans ce domaine de la diplomatie (dans de nombreux autres certainement). Adja Niang, la fille d'Alioune Badara Niang, vieux compagnon de Me Wade, est consule générale adjointe à Paris alors que « ses humanités n'ont pas dépassé la première année de la Faculté de Sciences économiques de Dakar ». Peut-être que, entre-temps, elle a profité de l'opportunité que lui offre son séjour à Paris pour pousser un peu plus loin ses études. Adja Niang n'entendrait pas, selon le même journal, s'arrêter en si bon chemin. Elle aurait confié à des amis son souhait d'être élevée au rang d'ambassadeur puisque « Mame Fatim Guèye (fille du ministre d'État Aminata Tall) est ambassadrice, alors qu'elle n'a pas plus d'atouts que moi ».

Mariétou Wade, la fille de Me Moustapha Wade, frère aîné du Président de la République, était en situation sociale difficile en France. « Le Président Wade ordonna aux autorités sénégalaises en poste à Paris, de procéder à un recrutement local au profit de sa nièce avec un salaire de *12000 francs* français, soit *1 200 000 francs Cfa.* » Un an après ce recrutement, Mariétou Wade « était en passe d'être élevée au rang de diplomate ». En dépit du fait qu' « elle n'avait pas le niveau de la 6e secondaire, la Fonction publique sénégalaise vient de lui passer un contrat en bonne et due forme et l'a mise à la disposition du Ministère des Affaires étrangères ». L'affaire remontant à juillet-août 2003, a-t-elle été entre-temps élevée au rang de diplomate… comme nombre de ses compatriotes dans ce Sénégal de l'alternance ? Nous ne disposons pas d'informations pour répondre à cette question.

Ce n'est pas tout d'ailleurs : Boubacar Wade, fils d'un défunt frère du Président de la République, a étoffé les effectifs de la représentation diplomatique du Sénégal auprès de l'Unesco comme premier secrétaire. Ndèye Faye, la nièce du président et petite sœur de Lamine Faye, son garde de corps, a été elle aussi nommée à la représentation du Sénégal auprès de l'ONU.

> *« Elle siège à la troisième commission, celle qui s'occupe des affaires économiques et sociales (alors) qu'elle n'a aucune expérience professionnelle encore moins un niveau d'instruction à la hauteur du baccalauréat. »*

Le Quotidien du 9 août 2003 donne de nombreux autres exemples de nominations complaisantes à des postes diplomatiques importants[144].

Dans le domaine de la diplomatie donc comme dans de nombreux autres, le Gouvernement de l'alternance dépense à souhait, beaucoup plus que son prédécesseur. Il dépense beaucoup d'argent dans des opérations qui sont à mille lieux des préoccupations des populations surtout les plus démunies. C'est le lieu de souligner le silence assourdissant de certains

[144] Le Conseil des Ministres du 9 mars 2005 a nommé Consul général du Sénégal à Lyon un certain Cheikh Sadibou Diallo, *consultant culturel précédemment consultant auprès de l'Union européenne*. Des titres aussi pompeux, sans grande signification et difficilement vérifiables, nous en avons beaucoup entendus avec l'alternance.

« messieurs vertu », de certains anciens « messieurs vertu » plus exactement, autour de la « générosité » débordante, déferlante et scandaleuse de leur champion et de son utilisation à un niveau jamais égalé des moyens de l'État. Il est vrai que tout cela n'a plus de sens pour eux. On fait dire à notre parent Mamadou Diop Decroix qu'il ne saurait plus ce que signifie le train de vie de l'État[145]. Le Pr Serigne Diop le disait aussi et nous l'avons entendu de nos propres oreilles. On peut comprendre peut-être leur position actuelle : ils n'apercevaient le train de vie de l'État que de très loin et se contentaient de lui lancer leurs invectives. Aujourd'hui, le contexte a notablement changé. Ils ne voient plus seulement le train passer au loin : ils sont à l'intérieur, confortablement installés dans leurs luxueux wagons-lits. Comme leur nouveau TGV glisse silencieusement sur les rails, ils ne peuvent pas se rendre compte de la vitesse vertigineuse. C'est pourquoi ils ne comprennent plus qu'on leur parle de vitesse du train de vie de l'État. C'est devenu, pour eux, une histoire caduque.

Me Wade, et de plus en plus ses nouveaux riches, dépensent beaucoup d'argent et en dépenseront encore plus dans les tout prochains mois. Mais d'où vient tout cet argent ? Les différents fonds (politiques, secrets, etc) suffisent-ils à faire face aux furies dépensières de notre Crésus moderne ?[146] Nos chefs religieux qui profitent largement des libéralités de Me Wade se posent-ils la question ? D'où peuvent provenir les 10 millions qu'un ministre de la République (Lamine Ba en l'occurrence) remet gracieusement à un chef religieux (Serigne Mansour Sy) au hasard d'une rencontre à Louga ? Ces questions méritent quand même d'être posées par les Sénégalaises et les Sénégalais.

---

[145] Ce monsieur-là a beaucoup changé. On le reconnaît difficilement aujourd'hui. Non pas parce qu'il a choisi un camp, ce qui est son droit le plus absolu, mais parce qu'il prend parfois des positions étonnantes. Lors d'une émission « Pluriel » (à la télévision nationale), il s'est comporté, durant tout le débat, plus en défenseur acharné de Me Wade que de son propre parti (AJ / PADS) qu'il représentait. On l'a entendu ainsi rétorquer au représentant de l'AFP qui flétrissait les revirements spectaculaires dont Me Wade est coutumier : « *Chacun a son tempérament, y compris quand on est Président la République* ». Nous avions fortement l'impression d'avoir devant nous un Farba Senghor, un Aliou Sow ou un Diouf « normal ».

[146] Nous avons de plus en plus la réponse à ces questions-là avec les dernières révélations sur la gestion des fonds politiques du Président de la République. Alimentés notamment par des fonds diplomatiques qui devaient aller directement au Trésor public et non plus seulement par les maigres 650 millions autorisés par l'Assemblée nationale, les fonds politiques du président Wade se compteraient désormais par dizaines de milliards. C'est du moins ce qu'aurait révélé l'ancien Premier Ministre Idrissa Seck devant la Commission d'Instruction de la Haute Cour de Justice.

Avec les libéraux, l'argent supplante toutes les autres valeurs. Comme leur maître, ils croient à sa force, à son caractère irrésistible, à sa magie. D'ailleurs, il devient de plus en plus le critère privilégié pour accéder à certaines responsabilités politiques. Farba Senghor, le ministre du riz, « l'élément hors du commun », y croit fermement. En présidant un meeting à Nioro, ville de la Région de Kaolack, il demande au responsable départemental Ndiack Dieng, celui que les populations ont choisi, de tendre la main à Goumba Cissé (riche opérateur économique).

> *« Il est vrai que Ndiack Dieng est le secrétaire général légitime,* poursuit M. Farbariz, *mais il n'a pas les moyens de sa politique. Par conséquent il n'a qu'à se mettre derrière Goumba Cissé qui est financièrement bien assis. Ce n'est pas moi qui le dis, mais vous, populations de Dinguiraye, qui voulez ce changement »*[147].

Un autre exemple illustre l'attachement des libéraux à la valeur de l'argent. Abdoul Wahab Ka, administrateur civil de son état, a été limogé de ses fonctions de Secrétaire général de l'Université Cheikh Anta Diop de Dakar (UCAD), pour avoir manifesté parmi ses concitoyens de Pikine (quartier déshérité de Saint-Louis) qui réclamaient un meilleur cadre de vie. Le militant libéral qu'il est a peur pour sa base politique de Saint-Louis. *Car*, estime-t-il, *en politique, pour maintenir une base, il faut disposer de moyens.* Avec son sevrage brutal lié à son limogeage de son poste de Secrétaire général de l'UCAD, sa base risque de lui être disputée âprement par ceux qu'il appelle les « pilleurs ». Pour l'intérêt du PDS donc, il lui faudrait un poste politique pour leur barrer la route. Un poste politique qui lui permettra de disposer de moyens… financiers[148].

Donc, de l'argent, encore de l'argent, toujours de l'argent ! Voilà la mentalité que les libéraux et leur chef cultivent chez nous depuis le 1er avril 2000([149]). Voilà pourquoi la bonne gouvernance, la transparence, la

---

[147] *Le Quotidien* du mardi 12 avril 2005, p.5.

[148] *L'Observateur* n° 474 du lundi 18 avril 2005, p.3.

[149] Un des leurs, Moustapha Diakkhaté, alors coordonnateur du *Mouvement Alliance libérale et citoyenne Waccook Alternance*, a eu à s'insurger contre cette forte priorité qu'ils accordent à l'argent (*Walfadjri* du jeudi 23 décembre 2003, p.3). C'était lorsque les étudiants libéraux s'accusaient de *sorcellerie* (de détournements de fonds) en plein jour. Avec la franchise qui le caractérise, M. Diakhaté lança, comme jadis Émile Zola : « J'accuse Me Wade – et accessoirement ses seconds – d'être responsable de la mauvaise gestion du Parti, (d'avoir) mis en place un nouveau mécanisme de distribution de l'argent. » Et M. Diakhaté de poursuivre son sévère et objectif réquisitoire : « On est en train de tuer le militantisme en milieu étudiant. (Ce n'est pas) pertinent qu'on donne une subvention de 4 millions au Mouvement des Étudiants et

lutte contre la corruption et les détournements de deniers publics, etc. ne sont, à leur niveau, que vains mots et expressions : ils n'y croient pas et ne s'en soucient pas le moins du monde. Leurs préoccupations sont autres, vraiment autres : rester le plus longtemps au pouvoir et s'enrichir au maximum et le plus rapidement possible. Leur gouvernance sera forcément marquée du sceau de ces préoccupations-là.

Élèves libéraux ». M. Diakhaté exprime ensuite tout son dépit de constater que, dans son parti, tout le débat tourne « autour des prébendes et des postes de sinécure au détriment de l'intérêt national ». Mamadou Diop Decroix ne serait-il pas capable de lui porter la contradiction et de lui opposer que « chaque parti à son tempérament, que chaque Minou a sa manière d'étouffer sa souris » ? Sait-on jamais désormais avec celui-là ? Il peut nous réserver encore bien des surprises. Rappelons que Moustapha Diakhaté a été nommé entre-temps et le temps d'une rose, chargé de mission auprès du Président de la République. Cet homme d'honneur et de dignité doit être très mal à l'aise au sein du PDS.

Chapitre V

Une gouvernance meurtrie

Les libéraux et leurs chefs donnent l'impression d'avoir découvert la transparence et la bonne gouvernance avec les chantiers de Thiès. Ces chantiers avaient fait l'objet d'une inspection générale d'État. Les inspecteurs ont déposé leur rapport auprès du Président de la République. Ce dernier, par souci de transparence, dit-on, a décidé de le déclassifier et de le rendre public, afin que nul ne l'ignore. Le Premier Ministre Macky Sall a été chargé de cette tâche et s'en est acquitté au Méridien Président, devant la presse, des membres de la société civile, de la classe politique, etc. Le Ministre d'État, Ministre des Affaires étrangères, s'est attelé à cette même tâche devant les ambassadeurs accrédités à Dakar. Auparavant, l'ancien Premier Ministre Idrissa Seck, qui serait responsable de beaucoup d'irrégularités relevées dans le rapport, a été convoqué à la Division des Investigations criminelles (DIC), entendu, inculpé, mis sous mandat de dépôt et écroué à la Prison centrale de Reubeus (Dakar). Surprise générale cependant, il n'a pas été inculpé pour l'affaire dite des chantiers de Thiès, mais bien pour « *atteinte à la sûreté intérieure de l'Etat et à la défense nationale* ». Les députés voteront, ensuite, sur demande du Parquet, une résolution de mise en accusation qui le traduit devant la Haute Cour de Justice. Car, au moment des faits relatifs aux chantiers de Thiès, il était encore Premier Ministre[150].

---

[150] Cette affaire semble prendre une nouvelle tournure, avec la déclaration que de nombreux journaux de la place, notamment *Le Quotidien* du lundi 16 janvier 2006 (page 5), prêtent au Président de la République. Ce dernier aurait confié, en effet, ce qui suit, à une délégation du Congrès américain et aux membres du Comité directeur de son parti : « Personnellement, je n'ai jamais cru à la thèse de l'atteinte à la sûreté de l'État. Je n'y ai jamais cru. Idrissa Seck peut avoir commis des erreurs de gestion, mais je ne crois pas qu'il ait pu chercher à attenter à la sûreté de l'État. »

Rappelons que le Président de la République avait décidé d'organiser, de façon tournante, la cérémonie d'anniversaire de la fête de l'Indépendance (4 avril) dans les onze capitales régionales du pays. Celle de 2004 devait être fêtée à Thiès, dont Idrissa Seck est le maire. Dans cette perspective, le Président de la République avait autorisé une enveloppe de 20 milliards, auxquels il ajoutera 5 autres, avec l'insistance du Premier Ministre et maire de Thiès. À quelques mois du 4 avril, il décide tout d'un coup, pour des raisons qui n'ont jamais convaincu personne, d'organiser la fête à Dakar. On se rendra ensuite compte qu'à l'arrivée, au lieu de 25 milliards autorisés, 46 milliards seraient dépensés. C'est en tout cas le montant avancé par l'Inspection générale d'État (IGE). Le Ministre de l'Économie et des Finances rectifie devant les députés et ramène le montant à 40 milliards. Quelques jours plus tard, l'IGE – fait inédit – publie un communiqué par voie de presse pour confirmer le montant de 46 milliards. Les rumeurs vont alors bon train et les libéraux jubilent. Quelques-uns de leurs principaux responsables, le Ministre de l'Intérieur Me Ousmane Ngom et le Président du Groupe parlementaire libéral et démocratique (celui de la majorité) Doudou Wade répètent à l'envi que le Président de la République et le Gouvernement ont fait de la transparence et de la bonne gouvernance leur credo. Le second, invité du « Grand Jury » de la Radio Futur Média (RFM) du 17 juillet 2005, martèle plusieurs fois cette assertion :

> *« Les Sénégalais ont besoin de savoir où est passé l'argent du contribuable. »*

Me Ousmane Sèye, l'avocat de l'État dans l'affaire des chantiers de Thiès renforce les deux responsables libéraux en rappelant que la transparence et la bonne gouvernance sont une exigence de la Constitution, affirmées dans le préambule de celle-ci.

Dans cette affaire donc, les libéraux et leurs alliés de la majorité ont fait montre d'une attitude et usé d'un langage qu'on ne leur connaissait pas. Si, en mettant l'affaire des chantiers de Thiès sur la place publique, leur seul souci est la transparence, ils sont à encourager. Et si, au contraire, leur seule motivation était de régler son compte à l'ancien Premier Ministre ? En tout cas, nous nous sommes posé des questions dès

---

On peut s'attendre d'ailleurs, concernant cette même affaire Idrissa Seck, à de nouveaux rebondissements avec les récentes révélations surprenantes faites sur la gestion des fonds politiques du Président de la République.

le lendemain de l'exercice auquel le Premier Ministre et le Ministre d'État, Ministre des Affaires étrangères, s'étaient livrés. Le doute nous a même très tôt habité quand nous avons commencé à nous rendre compte de la diligence et de l'acharnement avec lesquels les libéraux et leurs alliés ont traité le dossier. Surtout quand, après le vote de l'acte d'accusation, leurs députés jubilaient, se congratulaient et dansaient comme des enfants. Il convient donc d'apprécier sereinement le traitement de l'affaire des chantiers de Thiès, de s'interroger sur ses différentes facettes et d'essayer de trouver des réponses à de nombreuses questions.

La première question qu'on pourrait se poser est celle-ci : si Idrissa Seck s'était comporté en Premier Ministre accommodant, soumis, obéissant, humble, sans ambition, débonnaire comme son successeur ; s'il n'avait surtout pas commis le sacrilège de baisser la tête pour donner l'impression de lorgner le fauteuil de son Excellence, l'affaire des chantiers de Thiès aurait-elle jamais été soulevée ? On se rappelle bien qu'avant ladite affaire, on reprochait déjà vivement au Premier Ministre Idrissa Seck son silence assourdissant après la parution du brûlot d'Abdou Latif Coulibaly et l'interview de l'ancien Premier Ministre Mamadou Lamine Loum publiée en deux jets dans *Sud quotidien* des 29 et 30 mars 2004, et qui était un véritable réquisitoire contre le bilan de Me Wade. Sans compter son indifférence réelle ou alléguée par rapport aux grands projets du Chef de l'État et la grave accusation que ce dernier portait sur lui d'avoir mis le PDS au service de ses ambitions présidentielles. Les chantiers de Thiès seraient donc l'occasion rêvée pour l'éliminer définitivement de la scène politique et annihiler ainsi son ambition présidentielle coupable. Dans ce Sénégal de l'alternance qui ne compte qu'un seul homme qui ait les qualités nécessaires pour être Président de la République, aucune ambition présidentielle n'est permise et quand elle se manifeste, elle se paie cash. Dans tous les cas, quelles qu'en soient les motivations, le choix du Président de la République d'avoir fait contrôler les chantiers de Thiès et de remettre le rapport d'inspection à la Justice est une première dans la nébuleuse gouvernance libérale et pourrait donner l'impression de constituer une avancée. Même si c'était le cas, ce n'est qu'un pas et il conviendrait d'attendre la suite des événements. On ne sait jamais avec Me Wade et ses libéraux.

Dans cette affaire des chantiers de Thiès en tout cas, il y a eu manifestement, par-delà les dépassements non autorisés supposés, des prévarications particulièrement graves. Cela, même les non-initiés en sont conscients. Quand on dépense 46 milliards alors que 25 seulement étaient autorisés, c'est grave. Quand, sur cette somme dépensée, on constate une surfacturation de 17 milliards, c'est aussi très grave et il y a forcément de nombreuses responsabilités qui sont engagées. Heureusement que le rapport de l'Inspection générale d'État a situé ces responsabilités et des hommes ont été sévèrement épinglés : non seulement le Premier Ministre, mais aussi le Ministre de l'Économie et des Finances, son Ministre délégué chargé du Budget, le Ministre du Patrimoine bâti, de l'Habitat et de la Construction, et au moins un chef d'entreprise : Bara Tall. Malheureusement, on constate une certaine volonté chez les autorités d'appliquer une justice à plusieurs vitesses. Il a fallu ainsi de vives réactions de l'Opposition et de la Société civile pour amener la majorité présidentielle de l'Assemblée nationale à comprendre le Ministre Salif Ba (du Patrimoine bâti, de l'Habitat et de la Construction) dans la résolution de mise en accusation qu'elle allait voter. Les trois autres mis en cause vaquent tranquillement à leurs occupations : les deux ministres restent imperturbablement membres du Gouvernement et le chef d'entreprise continue de bénéficier des marchés publics. C'est pourquoi nous restons sceptiques quand les libéraux et leurs alliés de la majorité présidentielle prétendent leur attachement à la transparence et à la bonne gouvernance. On sent plutôt la volonté manifeste des plus hautes autorités de ce pays, à commencer par le Président de la République lui-même, de vouloir soustraire carrément certaines personnes de cette rocambolesque et gênante affaire.

Déjà, Me Wade avait déclaré, lors d'un Conseil des Ministres, que les trois ministres étaient hors de cause. N'est-ce pas là le travail de la Justice ? Que cache cet empressement du Chef de l'État à vouloir blanchir coûte que coûte certaines personnes ? De quoi a-t-on peur pour éprouver le besoin de décréter leur innocence à la place de la Justice ? Va-t-on donner raison à certains journaux privés comme *Walfadjri* par exemple, qui affirment que le Ministre de l'Économie et des Finances et son Ministre délégué chargé du Budget connaissent trop de choses pour être inquiétés ? En tout cas le Président de la République a suscité beaucoup de questions lors de son passage à l'Émission de TV5 « Et si vous me disiez tout ? ». Sa volonté de tenir le Ministre Abdoulaye Diop (de l'Économie et des Finances) hors de cause était sans équivoque. D'après ce qu'il a compris, Abdoulaye Diop a pu commettre à la rigueur des fautes sur le plan administratif et sur le plan de la gestion (sic) sans que cela débouche sur un délit de détournement de deniers publics. Me Wade poursuit sa plaidoirie :

« Le détournement de deniers publics, c'est autre chose, il faut prouver que l'acte a produit un enrichissement. Alors, je dis que le simple rapport de l'Inspection générale d'État ne suffit pas pour un tribunal ; le tribunal doit apprécier en dehors de ça... »

Et il termine ainsi sa défense du Ministre de l'Économie et des Finances :

« Eh bien Abdoulaye Diop a toujours ma confiance. »

Que ne laisse-t-il pas les juges apprécier tout cela ? L'IGE a mis en cause pratiquement au même dégré l'ancien Premier Ministre Idrissa Seck, les Ministres Abdoulaye Diop et Salif Ba et l'entrepreneur Bara Tall. Pourquoi alors, sur la base du même rapport de l'IGE, Idrissa Seck et Salif Ba[151] croupissent en prison alors qu'il ne suffit pas pour faire subir le même sort à Abdoulaye Diop ? Les journaux privés auraient-ils vraiment raison ? Abdoulaye Diop serait-il en possession de trop de secrets dont la divulgation pourrait faire sauter la République ?

On se souvient que, le 8 septembre 2005, il a été entendu par les membres de la Haute Cour de Justice et qu'au sortir de cette audition, il s'était peut-être même montré un peu prolixe. En particulier, il avait fait état de quatre correspondances de la Présidence de la République qui n'étaient pas des modèles de transparence budgétaire. Il s'était même permis, en marge de sa déposition, de faire des confidences aux membres de la Haute Cour de Justice. Il leur aurait notamment lancé :

« Les chantiers de Thiès constituent un épiphénomène par rapport à tout ce qui se passe dans ce pays. Si je sortais ce qu'il y a dans mon sac-là, le pays serait sens dessus dessous. »

Et *Le Quotidien* du mardi 17 janvier 2006 (page 5) qui rend compte du passage du Ministre d'État Diop devant la Commission d'Instruction de la Haute Cour de lui faire dire, irrité, semble-t-il :

« S'ils touchent à moi, je vais... (Ndlr : suit un juron de charretier). *»*

---

[151] Ce dernier a finalement bénéficié de la liberté provisoire, pour « raisons de santé », précise-t-on.

Ce qui saute aux yeux et que pratiquement nombre de Sénégalaises et de Sénégalais constatent, c'est que le Ministre d'État Abdoulaye Diop est sûr de lui, vraiment sûr de lui ; c'est aussi que le Président de la République fait tout pour le mettre hors de cause et toujours plus à l'aise. Peut-être qu'après le départ de Me Wade du pouvoir, nous serons édifiés sur ce que ce ministre sait et qui le rend jusqu'ici si intouchable.

On peut se poser aussi les mêmes interrogations relativement à l'entrepreneur Bara Tall. D'où tire-t-il sa force et sa sérénité ? La rumeur qui court avec insistance et selon laquelle il tient à la gorge certaines autorités par ses libéralités serait-elle fondée ? Sévèrement mis en cause par le rapport de l'Inspection générale d'État sur les chantiers de Thiès, cet entrepreneur n'en est pas pour autant inquiété. Il continue, le plus normalement du monde, de bénéficier de gros marchés publics. C'est ainsi que l'APIX lui a attribué, en association avec l'Entreprise Henan Chine, la tranche de l'autoroute à péage Dakar- Thiès (Malick Sy-Rond Point Patte d'Oie) pour un coût de 50 milliards. Des marchés lui seraient également octroyés dans le cadre des travaux pour la préparation du sommet de l'OCI. Pourtant, la loi interdit formellement l'octroi de marchés publics à tout entrepreneur soupçonné par la Justice ou mis en cause dans des affaires douteuses. Elle est d'ailleurs très claire à ce sujet :

> *« Lorsqu'une entreprise est soupçonnée de corruption, de prévarication, de surfacturation ou de sous-traitance pour un marché précédent, elle ne peut en aucune manière soumissionner pour un nouveau marché tant qu'elle n'est pas blanchie par la Justice. Et même lorsqu'elle a déjà entamé des travaux avant d'être mise en cause, dès l'instant qu'elle est soupçonnée et épinglée par la justice, les marchés qui lui sont octroyés doivent lui être retirés aussitôt »*[152].

Bara Tall est exactement dans cette situation et il se comporte, avec ceux qui attribuent des marchés, comme si de rien n'était. Il est vrai qu'on le dit très proche des Wade, de Karim en particulier, comme il l'aurait été d'Ousmane Tanor Dieng du temps de la splendeur du PS. Tout indique en tout cas qu'il a des affinités avec nos gouvernants et au niveau le plus élevé. Malgré les lourdes présomptions de surfacturation et de sous-traitance de marchés publics qui pèsent sur lui, il vaque tranquillement à ses occupations. La presse privée, l'Opposition et la

---

[152] *Office* du mercredi 24 août 2005, p.5.

Société civile se sont beaucoup émues de cette situation. Leur réaction n'aura peut-être pas été vaine, car Bara Tall est passé devant la Commission d'Instruction de la Haute Cour de Justice. Espérons que ce ne sera pas seulement pour la forme et pour amuser la galerie.

Cette affaire dite des chantiers de Thiès est donc très opaque et n'est pas prête à livrer tous ses secrets, qui pourraient éclabousser les plus hautes autorités de ce pays. Elle pourrait peut-être même déborder ses propres secrets pour en livrer bien d'autres, ceux relatifs notamment à la gestion des fonds politiques du Président de la République. Ce dernier laissera-t-il faire ? Rien n'est moins sûr, si on considère que les déballements ne le laisseront jamais indemne, lui qui ne serait pas loin d'être à la base de bien des cas de gestion opaque. Et qui en couvrirait bien d'autres.

Le tout n'est donc pas de proclamer sur tous les toits son attachement à la transparence et à la bonne gouvernance. Il faut surtout créer les conditions de leur mise en œuvre. Ce pas, les libéraux, leur chef et leurs alliés ne sont pas prêts à le franchir facilement. S'ils sont vraiment sincères, ils doivent laisser la Justice faire son travail et ne protéger personne. Ils doivent même aller plus loin encore que les chantiers de Thiès. Ce n'est pas seulement à ce niveau-là que l'argent du contribuable est utilisé. Ailleurs, des dizaines, des centaines de milliards de francs sont gérés. Nous avons besoin d'être édifiés sur la manière dont tous ces milliards sont gérés.

À titre d'exemple, combien de milliards ont-ils été dépensés dans le cadre du Projet de Construction d'immeubles administratifs et de Réhabilitation du Patrimoine bâti de l'État (PCRPE) ? De cette masse importante d'argent, combien de milliards ont-ils été dépensés dans le cadre des fameux marchés de gré à gré et après appels d'offres ? Même en cas d'appels d'offres, toute la réglementation afférente a-t-elle été scrupuleusement respectée ? Peut-on nous garantir que, depuis le 1er avril 2000, il n' y a pas eu de surfacturation au niveau des travaux réalisés (construction de cases des Tout-Petits, d'espaces jeunes, de bassins de rétention, de tribunaux départementaux, etc) sous l'égide du PCRPE ? Rien n'est moins sûr.

On se rappelle encore parfaitement les engagements fermes de Me Wade d'avant le 19 mars 2000. Ces mêmes engagements se trouvaient en bonne place dans le programme de la Coalition de l'Alternance 2000 (CA 2000) qu'il avait paraphé sans réserve. Il s'engageait, tout au long de sa campagne électorale, à abroger, immédiatement après son élection, le fameux décret 97-632 du 18 juin 1997 qui organisait le gré à gré et mettait en place le non moins fameux Projet de Construction et de Réhabilitation du Patrimoine bâti de l'État (PCRPE). Ce projet était alors logé à la Présidence de la République et usait et abusait sans contrôle du gré à gré. Élu triomphalement le 19 mars 2000 et installé officiellement le 1er avril 2000 comme troisième Président de la République du Sénégal, Me Wade fait exactement le contraire de ce qu'il avait promis : il maintient le fameux décret et nomme à la tête du PCRPE Salif Ba, un transhumant qui sera promu ensuite Ministre de la Construction, de l'Habitat et du Patrimoine bâti. Le PCRPE va être maintenu pendant au moins deux ans à la Présidence de la République. Il sera finalement rattaché au ministère de Salif Ba qui en assurera lui-même la direction avant de se décider, plusieurs mois après, à nommer un nouveau directeur. Mais, jusqu'à sa démission du Gouvernement consécutive à sa mise en cause dans l'affaire dite des chantiers de Thiès, il gardait, semble-t-il, jalousement le bureau qu'il occupait au PCRPE. Qu'y cachait-il ? Seuls Dieu et lui peuvent répondre à cette question. Avec ce projet donc, la Présidence de la République recourut sans ménagement au gré à gré. Le 30 mai 2002, Me Wade signa un décret portant nouveau Code des Marchés publics. Ce n'était pas de gaîté de cœur d'ailleurs, ni par souci de transparence qui n'est pas le point fort de sa gouvernance. Les nouvelles règles de la concurrence au sein de l'UEMOA, les critères de convergence notamment, allaient entrer en vigueur le 1er janvier 2003. Dans ce cadre, le Gouvernement du Sénégal devait s'exécuter en mettant en place un nouveau Code des Marchés publics et en abrogeant le décret 97-632 du 18 juin 1997. Ce décret l'a-t-il été ? Beaucoup d'observateurs se posent encore la question, notamment de nombreux membres de la Société civile. Ce qui est sûr, c'est que la Présidence de la République n'est pas prête à rompre avec le gré à gré, qui est pratiquement érigée en règle d'or par l'APIX et l'ANOCI.

De nombreuses questions sans réponses sont donc posées à propos de la gestion de nos deniers publics par le PCRPE. Il en est de même d'ailleurs d'autres structures comme le Programme de Développement intégré de la Santé (PDIS), le Programme de Renforcement nutritionnel (PRN), le Programme décennal de l'Éducation et de la Formation (PDEF), etc. Ces programmes, comme le PCRPE et les nombreuses agences nationales qui émergent de partout au Sénégal, gèrent des centaines de milliards de francs CFA. Le gouvernement fera-t-il montre à l'endroit de toutes ces structures de la même volonté de transparence ? La Commission nationale des Contrats de l'Administration (CNCA), semble-t-il, autorise certains marchés de gré à gré, dans des conditions et des circonstances particulières. S'acquitte-t-elle toujours de cette mission de façon propre ?

Le PDIS fait partie des programmes les moins bien gérés. Le Ministre de la Santé et de la Prévention médicale (Abdou Fall) a été obligé de le reconnaître. C'était lors de la journée consacrée au Plan d'information et de lutte contre le paludisme, qu'il présidait le vendredi 5 août 2005 au Novotel. Après avoir indiqué le nombre de Sénégalaises et de Sénégalais qui sont atteints par le paludisme tous les ans, il fait deux aveux de taille :

> *« Nous sommes à la croisée des chemins à un moment où les partenaires au développement commencent à douter de nos capacités. »*

Et il poursuit, à propos du PDIS :

> *« C'est un secteur qui a beaucoup de ressources humaines et de moyens financiers et pourtant, il y a beaucoup de contre-performances. »*

Quoi de plus normal, si on considère l'amateurisme avec lequel le PDIS a été géré pendant longtemps ! Il y a toujours été fait cas de malversations particulièrement graves et ce, quel que soit le ministre de tutelle, depuis le départ du Pr Éva Marie Colle Seck. La manifestation la plus caractéristique de la mauvaise gestion dans cette structure, c'est la nomination comme Directeur de l'Administration générale et de l'Équipement (DAGE) d'un certain Youssoupha Ba, contractuel de son état. Issa Mbaye Samb le nommait ainsi en remplacement de Diène Farba Sall, membre de la Cellule Initiatives et Stratégies (CIS) du PDS, dont Macky Sall est le président. Ce qui provoqua, bien sûr, le courroux de ce dernier. Le nouveau DAGE du PDIS n'était pas seulement un contractuel qui ne connaissait pas grand-chose en matière de gestion, mais il était, avant sa nomination, le fournisseur de la structure (sic). Ce qui était inacceptable aux yeux du Ministre de l'Économie et des Finances qui fit une note à son collègue de la Santé pour lui signifier que seuls les administrateurs civils ou certains fonctionnaires de la hiérarchie A pouvaient être nommés DAGE. Il exigeait en même temps le limogeage de Youssoupha Ba qui avait continué d'exercer ses fonctions même après la fin de son premier contrat non encore renouvelé. Le Ministre Issa Mbaye Samb s'accrochait à ce DAGE qui « l'aidait » lorsqu'il n'était pas ministre et qu'il traversait des moments difficiles[153]. Voilà comment on nomme à des postes de responsabilités dans la gouvernance libérale où ce cas est loin d'être isolé. Si la transparence et la bonne gouvernance ne sont pas seulement un vain mot chez nos gouvernants, ils doivent nous édifier ici aussi, comme avec les chantiers de Thiès, sur la manière dont l'argent du contribuable est géré.

On parle aujourd'hui avec insistance, après la publication du rapport de l'IGE sur les chantiers de Thiès, d'une nouvelle entreprise, sœur jumelle de l'alternance : la SATTAR. On en parlait d'ailleurs bien avant le CD n° 1 de l'ex-Premier ministre (où il faisait quelques révélations). Elle serait adjudicataire de nombre de marchés publics et aurait, naturellement, une santé financière remarquable. C'est cette entreprise d'ailleurs – déjà un signe prémonitoire ? – qui est chargée de la construction du siège du PDS, d'un coût d'un milliard trois cents millions de nos francs. De combien de marchés la SATTAR a-t-elle bénéficié depuis sa création et dans quelles conditions ? Qui en sont les réels propriétaires ? Dans quelles conditions construit-elle le quartier général du PDS ? Nous avons besoin d'être éclairés sur tout cela[154].

Si les autorités sénégalaises sont sincères dans le nouveau bail qu'elles ont signé avec la transparence et la bonne gouvernance, elles auront toujours l'opportunité de les mettre en œuvre. Bien des questions sans réponses sont en suspens, du fait de l'opacité qui a été jusqu'à présent un trait caractéristique de la gouvernance libérale. Ainsi, malgré les explications techniques du Ministre délégué auprès du Ministre de l'Économie et des Finances chargé du Budget, nous sommes encore loin d'être clairement édifiés sur les fameux 6 milliards de la SONACOS et sur les procédures qui ont été utilisées pour les faire migrer vers la

[153] *L'Observateur* n° 475 du mardi 19 avril 2005, p.2.

[154] Le Directeur général de cette nébuleuse structure, Serigne Mbaye Sy Diop, frère cadet du Ministre de l'Économie et des Finances Abdoulaye Diop, « a quitté la tête de la boîte pour atterrir à Genève dans un organisme international très juteux » (cf *Le Populaire* des samedi 5 et dimanche 6 novembre 2005). Si cette information est exacte, avec l'aide de quelle autorité a-t-il bénéficié de cette promotion ? Pourquoi tenir coûte que coûte à l'éloigner ? Cet homme sur qui pèsent de lourds soupçons de malversations voyage à sa guise, alors que Madiambal Diagne, directeur de publication du *Quotidien*, se voit confisquer son passeport. Sacré ce Sénégal de l'alternance !

personne physique ou morale à qui ils étaient destinés[155]. Ni sur les 5 milliards de litige entre le fisc et *Sénégal Pêche*, qui auraient été purement et simplement effacés à partir de la Présidence de la République du fait, dit-on, du Conseiller fiscal d'alors du Chef de l'État. Ou du Secrétaire général de la Présidence de la République. Qu'en est-il réellement de cette ténébreuse affaire ?

Il n'est pas superflu de s'appesantir sur cette affaire de *Sénégal Pêche*, une autre affaire rocambolesque de la Gouvernance libérale. *Sénégal Pêche* est une entreprise originaire de la République populaire de Chine qui opère avec une licence de pêche sénégalaise. En avril 2001, l'entreprise a subi un redressement fiscal qui a établi le montant des droits éludés par l'entreprise à 1 milliard 500 millions. Les pénalités et amendes subséquentes à cette fraude fiscale ont été estimées à 3 milliards 500 millions. Le redressement se monte à 5 milliards, droits éludés, amendes et pénalités confondus. Une lettre du Secrétaire général de la Présidence, après avis du Conseiller fiscal du Chef de l'État, *a ordonné en novembre 2001 aux services des impôts d'annuler toute la procédure. Un effacement total du contentieux*[156]. Cette affaire, une de plus, se serait jouée sous le nez et à la barbe du Président de la République, du Premier Ministre Mame Madior Boye et du Ministre d'État Directeur de cabinet d'alors. Ce serait trop facile, à notre goût.

Les responsables de *Sénégal Pêche* ont d'abord contesté et cherché en vain à faire changer la décision des vérificateurs par la Direction générale des Impôts et Domaines. Celle-ci refusa net et l'entreprise de pêche adressa « un recours gracieux au Ministre de l'Économie et des Finances aux fins d'obtenir l'annulation de la procédure. Après instruction du dossier, le Ministre, en accord avec ses services centraux, confirmait la totalité de la procédure et concluait dans le même sens que la Direction des Impôts ». Des experts invités à donner leur avis sur la procédure soulignent :

« Normalement, *Sénégal Pêche* aurait dû négocier avec la Direction des Impôts pour transiger, ou au plus saisir le Premier Ministre, pour déférer devant lui la décision du Ministre de l'Économie et des finances. Il pouvait aussi saisir la Justice et ouvrir un contentieux judiciaire.

---

[155] Cette affaire non encore élucidée date des premiers mois de l'alternance, un an au plus après. L'argent aurait migré de la SONACOS vers une destination encore inconnue du contribuable sénégalais.

[156] *Sud quotidien* du jeudi 16 mai 2002, pp.1et 8.

Aucune de ces trois procédures possibles ne l'a intéressée. Elle a préféré saisir alors directement le Président de la République, sous forme d'un deuxième recours gracieux, en vue d'obtenir une annulation pure et simple de l'ensemble de la procédure. C'est contraire à la pratique et à la logique du fonctionnement de l'Administration. »

Ce grand pas qui enjambe toutes les autres procédures pour atterrir à la Présidence de la République nous semble suspect. Qui a donné ce courage et suggéré cette idée aux responsables de l'entreprise chinoise ?

À titre de rappel, c'est le Conseiller aux affaires fiscales du Chef de l'État, un certain Hamid Fall, qui a produit la note technique ayant inspiré la décision de grâce. Erreur de bonne foi ou… ? Le Secrétaire général de la Présidence Abdoulaye Baldé interrogé sur la question sur les ondes de *Sud FM* le jeudi 16 mai 2002 dans l'après-midi fait son mea culpa : « J'ai été abusé dans cette affaire, par les conseillers qui ont instruit le dossier et l'erreur est en train d'être rectifiée. » L'a-t-il été réellement ? Selon *Sud quotidien* du vendredi 17 mai 2001 qui a enquêté sérieusement sur cette affaire, M. Baldé s'est d'abord opposé et par écrit à la décision de faire abandonner les poursuites intentées par les services des impôts à *Sénégal Pêche*. Les sources de *Sud* révèlent que quand la note du Conseiller fiscal Fall a été présentée à M. Baldé, il a constaté que le Chef de l'État a annoté le texte qui recommandait la cessation des poursuites. Il mentionnait ainsi sur le document : « Un vice de forme dans une procédure ne saurait éteindre les droits de l'État. » Me Wade confirmera le même avis au stylo rouge en ces termes : « Je maintiens qu'une erreur de procédure ne saurait prévaloir sur les droits du Trésor. Au surplus, *j'accepterai une transaction* (sic)… » C'est à lui ou aux services compétents du Ministère de l'Économie et des Finances d'accepter la transaction ?

Le ministre d'État, directeur de cabinet, soutiendra qu'il n'a jamais été au courant de cette grâce. Or, les faits semblent prouver le contraire. *Sud quotidien* révèle que deux requêtes ont été introduites auprès de la Présidence de la République, pour solliciter la grâce du Chef de l'État. L'une a été directement adressée par le Directeur général de *Sénégal Pêche* au Président de la République le 16 juin 2001. L'autre, par les conseils de *Sénégal Pêche* au Ministre d'État Idrissa Seck le 31 mai 2001. Ils reviendront d'ailleurs à la charge le 11 octobre 2001 pour rappeler au Ministre d'État leur première requête. Le 24 octobre 2001, le

Secrétaire général Baldé répond au nom du Ministre d'État. Dans sa correspondance à *Sénégal Pêche*, il écrit :

« Par lettre du 11 octobre 2001, vous avez rappelé votre correspondance du 31 mai 2001, sollicitant mon arbitrage dans le conflit opposant vos clients, visés en objet, à l'administration fiscale. Vous sollicitez également le sursis à exécution des mises en demeure servies à vos clients par la direction des vérifications et enquêtes fiscales. Votre demande d'arbitrage étant en cours d'instruction, le Ministre de l'Économie et des Finances a été invité à surseoir à titre exceptionnel, à l'exécution des mises en demeure en attendant qu'il soit statué sur le recours hiérarchique que vous avez formulé. »

Le Ministre d'État Idrissa Seck affirmera n'avoir jamais été mis au courant de cette lettre, qu'il était hors du pays quand elle a été signée et envoyée au Ministre de l'Économie et des Finances. Il ajoutera ceci :

« Le Secrétaire général de la Présidence de la République agissait légalement en mon nom, dans l'exercice d'une délégation de pouvoir générale, mais il ne m'en a pas par la suite informé. »

Tout cela sent le roussi. Mais ce qui pose le plus problème dans cette affaire, c'est la liberté d'initiative, l'audace démesurée que se sont permises les proches collaborateurs du Président de la République. Ce dernier s'est bien opposé à l'annulation demandée et a donné des orientations très précises. Malgré tout, ses collaborateurs répercutent des instructions contraires au Ministère de l'Économie et des Finances. Et sans réaction officielle du Président de la République. Ce dernier aurait tout au moins saisi la Division des Investigations criminelles de cette affaire qui laisse bien des points en suspens. C'est pourquoi les cadres des impôts se sont montrés totalement renversés. Ils expliquent qu' « il se produit aujourd'hui des choses dans la marche de l'administration tellement graves qu'on ne peut un instant imaginer que cela procède d'actes délibérés. Nous préférons croire à l'inexpérience des uns et des autres et à la méconnaissance de l'État. » Un autre inspecteur des impôts, plus sceptique, juge plus sévèrement l'affaire :

« Il y a des gens qui croient pouvoir tout se payer chez nous. Pour le reste de toute ma carrière, j'éviterai de vérifier certaines entreprises. Je n'en sortirai qu'avec des blessures... »

Un troisième note avec lassitude :

« Je ne peux pas croire que le Chef de l'État est parfaitement au courant de ce dossier et qu'il en saisit tous les contours. Tout de même, la présidence ne peut pas être plus compétente et plus informée que les services du Ministère et des Impôts pour décider dans le sens où elle l'a fait. »

Un autre dira qu'il préfère, par mesure de sagesse et de prudence, ne pas exprimer ce qu'il pense réellement de cette affaire. Celui-là s'est exprimé pour nous : il a extériorisé exactement le sentiment que nous avons sur la question. Un jour viendra peut-être où nous en saurons un peu plus sur tous les tenants et aboutissants de ce contentieux qui a opposé *Sénégal Pêche* à la Direction générale des Impôts. Et sur l'absence de réaction vigoureuse du Chef de l'État dont les instructions ont été carrément foulées aux pieds[157].

La gouvernance libérale connaît de nombreuses autres affaires, à l'image de *Sénégal Pêche*, qui sont noyées dans l'opacité et le flou. C'est le cas notamment de tous les marchés publics raflés par l'architecte fétiche de Me Wade, Pierre Goudiaby Atépa, qui a toujours au bout des lèvres le même argument massue :

« Le président m'a demandé de pré-financer. »

Comme s'il était le seul à en avoir les capacités dans tout le Sénégal. C'est cet architecte qui a réalisé la « Porte du millénaire », la fameuse « Promenade des Lions » et les nombreux travaux d'embellissement sur la Corniche Ouest. On lui doit également le « relookage » du Centre international pour le Commerce extérieur du Sénégal (CICES) pour les besoins de la Conférence internationale sur le financement du Nouveau Partenariat pour le Développement de l'Afrique (NEPAD). Dans cette perspective, il fallait recevoir les représentants d'une quarantaine d'États et environ 921 délégués du secteur privé venus des quatre coins du monde. Il fallait redonner un nouveau « look » au CICES pour un montant des travaux estimés à *990 000 000* de francs Cfa[158]. L'honneur

---

[157] Dans une interview à Nouvel Horizon n° 498 du 25 novembre au 1er décembre 2005, le Secrétaire général de la Présidence de la République confirme cette affaire et reconnaît qu' « (elle) a été une parenthèse douloureuse dans (sa) carrière (...) et (l'a) fait vieillir d'une dizaine d'années ». Il y révèle également que « la somme (5 milliards) a finalement été retrouvée par le trésor public ». Nous aurions souhaité que ce fût vrai !

[158] *Sud quotidien* du mardi 7 mai 2002, p.2.

revenait à l'architecte bâtisseur de réaliser ces travaux, « sollicité par le Président en personne ». C'est du moins ce qu'il déclarait. Les professionnels n'avaient pas apprécié et avaient tenu à le manifester. « Pierre Goudiaby Atépa n'est pas le seul constructeur de ce pays », avaient-ils lancé avec amertume. Alors, « pourquoi, pour un marché aussi important, est-il le seul à être sollicité ? », s'étaient-ils interrogés, avant d'affirmer avec force : « Cela fausse l'esprit de concurrence et surtout viole de façon flagrante des dispositions régissant les marchés publics de l'État et de ses démembrements, voire même la Constitution qui dispose de l'égalité des chances pour tous les citoyens. » L'architecte fétiche du Président de la République fit une longue réplique que nous allons citer largement, pour des raisons évidentes que le lecteur comprendra :

« Où se trouvaient tous ces gens qui râlent après coup, quand le Président de la République (...) avait besoin d'eux, de leur concours et surtout de leur sens patriotique ? »

Et notre architecte de poursuivre :

« Le Chef de l'État qui avait retenu le mois de février dernier pour organiser la Conférence internationale sur le NEPAD, s'est rendu compte que rien ne fonctionnait au CICES (...). Ce qui a obligé le président Wade à décaler de deux mois sa conférence. Il m'a demandé de lui confectionner un projet de réfection et de le chiffrer. En fonction des besoins qu'il avait exprimés mais qui n'étaient nullement budgétisés dans les comptes du Trésor public, un montant de *850 millions de francs Cfa était nécessaire*[159]. Dans un premier temps, en lui donnant mon avis, je lui ai suggéré de vendre une partie des terrains disponibles jouxtant la Foire afin de trouver cet argent (sic). Mais à quelques jours de la Conférence, les acquéreurs se faisaient désirer et on allait vers un nouveau report. Le Chef de l'État me dit : "Pierre, qu'est-ce que tu peux faire pour m'aider à pré-financer ces travaux ?" Je lui ai répondu que j'étais disposé à pré-financer entièrement les travaux. C'est ainsi que sa banque a débloqué la totalité de la somme. Plus les agios, a-t-il tenu à ajouter. Et il précise :

« Je me suis rendu compte qu'en dehors de la salle de conférence où rien ne marchait, le CICES avait aussi grandement besoin d'être relooké, notamment sa devanture et son parvis d'accueil ; j'ai

[159] Des chantiers de Thiès avant la lettre.

débloqué 140 millions de Fcfa pour le faire. Je dois dire que le CICES devait à ses fournisseurs une somme de 75 millions de Fcfa pour la climatisation de la salle de conférence qu'il a fallu payer[160]. *250 millions ont été dépensés pour les réseaux de traduction simultanée dernier cri, en infrarouge, tout le réseau électrique, l'éclairage et la décoration intérieure, etc... »*

Les professionnels balaient tout d'un revers de la main et, après avoir rappelé les textes réglementaires qui régissent les marchés publics et que le Chef de l'État et son architecte-conseil fétiche piétinent allègrement, rétorquent qu' « il est loisible pour tout homme d'affaires crédible de se faire financer par des banques, surtout quand on dispose de marchés dont les contrats sont signés et leurs rétributions garanties par l'État ou ses démembrements. Il n'y a pas à ce sujet, beaucoup de mérite. N'importe quel entrepreneur sénégalais peut faire ce que Pierre Goudiaby Atépa a fait dans cette affaire. Il suffit simplement qu'on lui en donne l'opportunité. »

Le même *Sud quotidien* qui rendait compte de cette affaire rocambolesque révélait que, selon des sources dignes de foi, pour les besoins de l'organisation de la conférence à Dakar, « la Présidence de la République a reçu un soutien de pays amis, notamment de l'Arabie Saoudite (un million de dollars us, soit 720 millions de Fcfa) et du Koweit pour le même montant. Les mêmes sources avancent que l'État aurait déboursé sur fonds propres 300 millions de Fcfa. Ce qui fait une somme globale de 1 740 000 000 de Fcfa. À cela s'ajoutent les 990 000 000 de Fcfa, représentant l'évaluation de Pierre Goudiaby Atépa du coût de réfection du CICES, soit un budget estimé à 2 730 000 000 Fcfa. »

Cette réfection du CICES, qui était passée presque inaperçue, à part les protestations de quelques professionnels, est quand même lourde d'interrogations. Le montant global du projet de l'architecte fétiche était estimé au départ à *990 000 000* de Fcfa. À l'arrivée, on s'est retrouvé avec la coquette somme de *2 730 000 000* Fcfa. Il y avait donc une énorme différence entre les deux montants, soit *1 740 000 000* Fcfa. Où est passée cette somme où on retrouve les deux chèques de l'Arabie Saoudite et du Koweit ? L'a-t-on versée au Trésor public ? Ou alors, tous

[160] Mais où était le Directeur général du CICES ? Quelle était son utilité à la tête de cette structure, puisque l'architecte à tout faire du Président de la République règle tout à sa place ?

les 2 730 000 000 ont-ils été engloutis par la réfection de notre architecte ? Les deux chèques de l'Arabie saoudite et du Koweit ont-ils été encaissés « comme ça » par Me Wade et son magicien d'architecte, ou ont-ils été régularisés par des lois rectificatives ? [161]

Comment Me Wade et son architecte magicien allaient-ils procéder pour vendre les terrains disponibles jouxtant la Foire ? Nous comprenons maintenant mieux la boulimie des parcelles de terrains que l'on prête à Me Wade. On comprend peut-être encore mieux la nomination du transhumant Assane Diagne comme Ministre de l'Urbanisme et de l'Aménagement du Territoire. On dit qu'il connaît Dakar comme sa poche, dans ses moindres recoins. Le duo Me Wade-Atépa sera donc notablement enrichi, pour devenir un trio auquel aucune poche de terrain n'échappera plus. Amath Dansokho, qui ne ménage pas du tout Me Wade, fait remarquer :

> *« À Dakar, les directeurs du domaine et du cadastre ont pour demeure la présidence (certainement il caricature un peu). Chaque jour, ils lui disent les différentes poches qu'il distribue à sa guise ; il vient de créer, il y a deux semaines, une Agence d'Expropriation dont il est le chef. »*[162]

On assiste en tout cas, avec Me Wade, à de nombreux cas de « déclassement de réserves d'équipements ou d'activités » aliénées sous

---

[161] Quand nous nous posions avec beaucoup d'inquiétude ces questions-là, l'affaire de la gestion des fonds politiques du Président de la République n'était pas encore à l'ordre du jour. Le soleil est en train de se lever petit à petit sur la gestion nébuleuse des Libéraux et de leur chef. Lors de son passage devant la Commission d'instruction de la Haute Cour de Justice, le 23 décembre 2005, l'ancien Premier Ministre Idrissa Seck a révélé avoir géré, pour le compte du Président de la République et dans le cadre de ses fonds politiques, des dizaines de milliards de Fcfa. Or, les crédits alloués au Chef de l'État par l'Assemblée nationale au titre des fonds politiques, n'ont jamais dépassé 650 millions de Fcfa avant le 19 mars 2000. Selon l'ex-Premier Ministre, ces milliards, reversés dans les comptes des fonds politiques sur instruction du président Wade, proviennent de diverses sources, notamment des fonds diplomatiques qui alimentaient la caisse noire du Chef de l'État.
Notre question sur la destination des chèques du Koweit et de l'Arabie Saoudite trouve peut-être sa réponse ici : ils ont dû être versés, comme de nombreux autres probablement, dans les fonds politiques du président Wade. Nous ne nous étonnons plus maintenant des montants importants des dons du très généreux chef des Libéraux : 50, 100, 200 millions et plus. Auparavant, nous nous disions toujours innocemment et les yeux équarquillés : « Mais, où est-ce qu'il prend tout cet argent ? »
Le Quotidien et *Walfadjri* du mardi 17 janvier 2006 donnent des informations croustillantes sur la sortie de l'ex-Premier Ministre devant la Commission de la Haute Cour de Justice.

[162] *Walfadjri* du lundi 2 mai 2005, p.3.

forme de lotissements d'habitation par voie de cession directe à des particuliers : le complexe sportif Assane Diouf, le terrain d'assiette du siège de l'ex-sénat, le site de la Pyrotechnie, la réserve foncière du Stade de l'Amitié, le CICES, le Camp militaire de Thiaroye, la Zone franche industrielle, l'ancienne zone de captage de la SONES située entre l'Hôpital général de Grand Yoff et l'Autoroute (zone d'infiltration des eaux de ruissellement provenant des quartiers limitrophes), etc. L'hôpital Aristide Le Dantec et le Lycée Lamine Guèye allaient connaître le même sort, si les professeurs de médecine et les élèves ne s'y étaient pas respectivement opposés avec vigueur. De tous les cas de déclassement, celui qui préoccupe le plus le PS est, de l'avis de O. Tanor Dieng, celui du CICES « dont une importante partie de l'emprise est aujourd'hui déclassée et aliénée à la faveur d'un lotissement d'habitation mis en œuvre dans une discrétion suspecte, proche de la clandestinité, est suffisamment édifiant sur le caractère pernicieux et dangereux de la gestion du patrimoine foncier public par des gouvernants insouciants et irresponsables. »[163] Tanor va plus loin en précisant que l'assiette foncière du CICES a été dimensionnée, depuis les années 70, pour la capacité d'une Foire internationale standard. L'emprise délimitée renfermait une importante part de propriétés foncières privées dont l'expropriation des détenteurs avait dû être prononcée par l'État, en vertu du caractère d'utilité public du projet de Foire. D'où la conclusion que « l'initiative des pouvoirs publics consistant à développer des opérations d'habitation sur une partie de l'emprise du CICES est simplement illégale et, par conséquent, inacceptable. » On peut multiplier à l'infini les cas de déclassement dont certains sont de véritables scandales.

Des scandales et des affaires de toutes sortes, l'alternance nous en offre chaque jour des exemples patents. Il n'est pas possible de les passer tous en revue. Point n'est besoin, par exemple, d'évoquer la rénovation de l'avion présidentiel, avec ces fameux dix milliards (certainement plus) puisés dans un certain fonds résiduel, alors que le Président de la République nous avait bien dit, en réceptionnant l'avion, que *l'opération n'avait pas coûté un franc au contribuable sénégalais, et que c'était un ami qui préférait garder l'anonymat qui lui avait donné 8 millions de dollars. Cette déclaration du Président de la République, qui serait loin de la vérité, faite au cours d'un journal parlé de 20 heures 30 minutes, il convient que le peuple sénégalais se la rappelle constamment.* Le coût de

[163] *Le Populaire* du jeudi 9 août 2005, p.7.

cette fameuse rénovation de l'avion dépasserait largement les 17 milliards de Fcfa officiellement annoncés par le Chef de l'État et la Commission d'enquête parlementaire[164].

Nous passons sous silence les 250, 400 ou 600 millions de francs CFA (c'était selon) de compensations financières que le Président de la République a accordées à la famille de Me Sèye, et dont nous ne serions jamais informés sans le premier livre d'Abdou Latif Coulibaly (encore lui) « Me Wade, un opposant au pouvoir. L'alternance piégée ? ». Nous ne rappellerons pas l'affaire Ibrahima Sarr ex-Dg de la Poste, que le Président de la République, appuyé de son Premier Ministre et de son Ministre de l'Économie et des Finances d'alors, au tout début de l'alternance, accusait publiquement d'avoir détourné 27 milliards. Il ira en prison, avait-il précisé. Le gouvernement avait même commis, par le biais de l'Agence judiciaire de l'État, un avocat en la personne de Me Hélène Cissé, pour prendre en charge cette affaire. Plus de cinq années après, le Garde des Sceaux, Ministre de la Justice d'alors, le Pr Serigne Diop, nous annonce une conférence de presse du procureur général près la Cour d'Appel, Abdoulaye Gaye, pour faire le point sur la longue gestion des audits. Ce dernier affirmera, devant des Sénégalaises et des Sénégalais ébahi(e)s, et sans sourcillier que, dans le dossier de l'ex-Dg de la poste M. Ibrahima Sarr, il n'y avait pas l'ombre d'un seul élément qui pût justifier des poursuites pénales (sic).

La mise en accusation et l'incarcération de l'ancien Premier Ministre Idrissa Seck et accessoirement de l'ancien ministre Salif Ba sont donc loin de nous convaincre de l'attachement réel de Wade et des siens à la transparence et à la bonne gouvernance. Ils ont eu à passer et passent encore sous silence de nombreuses autres affaires, aussi scandaleuses les unes que les autres. On peut en citer de nombreux exemples comme ceux, tout récents, des transhumants Assane Diagne, Adama Sall et Sada Ndiaye. Le PS n'a jamais compté de plus mauvais gestionnaires que ces trois-là. La Cour des Comptes les a tous lourdement épinglés. Dans le chapitre précédent, nous avons illustré, par des exemples précis, la gestion catastrophique de la SICAP par Assane Diagne. Dès le lendemain du 19 mars 2000, ces mauvais gestionnaires, étant sûrs de leurs faits délictueux, ont détalé comme des lièvres et sont allés se réfugier sous le

---

[164] Le dernier livre d'Abdou Latif Coulibaly – encore un véritable pavé dans la mare – « Affaire Me Sèye : un meurtre sur commande » publié par *L'harmattan* le 12 décembre 2005, révèle que l'opération a coûté 31 milliards, avec des transferts de fonds troublants.

paratonnerre bleu (le PDS). Les Sénégalaises et les Sénégalais découvrent avec stupeur qu'ils montent chaque jour un peu plus vers les sommets les plus élevés du PDS et de l'administration libérale. Assane Diagne et Adama Sall sont ministres dans le Gouvernement de Macky Sall. Sada Ndiaye a été récemment promu Directeur général de la SICAP. Ces trois néo-libéraux devraient être aujourd'hui en prison ou, dans le meilleur des cas, en train de suer abondamment dans leur longue traversée du désert. Au lieu de cela, ils accèdent à des promotions auxquelles ils n'ont jamais rêvé du temps du PS, leur ancien parti[165]. La transparence et la bonne gouvernance se vivent par des actes de tous les jours. Il ne suffit pas seulement de les décréter et de s'adonner à des pratiques qui attestent tout le contraire.

Nous restons donc très sceptiques, quant aux motivations qui inspirent la diligence avec laquelle les libéraux et leur chef prétendent nous éclairer sur l'utilisation de l'argent du contribuable à Thiès. S'il se trouve, évidemment, que les responsabilités de l'ancien Premier Ministre sont engagées dans cette affaire des chantiers de Thiès, qu'il soit sanctionné à la mesure de la gravité de celles-ci. Qu'il paye ses fautes (s'il en a commis), mais que tous les autres qui sont impliqués dans la même affaire soient eux aussi sanctionnés, et quel que soit leur rang ou leur proximité réelle ou supposée avec Me Wade.

Il y a également que – nous ne cesserons de le rappeler - l'argent du contribuable n'est pas seulement utilisé dans les chantiers de Thiès. Il doit être contrôlé partout où il est géré, y compris à l'Assemblée nationale, à la Primature et à la Présidence de la République. À l'Assemblée nationale surtout, on semble s'abriter commodément derrière « l'autonomie » de la gestion de son budget. Cette autonomie-là ne se fait pas en dehors des textes de lois et des règlements qui régissent l'utilisation des deniers de l'État. En particulier, une grande opacité semble avoir entouré l'achat des 120 4x4 attribués aux députés. Le contribuable sénégalais a besoin de savoir comment le budget de cette institution est géré dans son ensemble.

---

[165] Dans le chapitre VI de notre premier livre (op. cit. pp.149-210), nous avons abondamment illustré leurs forfaits en tirant les exemples directement des rapports qui les accablaient. Dans ce chapitre, intitulé « *L'opacité dans la gestion des affaires publiques : un dénominateur commun aux Socialistes et aux Libéraux* », le lecteur intéressé peut trouver de larges développements sur la pratique du marché de gré à gré et sur toutes les autres formes de malversations dont les auteurs jouissent tranquillement aujourd'hui des fruits, souvent au niveau le plus élevé de l'État et du parti au pouvoir.

Nous sommes donc loin, très loin de nous laisser facilement prendre au piège de la transparence et de la bonne gouvernance dont se gargarisent les libéraux et leurs alliés de la mouvance présidentielle depuis l'affaire dite des chantiers de Thiès. Il y a des actes qui ne trompent pas, et qui sont plus éloquents que mille déclarations du bout des lèvres. La promotion immorale des transhumants et très mauvais gestionnaires que sont Assane Diagne, Adama Sall et Sada Ndiaye, le lourd silence gardé sur des affaires scandaleuses comme le dossier Ibrahima Sarr, ancien Directeur général de la Poste, les milliards de Fcfa gérés du cœur de la Présidence de la République et de la Primature et échappant à tout contrôle, etc, administrent à suffisance la preuve que la gouvernance libérale est incapable de se sortir de l'opacité dans laquelle elle s'est empêtrée depuis le 1er avril 2000. Il existe d'autant moins de chance de l'en sortir que, chez le Président de la République, on ne constate aucune volonté de lutter contre la corruption, les détournements de deniers publics et autres malversations. *Les initiatives presque forcées qu'il a prises jusqu'ici dans ce sens, ne font jamais long feu et se révèlent, à l'analyse, comme de la simple poudre jetée à nos yeux et à ceux de nos partenaires au développement.*

Me Wade fait d'ailleurs l'unanimité au moins sur un point : ses promesses et ses engagements n'ont pas beaucoup de signification pour lui. Depuis plus de cinq ans, il en administre régulièrement et à profusion la preuve. Au point que, finalement, chaque fois qu'il fait une déclaration qui l'engage, la réaction est presque unanime et les gens n'y accordent aucun crédit.

Dès le lendemain de son installation officielle dans ses fonctions, Me Wade, euphorique, s'est lancé dans une série d'engagements fermes à gouverner autrement le pays et surtout à lutter contre la corruption, les détournements de deniers publics, les prévarications, la concussion, etc. Ainsi, dès son premier message à la Nation le 3 avril 2000, il annonce la couleur et déclare :

> *« (...) Je veux que le gouvernement du nouveau régime soit différent de celui de l'ancien régime qui était celui des improvisations et des approximations. Je leur ai dit (aux nouveaux ministres) tout aussi clairement que je veux un gouvernement de ministres vertueux*

qui mettent en avant et exclusivement l'intérêt de la Nation[166]. *Je ne saurais tolérer les pratiques de commissions plus ou moins occultes, de corruption ou de concussion sous quelque forme que ce soit. Je veux que soient bannies de l'espace sénégalais ces pratiques qui, dans ma pensée, appartiennent au passé. »*

Présidant la première Session ordinaire de l'année 2000 du Conseil économique et social (qui n'était pas encore supprimé), le nouveau Président de la République profite de l'opportunité pour marquer nettement « sa volonté de se battre pour l'instauration de politiques vertueuses, la réduction des délais et la simplification des procédures. » Il insistera ensuite sur la nécessité d'« identifier tous les surcoûts qui font fuir les investisseurs. » Dans cette perspective, il mettra un accent particulier sur l'objectif de transparence, notamment en matière de marchés publics. Il annonce alors « l'adoption toute prochaine d'un nouveau code des marchés publics » et réaffirme l'objectif de « *lutter sans merci contre la corruption qu'il a assigné au gouvernement.* »[167]

Me Wade poursuivait sa croisade verbale contre la mauvaise gestion. Le 24 février 2001, il présidait une réunion du bureau politique du PDS au CICES. Très en verve et devant une foule surchauffée et applaudissant à tout rompre, Me Wade y révéla qu'« il (allait) signer un contrat avec une société privée suisse, qui (serait) chargée de la vérification et du contrôle de la comptabilité nationale. J'ai pris moi-même cet engagement et j'ai demandé à la Banque mondiale et au Fonds monétaire international d'en faire de même, car je veux que le Sénégal soit une maison de verre, une maison transparente dans laquelle les programmes seront suivis au jour le jour et j'enverrai la situation économique et financière mensuellement à tous nos partenaires. » Il serait intéressant de demander aux représentants au Sénégal de la Banque mondiale et du FMI ce qu'il en a été de cet engagement.

Me Wade ne s'arrêta pas en si bon chemin dans sa volonté de rassurer les Sénégalaises et les Sénégalais. On se souvient qu'il avait toujours dénoncé avec la plus grande vigueur la mauvaise gestion des Socialistes et principalement au niveau des collectivités locales. Le 12 mai 2002, jour des élections locales (régionales, communales et rurales), il lance un

[166] Assane Diagne et Adama Sall sont des ministres vertueux. Sada Ndiaye et Ibrahima Sarr sont tout aussi vertueux qu'eux et ont toujours mis en avant et exclusivement l'intérêt national. N'est-ce pas ?

[167] *Le Soleil* du 8 juin 2000

véritable pavé dans la mare des Socialistes : son intention de déposer à l'Assemblée nationale deux projets de loi destinés à sanctionner sévèrement les chefs de collectivités locales qui se seront rendu coupables de « carences notoires » et de « manquements aux obligations » dans l'exercice de leurs fonctions. Le 21 juin 2002, il fait parvenir effectivement aux députés les deux fameux projets de loi qui firent l'effet d'une bombe chez les maires, présidents de conseils régionaux et ruraux dont l'écrasante majorité était encore socialiste. Ces derniers étaient tenus désormais de faire des résultats sous peine d'être suspendus pour une durée qui pouvait aller d'un à trois mois. La sanction pouvait aller même jusqu'à la révocation pure et simple (par décret) en cas de « carences notoires » ou de « manquements aux obligations ».

Le début du septennat de Me Wade était marqué donc par de nombreuses initiatives et déclarations qui gonflaient à bloc le peuple du Sopi, désormais convaincu que le pays allait être géré autrement et que toutes les anciennes pratiques pour lesquelles le PS et son candidat avaient été défaits ne seraient plus bientôt qu'un vieux souvenir. Malheureusement, ce pauvre peuple allait progressivement déchanter et se rendre compte du fossé large et profond qu'il y avait entre les engagements de Me Wade et sa gouvernance.

La première déception est venue de la gestion partisane et politicienne des audits sur lesquels nous nous sommes déjà longuement étendu aussi bien dans nos différentes contributions que dans notre livre (op. cit., chapitre VI, pp.179-210). *C'est le premier échec de l'alternance, la première trahison de l'esprit et de la lettre du Sopi qui était tant attendu.* Me Wade nous promettait un gouvernement de ministres vertueux, qui devaient mettre exclusivement en avant l'intérêt national. Voilà qu'il nous nomme tout récemment ministres deux transhumants très mauvais gestionnaires, lourdement accablés par la Cour des Comptes : Assane Diagne et Adama Sall. Pour rétablir l'équilibre à Matam, la ville d'Adama Sall que lui dispute Sada Ndiaye, un autre transhumant et très mauvais gestionnaire, Me Wade bombarde ce dernier Directeur général de la SICAP, malgré ses frasques au COUD qui restent encore fraîches dans nos mémoires.

Me Wade s'engageait également à bannir de l'espace sénégalais les pratiques de commissions plus ou moins occultes, de corruption ou de concussion, alors que l'homme qui résumait dans sa gestion toutes ces pratiques et que lui-même accusait de détournements de 25 à 27 milliards et menaçait de prison, a été totalement blanchi par la Justice. Il s'agit de l'ex-Dg de la Poste, M. Ibrahima Sarr dont les graves irrégularités relevées dans son rapport, avaient amené la Cour des Comptes *à faire de sa gestion l'exemple type de mauvaise gestion*. L'actuel Ministre du Tourisme et des Transports aériens et Directeur des Structures du PDS, M.Ousmane Masseck Ndiaye était, avant le 19 mars 2000, le Directeur des approvisionnements de la Poste, au moment où Ibrahima Sarr en était le Directeur général. Selon de nombreux observateurs, M. Ndiaye ne serait pas tout à fait propre dans cette affaire (un euphémisme) et Ibrahima Sarr détiendrait des dossiers compromettants qui seraient sa bouée de sauvetage. En tout cas il a été totalement blanchi, à la surprise et à l'indignation générales, par le procureur Abdoulaye Gaye.

Me Wade insistait sur la nécessité de supprimer tous les surcoûts qui font fuir les investisseurs. Pourtant, le rapport de l'IGE sur les chantiers de Thiès fait état d'une énorme surfacturation de 17 milliards de Fcfa, dont l'un des mis en cause, le chef d'entreprise Bara Tall, n'est pas le moins du monde inquiété et continue d'exécuter tranquillement de gros marchés publics.

Les fameux projets de loi déposés le 21 juin 2002 sur le bureau de l'Assemblée nationale n'étaient qu'un show, qu'un bluff. Ils ont vite fait d'ailleurs de se perdre dans le labyrinthe des nombreux engagements sans lendemain de Me Wade, avec lesquels les Sénégalaises et les Sénégalais sont de plus en plus familiers. « *Waxi Wadd de duma ci dòor sama doom* », a-t-on de plus en plus coutume d'entendre à propos de ses engagements. Ce qui signifie que les gens accordent de moins en moins de crédit auxdits engagements et promesses.

Qu'avait-il besoin de projets de loi pour sanctionner les chefs de collectivités locales défaillants ? Le Code des Collectivités locales et le Code pénal prévoient suffisamment de dispositions pour sanctionner les fautes commises par les maires et présidents de conseils régional et rural. Quels sont les maires, les présidents de région et de conseil rural qui ont fait depuis lors l'objet d'un contrôle ? Le Maire de Dakar en particulier gère discrétionnairement un budget annuel de plus de 20 milliards et se distingue par ses grandes libéralités, à l'image de son champion. Sa gestion sera-t-elle un jour contrôlée ? Rien n'est moins sûr. Et même si c'était le cas, ce ne serait que pour la forme.

Que Me Wade avait-il donc besoin de signer un contrat avec une société privée suisse pour vérifier et contrôler la comptabilité nationale ?

Où sont l'IGE, la Cour des Comptes, les nombreux cabinets d'expertise privée sénégalais ? Qui a entendu parler depuis lors de ce fameux contrat avec cette société suisse ?

Le président Wade s'engageait aussi à instaurer la transparence au niveau des marchés publics et à adopter rapidement un nouveau code des marchés. On sait qu'il a mis au moins deux ans pour prendre le décret y afférent, s'accommodant entre-temps et abusant du décret 97-932 du 18 juin 1997 et du PCRPE qui symbolisaient le gré à gré. Nos amis du *Forum civil* considèrent d'ailleurs, à juste raison, le PCRPE comme une structure, un foyer « corruptogène ». Me Wade ne prendra le décret portant nouveau Code des Marchés publics que le 30 mai 2002, contraint et forcé par les critères de convergence de l'UEMOA qui devaient entrer en vigueur le 1er janvier 2003.

Me Wade ne convaincra donc personne de sa volonté d'imprimer la transparence dans la marche de l'administration, comme il le laisse toujours entendre du bout des lèvres. La transparence est incompatible avec certaines pratiques, comme par exemple sa décision contestable, indécente et même immorale de loger à la Présidence de la République deux grosses agences, dotées d'un budget substantiel de plusieurs dizaines de milliards. Sans compter les centaines d'autres qui leur viennent des partenaires au développement et en particulier des riches monarchies pétrolières du Golfe[168]. Il s'agit, pour rappel, de l'ANOCI et de l'APIX. *L'ANOCI en particulier est la manifestation la plus flagrante de la malgouvernance du régime libéral.* Cette agence est pilotée par Karim Wade, fils du Président de la République et Abdoulaye Baldé, Secrétaire général de la Présidence de la République et chef du service de l'IGE. Il y a peu de chance que leur gestion soit contrôlée car, comme l'a si bien fait remarquer M. Mouhamadou Mbodj, coordonnateur du *Forum civil*, « *la main gauche n'ira pas jusqu'à envoyer en contrôle la main droite* »[169].

Peut-on imaginer un seul instant une agence dotée d'un budget substantiel de plusieurs centaines de millions d'euros, logée au cœur de l'Élysée, ayant pour mission de construire des infrastructures et pilotée

---

[168] Il convient de rappeler quand même que le Président de la République, de retour d'un de ses nombreux voyages, a annoncé que le budget de l'ANOCI ne serait plus géré par ladite structure mais bien par le Ministère de l'Économie et des Finances. Nous en sommes peu convaincu : Karim, le fils de son père et Abdoulaye Baldé garderont certainement la haute main sur ce budget.

[169] *Walfadjri* du mercredi 1er juin 2005, *Entretien avec…* p.6.

par Claude Chirac (la fille du président Chirac) et le Secrétaire général de ce mythique palais ?

Pour ce qui est de sa volonté de lutter contre la corruption, elle n'a jamais été concrétisée. De ce point de vue, Me Wade tergiverse, louvoie, fait un pas en avant, deux ou trois pas en arrière. Il est d'ailleurs allergique au mot corruption. Il ne supportait pas qu'on lui en parle et s'emportait chaque fois que cela arrivait. Nos amis du *Forum civil* en ont vécu plusieurs fois l'expérience. Il n'a jamais raté une occasion d'ailleurs pour les traiter de politiciens « cachés » ou « cagoulés ». Mais, comme il ne peut pas continuer de toujours nier l'évidence, il admet l'existence de la corruption et joue sur les mots :

> *« Il y a la corruption au Sénégal, mais le Sénégal n'est pas un pays corrompu. Et celui qui le dira, je l'attaquerai au tribunal. »*[170]

Il attaquera alors beaucoup de monde au tribunal, à commencer par nous-même, puisque nous considérons le Sénégal comme un pays corrompu, corrompu sur le plan de la gestion des affaires publiques, mais aussi, plus gravement, corrompu sur celui des mœurs, des comportements et des mentalités[171].

Il attaquera surtout la Commission des Communautés européennes et la Direction du Développement de la Coopération suisse, qui ont réalisé, en partenariat avec l'École des Hautes Études en Sciences sociales

---

[170] *Le Soleil* du 27 juillet 2000.

[171] Le rapport 2005 de Transparency qui fait le point sur l'Indice de Perception de la Corruption (IPC) dans les pays, classe le Sénégal à la 78e place sur 159, avec un IPC qui se situe à 3,2. Il se classe loin derrière des pays comme le Botswana (32e), la Tunisie (43e), le Ghana (55e) et l'Égypte (76e) qui sont sur la voie de l'émergence. Dans la sous-région, il est devancé par le Burkina Faso (70e). L'IPC va de zéro à 10 points.

Nous avons donc de sérieux efforts à faire en matière de lutte contre la corruption qui est bien une plaie chez nous. En particulier, nous devons ratifier le Convention des Nations-Unies contre la Corruption et la Convention de l'Union africaine sur la prévention et la lutte contre la corruption votée depuis le 11 juillet 2003 à Maputo. On ne lutte pas contre la corruption avec le seul verbe, fût-il succulent.

Signalons toutefois que le Conseil des Ministres du jeudi 24 novembre 2005 a adopté un projet de loi autorisant le Président de la République à ratifier la Convention de l'Union africaine. Ce ne sera pas d'ailleurs là l'essentiel. Il faudrait que la loi votée soit appuyée d'une réelle volonté de lutter contre la corruption de la part des plus hautes autorités. Ce qui est loin d'être évident avec la gouvernance libérale et son chef. Signalons quand même que ce dernier a officiellement reconnu l'existence de la corruption au niveau le plus élevé de l'État. C'était lors de la dernière rentrée solennelle des Cours et Tribunaux. Il ne suffit pas, évidemment, d'en reconnaître l'existence : il faut la combattre vigoureusement. Ce qui ne risque malheureusement pas d'arriver avec la gouvernance nébuleuse de Me Wade.

(EHESS) de Paris et l'Institut de Recherche pour le Développement (IRD, ex-ORSTOM), qui ont financé l'enquête intitulée « *La corruption au quotidien en Afrique de l'Ouest* ». C'est une approche « socio-anthropologique comparative » entre le Bénin, le Niger et le Sénégal. Nous en avons cité de larges extraits au chapitre VI de notre livre (op. cit. pp.169-176). La corruption existe bel et bien au Sénégal et il faut plus que des mots et des intentions pour la combattre.

Elle a encore sûrement de beaux jours devant elle chez nous. Elle se nourrit principalement de marchés de gré à gré, d'appels d'offres manipulés et d'impunité. Le PRCPE en particulier a été une véritable poule aux œufs d'or pour les Socialistes. Il le reste incontestablement pour les vainqueurs du 19 mars 2000, qui ont d'ailleurs renforcé ses capacités à générer la corruption. On dit familièrement que l'argent est le nerf de la guerre. Il n'a jamais mérité ce nom qu'au temps des libéraux et de leur chef. Il leur en faut toujours plus, pour satisfaire leur furie dépensière et gagner les prochaines élections. Ce qui constitue leur première priorité. Nous le répéterons tant que nous en aurons la force et l'opportunité.

Un des plus grands anciens contempteurs de Me Wade, devenu à la faveur de l'alternance l'un de ses plus grands zélateurs, confiait à ses camarades de parti qu'il était convaincu désormais, que c'est avec l'argent qu'on gagne les élections. C'était au lendemain des élections législatives du 29 avril 2001. Il venait de parcourir pendant plus d'une semaine une région où la *Coalition sopi ak PDS* était sérieusement menacée disait-on, avec une valisette bourrée de fric. C'est être donc naïf que de compter sur Me Wade pour lutter efficacement contre la corruption qui ne le gêne pas le moins du monde. C'est à croire d'ailleurs qu'il l'encourage. Il nous revient une « audience » que Me Wade a accordée en plein air à Mansour Bouna Ndiaye, ancien député, ancien maire de Louga et porte-parole d'anciens parlementaires[172]. C'était le vendredi 15 avril 2005 à Linguère au nord-est du pays, dans la zone sylvo-pastorale. Me Wade, qui y était en visite, écouta M. Ndiaye lui exposer pendant cinq bonnes minutes les doléances des anciens parlementaires dont il était le porte-parole. Ces derniers se retrouvent, précise-t-il, avec une pension de retraite qui varie entre 250 et 300 000 francs Cfa par trimestre. Il accuse au passage l'ancien questeur de

[172] *L'Observateur* n° 474 du lundi 18 avril 2005, p.3.

l'Assemblée nationale, Abdoulaye Diack, d'avoir détourné 1 milliard 200 millions des caisses de l'Institution. Selon le journal qui couvrait l'événement, Me Wade reconnaît l'existence du détournement dont la conséquence se fait plus sentir par les anciens parlementaires qui n'ont eu qu'une seule législature. Il rassure leur porte-parole en lui faisant comprendre que cette situation relève désormais du passé avant d'affirmer :

> *« J'ai donné des instructions fermes au président de l'Assemblée nationale, votre pension sera augmentée, ce sera effectif dans le prochain budget. Considérez que vos doléances sont satisfaites. »*

L'ancien député, aux anges, remercie chaleureusement le Président de la République et promet de rendre compte à ses pairs.

On peut retenir au moins trois leçons de l'audience « foraine » de Me Wade :

1) Il reconnaît bien le détournement de 1 milliard 200 millions de francs Cfa par Abdoulaye Diack, ce même Abdoulaye Diack qui avait « oublié » 200 millions de Fcfa (le salaire des personnels de l'Assemblée nationale) dans un taxi, qui avait déclaré publiquement avoir volé l'argent du contribuable, ce même ancien cacique du PS que Me Wade a admis malgré tout au comité directeur de son parti et nommé président du Conseil d'Administration de la Caisse nationale de Crédit agricole ;

2) En cinq minutes, à 330 km de Dakar, à peine descendu de son avion, Me Wade décide de l'augmentation de la pension d'anciens députés et donne des instructions fermes au Président de l'Assemblée nationale pour exécution. Que fait-il de la séparation des pouvoirs ? La deuxième Institution du pays ne bénéficie-t-elle pas au moins de l'autonomie de son budget ? Me Wade se comporte-t-il de la même manière avec l'Institution judiciaire?

3) Les anciens parlementaires, qui n'ont eu qu'une législature, trouvent insignifiante leur pension de 250 à 300 000 Fcfa par trimestre et Me Wade décide dare-dare de l'augmenter, sans doute de façon notable. Des agents de maîtrise qui ont travaillé pendant 30 à 35 ans dans les

différentes entreprises privées du pays, se retrouvent avec des pensions trimestrielles de 180 à 200 000 francs. Quel devra être l'état d'âme de ces gens-là quand ils seront informés de la décision de Me Wade au profit des anciens parlementaires dont Mansour Bouna Ndiaye s'était fait le porte-voix ?

La Société civile, l'Opposition et d'autres compatriotes auront beau inviter Me Wade à la lutte contre la corruption, ce sera peine perdue. La gouvernance libérale n'est pas propre et s'accommode donc mal de la transparence. Pour nous jeter la poudre aux yeux et à ceux des partenaires au développement, il lui arrive souvent de prendre des initiatives sans lendemain. Pour ne donner que quelques exemples, un bureau anti-corruption (BAC) avait été créé et domicilié au niveau de la Présidence de la République. A la faveur de la répartition des services et compétences de l'État consécutive à la formation du cinquième Gouvernement de l'alternance, le Bac a été supprimé.

On peut rappeler aussi l'Office national anti-corruption (OFNAC) qui était porteur de beaucoup d'espoir. Fruit d'un consensus entre l'État, les organisations patronales, la Société civile et les partenaires au développement, l'OFNAC avait des attributions larges et précises. En particulier, il devait « centraliser, coordonner les informations nécessaires à la détection, à la prévention et à la mise à la disposition des autorités judiciaires chargées des poursuites des faits de corruption active ou passive, de trafic d'influence actif et passif commis par des personnes exerçant une fonction publique ou par des particuliers, de concussion, de prise illégale d'intérêt, d'ingérence, de favoritisme, d'enrichissement illicite… » Il devait aussi connaître des atteintes « à la liberté et à l'égalité des candidats dans les marchés publics, de malversations commises à l'occasion de la passation ou de l'exécution des marchés, d'infractions connexes à ces délits, et plus généralement des infractions financières et économiques ». Ce qui faisait également de l'OFNAC une structure de référence, c'était son indépendance liée à sa composition. *Une telle structure était trop dangereuse pour la gouvernance libérale : elle ne verra jamais le jour*. La Banque mondiale exprimait d'ailleurs son étonnement que le Gouvernement de l'alternance, issu d'un pouvoir élu en particulier sur « le thème de la lutte contre la corruption et l'amélioration de la gouvernance »[173], peine à mettre en place une structure concrétisant sa volonté de satisfaire à une telle exigence. C'est cette difficulté, ce déficit de volonté constaté chez Me Wade de mettre en place une structure efficace de lutte contre la corruption qui a amené le journal *le Quotidien* à titrer : « *L'État en panne de formule* ».

Continuant ses atermoiements, le Président de la République annonce, dans son message à la Nation le 3 avril 2003 (veille de la fête de l'indépendance), l'institution d'une *Commission nationale de lutte contre la non-transparence, la corruption et la concussion.* Selon le chef de l'État, cet organe répond à une volonté d'« insérer la marche de l'administration dans (une) logique » de « gestion saine et transparente des affaires publiques. »[174] Un projet de loi est pris dans ce sens en Conseil des Ministres du 18 mars 2004 et déposé au bureau de l'Assemblée nationale qui l'a voté (loi n° 2003-35 du 24 novembre 2003). Les membres de la structure ont été nommés et des locaux trouvés (tout récemment seulement) pour l'abriter. Cependant, le Conseil se cherche encore et peine depuis lors à démarrer ses activités. Il va coûter de l'argent au contribuable pour des résultats qui sont loin d'être garantis car le premier article du texte de loi qui l'institue stipule que cette « Commission est placée auprès du Président de la République à qui il rend compte de son activité ». Cette disposition est révélatrice de la volonté du Chef de l'État de continuer son dilatoire et d'enlever à la Commission toute indépendance et, partant, toute efficacité.

La Société civile, la classe politique et les partenaires au développement doivent en être convaincus et refuser de continuer de se laisser berner : *Me Wade ne s'engagera jamais dans une lutte efficace contre la corruption : il fera toujours du cinéma, du dilatoire, de la politique politicienne.* Comme, dans la première semaine de juin 2004, lorsqu'il donnait l'impression de s'emporter vivement, devant « les carences et autres manquements des corps et organes de contrôle de l'État à leurs devoirs de vigilance et de rigueur dans l'exécution de leurs missions ». Il leur adressa d'ailleurs « une sévère lettre de mise en demeure » et intima l'ordre au Secrétaire général de la Présidence de tenir une réunion de « mobilisation et de redynamisation des corps de contrôle de l'État ». La rencontre eut rapidement lieu le mercredi 9 juin 2004. Y ont pris part : l'IGE, le Contrôle financier, la Commission

---

[173] *Walfadjri* du mercredi 24 septembre 2003, p.4.

[174] *Walfadjri* du vendredi 11 avril 2003, p.4.

nationale des Contrats de l'Administration, la Délégation du Management public et la Commission de Contrôle et de Vérification des comptes des établissements publics (qui relève de la Cour des Comptes). Les instructions du Président de la République furent rappelées à l'occasion, ainsi que ses différentes décisions, notamment celles de « mettre un holà à la situation qui prévaut au niveau de la haute administration publique du fait de carences des services de contrôle, de sanctionner les fautifs (et) d'instaurer la tolérance zéro ». Le Président de la République voudrait rendre « le contrôle plus effectif et faire jouer leur véritable rôle aux corps et organes de contrôle de l'État ». Ces services devraient rompre avec une certaine léthargie et assumer pleinement leur « rôle de veille, de surveillance, de contrôle et de conseil ». La rencontre a rappelé au Contrôle financier ses importantes prérogatives, notamment « les pouvoirs de dissolution de conseils d'administration d'entreprises publiques qui ne joueraient pas leurs rôles »[175].

Me Wade poursuit son cinéma même hors du territoire national. Ainsi, sur le chemin des USA où il allait participer au sommet du G8, il fait une escale à Paris et en profite pour faire publier une contribution dans le quotidien français *Le Monde*. Il y évoque la lutte contre la corruption comme étant l'une de ses préoccupations de l'heure. Il reçoit également, le mardi 8 juin 2004, la Fédération du PDS de Paris et entretient ses membres de sa volonté de juguler la corruption qui gagne de plus en plus d'espaces au sein de l'État sénégalais. Et Me Wade d'avertir :

> *« Bientôt beaucoup de gens iront en prison au pays. Le Sénégal est un pays de droit. Je ne peux pas accepter que n'importe qui fasse n'importe quoi ! La Justice va faire son travail en toute indépendance. »*

Il indique par ailleurs que déjà des rapports de l'IGE épinglant des patrons d'établissements publics seront diligentés et que le parquet de la République sera instruit de prendre toutes les mesures opportunes[176].

De deux choses l'une : ou Me Wade prend de l'âge, ou il nous prend pour des demeurés. Considérons seulement le cas de l'IGE : cette structure de contrôle est logée au cœur de la Présidence de la République et placée sous la tutelle du Secrétaire général de la Présidence de la

[175] *Le Quotidien* du vendredi 11 juin 2004, p. 3.
[176] *Le Quotidien* du lundi 14 juin 2004, p.5.

République Abdoulaye Baldé. Aucun de ses membres ne peut aller en mission sans que l'ordre lui en soit donné par le Secrétaire général qui délivre à l'occasion un ordre de mission. Quand c'est le cas, l'Inspecteur général d'État dépose un rapport à la Présidence de la République à la fin de sa mission. C'est là que se terminent ses prérogatives. Comment alors les inspecteurs généraux d'État peuvent-ils s'automobiliser et se redynamiser en dehors de la tutelle ? On pourrait à la rigueur leur reprocher une certaine léthargie s'ils bénéficiaient d'une autonomie d'action, s'ils avaient la possibilité de programmer eux-mêmes des missions d'inspection et de les exécuter en toute autonomie, sans l'intervention de la tutelle. Ils ont vraiment bon dos.

Ensuite, Me Wade peut-il raisonnablement menacer quelque directeur ou chef de service que ce soit de sanctions sévères ou de peine prison pour mauvaise gestion, si on sait que, en moins d'un an, Assane Diagne, Adama Sall et Sada Ndiaye, transhumants du PS et probablement les plus mauvais gestionnaires que le pays ait jamais comptés, ont respectivement été bombardés, contre toute attente et toute morale, ministres et directeur général d'une importante société nationale ? Ils ont été très sévèrement épinglés, par des rapports de la Cour des Comptes, pour des irrégularités, des malversations particulièrement graves et qui crèvent les yeux. Comment Me Wade ose-t-il seulement envisager de restaurer « la tolérance zéro », si Ibrahima Sarr est sorti indemne de sa gestion catastrophique de la Poste, lui qu'il accusait publiquement d'un détournement de 27 milliards et menaçait de prison ? Me Wade a aussi révélé à la télévision nationale que M. Baïla Wane, ancien Directeur général de la LONASE, lui avait présenté un faux bilan. Ce qui est particulièrement grave. Il l'a simplement relevé de ses fonctions pour le nommer plus tard président de conseil d'administration.

Me Wade, qui a pris la grave responsabilité de nommer Abdoulaye Diack, un voleur notoire et un « détourneur » de deniers publics connu, membre du comité directeur de son parti et président de conseil d'administration, peut-il convaincre qui que ce soit de sa volonté de lutter contre la corruption et la mauvaise gestion ? Non, nous en avons assez d'être bernés. *La corruption, les détournements de deniers publics, la concussion, les prévarications, etc, sont consubstantiels à la gouvernance libérale. Avec Me Wade à la tête de ce pays, ils se porteront toujours comme un charme.*

Une lutte sincère contre la corruption au Sénégal n'a pas besoin de s'encombrer d'organes à durée de vie limitée et qui ne règlent rien en fin de compte. Elle peut se mener efficacement à partir de mesures simples, non coûteuses et dont la mise en œuvre ne pose aucun problème. Il faudrait d'abord renforcer notablement les moyens humains, matériels, financiers et logistiques de l'IGE. Les inspecteurs généraux d'État en activité et ceux qui sont en détachement ne sont aujourd'hui que 25. C'est très peu et on peut en accroître sensiblement le nombre, jusqu'à 40 ou même un peu plus. Il faudrait aussi – et c'est fondamental – modifier la loi qui organise ce corps et prévoir pour les inspecteurs une grande autonomie d'action. *L'idéal serait de détacher carrément l'IGE de la Présidence de la République qui est devenue une véritable agence d'exécution de travaux. La présidence gère des dizaines, voire des centaines de milliards du contribuable et ne peut pas être, partant, juge et partie.* Ce point de vue est régulièrement défendu par la Société civile et principalement par le *Forum civil* et *Aide et Transparence*. Messieurs Mouhamadou Mbodj et Jacques Habib Sy, respectivement ancien coordonnateur et directeur de l'une et l'autre structure profitent de toutes les opportunités qui leur sont offertes pour proposer ce détachement de l'IGE de la Présidence de la République. Les chances sont évidemment minces, très minces, pour que Me Wade accepte une telle mesure. On pourrait donc en envisager une autre : celle qui consisterait par exemple à revigorer la *Commission nationale de lutte contre la non-transparence, la corruption et la concussion*, en en accroissant les prérogatives, les moyens humains, matériels, financiers et logistiques. La Cour des Comptes bénéficierait des mêmes mesures. Le Président de la République ne serait plus le seul destinataire des rapports de l'IGE et de la Cour des Comptes. Des exemplaires seraient aussi adressés à la Commission nationale.

Pour éviter que les rapports d'inspection dorment dans les tiroirs de la présidence ou fassent l'objet d'exploitation politicienne comme c'est souvent arrivé avec les autorités de l'alternance, une commission ad hoc pourrait être créée. Celle-ci comprendrait des représentants de la Présidence de la République, de l'IGE (détachée de préférence de sa tutelle pesante), de la Commission nationale de lutte contre la non-transparence, la corruption et la concussion, d'autres organes de contrôle, de la Société civile, etc. Cette commission, indépendante de la Présidence de la République, examinerait les différents rapports saisirait, s'il y a lieu, la Justice et suivrait le dossier.

Le Sénégal piétine, hésite et louvoie en matière de promotion de bonne gouvernance et de lutte contre la corruption. Au contraire un pays comme le Mali qui marque bien des points sur nous. Le Gouvernement malien a modifié son Code de procédure pénale par une loi du 20 août 2001. Celle-ci avait créé un véritable « pool financier » pour lutter contre la corruption. Ce pool est comme un parquet spécial doté des moyens de ses ambitions, avec notamment une brigade économique et financière autonome[177]. Le Gouvernement malien est également en train d'expérimenter ce que M. Jacques Habib Sy appelle la *Vérification générale de l'État*[178]. Ce système de vérification est calqué sur celui du Canada enrichi d'autres expériences du Nord. « La loi établit les conditions de la nomination transparente d'un Vérificateur général sélectionné sur la base d'un appel d'offres publié dans les publications nationales et internationales. Le Vérificateur est sélectionné par un collège multisectoriel comprenant des spécialistes de différents secteurs (…). Les trois meilleurs profils sont envoyés au Président de la République qui choisit dans cette liste le candidat qui lui paraît le plus apte à faire le travail. Les textes donnent une indépendance réelle au Vérificateur, qui choisit son propre staff de manière transparente à travers un appel d'offres et détermine sa manière de travailler de façon souveraine. Il dispose d'un budget autonome qu'il exécute sur la base du vote de l'Assemblée nationale. Il est élu pour sept ans et ne peut être démis de ses fonctions sauf dans des cas de violation grave et vérifiée par la Justice. Les salaires du Vérificateur et de ses collègues sont suffisamment substantiels (…). Le Vérificateur n'est pas rééligible et/ou l'est exceptionnellement et une seule fois. Enfin, le Vérificateur général dispose du pouvoir de traduire en justice les contrevenants à la loi… »

M. Sy émet cependant une réserve : cette expérience n'est pas exempte de dérives ou de subversion du système. Les Maliens auront au moins essayé et c'est là que réside leur mérite. L'avantage notable qu'ils ont sur nous, c'est d'avoir à la tête de leur pays un président qui n'est pas un politicien, préoccupé jour et nuit par sa réélection, et réglant l'horloge de la marche du pays sur ce seul objectif.

---

[177] *Walfadjri* du vendredi 26 juillet 2002, p.3.

[178] *Le Quotidien* du mardi 19 octobre 2004, *Contrepoint*, p. 2.

On peut évoquer deux autres exemples de bonne gouvernance et de lutte contre la corruption dans deux pays africains : le Nigéria et la République d'Afrique du Sud. Le 1er avril 2005, le président nigérian Olusegun Obansanjo a fait annuler la vente de deux cents maisons appartenant à l'État dans un quartier résidentiel de Lagos, reconnaissant que des membres de sa famille, notamment son épouse, en avaient bénéficié. Dans une lettre au Ministre du Logement Alice Mobolaji Osomo, le président Obansanjo dénonça vigoureusement le caractère irrégulier de ces ventes en ces termes :

« Je me dois d'exprimer le plus grand déplaisir, en des termes très clairs, au sujet de la manière dont vous avez conduit la vente des propriétés du gouvernement fédéral à Lagos. Je dispose d'un document qui m'a été envoyé anonymement où figurent les noms de deux cent sept personnes auxquelles ont été alloués des terrains ou des propriétés en cachette, certains après paiement, d'autres après paiement d'un simple dépôt, et parfois même sans aucun paiement. » Comme pour faire son mea culpa, le président Obasanjo ajoute humblement : « Je me sens aussi personnellement gêné, puisqu'il apparaît que la plupart des membres de la famille de ma femme figurent sur cette liste. Dès lors, la liste va être totalement annulée, l'argent collecté doit être rendu et toutes les propriétés doivent être ouvertement mises en vente. »

La vente de ces maisons était prévue dans le cadre d'un plan économique, d'un programme de réduction budgétaire, mais elle s'est faite dans l'irrégularité. Il convient de rappeler que le président Obasanjo s'est engagé dans une lutte ferme contre la corruption, qui est un mal endémique au Nigéria. En janvier 2005, il a forcé à la démission le chef de la Police nigériane Tafa Balogun, pour avoir détourné deux millions de dollars. Fin mai 2005, il a démis de ses fonctions le Ministre de l'Éducation Fabian Osuji, pour avoir versé des pots-de-vin d'un montant total de 316 000 euros à des parlementaires, pour qu'ils acceptent un budget surévalué[179].

Transparency International a reconnu, dans son dernier rapport publié le 18 octobre dernier et relatif à *l'Indice de Perception de la Corruption* (IPC), les efforts fournis par le Nigéria dans la lutte contre la corruption. Ce pays a enregistré un recul de trois places en 2005 (en

[179] Dépêche de l'AFP reprise par *Walfadjri* des samedi 2, dimanche 3 et lundi 4 avril 2005, p.5.

2004, il était classé troisième juste derrière Haïti et le Bengladesh ex aequo). Cette reconnaissance est le résultat d'une véritable lutte menée depuis plus de deux ans dans tout l'État fédéral du Nigéria contre cette endémie qu'est la corruption. La croisade est menée conjointement sur le terrain par la *Commission de lutte contre les crimes économiques et financiers* (EFCC en Anglais) créée en 2002 et la *Commission indépendante de lutte contre la Corruption.* L'EFCC mène ses investigations sur la base de plaintes publiques déposées et peut engager des poursuites judiciaires sans passer par le Procureur général. Elle a déjà fait arrêter de hauts responsables proches du président Obasanjo impliqués dans des affaires de fraudes, de vols et de blanchiment d'argent sale[180].

En République d'Afrique du Sud également, le président Thabo Mbeki, qui a fait de la lutte contre la corruption son cheval de bataille, a contraint son Vice-Président Zacob Zuma à la démission, suite à une affaire de corruption. Mr Zuma était le très probable successeur de Mbeki à la présidence sud-africaine en 2009. Le conseiller financier du Vice-Président Zuma, Shabir Shaik a été condamné le 8 juin 2005 à 15 ans de prison pour corruption et fraude par la Haute Cour de Durban. Il lui était reproché en particulier d'avoir versé plus de 143 000 euros au Vice-Président Zuma en échange de la protection de ses intérêts et d'avoir négocié pour lui une rémunération annuelle de 60 000 euros auprès de la filiale sud-africaine de l'entreprise d'armement française Thomson CFS (Thalès aujourd'hui).

La mesure contre le Vice-Président Zuma a été particulièrement dure à prendre. Zuma est l'une des figures les plus populaires de l'ANC où il bénéficie de la sympathie de bons nombres de militants. Il est soutenu aussi par la puissante centrale syndicale la COSATU. Il s'est lancé très tôt, à 20 ans, dans une lutte sans merci contre le régime raciste de Pretoria. Il fut arrêté et incarcéré à Robben Island, la prison de haute sécurité (au large du Cap) où Mandela a été enfermé. Sorti de prison, il va en exil, prend la tête des services de renseignements et participe à l'organisation de la branche armée de la résistance. Il a été, à la fin de l'apartheid et après le retour des exilés et des combattants, le principal artisan, au début des années 90, de la paix au Kwazulu Natal, sa province natale. C'est lui qui réussit à calmer les esprits et à mettre fin aux

---

180 *Nouvel Horizon* n° 498 du 25 novembre au 1er décembre 2005, page 12.

affrontements sanglants récurrents entre l'ANC et les Zoulous de *l'Inkhata Freedom Party* du très réactionnaire Mangosuthu Buthelezi. Ce succès lui valut d'être élu, en 1997, Vice-Président de l'ANC, une position idéale pour devenir un jour le successeur de Mbeki auquel il était lié par une solide et vieille amitié, que la longue lutte contre l'apartheid avait fini de sceller définitivement.

Malgré tous ces atouts réunis par Zuma, Thabo Mbeki n'a pas beaucoup hésité : le 14 juin 2005, à la tribune d'un parlement convoqué en session extraordinaire et devant les caméras de la télévision nationale, il annonce le limogeage du Vice-Président Zuma.

> *« Je suis arrivé à la conclusion, dira-t-il, que, dans l'intérêt du vice-président, du gouvernement, de notre jeune système démocratique et de notre pays, il est préférable de décharger Jacob Zuma de ses responsabilités de vice-président. »*

Des applaudissements accueillent ces propos de Mbeki qui poursuit :

> *« Il n'existait aucun précédent pour nous guider. Nous avons par conséquent dû nous forger notre propre jugement sur cette affaire. »*

Ce choix de Mbeki était difficile, voire cornélien. La déchirure était douloureuse à la fois pour les deux amis et pour tout le pays. Nelson Mandela approuvera son successeur en ces termes :

> *« Bien que nous soyons triste que Jacob Zuma, qui a apporté une énorme contribution à notre lutte de libération et à notre démocratie, en soit arrivé là, nous soutenons entièrement le président dans ces temps difficiles de la vie de notre gouvernement, de notre nation et de notre organisation. »*[181]

L'engagement pour l'amélioration de la gouvernance et la lutte contre la corruption ne saurait donc se réduire seulement, comme chez nous, à des clauses de style, à des paroles en l'air destinées à rouler dans la farine le peuple, ainsi que *les partenaires au développement qui donnent parfois l'impression d'être trop naïfs ou, ce qui serait plus grave, complices de certains atermoiements des autorités sénégalaises.* Cet engagement doit se traduire rapidement par des actes, des actes concrets, vécus de tout le monde : des nationaux comme des étrangers. Avec les présidents Amadou Toumani Tounkara, Olusegun Obasanjo et Thabo Mbeki, nos

[181] Élise Colette, *Une leçon pour l'Afrique*, *J. A. / L'Intelligent* du 19 au 25 juin 2005, pages 8-11.

frères maliens, nigérians et sud-africains vivent de grands moments de transparence et de bonne gouvernance. Même si, dans leurs pays, il reste encore beaucoup d'efforts à faire. Le mérite de leurs Chefs d'État, c'est qu'ils ont au moins pris le taureau par les cornes. Avec la gouvernance consciemment floue et opaque de Me Wade, nous risquons de ne jamais connaître de tels moments.

L'affaire des chantiers de Thiès ne saurait en aucun cas être comparable à celle qui a valu à Jacob Zuma son limogeage. La deuxième a été traitée sans l'ombre d'un seul calcul politicien, pour la seule sauvegarde de l'intérêt de la République et de la Démocratie dans ce grand pays de Nelson Mandela. Si les rapports entre le président Wade et son ancien Premier Ministre Idrissa Seck avaient été aussi excellents que ceux qui liaient le président Mbeki à son vice-président au moment où il le limogeait, l'affaire dite des chantiers de Thiès n'aurait peut-être jamais été soulevée. Derrière cette affaire dite de Thiès, il y a probablement bien d'autres considérations qui échappent au commun des mortels sénégalais. Il y a surtout cette affaire de gros sous planqués dans les paradis fiscaux et sur lesquels le pauvre contribuable risque de ne jamais avoir le cœur net.

Les hommes et les femmes qui nous gouvernent depuis le 1er avril 2000, et principalement le premier d'entre eux, sont incapables de se hisser à certains niveaux de vertu et de morale politique. Ils sont plus à l'aise dans la manipulation, la ruse, la diversion, la politique politicienne. Avec une télévision qui n'a jamais été aussi accaparée, avec des journalistes courtisans et bavards à souhait, ils s'emploient tous les jours à nous tromper, à nous abuser, à nous rouler dans la farine. Leurs réalisations, qu'ils font défiler inlassablement chaque soir devant nos pauvres yeux fatigués, s'inscrivent dans cette seule perspective.

Chapitre VI

Un catalogue de réalisations en bandoulière

Le premier Directeur général que Me Wade a nommé à la tête de la Radiodiffusion Télévision sénégalaise (RTS), M. Matar Silla, un excellent professionnel de la communication, a été très vite limogé : il ne mettait pas la télévision au service exclusif du Président de la République, de son parti et de sa bruyante périphérie. Le Président de la République a nommé à sa place un directeur sur mesure qui, dès sa première sortie officielle, décline sa priorité des priorités : rendre visibles les actions du Président de la République. Pour davantage accaparer la télévision, Me Wade nomme à la tête de la Cellule de Communication de la Présidence de la République, un ancien directeur de la télévision, ce médium de propagande important, un certain Babacar Diagne. Ce dernier était un *dioufiste* invétéré avant le 19 mars 2000. Sa priorité des priorités à l'époque, était de soigner l'image de marque du président Diouf et de réduire celle de Me Wade à sa plus simple expression. Une équipe de télévision qui ne manque de rien est basée en permanence à la Présidence de la République. Ce dispositif de guerre est coiffé par un certain Dr Bakar Dia, proprement inconnu avant le 19 mars 2000, nommé Ministre de l'Information, porte-parole du Gouvernement, à la faveur d'un des nombreux remaniements ministériels. C'est tout ce beau monde, fortement appuyé par quelques autres « Mbaye Peex » bien choisis de la Cap 21, qui a pour mission de nous vendre, matin, midi et soir, les réalisations du Gouvernement dit de l'alternance à la télévision nationale, devenue exclusivement celle de Me Wade et de ses courtisans. Leurs plates exhibitions de tous les soirs nous éloignent vraiment de l'essentiel. C'est le point de vue largement partagé de Seydou Diop, pour qui « l'important, ce ne sont point des réalisations sporadiques, égrenées d'une voix monocorde et partisane dans des panels de réjouissances où le plus important est dans la mise impeccable des nouveaux barons libéraux (…). Le changement s'apprécie dans la durée, pas de manière fractionnée, comme nous y invitent les libéraux. »[182]

Les troubadours du pouvoir libéral nous inondent à tout moment de la journée de leurs listes interminables de réalisations. Nous ne serons cependant pas de ceux qui affirment que le Gouvernement de l'alternance n'a rien fait. En six ans de gouvernement, ils ne peuvent pas ne pas faire quelque chose. Ils ont certainement à leur crédit des réalisations, même s'ils ont tendance à tout grossir, à tout amplifier. Nous refusons en tout cas d'être les demeurés que Me Wade et ses thuriféraires croient. Nous le serions si nous prenions pour argent comptant toutes les réalisations qu'ils nous déversent à longueur de journée. Dans une contribution antérieure, nous faisions remarquer à un fossoyeur de l'alternance qui nous prenait sévèrement à partie, que la différence entre eux et nous, c'est que nous ne prenons pas tout pour argent comptant. Les réalisations dites de l'alternance ne sont pas tombées comme par enchantement du ciel : elles doivent être appréciées par rapport à des objectifs, à des engagements et à des promesses. Par rapport à leur pertinence, à des normes de qualité et à leur coût réel. À moins de deux ans surtout de la fin du mandat présidentiel, il convient de les apprécier par rapport aux « grands projets » de Me Wade[183].

1) Les « grands projets » de Me Wade

Pour nous rafraîchir la mémoire, en voici quelques-uns : l'Aéroport international de Diass, l'Aéroport du troisième millénaire où le premier avion devait atterrir en 2006 (Me Wade dixit), la Cité des Affaires de l'Afrique de l'Ouest et / ou le complexe immobilier à ériger sur le site de l'actuel Aéroport international Léopold-Sédar-Senghor, le chemin de fer à écartement standard qui doit relier Dakar-Ziguinchor-Tambacounda dans un an (encore Me Wade dixit), l'autoroute à péage Dakar-Thiès, le port minéralier de Bargny, le port du futur, la réhabilitation du port de Saint-Louis, le réseau hydrographique national, le canal du Baol long de 170 km, les lacs artificiels et bassins de rétention, le fameux projet

---

[182] *L'Observateur* du vendredi 19 mars 2005.

[183] Le lecteur intéressé à ces fameux projets peut en avoir le cœur net en parcourant le message traditionnel de fin d'année (31 décembre 2003) du président de la République. Ce dernier y a donné des détails qui faisaient croire que les différentes réalisations étaient pour le lendemain.

« Yakalma » qu'élèves, étudiants et travailleurs attendent avec impatience, la nouvelle capitale administrative Mékhé-Pékesse, l'exploitation des mines de fer du Sénégal oriental et des phosphates de Matam, etc. Cette liste est d'ailleurs loin d'être exhaustive.

Me Wade s'est identifié à ces projets pendant au moins vingt ans. À moins d'un an de la fin de son mandat, nous avons besoin de savoir. Où en est-il avec ses fameux projets ? Quel est leur état d'avancement ? Lesquels ont la chance de connaître au moins un début de réalisation d'ici à 2007 ? Le seul de sa longue liste de projets qui connaisse un début de réalisation, c'est l'autoroute à péage Dakar-Thiès dont le Premier Ministre et la Directrice de l'APIX ont finalement posé la première pierre du tronçon Malick Sy-Rond Point Patte d'Oie (cinq à six km). Le Gouvernement a d'ailleurs peiné pour trouver les premiers financements et démarrer les travaux, pour poser la première pierre (c'est plus précis). Il a fallu que la Banque mondiale vole à son secours pour lui permettre de donner les premiers coups de pioche. Or, tout le monde se rappelle les fanfaronnades de Me Wade qui nous faisait croire que notre pays ployait sous le poids de l'argent. N'est-ce pas lui qui, lors d'une réunion du bureau politique de son parti le samedi 24 février 2001 au CICES, tenait les propos rassurants suivants :

> *« Aujourd'hui, tous mes projets sont financés au-delà de mes espérances. Mon problème, c'est qu'il y a trop d'argent et je ne sais pas si le pays pourra le contenir. »*[184]

Plus tard, il se laissera aller aux mêmes fanfaronnades. C'était en marge du Sommet de l'Union africaine qui se tenait à Maputo, la Capitale du Mozambique. Devant des ressortissants sénégalais aux anges, il fit la déclaration alléchante suivante :

> *« Tous les projets que nous avons lancés ont trouvé un financement. Le problème actuel du Sénégal, c'est qu'on a trop d'argent. Je crois que cela n'arrive qu'au Sénégal. Les gens cherchent de l'argent, nous, on vient nous en donner. »*[185]

Entre-temps, la situation économique du pays s'est notablement améliorée. Nous sommes premier dans l'UEMOA, avec un taux de croissance de plus de 6% et un taux d'inflation qui ne dépasse pas 1%.

---

[184] *Le Soleil* du 26 février 2001.

[185] *Walfadjri* du 15 juillet 2003.

Sans compter les milliards de francs Cfa qui nous proviennent de l'annulation de la presque totalité de notre dette. Nous rappellerons également que *Me Wade et son énigmatique directrice générale de l'APIX nous ont toujours affirmé que les grands projets comme l'Aéroport de Dias et l'autoroute à péage ne coûteront pas un rotin au contribuable et qu'ils seront réalisés grâce au système du fameux BOT.* Ils nous ont toujours fait miroiter des investisseurs qui se bousculent pour les réaliser et que c'était plutôt eux qui avaient l'embarras du choix. Ainsi, lors d'une interview à *L'Observateur* n° 150 du mercredi 17 mars 2004 (que nous rappelons), Me Wade affirmait sans ambages :

> *« Aussi bien pour l'autoroute à péage que pour l'aéroport (de Dias), les financiers ne manquent pas. Par exemple pour l'Aéroport de Dias, j'ai reçu cinq propositions : un groupe malaisien, le Prince Walid, deux groupes arabes, la Compagnie des Émirates et surtout le groupe ABB qui me promet, tenez-vous bien, 13 milliards de gain par an. Alors que l'Aéroport de Dakar ne nous rapporte rien. »*

Alors, qu'avait-on besoin de courir derrière la Banque mondiale et les autres partenaires au développement pour le financement de ces deux infrastructures ? Que ne démarrent pas d'ailleurs tous les autres projets puisque, même si on fait abstraction du BOT, le Sénégal a tellement d'argent qu'on ne sait qu'en faire ? Pourquoi différer les élections législatives de 2006 pour économiser 7 milliards à investir dans le relogement des sinistrés des inondations d'août 2005 ? Pourquoi ne pas puiser dans cet argent dont notre pays ne sait que faire et sous lequel il ploie ? La dernière trouvaille de Me Wade pour financer l'Aéroport de Dias, c'est de taxer les billets d'avions et l'utilisation de certaines infrastructures aéroportuaires. À ce rythme, le premier avion n'est certainement pas prêt à atterrir à Dias ou à en décoller. Il faudra peut-être, pour cela, au moins une génération. Et pour expliquer le piétinement dans la réalisation Dias, Me Wade, qui nous prend toujours pour des demeurés, évoque la position du FMI qui était réticent. De quel droit ce partenaire au développement s'oppose-t-il à la réalisation chez nous d'une infrastructure dont les proposés au financement se bousculent ? Quand même !

Si on fait donc le point de l'état d'avancement des innombrables projets de Me Wade, l'honnêteté, même des thuriféraires du pouvoir libéral, commande de reconnaître que, dans ce domaine, il n'y a vraiment pas de quoi pavoiser. Six ans après son installation officielle comme troisième Président de la République, nombre de ses fameux projets restent des éléphants blancs. Mohamed Gassama, le ministre Bakar Dia, tous les autres zélateurs de Me Wade et leur tonitruante télévision ont beau être bavards, ils ne peuvent pas démontrer le contraire.

Pour étoffer désormais leur bilan des grands projets, Me Wade et sa mouvance se rabattent, faute de mieux, sur les échangeurs de l'Autoroute x Malick Sy et de Syrnos. Il ne se passe pas plus de deux semaines sans que la télévision nous montre les deux chantiers. Parfois, c'est le Premier Ministre ou le Président de la République lui-même qui se rend sur les lieux, provoquant dans les environs des embouteillages monstres. L'inauguration de ces infrastructures est calculée avec minutie : elle devait avoir lieu aux environs de mai 2006, c'est-à-dire juste à quelques jours ou semaines des élections législatives qui étaient prévues pour cette période-là. Les autorités peuvent bien ralentir désormais le rythme des travaux, pour faire coïncider l'inauguration avec les élections désormais couplées de 2007, par la volonté unilatérale et politicienne du Président de la République.

C'est déjà connu : Me Wade et ses troubadours nous prennent pour de grands enfants, quand ils veulent nous faire croire qu'avec les échangeurs de Syrnos et de Malick Sy x Autoroute, le problème de la mobilité est réglée à Dakar. C'est du moins le sentiment qui nous envahit quand nous entendons le ministre Bakar Dia ou Mohamed Gassama nous en parler. Ce ne seront pas deux échangeurs, voire cinq ou dix qui règleront comme par enchantement la mobilité à Dakar. Celle-ci connaît de nombreuses autres contraintes. Il faut non seulement construire beaucoup d'échangeurs, mais en même temps prendre d'autres mesures d'accompagnement. Dakar abrite les 30 % de la population nationale sur 0,33% du territoire. Les villes intérieures offrent peu de possibilités d'emplois qui sont, pour l'essentiel, concentrés à Dakar, avec 80 % des installations industrielles et 75 % des activités économiques. Il convient donc de rééquilibrer les pôles de développement pour désengorger progressivement la capitale nationale. De ce point de vue, la future Plateforme du millénaire de Diamniadio peut être une solution. Toutes les industries polluantes et dangereuses comme certaines industries gazières et pétrolières, pourraient y être transférées[186].

Un tel rééquilibrage, bien mené et s'inscrivant dans la durée, pourrait contribuer à ralentir notablement les flux de populations vers Dakar, en les fixant chez elles. Une agriculture et un élevage modernisés et productifs peuvent jouer à cet égard un rôle substantiel. Nous en avons largement les potentialités. Malheureusement, il manque à nos gouvernants actuels la compétence, la vision, la méthode et l'organisation. Une autre solution à envisager, celle-là inévitable, c'est une capitale ou une ville nouvelle. Mais cette solution n'est pas pour trois ou cinq ans, comme les amateurs qui nous gouvernent l'ont fait espérer à nos compatriotes les plus naïfs. N'est-ce pas le Président de la République qui affirmait en 2002 que la nouvelle capitale du Sénégal Méckhé-Pékesse abriterait l'Organisation de la Conférence islamique en 2006 et que le premier avion atterrirait au nouvel aéroport de Dias également cette année-là ? Il est vrai que, comme le répète souvent un de ses plus zélés courtisans, les idées bouillonnent, se bousculent et trottent dans sa tête et il en sort tous les jours, au gré de son inspiration et surtout des foules. Malheureusement, ce ne sont pas des idées réfléchies, mûries, méthodiques mais proprement spontanées et désorganisées.

---

[186] Malheureusement cette plateforme n'est encore qu'un projet. Pourtant, quand Me Wade et ses troubadours en parlent, c'est comme si la plateforme était à quelques pas d'être fonctionnelle. Ce qui est encore loin, très loin d'être le cas. On se souvient qu'une délégation du Congrès américain conduite par le parlementaire Jim Kolbee a visité tout récemment quelques pays africains dont le nôtre. De retour aux USA, Mr Kolbee a fait un compte rendu de son voyage au cours d'une « conférence call » réunissant des journalistes dont faisait partie le correspondant permanent de *Sud quotidien* en Amérique, Dame Babou. En réponse à une question, il déclara :
« Laissez-moi en premier lieu aborder le cas du Sénégal et du Bénin. Ces deux pays son éligibles au Millenium Challenge Account et mes collègues et moi désirions connaître ce que ces pays proposent comme projets et être sûrs que les fonds mis à leur disposition sont utilisés judicieusement. C'était vraiment ce que vous pouvez appeler une visite de chantier. *Le projet du Sénégal est vraiment loin d'être prêt pour un démarrage. C'est vraiment à l'état de balbutiement. Les membres de la délégation ont eu à se poser des questions sur la viabilité du projet en question.* Il s'agit de la construction d'une plate-forme à environ 20 kilomètres de Dakar pour décongestionner la capitale. »
À la question de savoir si le projet du Sénégal n'est vraiment pas viable, il répond sans ambages : « Oui, c'est très loin d'être prêt. Les négociations sont vraiment à l'état de balbutiement. »
Nous nous souvenons que la délégation américaine a été reçue avec pompe et beaucoup de folklore à Diamniadio, où on a dû leur raconter des histoires. Heureusement que ses membres ne sont pas dupes.
Voilà comment nous trompent nos gouvernants.
Cf *Sud quotidien* du vendredi 20 janvier, page 3.

Il ne serait pas superflu non plus de rappeler que Me Wade n'a jamais fait cas d'échangeurs dans son programme verbal de 26 ans. En tout cas, nous ne l'avons jamais entendu en parler. C'est donc faire de l'amalgame que de tenir, comme s'y emploient ses troubadours, à classer les désormais célèbres échangeurs parmi ses grands projets. Après l'avènement de l'alternance, les nouveaux gouvernants ont trouvé sur place des programmes en cours de négociations assez avancées, d'autres presque ficelés, d'autres encore en cours de réalisation. Le Programme pour l'Amélioration de la Mobilité urbaine (PAMU) fait partie de la deuxième catégorie. Les libéraux en ont finalisé les négociations en 2001. Ils auraient pu commencer la réalisation des échangeurs de Syrnos et de Malick Sy dès 2002. Mais ils ont préféré retarder au maximum les travaux pour les raisons politiciennes dont nous avons fait état plus haut.

L'alternance n'est pas l'occasion de tout bouleverser, de tout remettre en cause, de mettre un trait sur le passé. C'est plutôt un passage de relais, de témoin, entre un régime sortant et un régime entrant. Il appartient au second d'apprécier le travail accompli par le premier et de retenir et renforcer ce qu'il a laissé de bon. Les libéraux ne pouvaient pas faire autrement que de continuer la mise en œuvre du PAMU et de réaliser les échangeurs de Malick Sy et de Syrnos. Que ce soit avec les Socialistes, les Libéraux ou d'autres compatriotes demain, l'État du Sénégal reste l'État du Sénégal. Il appartient aux Sénégalaises et aux Sénégalais qui le gouvernent d'en assurer la continuité et d'en améliorer la gouvernance. La faute des Libéraux a été de tenir coûte que coûte à effacer les Socialistes de l'histoire du PAMU et d'autres programmes. Sans doute, ces derniers ont-ils fait beaucoup de fautes pendant leur longue gestion, mais ils ont aussi à leurs comptes des acquis, même insuffisants. Le PAMU, le PDIS, le PDEF, le PNIR, etc, portent forcément leurs empreintes dont personne ne peut raisonnablement faire table rase.

Il est également étonnant que les Libéraux fassent trop de bruit et bombent le torse autour des échangeurs en cours de réalisation. Il existe tellement d'échangeurs à Bamako, à Ouagadougou et surtout à Abidjan. *Construire des échangeurs, des ponts ou des routes pour un gouvernement, c'est dans l'ordre normal des choses.* À propos du battage médiatique que Me Wade et ses troubadours organisent autour de certaines de leurs réalisations, M. Moussa Touré, ancien Président de la Commission de l'UEMOA a déclaré :

« Je viens du Burkina (Faso) où les chantiers émergent de partout, se terminent tous les jours et le citoyen, pour s'en rendre compte, doit aller sur place. Cela se fait sans tambour ni trompette. »

Il modérait les *Rencontres citoyennes* de *Jëf Jël* (Parti de Talla Sylla) consacrées ce jour-là au thème suivant :

« L'Économie du Sénégal : Enjeux, défis, trajectoire. Quelles perspectives ? »

C'était le 18 juin 2005, dans les salons de l'Hôtel Savana de Dakar. Dans ce domaine de l'économie comme dans les secteurs de l'éducation et de la santé, les libéraux brandissent également des taux, des pourcentages, comme des trophées de guerre.

2) Les taux dont se gargarisent les Libéraux

Les Libéraux, leur chef, leurs alliés et leur tonitruante télévision font beaucoup de bruit autour de ce qu'ils appellent leurs performances économiques : augmentation notable du budget qu'ils ont fait passer de 500 milliards de Fcfa en 2000 à environ 1340 milliards en 2006, taux de croissance supérieur à 6 %, inflation bien maîtrisée dans l'ensemble et inférieure à 1 %, 10 et 40 % du budget national consacrés respectivement à la Santé et à l'Éducation nationale, recrutement en trois ans de 15000 agents (5000 par an) dans la Fonction publique, augmentation des salaires des fonctionnaires et autres agents de la Fonction publique, etc.

Avant l'avènement de l'alternance, le Sénégal a connu au moins deux décennies particulièrement difficiles : 1971-1981, 1982-1991 et une phase transitoire 1991-1993. Au cours de ces différentes périodes, les Sénégalaises et les Sénégalais ont eu à beaucoup souffrir des politiques mises en œuvre, notamment des différents ajustements structurels imposés par nos partenaires au développement. La décennie 1994-2004, celle de la dévaluation du Fcfa, a connu un départ plus prometteur. La particularité de cette décennie, c'est qu'elle a connu, sans désemparer jusqu'en 2000, même en année de mauvaise récolte, des taux de croissance positifs avec une moyenne double du taux de croît de la population. De 2001 à 2004, la même tendance de hausse s'est poursuivie à l'exception de l'année 2002. Cette décennie est marquée aussi par un contexte d'inflation maîtrisée et de finances publiques assainies et n'accusant plus, dès 1995, d'arriérés ni intérieurs ni extérieurs. La pauvreté recule notablement de 67 à 53 % entre 1993 et 2001([187]).

Deux économistes chercheurs indépendants du Centre de Recherches économiques appliquées (CREA), Messieurs Abdoulaye Diagne et Gaye Daffé[188], ont fait le même constat. En effet, de l'avis des deux économistes, depuis 1994 et la dévaluation du franc Cfa, le rythme de croissance flirte autour des 5-6 % et n'est même jamais tombé, excepté en 2002, sous la barre des 4 %. Une décennie d'expansion économique qui a permis une hausse du revenu par habitant de plus de 2 % par an et un recul sensible de la pauvreté qui concernait 57,5 % des ménages en 2001-2002, contre 67,4 % en 1995-1995. Parallèlement, le Sénégal est parvenu à résorber certains déséquilibres macro-économiques, permettant ainsi à l'État de réaliser les investissements publics nécessaires et de gagner la confiance des organismes financiers internationaux.

C'est dans ce contexte que les Libéraux sont arrivés aux affaires. De l'avis de nombre de spécialistes, les différents indicateurs étaient verts. La multiplication du budget par 2,5 en cinq ans ne procède donc pas de la mise en œuvre d'une quelconque politique particulière, mais d'un contexte favorable. S'ils s'étaient retrouvés aux affaires en 1993, ils n'auraient jamais, en quatre ou cinq ans, accru à un tel niveau le budget national. On peut se demander même si ce ne serait pas la catastrophe, compte tenu de l'improvisation et de la furie dépensière dont ils font montre depuis le 1er avril 2000.

Ils ont quand même un mérite qu'il faut saluer : multiplier un budget par plus de deux en cinq ans, le faisant passer de 500 milliards de Fcfa en 2000 à 1339 en 2006, ce n'est pas rien. Même si leur tâche a été facilitée par des conditions favorables. D'ailleurs, avec un peu plus d'efforts, de transparence et d'imagination, ils auraient pu faire mieux encore. Le budget du Sénégal peut progressivement, et dans un délai raisonnable, atteindre le cap de 2 000 voire 3 000 milliards de francs, sans qu'on ait besoin d'augmenter la pression fiscale. Nombre de Sénégalaises et de Sénégalais sont encore rétifs à payer l'impôt. Or, c'est un devoir citoyen dont tous les Sénégalais et toutes les Sénégalaises doivent s'acquitter, en fonction évidemment des moyens des uns et des

---

[187] Mamadou Lamine Loum, *L'Économie du Sénégal : enjeux, défis, trajectoires et perspectives*, p. 6, Rencontres citoyennes de Jëf Jël, 18 juin 2005 à l'Hôtel Savana, Dakar.

[188] *Le Sénégal en quête d'une croissance durable*, CREA-Carthala, 2002. Commentaires du *Quotidien* du mercredi 15 juin 2005, p.4.

autres. De ce point de vue, le secteur dit informel doit être davantage sollicité. Il en est de même des revenus fonciers qui constituent un gisement important pour nos ressources fiscales. S'il était mis un terme aux dégrèvements et autres exonérations complaisants – il en existerait encore beaucoup – le budget national ne s'en porterait que mieux.

Un autre motif de fierté pour les Libéraux, c'est incontestablement le taux de croissance qui dépasse les 6 %. Ils l'ont toujours en bandoulière et en parlent, en parlent toujours. Ils s'en glorifient tellement qu'ils donnent l'impression qu'avant le 19 mars 2000, le taux de croissance était à zéro. Or, c'est loin d'être le cas. La tendance à la hausse de ce taux date de plusieurs années auparavant. Il n'est besoin, pour s'en convaincre, que de se reporter à ce tableau comparatif de la croissance de notre économie, de 2000 à 2004 et de 1995 à 1999 ([189]) :

2000	5,6 %	1995	5,2 %
2001	4,7 %	1996	5,1 %
2002	1,1%	1997	5,7 %
2003	6,5%	1998	5,7 %
2004	6 %	1999	5,0 %

Donc, les Libéraux étaient loin de partir de zéro. La tendance de la croissance était déjà régulièrement à la hausse, au moins pendant les cinq dernières années qui ont précédé leur arrivée au pouvoir. Ils se sont appuyés sur des acquis solides pour engranger le taux de plus de 6 %. Ils pourraient d'ailleurs aller plus loin encore s'ils étaient vertueux dans leur manière de gérer et surtout moins dépensiers.

Il convient de signaler cependant que le taux de croissance n'est pas une fin en soi. Elle doit avoir un impact positif sur les populations qui doivent la sentir dans leur bien-être, leur mieux-être. Pour cela, il doit être soutenu et durable. Des pays émergents comme la Malaisie, Singapour, l'Ile Maurice, la Tunisie ont connu des taux de croissance de plus de 7 % pendant plusieurs années. Pour que tout un pays bénéficie de la croissance, il faut que le taux de celle-ci se situe durablement entre 8 et 10 %. Dans ces conditions, elle peut contribuer à l'amélioration notable

[189] Mamadou L. Loum, op. Cit., p.8.

du bien-être des populations et, partant, à la réduction de leur pauvreté. Ce qui est encore loin d'être le cas chez nous.

Un taux de croissance de plus de 6 %, c'est incontestablement un bon résultat, mais ce n'est pas encore suffisant. Il est surtout encore fragile et a besoin d'être consolidé. Il a fallu un mauvais hivernage pour qu'il chute de 4,7 % en 2001 à 1,1 % en 2002. Il n'est donc jamais à l'abri d'un « accident » car les principaux secteurs qui l'alimentent sont eux-mêmes fragiles. C'est notamment le cas de l'agriculture, de la pêche et du tourisme qui ne sont pas au mieux de leur forme. Les professionnels des deux derniers secteurs se plaignent beaucoup de leurs difficultés. Les hôteliers connaissent des taux de remplissage assez moyens. Quant aux industries de la pêche, elles ferment les unes après les autres, les ressources halieutiques se faisant de plus en plus rares. Les organisations professionnelles de travailleurs s'en inquiètent en tout cas beaucoup. Le Secrétaire général de la Confédération nationale des Travailleurs du Sénégal (CNTS), M. Mody Guiro, lance un cri d'alarme : *le tissu industriel sénégalais va mal, très mal*[190]. Des milliers d'emplois risquent d'être perdus face aux fermetures et menaces de fermetures d'entreprises. Dans le secteur de la congélation / surgélation, c'est le désarroi : de nombreuses entreprises, qui ne trouvent plus de poissons dans nos eaux pillées, ferment les unes après les autres. Il en est ainsi de *Sénémer*, *Sepromer*, *Soséchal*, *Srustagel*, etc. Quelques rares rescapés battent de l'aile, à l'image d'Africamer et des Pêcheries frigorifiques du Sénégal[191]. L'agriculture (nous reviendrons largement sur ce secteur) et le tourisme ne vont guère mieux. Ce dernier secteur est sérieusement menacé, selon M. Guiro, par « la concurrence sauvage exercée par les résidences hôtelières qui poussent comme des champignons aux abords des hôtels et entraînent la baisse drastique du chiffre d'affaires des hôtels et conduira inexorablement vers la perte d'emplois ». D'ailleurs, avec les inondations

---

[190] *Le Populaire* du mercredi 24 août 2005, p.6.

[191] La responsabilité des Socialistes est ici entièrement engagée. Pendant plusieurs années, ils ont laissé piller nos ressources halieutiques, avec surtout les fameux accords secrets de pêche qui nous ont beaucoup porté préjudice. Apparemment, la Mauritanie protège mieux ses ressources dans ce domaine.

D'autres secteurs connaissent également une grave crise. C'est notamment le cas des Industries chimiques du Sénégal (ICS), fleuron de notre industrie nationale il y a encore quelques années, qui sont presque à genoux aujourd'hui, avec deux gros déficits de 35 et 50 milliards. M. Guiro précise qu' « aujourd'hui, les emplois de 2500 salariés avec 25 000 familles, les entreprises prestataires de services et les villages environnants sont menacés si des mesures urgentes ne sont pas prises par le gouvernement ».

qui emprisonnent la capitale nationale, le tourisme connaîtra plus de difficultés encore.

Il convient donc, non seulement de donner un coup de pouce à ces trois secteurs, mais de diversifier les sources, les mamelles de la croissance. Il convient surtout d'en gérer les fruits avec prudence et discernement. L'État respire aujourd'hui une certaine aisance financière. Malheureusement, avec la furie dépensière du Président de la République, cette « manne » est orientée vers des dépenses de prestige, des activités mortes plutôt que vers des activités productrices de revenus. Des économistes tirent déjà la sonnette d'alarme et mettent en garde contre la politique « hasardeuse et imprudente » que mène le Gouvernement et principalement le Président de la République qui dépense sans compter. Le Sénégal n'est pas à l'abri d'un « accident », d'une mauvaise surprise qui nous ferait reculer de plusieurs années. Il fait surtout face à de nombreuses urgences où devraient être orientées en priorité les fruits de la croissance. Nous nous sommes d'ailleurs largement étendu sur le gaspillage de nos maigres ressources dans nos développements antérieurs, en faisant état notamment de points de vue d'économistes connus et de talent comme Moubarack Lo.

Nous avons déjà évoqué la fragilité du taux de croissance dont sont si fiers les Libéraux. Nous avons également insisté sur la nécessité de consolider cette croissance, d'en diversifier les sources et de faire qu'elle soit durable. Commentant le dernier rapport du FMI sur les perspectives de l'économie mondiale, le Directeur du Département Afrique de cette structure, M. Abdoulaye Bio Tchané, indique que *le taux de croissance économique du Sénégal va connaître une baisse relative pour cette année et celle à venir, et que l'inflation commence à retrouver son niveau de 2001*. M. Tchané affirme que les fondements de la croissance sont erratiques au Sénégal et qu'après avoir dépassé les 6 % en 2003 et 2004, ce taux sera de 5,7 % cette année et pourrait ne pas s'améliorer en 2006. M. Tchané insiste sur « les efforts importants que le Sénégal doit faire pour réaliser une croissance durable. » Il aura bien des difficultés pour atteindre les *Objectifs du Développement pour le Millénaire* et même ceux du *Document de Stratégie pour la Réduction de la Pauvreté*. Pour sortir les populations de la pauvreté, le Sénégal devrait réaliser des taux de croissance d'au moins 7 ou 8 % sur une période suffisamment longue pendant une décennie au minimum. La croissance pourrait alors profiter aux populations. Le Directeur du Département Afrique du FMI indique aussi que certaines réformes sont nécessaires : réforme dans le secteur de l'énergie, création d'infrastructures surtout pour la capitale qui « étouffe de son immobilisme et de ses ruelles qui ressemblent plus à des dépotoirs d'immondices ces derniers temps », etc[192].

Nous ne sommes pas un économiste, mais nous sommes rassuré, au moment où nous nous apprêtons à boucler ce livre, de constater que les derniers rapports du FMI et de *Transparency International* confirment en tous points les réserves dont nous avons fait montre par rapport aux taux des libéraux. Le Gouvernement de l'alternance s'enorgueillit trop facilement de ses différents taux, notamment des pourcentages importants du budget national qu'il déclare investir dans le capital humain.

Il ne perd aucune opportunité, en effet, pour rappeler les 10 et 40 % du budget national qu'il consacre respectivement à la Santé et à l'Éducation. Nous reconnaissons, comme nous l'avons fait avec le budget général qui a plus que doublé entre 2000 et 2006, que, là aussi, ce sont des efforts qu'il faut saluer et encourager. Cependant, le pourcentage du budget national que l'on consacre à un secteur de la vie n'est pas une fin en soi. Avec les 10 et 40 % du budget alloués respectivement à la Santé et à l'Éducation, les Libéraux croient avoir fait l'essentiel, bombent facilement le torse et se frottent les mains comme ils en ont malheureusement l'habitude. Pour ne prendre que l'exemple de l'Éducation que nous connaissons un peu mieux, il convient d'abord de signaler, comme nous l'avons fait avec la croissance économique, que les Libéraux n'ont pas trouvé le pourcentage consacré à l'Éducation nationale à zéro. Déjà, vers la fin des années 70, le président Senghor profitait de toutes les opportunités pour rappeler avec une pointe de fierté à peine dissimulée, que son gouvernement consacrait le 1/3 du budget national à l'Éducation et à la Formation. Les acquis enregistrés par le système éducatif sénégalais ne datent pas du 19 mars 2000, même si les Socialistes auraient dû encore faire mieux.

Les Socialistes ont mis beaucoup de temps pour prendre la Loi d'orientation de l'Éducation nationale (Loi n° 91-22 du 16 février 1991). La mise en œuvre de cette loi a donné lieu à un projet et à un programme importants : d'abord le *Projet de Développement des Ressources humaines* 2 (PDRH 2) puis, depuis 2000, le *Programme décennal de*

[192] *Le Quotidien* du mercredi 19 octobre 2005, p.4.

l'Éducation et de la Formation (PDEF). Grâce à ces deux cadres de mise en œuvre, le système éducatif sénégalais a fait des progrès notables sur plusieurs plans : infrastructures (construction de salles de classes pour l'école élémentaire, de collèges, de lycées), recrutement et formation d'enseignants, achat de matériels pédagogiques, etc. Au point que, déjà, la période difficile 1994-1997 (immédiat après dévaluation) mise à part, on notait une certaine évolution positive des indicateurs du système éducatif sénégalais, notamment des taux bruts de scolarisation qui étaient constamment en hausse et qui devaient atteindre, selon les prévisions du PDEF, le cap des 80 % vers les horizons 2003-2004.

Le PDEF qui couvrait la période 2000-2010, disposait d'un financement important : 400 à 430 milliards de francs Cfa. Le Gouvernement de l'alternance éprouvait même des difficultés pour dépenser tout cet argent dans les délais (il a d'ailleurs eu les mêmes difficultés avec l'argent du PDIS). De sorte que les autorités du Ministère de l'Éducation nationale en arrivaient à inciter, lors des séminaires, les proviseurs, les inspecteurs d'académie et les inspecteurs départementaux de l'Éducation nationale à dépenser l'argent qui était mis à leur disposition et à justifier. Nous étions encore en activité et suivions de très près ces questions-là. D'ailleurs, à plusieurs reprises, dans des contributions, nous avons attiré l'attention du Ministre de l'Éducation nationale sur les risques qu'il y avait à inciter les partenaires à dépenser coûte que coûte et à justifier. Les Sénégalais sont passés maîtres dans l'art de justifier. *Et il y a eu, il y a encore de nombreuses dérives du fait surtout de l'absence de contrôle, qui est un trait caractéristique de l'utilisation des fonds mis à la disposition de l'Éducation nationale*. Le Ministère de l'Éducation nationale est un département stratégique, qui a besoin d'être vigoureusement pris en main par un Ministre dont on sent la présence, qui prend ses responsabilités. Il ne nous semble pas que ce soit le cas avec celui qui exerce actuellement la fonction.

Donc, les 40 % du budget national alloués à l'Éducation, ne sont que le prolongement d'une hausse qui avait commencé à se dessiner depuis 1993. Cette année-là, 27 % du budget national était consacré à l'Éducation nationale. Ce budget passera à 34 % en 1999. Quoi de plus naturel que les Libéraux, qui arrivent aux affaires à une période favorable, portent le budget de l'Éducation nationale à 40 % du budget national cinq ans après ? Il faut être aussi immergé dans les délices du pouvoir que l'est Mamadou Diop Decroix pour s'en étonner et faire surtout des déclaration du genre « *en quatre ans, nous avons fait mieux que les Socialistes en quarante ans* » et, pour illustrer ce curieux propos, prendre l'exemple de la Santé et de l'Éducation nationale.

En tout cas, mettre plus d'argent à la disposition de l'Éducation, de la Santé ou d'un autre secteur ne signifie pas forcément « faire mieux ». M. Diop s'est certainement inspiré de son champion qui rappelle souvent avec fierté que le *Directeur général de l'UNESCO lui a dit que son gouvernement fait mieux que le Japon en matière d'éducation* (sic). Nous l'avons déjà indiqué et nous le rappelons : les 40 % alloués à l'Éducation nationale ne sont pas une fin en soi mais bien un moyen, des moyens pour résoudre des problèmes, pour faire progresser le système. Chaque fois qu'on évoque ces fameux 40 %, les inconditionnels du régime libéral écarquillent les yeux et croient naïvement que les problèmes de l'École sénégalaise sont réglés. Ce qui est loin d'être le cas. Que représentent ces 40 % si on y retranche le salaire des enseignants et la part du fonctionnement ? Certainement pas grand-chose pour investir dans le système. Comment sont gérés ces 40 % ? La question mérite d'être posée, si on sait que, jusqu'à une date récente, le Ministère de l'Éducation nationale avait pour DAGE l'un des plus mauvais gestionnaires sénégalais, dont on a encore en mémoire les frasques lorsqu'il était directeur du COUD. Chaque année, le Ministre de l'Éducation annonce des quantités importantes de manuels et d'autres matériels pédagogiques à distribuer aux différents établissements scolaires. Tous ces manuels et matériels arrivent-ils à destination ? Il se murmure, tous les ans, bien des dérives à cet égard et ces murmures n'ont jamais été vérifiés à notre connaissance. Et pourtant, ces murmures, ces rumeurs sont loin d'être toujours infondés. *L'intérêt des élèves, des parents, des enseignants commande que le Ministère de l'Éducation nationale contrôle de plus près la gestion des millions de manuels qu'il dit mettre chaque année à la disposition des établissements.*

Avec les fameux 40 %, nos élèves sont-ils mieux formés, mieux encadrés et mieux outillés ? Travaillent-ils dans de meilleures conditions ? Quel pourcentage des classes occupent encore les abris provisoires ? Nos inspecteurs, proviseurs, censeurs et directeurs d'écoles et de collèges sont-ils mieux formés eux aussi pour leurs importantes tâches d'encadrement ? S'en acquittent-ils honorablement ? Les enseignants bénéficient-ils d'une meilleure formation, quelle soit initiale ou continuée ? Reçoivent-ils plus fréquemment la visite du directeur ou des inspecteurs ? On sait que, avec les compétences transférées, les conseils régionaux reçoivent des fonds de dotation destinés aux écoles et qu'ils achètent eux-mêmes des fournitures scolaires avec lesdites dotations. Dans quelles conditions ces achats se font-ils ? Les autorités locales de l'Éducation y sont-elles associées ? Quelle est la part des surfacturations dans ces achats ?

Toute une série de questions, loin d'être exhaustives d'ailleurs, qu'il convient de se poser à propos de l'utilisation des fameux 40 % alloués à l'Éducation. Et une dernière question, celle-là encore plus importante : ces 40 % ont-ils contribué à l'amélioration de la qualité de l'Éducation, l'un de ses deux objectifs fondamentaux ? La réponse du Président de la République à cette question est largement positive. Elle est même triomphante. À la suite du dernier Conseil des Ministres avant les vacances, le jeudi 28 juillet 2005, il a confié à sa télévision :

> *« Je suis satisfait du travail abattu par le gouvernement. Les résultats du travail gouvernemental sont tangibles dans ses points saillants et par rapport aux politiques qui sont connues ici au Sénégal. »*

À propos de l'Éducation, il a fait remarquer :

> *« Le concours général a montré l'amélioration de la qualité de l'Éducation et du niveau des élèves. »*

Il se félicitera ensuite des résultats du baccalauréat en ces termes :

> *« Nous avons des établissements qui ont fait 100 %, 80 % de réussite. Cela montre finalement que la qualité des jeunes, des élèves et des étudiants est en train d'augmenter. »*

Voilà comment Me Wade, sa tonitruante télévision et ses courtisans trompent le peuple. Voilà pourquoi Me Wade craint comme la peste une télévision privée car la contradiction lui serait immédiatement portée et les faiblesses de son argumentation mises en lumière. Ce qui ne peut pas se faire dans un article de journal que très peu de gens lisent.

Les résultats d'un concours général, même excellents, suffisent-ils pour illustrer l'amélioration de la qualité de l'Éducation et du niveau des élèves ? Pour ce faire, il aurait fallu comparer au moins les résultats du concours général sur cinq ans (2001, 2002, 2003, 2004 et 2005) à ceux du même concours général sur les cinq années précédentes (1996, 1997,

1998, 1999, 2000). Sinon, c'est trop facile de décréter une amélioration de la qualité de l'Éducation et du niveau des élèves à partir des résultats d'un seul concours général.

Me Wade se félicite également des résultats du baccalauréat et surtout de ce que des établissements aient fait 100 %, 80 % de réussite. Ce qui montre finalement, de son point de vue, que « la qualité des jeunes, des élèves et des étudiants est en train d'augmenter ». Peut-on partir des résultats de quelque deux ou trois établissements (Cours Sainte-Marie, Saint Michel ou Jeanne d'Arc par exemple), où les conditions de travail sont sans commune mesure avec ce qui se passe au niveau national, pour en tirer la conclusion hâtive que « la qualité des jeunes et des étudiants est en train d'augmenter » ? Pour tirer une telle conclusion, il aurait fallu disposer des résultats au niveau national du baccalauréat, du Brevet de Fin d'Études moyennes (BFEM) et d'autres concours ou examens sur plusieurs années.

D'ailleurs les résultats sur le terrain démentent formellement le Président de la République. La grande difficulté du système éducatif sénégalais, avant et après le 19 mars 2000, c'est le déficit de la qualité. Cela, tous les acteurs de l'Éducation le reconnaissent, à commencer par le Ministre de l'Éducation nationale. Clôturant la quatrième revue annuelle du PDEF tenue les 19 et 20 février 2004 au Novotel, le Ministre faisait état des insuffisances notées dans le domaine de la qualité. Il déclarait ainsi :

> *« Si on peut se féliciter des progrès enregistrés au regard des indicateurs d'accès, il faut reconnaître que la difficulté réside désormais sur les enjeux qualitatifs plutôt que dans un pur problème d'accès. »*

La qualité, poursuivait-il, est l'équation que le PDEF donne l'impression de ne pas être en mesure de résoudre. Les « *taux de survie* » surtout posent problème. Le Ministre reconnaît que « la délicate question des redoublements et des abandons, particulièrement élevés (réside) au centre de (leurs) préoccupations.» C'est compte tenu de ce constat que la phase 2004-2010 du PDEF met l'accent sur l'amélioration de la qualité de l'enseignement.

Me Wade nous raconte donc des histoires. Ici comme ailleurs, il trompe le peuple et le manipule, fortement appuyé en cela par sa télévision et ses nombreux courtisans. L'essentiel ne réside pas seulement dans le montant du budget alloué à l'Éducation ou à un autre secteur, mais aussi et surtout dans la manière dont ce budget est géré et dans les résultats qu'il permet d'atteindre. Un document du Bureau régional de l'Éducation en Afrique à Dakar (UNESCO / BREDA) intitulé « *Éducation et approches sous-régionales en Afrique : état des lieux des systèmes et politiques d'éducation de base* » et publié en juillet 2004, constate que « le taux d'accès en 6e, qui mesure l'avancée vers la scolarisation primaire universelle, est très faible dans la zone CEDEAO ». Le document poursuit : « En dehors du Cap-Vert qui est en passe de réaliser l'objectif Éducation pour tous (EPT), le défi à relever est encore énorme pour la plupart des pays de la sous-région. » Dans cette sous-région, « seuls 49 % des enfants accèdent à la dernière année du primaire ». Le taux de survie y est de 68 %, contre 65 % pour l'ensemble du continent.

Le document s'appesantit sur les disparités entre pays qui peuvent être très importantes. Le taux de survie varie de 47 % en Guinée-Bissau à 84 % au Cap-Vert. *Au Sénégal, il tourne autour de 45 %.* Si on considère que le taux de survie est un important indicateur de qualité, on imagine les efforts que notre pays doit encore faire, malgré les 40 % du budget alloués à l'Éducation nationale. C'est peut-être ici le lieu de rappeler qu'un pays peut dépenser moins d'argent (en terme de pourcentage du budget national) dans son système éducatif et obtenir de meilleurs résultats qualitatifs qu'un autre qui dépense infiniment plus dans le même secteur. C'est exactement le cas du Sénégal comparé à beaucoup de pays de la sous-région qui font bien mieux que nous en terme de résultats qualitatifs, malgré nos 40 %. Les fanfaronnades de Me Wade et de ses troubadours doivent être donc notablement relativisées. Elles le seraient en tout cas s'ils se donnaient la peine de visiter seulement quelques écoles de la banlieue de Dakar, qui n'ont ni sanitaires, ni eau courante et où de pauvres enfants étouffent à 90, parfois à plus de 100 par classe. Les fanfarons de l'alternance ne savent pas que, dans de nombreuses localités du pays, des écoles élémentaires et des collèges fonctionnent encore dans des abris provisoires depuis de longues années. Nous en avons fait le constat à travers le pays où nous nous déplacions souvent dans le cadre de nos activités professionnelles. Ce que nous continuons de faire dans le cadre d'activités privées depuis que nous avons fait prévaloir notre droit à une pension de retraite.

Nous n'avons d'ailleurs donné ici que quelques rares exemples parmi de très nombreux autres, pour illustrer les gros problèmes avec lesquels l'École sénégalaise est confrontée, malgré les 40 % du budget national qui lui sont consacrés. Le Gouvernement de l'alternance a certes fait des progrès, en portant le budget de l'Éducation nationale à ce niveau-là. Mais il lui reste encore de nombreux efforts à faire, non seulement en matière d'accroissement du budget, mais surtout sur le plan de la gestion. De la gestion des ressources humaines, mais aussi des finances et différents matériels pédagogiques mis chaque année à la disposition du système.

Le gouvernement n'a pas intérêt à continuer de tromper les Sénégalaises et les Sénégalais en leur présentant l'École sénégalaise comme une réussite parfaite. Il est surtout ridicule de prétendre que nous faisons mieux que le Japon en matière d'éducation. Le système éducatif sénégalais est confronté aujourd'hui à de sérieux problèmes, de nombreux défis à relever, celui de la qualité en particulier. Il faut plus qu'un pourcentage du budget national, même substantiel, pour arriver à relever ce défi. Les autorités académiques de Thiès et les autres partenaires de l'École ont eu le courage et le mérite de reconnaître les faiblesses du système, en organisant pendant les dernières vacances d'importantes rencontres sur les résultats scolaires qui n'ont pas été particulièrement bons pour l'année scolaire 2004-2005. Ils ont identifié des faiblesses et fait des recommandations. L'Inspecteur d'Académie de Diourbel expérimente des listes d'émargement dans les écoles de la ville. Il est conscient d'un mal profond, d'une plaie qui ronge l'École sénégalaise : *l'absentéisme qui explique, avec les très nombreuses fêtes, la réduction progressive du temps de travail*. Nos collègues de Thiès ont également identifié ce mal.

Une autre plaie de notre système éducatif, c'est ce qu'on appelle communément le *xar matt* ou travail noir. Nombre d'enseignants du moyen et du secondaire n'ont plus le temps de préparer leurs leçons et d'évaluer leur enseignement. On peut courir difficilement plusieurs lièvres à la fois. Les enseignants tendent d'ailleurs de plus en plus à créer leurs Groupements d'Intérêt économiques et leurs écoles où ils attirent les élèves par la qualité de l'enseignement qui y est donné. À l'École élémentaire, les maîtres mettent l'accent sur les cours de renforcement qu'ils donnent dans leurs classes mêmes après les heures de travail. Le problème ici, ce n'est pas que nos collègues arrondissent les angles en donnant quelques cours particuliers. Le risque, et c'est ce qui arrive de plus en plus, c'est qu'ils sacrifient l'École publique en faveur de leurs activités privées. Une circonstance aggravante de cette situation, c'est que les chefs d'établissements n'ont plus beaucoup d'emprise sur les enseignants. Les critères traditionnels de nomination à des postes de responsabilité constituent d'ailleurs un autre grand problème de notre système éducatif. Le grade et l'ancienneté sont souvent privilégiés. Or, ils sont loin d'être les plus pertinents des critères. En 1994 déjà, nous proposions, à travers la page « Éducation » de *Sud quotidien* que nous animions tous les mercredis, qu'en plus des critères traditionnels, les candidats à des postes de responsabilité présentent des projets de management. En d'autres termes, qu'ils déclinent comment ils entendent conduire, au moins à moyen terme, les responsabilités qui pourraient leur être confiées, avec des propositions précises d'objectifs, de stratégies, de moyens, de dispositifs d'évaluation, etc. Notre audace de l'époque nous a valu les foudres de guerre des *gardiens jaloux du statu quo*, qui sont encore malheureusement, pour nombre d'entre eux, aux avant-postes du système éducatif et bloquent tout esprit d'innovation.

On peut s'étendre indéfiniment sur différents autres maux qui rongent le système éducatif sénégalais. La question des volontaires, des maîtres contractuels et des vacataires de l'Éducation par exemple, qui sont de plus en plus nombreux dans le système, est une autre grande équation de l'École sénégalaise. Les volontaires et les maîtres contractuels sont déjà 21 000 en 2005. Dans le Département de Vélingara, ils constituent plus de 90 % des effectifs de l'Élémentaire. Ils peuvent donc bloquer à tout moment le système et ne manquent pas de s'y atteler, pour protester contre la situation injuste qui leur est faite. Partout dans le pays, et principalement dans les départements périphériques, les grèves succèdent aux grèves.

Le choix de ces corps dits émergents ne peut pas être durable, ne doit pas être durable. Il est en particulier incompatible avec une école stable et un enseignement de qualité. Il l'est d'autant plus que la formation dont ils bénéficient avant d'être injectés dans le système est insuffisante. Parfois même, la formation est inexistente. De nombreux vacataires, titulaires du seul diplôme universitaire d'études scientifiques ou littéraires (DUES ou DUEL), sont directement recrutés et affectés vers les collèges d'enseignement moyen (CEM) dits de proximité. Dans de nombreuses localités, notamment dans le Département de Sédhiou, des élèves ont contesté vigoureusement leur enseignement qui ne serait pas à la hauteur et sont allés jusqu'à dénoncer « les fautes graves que certains d'entre eux font au tableau ». Il s'y ajoute que, dans leur volonté de comptabiliser de nouveaux établissements, les autorités transforment sans beaucoup de discernement des collèges en lycées et laissent le même personnel sur place. C'est en général ce personnel, composé dans son écrasante majorité de professeurs d'enseignement moyen (PEM), de professeurs de collège d'enseignement moyen (PCEM) et / ou de vacataires, qui se retrouvent deux ou trois ans après avec des classes de Premières et de Terminales scientifiques, où ils ne sont manifestement pas à l'aise[193].

Il convient de signaler une autre pratique, de plus en plus courante, qui contribue, elle aussi, à la détérioration progressive de la qualité de l'enseignement. Il s'agit du *quota dit sécuritaire*, auquel le Ministre de l'Éducation nationale a de plus en plus recours, surtout depuis que le Président de la République l'a jeté dans la mare politique. Ce quota lui permet de recruter directement, hors concours, un nombre indéterminé de volontaires de l'éducation. Ce quota ne se justifie autrement que par des raisons politiciennes[194]. Il existe, au niveau de toutes les inspections départementales de l'Éducation (Ide), des listes d'attente dressées après la proclamation officielle des résultats des concours de recrutement des volontaires. Il est plus pertinent et surtout plus juste de constituer un *quota sécuritaire* à partir de ces listes-là.

Qu'il s'agisse donc de volontaires de l'éducation (surtout ceux issus du *quota sécuritaire* du Ministre) ou de vacataires, on constate en général un déficit de connaissances académiques et de compétences pédagogiques, qui pourrait être pourtant progressivement comblé par la formation continuée. Malheureusement, celle-ci perd de plus en plus de son efficacité d'antan. Le système éducatif est gangrené, empesté aujourd'hui par une « perdiemisation » à outrance. Aucune formation n'est possible désormais, sans l'attribution concomitante de perdiems aux enseignants bénéficiaires de ladite formation. Or, le Ministère de

[193] Il convient de préciser que le niveau académique de nombre des volontaires et de vacataires de l'éducation est largement satisfaisant. Même dans ce cas, le déficit de formation et de motivation constitue des limites objectives à l'efficacité de leur enseignement.

[194] Il est de plus en plus question de listes de jeunes titulaires du brevet de fin d'études moyennes (BFEM) que ses camarades des quartiers de Thiès où il milite, constitueraient pour lui. Ces jeunes alimenteront sûrement son *quota sécuritaire*. Or, tout le monde sait que le seul BFEM ne suffit plus pour faire un instituteur.

l'Éducation ne peut pas, ne doit pas se permettre ce luxe qui lui coûterait beaucoup d'argent.

Nous passons sous silence les problèmes énormes de l'Enseignement supérieur et principalement de nos universités. Celle de Dakar en particulier étouffe sous le poids de ses 46 à 48 000 étudiants, avec une maigre capacité d'hébergement de 5000 lits. Sans compter le sous-équipement de ses laboratoires et de ses bibliothèques de faculté. Les Centres universitaires régionaux (CUR), qui devraient soulager les universités de Dakar et de Saint-Louis et diversifier les filières, tardent à démarrer. Quoi de plus normal donc que les taux d'échecs soient particulièrement élevés ? L'écrasante majorité des étudiants, qui sont admis dans nos deux universités, souvent sans autres critères que le baccalauréat, et qui n'ont manifestement pas le niveau requis, quittent les études sans le moindre parchemin. Même la minorité de rescapés qui, malgré les difficultés, arrivent à « décrocher » leurs diplômes, ne sont pas au bout de leur peine. S'ils s'avisent de quitter l'Université pour le monde du travail, ils sont vite confrontés à une autre réalité, plus amère encore celle-là : le diplôme universitaire ne garantit point l'emploi. Et ils grossissent les rangs de milliers de jeunes Sénégalaises et Sénégalais qui courent pendant de longues années derrière un hypothétique emploi. Les fameux 40 % du budget national consacrés à l'Éducation et à la Formation n'ont donc pas jusqu'ici d'impacts positifs avérés sur l'efficacité interne et externe de l'enseignement universitaire, ni des autres enseignements d'ailleurs. Or, cette efficacité constitue un important indicateur pour mesurer la qualité de l'enseignement.

Les fanfaronnades de Me Wade et de ses courtisans autour de ce pourcentage devraient donc être notablement relativisées. C'est un effort qu'il faut certainement saluer, mais qui est loin, très loin de suffire pour régler en un tournemain les problèmes de l'Éducation et de la Formation. Il a besoin d'être accru, mais surtout d'être mieux pensé, mieux géré.

Le Ministre de l'Éducation nationale semble s'enorgueillir ces temps dernier de ce qu'il appelle « le volontarisme politique et financier » du Président de la République. Quand il devient une nécessité urgente de repenser les grandes orientations du système éducatif, d'en gérer avec plus d'intelligence et de rationnalité les moyens matériels, financiers, logistiques et humains, comme c'est le cas pour notre pays, le « volontarisme » n'est pas la bonne stratégie. Sans doute que le Ministre a inconsciemment raison : ce que font jusqu'ici nos gouvernants, aussi bien en matière d'éducation, de santé que dans d'autres domaine, c'est bien le « volontarisme », très adapté au tempérament du Président de la République. S'ils veulent vraiment faire mieux avec leurs 40 % du budget national affectés à l'Éducation, ils doivent accepter de se remettre humblement en cause et de relativiser leurs « prouesses ». À cet effet, les autorités de l'Éducation nationale ont intérêt à lire plus attentivement et à faire lire au Président de la République (si elles en ont le courage) l'important *document d'orientation axé sur la gestion de la qualité et de la formation dans la deuxième phase du PDEF*. Elles comprendront alors que, malgré les 249 milliards 830 millions 737 mille qui seront injectés dans le système éducatif pour l'année 2006, le Gouvernement a encore d'énormes efforts à faire, des efforts qui dépassent les seuls aspects quantitatifs. L'École sénégalaise gagnerait surtout à être reprise sérieusement en main. En particulier, la présence du Ministre de l'Éducation nationale et des autres autorités scolaires et académiques a besoin d'être davantage sentie.

La réflexion qui vient d'être menée autour des 40 % alloués au système éducatif sénégalais, peut l'être autant autour des 10 % de la Santé. Dans le cadre global du Programme national de Développement sanitaire (PNDS), le Gouvernement du Sénégal avait mis en place le Programme de Développement intégré de la Santé (PDIS), dont la première phase couvrait la période 1998-2002 pour un financement mobilisé de 230 milliards. À l'avènement de l'alternance, seuls 86 milliards avaient été dépensés. Il restait donc 144 milliards pour la période 2000-2002. Aujourd'hui, avec le Gouvernement de l'alternance, il n'est pas encore question de deuxième phase qui devait couvrir la période 2003-2007 ([195]).

Nous n'avons pas de compétences particulières en matière de santé. C'est pourquoi nous ne nous appesantirons pas sur la question. Cependant, nous savons au moins que par suite d'incompétence notoire (dont nous avons déjà fait état mais que nous rappelons), le PDIS, un gros programme du Ministère de la Santé et de la Prévention médicale, a connu beaucoup de retard dans la réalisation des activités prévues et est très mal géré. Quoi de plus normal, si on se souvient que M. Issa Mbaye Samb, alors Ministre de la Santé et de la Prévention médicale, y avait nommé DAGE un ancien fournisseur de la structure, sous le prétexte

---

[195] Moussa Taye, *Nouvel Horizon* n° 446, du 26 novembre au 02 décembre 2004, pp. 18-19.

scandaleux que ce dernier l'aidait quand il était dans des difficultés. Un aveu de taille des carences du PDIS nous est venu du (encore) nouveau Ministre de la Santé Abdou Fall, que nous avons d'ailleurs déjà évoqué. Présidant une journée d'information sur le paludisme le vendredi 5 août 2005 au Novotel de Dakar, M. Fall, d'habitude si bavard en réalisations de l'alternance a déclaré :

« Nous sommes à la croisée des chemins, à un moment où les partenaires commencent à douter de nous (sic). »

Et le nouveau ministre d'ajouter, à propos du PDIS :

« C'est un secteur qui a beaucoup de ressources humaines et de moyens financiers et pourtant, il y a beaucoup de contre-performances. »

Il rappelle ensuite qu'il y a chaque année un million de paludéens au Sénégal, dont les 60 % sont des enfants et des femmes en état de grossesse, que Fatick et Kaolack sont les régions les plus touchées. Comme pour confirmer le Ministre, les populations de Fatick se sont fait entendre le 04 septembre 2005 à travers les ondes d'une radio privée, pour protester contre leur dénuement en matière d'infrastructures sanitaires et s'indigner que 825 femmes sur 100 mille meurent pendant leur accouchement. Chiffres confirmés par le médecin-chef. Les populations de Fatick ont enfin rappelé au Ministre de la Santé la promesse ferme que leur avait faite son prédécesseur d'ouvrir dans la Région des centres de santé de référence. Il convient de rappeler que l'hôpital de la ville de Fatick, dont la construction était presque achevée avant l'alternance, n'arrive pas encore à démarrer ses activités.

Rappelons, pour en terminer avec cette question que nous ne maîtrisons pas que, le mercredi 31 août 2005, le Réseau des Parlementaires pour la Population et le Développement s'est donné rendez-vous, à Rufisque, avec les élus locaux, les techniciens de la Santé et les Organisations communautaires de base. C'était dans le cadre du Projet de l'amélioration de la qualité des soins au niveau des structures d'urgence des districts sanitaires de Rufisque et de Saint-Louis. La réunion avait pour objectif de discuter et d'échanger sur la nécessité de trouver des solutions au fléau de la mortalité maternelle et infantile. Il ressortissait des discussions avec les populations que *« le Département de Rufisque rencontre d'énormes difficultés dans cette lutte contre la mortalité maternelle. Des difficultés qui ont pour noms manque de personnels qualifiés, maternités non équipées, absence de gynécologue, défaut d'évacuation et vétusté de matériel dans plusieurs maternités, absence de banque de sang et surtout défaut de route pour les populations des zones rurales* »[196].

Si le Département de Rufisque, à quelques encablures de la capitale nationale, est confrontée à de tels problèmes, qu'en sera-t-il des département périphériques comme Sédhiou, Kolda, Vélingara, Bakel, Ranérou, etc ? Dans ces localités, des milliers de femmes meurent en donnant la vie ou immédiatement après l'avoir donnée. Ou encore avant de la donner, sur les charrettes qui les transportent dans des conditions dramatiques vers les centres de santé les plus proches, qui peuvent se trouver à plus de 50-60-70 km ou plus. Des dizaines de milliers d'enfants meurent de paludisme, de diarrhée, de malnutrition, avant d'avoir fêté au moins leur premier anniversaire et, plus généralement, leur cinquième anniversaire. Dans les banlieues de Dakar, des populations peinent à se faire correctement prendre en charge, du fait des coûts élevés des différentes opérations : consultations, analyses, achats de médicaments, etc.

Le relevé épidémiologique hebdomadaire de l'Organisation mondiale de la Santé (OMS) en date du 26 août 2005 révèle des statistiques qui n'honorent guère notre pays, ses gouvernants et leur 10 % consacrés à la Santé. Le Sénégal réalise la performance peu enviable d'être, dans la sous-région ouest-africaine, le pays où le choléra – cette maladie des mains sales, des plus pauvres – est le plus meurtrier. Des 517 décès de cette maladie recensés dans la sous-région, 256 – soit plus de la moitié – ont eu lieu chez nous. Sur un cumul total de 31 259 personnes atteintes par l'épidémie relevé dans l'espace sous-régional, 19 800 sont sénégalaises. Le pays qui vient loin derrière nous est la Guinée-Bissau, avec 9047 cas. Cette situation dramatique a amené l'OMS à pousser le Sénégal à organiser une rencontre réunissant à Dakar les pays frontaliers, pour monter avec notre pays « *une coalition en vue d'affronter la propagation du vibrion cholérique* »[197]. Quel « honneur » pour notre pays et pour le Gouvernement de l'alternance !

Il existe tellement d'autres contre-performances qui devraient plutôt inciter nos fiers gouvernants à plus de retenue et de modestie. Pour

---

196 *Office*, Quotidien d'Informations des Sans Voix, n° 116 du jeudi 1er septembre 2005.

197 *L'Info7* des samedi 10 et dimanche 11 septembre 2005, p.3.

n'évoquer qu'un exemple parmi de nombreux autres, le correspondant du journal *Le Quotidien* rend compte, dans l'édition du vendredi 23 décembre 2005 dudit journal, d'un *Forum régional sur la mortalité infantile* qui s'est tenue à Kaolack le mercredi 21 décembre. « *La nudité d'un système sanitaire* », tel est le titre de son texte. Le correspondant fait remarquer que des « témoignages sur la mortalité maternelle ont fait verser des larmes ». La Région de Kaolack, la deuxième ou la troisième du pays, *ne compte qu'un seul gynécologue*, précise le correspondant, pour une population en âge de procréer estimée à 251987 pour 39288 grossesses attendues. À cela s'ajoute que huit postes de santé de la Région, dont cinq en zone rurale et trois en zone urbaine, sont fermés. Le correspondant signale également que sur les 35 sages-femmes que compte la Région, seules 4 sont en service en zone rurale. La conséquence de cette situation est que sur les 100 000 naissances vivantes enregistrées en 2004 dans la Région, 493 femmes meurent. C'est moins catastrophique évidemment que ce qui se passe dans les régions périphériques de Tambacounda et de Kolda où on peut enregistrer jusqu'à 1200 décès sur 100 000 naissances vivantes (la moyenne nationale se situe entre 500 et 510). Mais ce taux reste quand même encore élevé dans la Région de Kaolack et cache de grosses disparités d'un district à un autre.

La situation est donc loin d'être rose en matière de santé. Le Premier Ministre en personne l'a reconnu en faisant un aveu de taille (Journal parlé de 20 heures 30 des 21 et 22 décembre 2005). Recevant en audience des syndicats de la santé, il déclare sans ambages :

> « *Malgré les importants efforts financiers de l'État, on ne retrouve pas la qualité des soins dans les centres hospitaliers.* »

S'il y a quelqu'un qui ne le contredira pas, c'est bien le Dr Mamadou Diop, chirurgien viscéral et président du Collectif des médecins des services chirurgicaux (Cmsc). Dans une interview accordée au journal *Le Quotidien* du mardi 8 novembre 2005, il décrit sans complaisance les mauvaises conditions de travail qui prévalent à l'Hôpital Aristide Le Dantec. Une seule phrase de son interview résume la situation inacceptable que vit cet important hôpital national. « *À Dantec*, laisse-t-il entendre certainement avec dépit, *il se pose un problème de respect de la personne humaine.* » Sur tout le reste de la page (3) du journal, c'est une description impitoyable du délabrement de ce vieil hôpital, comme livré à lui-même. Nombre de ses services sont dans un piteux état et manquent presque de tout. C'est notamment le cas du service de néphrologie qui ne disposait que de cinq machines de dialyse ne pouvant accueillir chacune que quatre malades, alors qu'il y a 5000 patients à traiter. Ce nombre a été porté à six grâce à la clémence d'Ecobank qui a fait don d'un nouvel appareil[198]. Le service de néphrologie ne dispose, en outre, que d'une salle d'hospitalisation, même si une deuxième salle est en phase de réalisation. Il y a aussi que la dialyse est trop chère au Sénégal : une séance coûte 15 000 francs au patient qui doit en faire une chaque semaine. Ce qui lui revient à 60 000 francs par mois. Pendant ce temps, tout près de nous, en Mauritanie, la dialyse est totalement gratuite[199].

Quelle signification peuvent alors avoir pour les populations sénégalaises, en particulier pour les plus démunies d'entre elles, les 10 % du budget national alloués à la Santé ? Ces pauvres populations qui ont d'autres préoccupations que d'aller se faire accoucher à Paris, à New-York ou à Stockholm, qui n'osent même pas rêver à la possibilité de se faire évacuer vers ces villes-là ou vers de nombreuses autres d'Europe ou d'Amérique du Nord, pour se faire traiter la plus bénigne des maladies. Comme le font couramment nos nouveaux riches et leurs familles, parfois même, pour se faire seulement « retaper ».

Que Me Wade et ses courtisans cessent donc de nous rabâcher les oreilles avec leurs 10 et 40 %. Par-delà ces pourcentages purement formels, c'est à des résultats qualitatifs concrets que nous nous attendons. Ces pourcentages n'ont aucun sens pour nous, s'ils ne nous permettent pas d'accéder progressivement à une éducation et à des soins de qualité. Et à des coûts raisonnables, en rapport avec nos modestes pouvoirs d'achat[200].

---

[198] Cet appareil coûte 12 millions de francs Cfa. Combien d'appareils de ce type pourrait-on acheter avec les centaines de millions que le Président de la République distribue à tour de bras ? Est-il décent de faire dépendre 5 000 patients de seulement six machines, alors que l'État dépense allègrement 3 milliards pour acheter des 4x4 rutilantes à des députés qui passent le plus clair de leur temps à chanter les louanges du Président de la République et à couvrir d'injures l'opposition ?

[199] *Le Populaire* des samedi 28 et dimanche 29 janvier 2006, page 2.

[200] Il convient de signaler l'important rapport du *Forum civil*, avec l'appui financier du Centre de Recherche pour le Développement international (CRDI), sur la « *Gouvernance et corruption dans le système de santé au Sénégal* », mai 2005. Une lecture approfondie par les libéraux de cet important document, relativiserait notablement leurs fanfaronnades. Peut-être même auraient-ils eu un peu honte.

Les fanfaronnades de Me Wade et de ses troubadours sont donc trop faciles et surtout inacceptables. Elles le sont encore plus quand elles sont relatives à leurs réalisations dans le domaine de l'agriculture.

3) Les « performances » de l'agriculture : une vaste escroquerie

S'il y a un secteur où l'incompétence, l'amateurisme, la malhonnêteté et le pilotage à vue du régime libéral se sont révélés au grand jour, c'est vraiment l'agriculture. Ailleurs, ils ont connu quelques hauts et des bas. Ici, c'est pratiquement la faillite sur toute la ligne. La filière de l'arachide en particulier, qui occupe environ 70 % de la population, est en train d'être sacrifiée. Deux hommes, le Ministre d'État Ministre de l'Agriculture et de l'Hydraulique Habib Sy et l'ancien Pdg de la SONACOS Abdou Khadim Guèye, sont à la base d'une vaste escroquerie dont les conséquences risquent de peser lourdement et pendant longtemps sur notre agriculture et principalement sur la filière de l'arachide.

a) La SONACOS et l'avenir de la filière de l'arachide

L'accession de Me Wade à la magistrature suprême a coïncidé avec un hivernage pluvieux qui a permis de bonnes récoltes surtout d'arachide (800 000 à un 1 000 000 de tonnes) lors de la campagne agricole 2000-2001. Malheureusement, à cause de l'incompétence et du volontarisme effréné des nouveaux gouvernants, leur première campagne de commercialisation fut une véritable catastrophe. Ils avaient sans précaution « liquidé » la SONAGRAINES qui achetait l'arachide, la livrait aux différentes usines de la SONACOS, stockait les semences et les distribuait le moment venu, en même temps que les autres intrants agricoles. Le pauvre Gouvernement de l'alternance, incompétent à souhait, désemparé, devait faire face sans préparation à toutes ces opérations-là. Ce fut un désastre total. Le fameux système « carreau-usine » fut institué et immédiatement appliqué. À la place de la SONAGRAINES, des intermédiaires (des personnes physiques ou morales privées) sont chargées d'acheter les graines d'arachide auprès des paysans et de les livrer à la SONACOS, de qui ils avaient reçu un financement préalable. Malheureusement, ils ne jouèrent pas le jeu, distribuèrent des bons aux pauvres paysans et disparurent avec l'argent.

Le Gouvernement ne prit pas immédiatement les mesures de redressement nécessaires et cette situation inacceptable dura plusieurs mois, voire plusieurs années. C'est finalement le Gouvernement lui-même qui se résolut à régler le problème des bons impayés, en lieu et place des personnes qui avaient reçu les différents financements. C'est le Premier Ministre Idrissa Seck en personne qui, lors de la présentation de politique générale consécutive à sa première nomination, révéla cette vérité crue aux députés. Pendant ce temps, les responsables de cette situation n'étaient pas le moins du monde inquiétés. Seuls quelques menus fretins furent arrêtés, le temps d'une rose d'ailleurs. Pendant ce temps, le gros de la troupe, constitué, disait-on, essentiellement d'amis de l'ex-Pdg de la SONACOS et de proches du PDS, « se la coulait douce » avec la sueur des pauvres paysans. Le Gouvernement de l'alternance n'avait pas levé le plus petit doigt pour les obliger à rembourser l'argent du contribuable, avec lequel le problème des bons impayés avait été réglé. Malgré ces impairs, le système du « carreau-usine » était reconduit les années suivantes. Les paysans continuaient d'être victimes des bons impayés.

Il y avait aussi que les intermédiaires gelaient les financements et achetaient, par personnes interposées, l'arachide à travers les différents « louma » (marchés hebdomadaires) du pays. Ils l'achetaient à des prix bien inférieurs au prix officiel : 80-90-100 Fcfa au lieu de 120 ou 130. L'économiste Moubarack Lo confirme l'imprudence, la précipitation et l'imprévoyance du Gouvernement de l'alternance dans nombre de ses choix concernant l'arachide. Après la liquidation précipitée de la SONAGRAINES, il s'était engagé dans la privatisation de la SONACOS. Dans une belle contribution parue dans la page « Opinions et Débats » de *Walfadjri* du lundi 21 juin 2004, M. Lo émettait déjà ses réserves et mettait en garde contre une mauvaise privatisation de cette importante structure. C'est ce qui va malheureusement se passer et nous nous emploierons à l'illustrer plus loin. M. Lo rappelle que « le gouvernement socialiste, conscient de l'importance de la filière de l'arachide dans l'économie et dans la société rurale, s'est longtemps montré réticent à abandonner la politique d'encadrement, en traînant les pieds pour mener effectivement la privatisation de la SONACOS... » Dès l'année 2001, l'État libéral, lui, va céder devant les exigences des partenaires au développement « en sacrifiant la SONAGRAINES, la filiale de la SONACOS en charge de la collecte de l'arachide, de la distribution des semences qui croulait sous les dettes. Cette opération effectuée dans la précipitation, sans période transitoire ni mécanisme d'accompagnement, se révélera par la suite désastreuse. Les intermédiaires qui ont pris la place de la SONAGRAINES se sont en effet trouvés incapables d'assurer efficacement le relais. Le phénomène des bons impayés en a été le symbole le plus illustratif. La fuite des graines vers le marché parallèle s'est accélérée depuis lors, mettant la SONACOS dans l'obligation d'utiliser une maigre partie de ses capacités installées... »

L'incompétence et l'amateurisme du Gouvernement de l'alternance allaient également se manifester avec la gestion du capital semencier qui était de l'ordre de 140 000 tonnes. Ce capital a été proprement détruit et nos amateurs ne sont pas capables depuis 2002 de distribuer plus de 35 000 tonnes de semences. Des semences, disent-ils, largement subventionnées. Ce n'est pas là l'essentiel d'ailleurs. Non seulement les semences distribuées sont bien en deçà des besoins, mais elles sont constituées de graines de qualité médiocre. Le Ministre d'État ministre de l'Agriculture et de l'Hydraulique, en visite de travail à Tivaouane a lui-même reconnu que les 35 000 tonnes de semences d'arachide alors en distribution ne sont pas de la qualité souhaitée et qu'elles sont le fruit d'écrémage de la collecte faite par la SONACOS. Pour rassurer cependant les paysans, le Ministre révèle que, pour éviter que pareille situation se répète et pour booster surtout la filière arachidière, l'État est en train de reconstituer le capital semencier. Dans ce cadre, précise le Ministre d'État, 40 tonnes de prébase sont en phase de démultiplication dans la vallée du Fleuve Sénégal et l'État espère être en possession d'assez de semences certifiées en 2005 ([201]).

Le Ministre d'État Habib Sy et son acolyte l'ex-Pdg de la SONACOS Abdou Khadim Guèye, avaient l'habitude, avec la complicité de la tonitruante télévision de Me Wade et du PDS, de tromper tous les ans les paysans et le peuple sénégalais en général, en présentant les différentes campagnes agricoles et commerciales comme des réussites éclatantes. Quand, en particulier, le Ministre de l'Agriculture promet aux paysans des semences d'arachide certifiées dans un délai d'un an, il fait se tordre de rire les spécialistes. Ainsi, M. Cheikh Seck, ingénieur agronome, lui rétorque :

[201] *Walfadjri* du lundi 7 juin 2004, p.5.

« Le gouvernement est en train de duper le monde paysan en lui promettant des semences d'arachide certifiées dès l'année prochaine. »

De l'avis de M. Seck, les paysans doivent rapidement déchanter car « la multiplication des semences obéit à un certain nombre de règles. Le processus normal s'étale sur une durée allant de quatre à six ans. Les 40 tonnes en multiplication aujourd'hui dans la vallée représentent ce qu'on appelle la souche. C'est d'elle (la souche) que doit sortir la première génération appelée G1. Ainsi déduite, de multiplication en multiplication, on arrivera à la troisième génération G3. Ces trois générations représentent la prébase. Une multiplication de cette troisième génération donnera le G4 qui permettra d'avoir la N1, puis la N2 ou ce qu'on appelle la base. C'est cette dernière qui sera distribuée aux producteurs multiplicateurs de semences. Les graines issues de cette dernière opération constitueront les semences certifiées qui devront à leur tour être distribuées pour la vulgarisation. »[202]

M. Seck exprimait donc sérieusement sa réserve devant le rêve irréaliste du ministre, précisant que même s'il était possible de faire deux saisons par an, il faudrait, dans ce cas, un minimum de quatre ans. Il mit ainsi à nu certaines fanfaronnades du Ministre de l'Agriculture qui n'avait pas osé, à l'époque, lever le plus petit doigt contre cette contradiction que M. Seck lui avait fermement portée. Ni lui-même, ni le porte-parole de Me Wade, du Gouvernement et du PDS Bakar Dia, ni les nombreux autres courtisans de la CAP 21. Les faits semblent d'ailleurs donner raison à M. Seck car, de l'avis même des acteurs, des multiplicateurs, cette opération s'est presque terminée en catastrophe : ils n'auraient pas récolté plus de 40 tonnes, la quantité ensemencée. C'est à la télévision nationale même que cet aveu d'échec a été fait.

Nous avons déjà fait état de la vaste escroquerie que le Ministre de l'Agriculture et l'ex-Pdg de la SONACOS organisaient autour des différentes campagnes et commercialisations agricoles et principalement autour de la filière arachidière. Avec la complicité active de la télévision nationale et de journalistes aux ordres, ils trompaient sans état d'âme le peuple. Ainsi, au soir du 19 mars 2005, M. Habib Sy s'est particulièrement signalé par ses fanfaronnades. Avant lui, le journaliste Barry, qui animait ce jour-là le Journal télévisé, tout en verve, avait fait

202 *Walfadjri* du 30 juin 2004, page 4.

état, pour la campagne agricole en cours, d'une récolte « *record de 550 000 tonnes d'arachide* » et de l'achat, par la SONACOS, de *250 000 tonnes*, pour *35 milliards de francs* Cfa injectés dans le monde rural. Trois jours auparavant, le 16 mars 2005, l'ex-Pdg de la SONACOS, M. Abdou Khadim Guèye, maître dans l'art de l'amalgame et de la manipulation, s'était félicité des mêmes chiffres au cours d'une conférence de presse, dont le Journal télévisé de 20 heures 30 avait largement rendu compte le même jour. Deux semaines après, M. Guèye donna une autre conférence de presse au siège de la SONACOS dont il annonçait que la privatisation était achevée (nous y reviendrons). Il profita de l'opportunité pour faire le bilan (élogieux) de sa gestion. Il mit en avant la « relance effective de la filière arachide » et chiffrait la production globale de l'arachide pour l'année en cours à plus de *550 000 tonnes*. Il fit ensuite état de la « maîtrise progressive du système carreau-usine qui a contribué fortement à réduire les coûts de gestion inutile de la SONACOS dans le passé ». Il soutint enfin que sur le plan financier, la société affiche depuis trois ans, « des résultats positifs » et n'avait, à l'heure actuelle, « *ni dette ni problème de trésorerie* ». Faisant le point de la campagne agricole 2004, il affirma qu'il était maintenant certain que la SONACOS commercialiserait *241 400 tonnes* d'ici à l'arrêt définitif de la campagne arachidière. Ce qui correspondait, selon lui, à 37 milliards 650 millions de Fcfa de revenus pour les paysans[203]. On l'a entendu aussi faire une déclaration triomphante à la radio *Walf FM,* qui a passé ladite déclaration à son Journal parlé de 7 heures du 31 mars 2005. Il y précisait gaillardement : « Il y a deux-trois ans, c'était la désolation. Aujourd'hui, c'est l'espoir avec 550 000 tonnes de récolte et *251 000 tonnes* achetées par la SONACOS. »

Comme de coutume, l'ex-Pdg de la SONACOS se laissait aller facilement à ses fanfaronnades. Les résultats financiers ne seraient pas aussi positifs qu'il le prétendait et il n'est pas sûr qu'il « n'ait laissé ni dette ni problème de trésorerie ». C'est en tout cas loin d'être le point de vue *Jeune Afrique / L'Intelligent (J.A.I.)* n° 2315, du 22 au 28 mai 2005, p.44. Selon cet hebdomadaire, « le résultat de l'exercice 2003 se monte à 124,5 millions de Fcfa contre 2,5 milliards l'année précédente. Soit une chute de 95 %. Pour renflouer les comptes de l'entreprise, l'État a été amené à débourser 55 milliards de Fcfa ». Le constat de J.A.I. de la page

[203] *Le Soleil* du vendredi 1er avril 2005, p.4.

précédente (43) anéantit encore davantage les résultats financiers positifs de l'ex-Pdg de la SONACOS : On y lit ceci :

« Au cours de la saison 2001-2002, la société publique achète une quantité record de 600 000 tonnes d'arachide à un prix relativement favorable. La production retrouve le niveau d'antan à plus d'un million de tonnes. Mais, un an plus tard, la SONACOS se retrouve criblée de dettes, d'autant que le prix payé aux producteurs d'arachide se situait bien au-delà des cours mondiaux. Conséquence : les récoltes 2003-2004 (275 000 t) et 2004-2005 (572 000 t) seront moins importantes. »

De même, le nouveau Dg de la SONACOS (privatisée) aurait, dès son installation, demandé, par journaux interposés, aux différents fournisseurs de se faire connaître et de communiquer leurs créances. Il aurait été carrément surpris par l'ampleur des créances qui ont été présentées. Il en aurait d'ailleurs saisi les autorités nationales. M. Guèye trompait donc l'opinion publique et les autorités nationales qui le laissaient trop facilement faire.

Sur un autre registre, il a débuté à la SONACOS le 1er janvier 1984 et savait parfaitement que le Sénégal avait fait plus d'une fois des récoltes vraiment record d'arachide et bien avant l'alternance. Il continuait donc son cinéma en présentant comme une performance la campagne arachidière de 2005 (550 000 tonnes récoltées et 250 000 collectées). Déjà, en 1965, la production de l'arachide était de 1,1 million de tonnes, 860 000 en 1966, 1 million en 1967, 830 000 en 1968, 670 000 en 1969, 550 000 en 1970. Les deux dernières récoltes étaient considérées comme une catastrophe à l'époque et un échec total pour la SATEC, société d'encadrement qui s'était engagée à obtenir dans la zone arachidière, un accroissement de 25 %, pour compenser la chute progressive des prix de l'arachide à la production de 22 à 17 Fcfa à partir de 1965. Les mauvaises récoltes de 1969 et de 1970 s'expliquaient surtout par la grande sécheresse de 1968-1970 ([204]). Dans son excellente contribution que nous avons déjà évoquée, M. Moubarack Lo fait remarquer, en note de bas de page, qu'« avec 903 000 tonnes d'arachide collectionnées et un prix au producteur de 80 Fcfa le kg, l'État a injecté, en 1982-83, 72 milliards de francs Cfa (de l'époque) dans le monde rural. En 2002 /

[204] René Dumont, *Paysanneries aux Abois : Ceylan, Tunisie, Sénégal*, Éditions du Seuil, 1972, pp.195-196-197.

2003, la collecte de la totalité de la production estimée à 266 000 tonnes d'arachide, ne permettait, pour un prix carreau-usine de 120 Fcfa, de n'injecter qu'un maximum de 32 milliards de Fcfa, soit moins de la moitié d'il y a vingt ans. Sans compter que le niveau général des prix a plus que doublé sur la même période, surtout avec le changement de la parité du franc Cfa intervenu en 1994... »

Animant une *Rencontre citoyenne* de Jëf Jël (le parti de Talla Sylla) sur le thème de l'agriculture, Jacques Faye, ancien Directeur général de l'Institut sénégalais de Recherches agricoles (ISRA) et actuel conseiller de l'Agence nationale pour le Conseil agricole rural (ANCAR), faisait remarquer, qu'« en matière de productions agricoles, les rendements du Département de Kaffrine (dans le bassin arachidier) des années 60-70 doublent la production nationale de l'alternance ».

La production de 550 000 tonnes d'arachide en 1970 était considérée comme un échec total, la perte d'un pari pour la SATEC. Comment M. Guèye pouvait-il donc bomber le torse et crier sous tous les toits qu'avec une récolte « record » du même tonnage, 35 longues années après, *c'est l'espoir retrouvé et la relance de la filière arachidière* ? M. Guèye se félicitait aussi des 250 000 tonnes collectées en 2005. Là aussi, il trompait et manipulait le peuple. Il savait parfaitement que 250 000 tonnes d'arachide collectées en une campagne de commercialisation ne représentent pas grand-chose : c'est la seule capacité de trituration de l'usine Lyndiane de Kaolack. Les unités industrielles de la SONACOS de Dakar, de Diourbel, de Ziguinchor et de Louga, triturent respectivement, à leur tour, annuellement, 350 000, 200 000, 150 000 et 20 000 tonnes d'arachide[205]. Soit une capacité de trituration pour l'ensemble des usines de la SONACOS de 950 000 tonnes. C'est comme lorsqu'il a le toupet et la malhonnêteté de présenter les 37 milliards de Fcfa injectés en 2005 dans le monde rural comme un succès, une relance de la filière de l'arachide. Pendant les grandes périodes de l'arachide, 80 à 100 milliards de francs étaient régulièrement injectés dans le monde rural pendant les campagnes de commercialisation. C'était vraiment la belle époque pour les paysans du bassin arachidier et principalement du Saloum. Il en était de même pour les travailleurs des différentes usines de la SONACOS, permanents comme saisonniers. M. Guèye sait tout aussi bien que l'usine SONACOS de Dakar, qui a une capacité de trituration de 30 000 tonnes /

[205] Louga fait plutôt de l'arachide de bouche.

mois, n'a pratiquement pas reçu une seule graine depuis deux ans et que les 700-800 saisonniers qui y travaillaient habituellement sont en chômage depuis lors. Et ils ne sont certainement pas partis pour retrouver leurs emplois car, sur une récolte estimée cette année à 700-800 000 tonnes d'arachide, la SONACOS n'en achètera que 205 000.

Le prix de l'arachide au producteur n'a été fixé que dans la deuxième quinzaine de décembre 2005, à 150 Fcfa. Un tel retard n'a jamais été constaté au Sénégal. Jusqu'ici, aucune information sur les points de collecte, ni sur les intermédiaires qui vont acheter les graines d'arachide. En attendant, les pauvres paysans qui ont besoin de numéraire, sont à la merci des spéculateurs qui leur achètent l'arachide à des prix bien en deçà du prix officiel. Donc, contrairement aux déclarations tapageuses de l'ex-Pdg de la SONACOS, l'espoir est loin d'être retrouvé et on s'éloigne de plus en plus de la relance de la filière arachidière.

La vaste escroquerie organisée autour de l'agriculture et surtout de la filière arachidière a aussi concerné la privatisation de la SONACOS. Après plusieurs péripéties, celle-ci a été finalement reprise par le Consortium Advens. Dans une conférence de presse tenue le 1er avril 2005 au siège de la SONACOS, l'ex-Pdg, M. Khadim Guèye, annonçait que la dernière étape du processus de privatisation serait marquée, le 7 avril 2005, par la réunion du Conseil d'Administration qui se réunirait ce jour-là pour officialiser l'entrée des nouveaux administrateurs du Groupe Advens. Et M. Guèye de préciser :

> *« Le repreneur va contrôler presque 67 % des actions de la SONACOS. Par conséquent, le repreneur sera majoritaire dans le nouveau Conseil d'Administration. Il va donc nommer un nouveau Président-Directeur général. Ce qui marque la fin de ma mission en tant que Pdg de la SONACOS. »*

Le Pdg sortant poursuivait que la privatisation allait rapporter 8 milliards de francs Cfa au Trésor public et que l'État, qui détient un peu plus de 20 % des actions de la société privatisée, promettait d'en céder 10 aux acteurs de la filière arachidière, 5 au personnel de la SONACOS et d'en conserver 5,1. Dans sa contribution du lundi 21 juin 2004 dont nous avons déjà fait état, M. Moubarack Lo exprimait sa réserve devant la décision de l'État sénégalais de se retirer totalement de la SONACOS.

> *« Ce qui est, selon lui, contestable, dans la mesure où la conservation d'un noyau dur d'actions (entre 15 et 25 %) lui aurait*

permis de veiller plus scrupuleusement au respect strict du cahier de charge et à la préservation de l'avenir de la filière arachidière. »

Les autorités sénégalaises étaient évidemment bien loin de partager les préoccupations légitimes de M. Lo. Elles étaient plutôt décidées à se désengager de cette filière. Cheikh Yérim Seck révélait, dans *J. A. / L'Intelligent* (op. cit., p.44) que dans un rapport confidentiel adressé le 9 septembre 2004 aux autorités sénégalaises dont *J.A.I.* a obtenu copie, la banque-conseil notait : « Le Consortium Advens – sur la base de la nouvelle proposition financière orale – constitue une opportunité unique pour l'État du Sénégal de réaliser la privatisation de la SONACOS et de poursuivre son désengagement de la filière arachidière, et ce dans des conditions financières acceptables. » L'État avait donc fait son choix de se désengager de façon irréversible. Le Chef de l'État sénégalais en particulier, ne faisait pas mystère de son accord pour ce désengagement total.

La privatisation de la SONACOS n'a pas eu seulement que des adeptes. Elle a provoqué en particulier l'ire des responsables du Conseil national de Concertation rurale (CNCR) qui regroupe en son sein de nombreux paysans sénégalais. Au mois de mai 2005, les responsables du CNCR ont fait une tournée nationale de sensibilisation dont l'objectif était d'« exprimer leur mécontentement et leur opposition à la manière et aux conditions de cession des actions de la SONACOS ». Pour le CNCR, l'entreprise « ne se réduit pas seulement aux usines. Elle est un maillon important d'une filière qui procure, en bonne année, plus de 70 milliards de Fcfa aux familles rurales, aux transporteurs, aux entreprises d'intrants, aux banques »[206].

Ce qui faisait l'objet de l'inquiétude de nombreux observateurs, y compris de nombreux acteurs de la filière arachidière, c'étaient les conditions nébuleuses de la privatisation de la SONACOS, tout au long du processus. Le personnel en particulier, n'avait pris part à aucune rencontre traitant des problèmes de fonds de cette privatisation. Pendant tout le processus, ses seules sources d'informations étaient la presse et les rumeurs. Ce n'est qu'après la signature du protocole de vente entre le gouvernement et le repreneur que le personnel a été informé et invité à négocier un plan social dont les discussions n'ont tourné qu'autour d'un seul point : les *départs volontaires*. Des questions aussi fondamentales

---

[206] *J. A. I.*, ibidem, p.42.

que l'avenir des emplois saisonniers et permanents, de la filière de l'arachide avec le maintien de tous les sites (unités) de production n'avaient pas été prévues dans les discussions du plan social. Les négociations ont été orientées de bout en bout par l'ex-Pdg A. K. Guèye, préoccupé davantage par son propre sort que par celui de l'ensemble de travailleurs. Son objectif principal était de s'aménager un départ en or et il l'a obtenu. En manipulant le Ministre de l'Économie et des Finances et celui du Travail, de l'Emploi et des Organisations professionnelles pour leur faire signer le protocole des départs volontaires.

Pendant que les négociations sur la retraite à 60 ans étaient en discussion entre le patronat et les diverses organisations syndicales, M. Guèye prit sur lui la responsabilité, intra muros (c'est-à-dire à l'intérieur de la SONACOS seulement), de porter l'âge de la retraite à 58 ans. Il était à quelques encablures de la retraite et tenait certainement à bénéficier des avantages du plan social taillé sur mesure qu'il a réussi à faire signer au Gouvernement. Ce plan est en tout cas tellement avantageux que 391 employés sur 800 environs se sont inscrits sur la liste de départ. Pour faire face à leurs substantielles indemnisations, l'État devra débourser la coquette somme de 10 128 726 708 Fcfa, alors que la privatisation ne lui a rapporté que 8 modestes milliards. C'est ce coût exorbitant, selon les autorités nationales, qui expliquerait que le plan social n'ait pas encore connu des débuts d'exécution. L'intersyndicale des travailleurs de la SONACOS a d'ailleurs pratiquement engagé le bras de fer avec le Gouvernement, qui donne l'impression de découvrir que l'ex-Pdg l'a roulé dans la farine : le protocole d'accord qu'il lui a fait signer a un coût qui dépasse largement ses prévisions[207].

Il y a des traditions et des principes dans les négociations des plans sociaux, respectés en général par les différentes entreprises privatisées. Les emplois sont en général sécurisés. Au moment des négociations, l'organigramme de l'entreprise à céder est mis entre les mains du repreneur qui indique les catégories de personnels qu'il souhaiterait garder. Et les discussions s'engagent ensuite entre l'État, les organisations syndicales et le repreneur. À la SONACOS, les choses ne se sont pas passées de la même manière. Le protocole d'accord entre le

[207] Le Gouvernement, la direction de la SONACOS et les syndicats de travailleurs ont finalement trouvé un compromis concernant le plan social sur mesure concocté par l'ex-Pdg : le coût du plan est ramené de 10 128 726 708 de Fcfa à 6 milliards, le gouvernement donnant 4 milliards et la direction de la SONACOS les 2 autres.

gouvernement et les syndicats a été présenté au repreneur après coup, avec le nombre de travailleurs candidats au départ (391).

L'ex-Pdg a pesé de tout son poids sur les négociations du plan social. Traditionnellement, on intègre dans l'assiette du bonus de 60 mois la prime d'ancienneté et la prime de productivité ou de rendement. *M. Guèye est arrivé à y intégrer 80 % de l'indemnité de logement et de l'indemnité de transport*. Les ouvriers, agents de maîtrise et cadres de la SONACOS perçoivent respectivement une indemnité de logement (mensuelle) de 75 000, 100 000 et 250 000 Fcfa. Ces indemnités sont, pour le transport, respectivement de 27 000, 50 000 et 75 000 Fcfa. L'indemnité de logement de l'ex-Pdg doit être particulièrement consistante. Peut-être, un jour, le montant sera-t-il connu. En tout cas, il a réussi un grand coup en faisant approuver le protocole d'accord au gouvernement. Et il se réjouissait d'avoir fait une bonne privatisation de la SONACOS. Sans doute, la privatisation sera-t-elle excellente pour lui car il pourrait, avec son ancienneté de plus de vingt ans et ses trois ans de directeur pour un salaire, dit-on, substantiel, se retrouver avec deux à trois cents millions de francs d'indemnité. Mais ce qui est bon pour lui, ne l'est malheureusement pas pour la filière arachidière et pour l'intérêt supérieur du Sénégal. Contrairement à ce qu'il a tenté de faire comprendre aux Sénégalaises et aux Sénégalais dans ses différentes interventions (conférences de presse, interviews), cette filière est loin d'être sauvée. Le nouveau Dg de la SONACOS, M. Roger Chavane, aurait déjà fait savoir au personnel que l'EID (l'unité de la SONACOS de Dakar) sera confinée dans la seule activité de raffinage[208]. Elle raffinera l'huile brute venant de Ziguinchor et de Kaolack, ainsi que l'huile de soja importée. La conséquence immédiate de ce choix du nouveau Dg est la suppression de trois autres activités importantes au niveau de Dakar : la réception des graines d'arachide, la fabrication et la maintenance (des machines de fabrication). Dans ces conditions, au moins 500 postes de saisonniers seront supprimés à Dakar, l'ont été déjà d'ailleurs puisque, depuis deux ans, l'EID n'a pas réceptionné une seule graine d'arachide.

[208] Devant les nombreuses difficultés, M. Chavane a démissionné de la direction générale. Le nouveau directeur s'est engagé, semble-t-il, à acheter 195 000 tonnes et la NOVASEN (autre entreprise privée) 10 000. Soit un total de 205 000 tonnes sur une production estimée à 800 000 tonnes. Ce qui est encore loin de faire le compte, si on considère que la seule EID (l'unité de Dakar) a une capacité de trituration annuelle de 300 000 tonnes. La relance de la filière arachidière, contrairement aux déclarations mensongères de l'ex-Pdg Abdou Khadim Guèye, n'est donc pas pour demain.

Même des emplois permanents seront menacés. Sans compter le manque à gagner pour les transporteurs (de l'arachide).

Le gouvernement aura une grande responsabilité dans la faillite de la filière arachidière. Depuis qu'il a pris la décision de se désengager de cette filière qui fait vivre 80 % des familles du monde rural, il s'est désintéressé totalement de la gestion de la SONACOS, la laissant pratiquement à la discrétion de l'ex-Pdg A. K. Guèye. Nous avons entendu un jour le Président de la Cour des Comptes dire que ladite structure contrôle les gestions closes. Il est hautement souhaitable qu'un jour, elle passe au peigne fin celle de l'ex-Pdg de la SONACOS. Après la dissolution de la SONAGRAINES, tout son parc automobile aurait été discrètement vendu. Il en aurait été ainsi également de ceux de la SEIB de Diourbel et de l'Unité de Louga. Plus gravement, il a été fortement question de la vente, immédiatement après la privatisation de la SONACOS, des villas de l'ancienne SEIB de Diourbel situées au centre-ville, du seul fait de l'ex-Pdg qui les aurait cédées à ses amis. Ces derniers devraient payer une fois leurs indemnités de départ volontaire reçues. L'immeuble Jorris de l'ancienne direction de la SEIB à Dakar aurait été déjà vendu à un tiers à 120 000 000 de Fcfa et sans appel d'offres. Il semblerait d'ailleurs que le nouveau Dg de la SONACOS serait très réticent à ce que le chèque soit versé dans les comptes de la SONACOS. Il sentirait probablement le roussi qui entoure la vente de l'immeuble en question. L'acheteur, qui a fait une bonne affaire, s'accrocherait de toutes ses forces à la vente qu'il ne veut voir en aucune manière annulée.

Les autorités de l'alternance s'acharnent à faire la lumière sur les milliards des chantiers de Thiès. Transparence pour transparence, elles devraient s'intéresser à la gestion de la SONACOS, qui ne devrait pas être, nous en avons le fort pressentiment, un modèle de bonne gestion. En particulier, le contribuable sénégalais devrait être édifié sur les différents parcs (automobiles et immobiliers) de la SONACOS. Les véhicules et villas en question ont-ils été vendus ? Si oui, à qui l'ont-ils été et dans quelles conditions ? Quand, il y a quelques années, la direction de la SONACOS décidait de vendre les villas « petit standing » de la Cité ouvrière de l'Unité de la SEIB de Diourbel, elles ont été expertisées avant la vente. Cette précaution nécessaire a-t-elle été prise avant les ventes supposées par l'ex-Pdg de la SONACOS Abdou Khadim Guèye ?[209]

Il ne serait pas non plus superflu de jeter un coup d'œil sur la gestion de l'Unité de la SONACOS de Louga. On a le vague sentiment que cette structure ne fait pas partie de la SONACOS, que les autorités nationales n'en connaissent pas l'existence. Elle serait la vache à lait des nombreux Pdg qui se sont succédé à la SONACOS. Elle décortique chaque année (normale) 20 à 25 000 tonnes d'arachide. Le produit, l'arachide de bouche, est très prisé sur le marché international et se vend très bien. Sans compter ce qu'on appelle familièrement les « déchets », les « *buuse* » ou « *sax sax* » qui se vendent également très bien à Touba. Tout cela entre-t-il en compte dans la comptabilité de la SONACOS ? Nous avons besoin d'en avoir le cœur net. C'est notre droit le plus absolu.

En attendant, voici l'état dans lequel A. K. Guèye, qui se gargarise d'avoir privatisé une SONACOS en bonne santé, a laissé l'unité de la SONACOS-Lyndiane, qui a fait la fierté des Kaolackois pendant de nombreuses années. État décrit par A. B. Diallo, dans *Walfadjri* du mercredi 30 juin 2004 :

« A la SONACOS-Lyndiane, ça ne baigne plus dans l'huile »

« Erigée sur les berges du Fleuve Saloum, à une dizaine de kilomètres de Kaolack, la Société nationale de Commercialisation des Oléagineux du Sénégal, la SONACOS-Lyndiane, naguère si grouillante, sombre de plus en plus dans une léthargie inquiétante. Suite à la chute de la production arachidière, plusieurs départs volontaires ont été négociés. Selon les travailleurs, la moitié des 300 employés est partie laissant derrière eux plusieurs contentieux relatifs à leur dédommagement.

Des départements stratégiques, comme le conditionnement des huiles (Cdh), ont été supprimés. Sur place, le matériel se rouille. Les bateaux qui, depuis l'Europe, venaient régulièrement chercher de l'huile et des tourteaux se raréfient. Les cars de la société de transport qui desservent l'usine de Lyndiane et qui refusaient du monde jusque vers les années 90,

[209] Il semble que les nouvelles autorités de la SONACOS aient compris le manège de l'ex-Pdg A. K. Guèye et remis en cause toutes les mesures prises dans ce domaine.

sont maintenant peu nombreux. La décadence de la SONACOS-Lyndiane touche aussi les villages dortoirs des alentours, et même la Commune de Gandiaye située à une quinzaine de kilomètres. Les habitants de la localité se demandent désormais où trouver de l'emploi. L'essentiel des jeunes a déjà pris le chemin de l'exode. »

Ce texte pouvait être appliqué exactement aux unités de Diourbel et de Ziguinchor, qui vivent la même situation que la SONACOS-Lyndiane. Il en est de même de celle de l'EID de Dakar. On est donc très loin de l'euphorie et des fanfaronnades de A. K. Guèye pour qui toute la SONACOS baigne dans l'huile. Il a réussi à manipuler le gouvernement, les partenaires au développement, les travailleurs, l'opinion publique dans son ensemble et à les embarquer tous dans une vaste escroquerie. Le Ministre d'État, Ministre de l'Agriculture et de l'Hydraulique M. Habib Sy, organise la même arnaque autour de tout le secteur de l'agriculture.

b) L'arnaque autour d'un secteur en perte de vitesse

Comme son acolyte Abdou Khadim Guèye, ancien Pdg de la SONACOS, M. Habib Sy trompe le peuple. Sa seule préoccupation est de tenir un discours qui plaise à Me Wade, fût-il à mille lieues de la réalité. Et il y parvient admirablement, fortement appuyé dans cette « noble mission » par la vulgaire télévision de propagande du « khalife général du Sénégal » et ses nombreux courtisans. L'agriculture, ce secteur stratégique de notre économie nationale, souffre malheureusement de l'incompétence, de l'amateurisme et du pilotage à vue du Gouvernement dit de l'alternance. Il mériterait un bien meilleur sort, compte tenu du rôle déterminant qu'il peut jouer dans la croissance de notre économie en général et dans la lutte contre la pauvreté en particulier. Les fanfaronnades du Ministre d'État Habib Sy dans ce domaine sont en contradiction formelle avec la réalité que vit le monde rural. Dans un mémorandum qu'il lui a adressé en juillet 2005, le CNCR tire la sonnette d'alarme et attire son attention sur le mal profond que vit le monde rural où « des milliers de familles n'ont au mieux qu'un repas par jour, voire aucune ressource monétaire pour subvenir à leurs besoins de santé, d'éducation, de production, etc... ». Tirant leurs sources des

Enquêtes ESAM (dont ils n'ont pas indiqué la date) du Ministère de l'Économie et des Finances, les responsables du CNCR précisent :

« Six à sept Sénégalais sur dix vivent aujourd'hui en milieu rural. Depuis 2001, la pauvreté s'est élargie, touchant 72 % à 88 % des ménages, alors qu'à la fin des années 90, la proportion des pauvres n'était que de 58 %. »

Selon eux, les causes de cette situation sont « essentiellement relatives à l'inadéquation des politiques et mesures prises par l'État ». Ce sont ces mêmes politiques hasardeuses et inadéquates qui expliquent que, « depuis 2001, lorsque des catastrophes naturelles (pluies hors saison, sécheresse, invasion de criquet pèlerins) se produisent, la faim s'installe et affecte la majorité des ruraux. » C'est cela qui explique également que depuis cette année-là, « les familles paysannes reçoivent des vivres de soudure au lieu de produire l'alimentation pour elles-mêmes et pour les autres familles sénégalaises ». Le CNCR considère, à juste raison d'ailleurs, qu'« une telle situation n'est ni durable, ni acceptable et qu'elle mérite d'être portée à la connaissance des plus hautes autorités politiques et de toutes les organisations sociales et citoyennes de notre pays ».

Depuis l'avènement de l'alternance donc, les différentes filières agricoles sont en crise profonde, « malgré les dizaines de milliards de Fcfa annuellement mobilisés à partir du budget national (et qui) n'ont pas donné les résultats attendus ». C'est à se demander d'ailleurs si les milliards officiellement déclarés arrivent à leur destination initiale. Il ne serait pas superflu de le vérifier. Sait-on jamais avec les libéraux, leurs alliés et leur chef ? En tous les cas, depuis quatre à cinq ans, les paysans dépendent plus que jamais des vivres de soudure pour subsister. Cette situation ne procèderait-elle pas des calculs politiciens des libéraux et de leur chef, très futé en la matière, les périodes de soudure sévère pouvant être pour eux l'occasion rêvée de parcourir bruyamment le monde rural avec leur télévision et leurs cargaisons de riz ? Comme pour convaincre les pauvres paysans que le Gouvernement de l'alternance et son chef sont indispensables et incontournables devant leurs difficultés.

Avec la politique hasardeuse et improvisée des libéraux, l'agriculture est loin de répondre aux résultats importants que les Sénégalaises et les Sénégalais en général et les paysans en particulier, sont en droit d'attendre d'elle. Interrogé sur l'impact de l'agriculture sur la croissance de notre économie nationale, le Ministre délégué auprès du Ministre de l'Économie et des Finances chargé du Budget déclare :

> *« Comme vous le savez, l'agriculture reste fragile et très dépendante de facteurs liés notamment à la pluviométrie et à des invasions de toutes sortes (...). Quand on connaît le poids de l'agriculture dans le produit intérieur brut (Pib) et le revenu national, on mesure la fragilité des acquis réalisés dans notre pays. »*[210]

La publication de la Direction de la Prévision et de la Statistique (DPS) portant sur « *la situation économique et financière en 2004 et les perspectives en 2005* », fait état d'une croissance de notre économie de 6 % grâce à une bonne tenue de l'ensemble des secteurs du secondaire et du tertiaire notamment[211]. *Le document note également la contre-performance du sous-secteur agricole (seulement une évolution de 2,3 % contre 19,8 % en 2003) qui a entraîné un recul d'un demi-point de croissance nationale par rapport à 2003 qui affichait 6,5 %.* La production céréale a chuté ainsi de 21 % à cause des criquets pèlerins, alors que les cultures industrielles comme l'arachide et le sésame se sont bien comportées. Avec une hausse de 30 % pour l'arachide *dont la production reste cependant bien en dessous de son potentiel.*

S'agissant du secteur secondaire, sa croissance est estimée à 6,7 % grâce à la bonne tenue de l'ensemble du sous-secteur, les mines et les huileries exceptées. *L'activité de l'huilerie poursuit, en effet, sa tendance baissière amorcée depuis 2002 : soit -9,6 % en 2002, -22,8 % en 2003 et -16 % en 2004. Cette contre-performance notable est imputable à l'insuffisance de graines destinées à la trituration en raison du faible niveau de collecte et de l'épuisement des stocks de graines disponibles.* (Ce n'est pas de nous, mais bien de la très officielle DPS). Où sont les performances de la filière arachidière dont se gargarisait l'ex-Pdg de la SONACOS ?

Dans leur étude citée plus haut, les professeurs Abdoulaye Diagne et Gaye Daffé du CREA jugeaient déjà, dès les premières années de l'alternance, l'embellie économique du Sénégal fragile. Ils faisaient remarquer que le secteur agricole, dont l'essentiel des revenus repose sur

---

[210] *Le Quotidien* du mardi 21 septembre 2004, p.4.

[211] *Nouvel Horizon* n° 462 du 18 au 24 mars 2005 restitue les grandes lignes de ce document (pp.32-33).

la production arachidière, connaît un déclin continu depuis bientôt 30 ans. Non seulement sa contribution au Pib est en régression, passant de 16,9 % dans les années 60 à environ 10 % aujourd'hui, mais le secteur est surtout confronté à des obstacles structurels qui empêchent sa modernisation. Les Professeurs Diagne et Gaye constatent que des circuits de commercialisation des produits inefficaces et une forte pression démographique conduisent à l'abandon des activités agricoles dans un nombre croissant de régions où elles avaient vocation à se développer. La conséquence de cette situation est que, de l'avis des deux professeurs, « les zones se vident progressivement de leur population active et jeune au profit des centres urbains, la région de Dakar en particulier, où cette dernière doit de plus en plus se contenter d'emplois précaires ou de mendicité. » Le député Aliou Dia, président de « Forces paysannes » va plus loin en constatant que, « dans les prisons, 80 % des détenus sont des ruraux et les jeunes qui restent dans les villages sont dans un processus de paupérisation irréversible, à cause du tâtonnement des gouvernants dans leur politique agricole ». Cette situation procède de l'exode rural qui s'intensifie alors que Dakar est incapable d'offrir des possibilités d'insertion à tous les flux migratoires.

Les problèmes sérieux de l'agriculture que nous venons de passer en revue sont en contradiction flagrante avec l'optimisme béat et les fanfaronnades du Ministre d'État Habib Sy, qui trompe sciemment ses compatriotes pour plaire au prince et conserver son portefeuille ministériel. Jamais l'agriculture sénégalaise ne s'est autant mal comportée et jamais, depuis l'indépendance en 1960, le monde rural n'a eu autant mal, mal dans sa chair et surtout dans son ventre. Les « performances » de ce secteur en perdition dont Me Wade, son Ministre d'État, Ministre de l'Agriculture, sa vulgaire télévision de propagande et ses courtisans zélés nous ont jusqu'ici abreuvés, ne sont que des leurres, une arnaque officielle consciemment organisée.

M. Ousmane Tanor Dieng, le premier Secrétaire du PS disait des autorités de l'alternance qu'elles n'avaient pas la « fibre rurale ». Il ne sait pas à quel point il a raison. De l'avènement de l'alternance à nos jours, elles font du sur place et n'ont pas été en mesure de concevoir et d'appliquer une politique cohérente à l'agriculture. Manifestement incapables de répondre aux besoins et préoccupations des populations rurales, leur leader décrète des programmes spéciaux qui émergent chaque année de sa tête bouillonnante d'idées, sans analyse, sans étude diagnostique préalable : le maïs en 2003, le manioc en 2004, le *bisaab* (oseille) en 2005 et peut-être le blé ou la betterave sucrière en 2006. Me Wade ne devrait pas pouvoir décider à la place des acteurs. C'est plutôt aux paysans, à leurs organisations syndicales et aux collectivités qu'il appartient de choisir, en fonction de leurs réalités et de leurs potentialités. Le sociologue consultant Jacques Faye, une voie autorisée, confirme en ces termes :

« Il faut que le gouvernement se départisse de l'illusion de vouloir décider de ce que le paysan doit produire. Le rôle du gouvernement, c'est de créer les conditions qui permettent aux paysans d'entreprendre, de décider d'eux-mêmes de ce qu'ils vont produire et qui va leur permettre d'avoir des revenus nécessaires à la satisfaction de leurs besoins. »[212]

M. Faye fait remarquer que pour ses programmes spéciaux, Me Wade ne se fie qu'à sa personne. Il n'écoute pas les experts. Le premier qui a osé lui faire des remarques sur les programmes spéciaux a fait les frais de son audace professionnelle. Jacques Faye rapporte que Me Wade a simplement répondu à l'expert que lorsqu'il concevait ses projets, il n'était pas encore né (sic).

Ces programmes spéciaux, décidés donc de façon unilatérale et sans études préalables, sont tous voués à l'échec, malgré les milliards qui y sont investis. L'exemple patent de programme spécial improvisé et ayant échoué malgré les manipulations du Ministre d'État Habib Sy et de la tonitruante télévision de *Buur Saalum*, c'est incontestablement celui du maïs. C'est au détour d'une tournée dans le Département de Dagana (à quelque 140 km au nord-est de Saint-Louis) qui eut lieu le 11 mars 2003, que Me Wade décréta, dans la chaleur de l'accueil et au son des tam-tams, des violons, des koras et autres instruments de musique endiablée, une production d'un million de tonnes de maïs pour l'hivernage de cette année-là. Au Conseil des Ministres du 13 mars 2003, il réitéra avec force ses instructions au Ministre Habib Sy, alors en charge de l'Agriculture et de l'Élevage. On était en mi-mars, donc à trois mois de l'installation de l'hivernage et Me Wade décrète un million de tonnes de maïs pour la fin de cet hivernage-là. En trois mois, il fallait trouver les semences et les autres intrants agricoles, les distribuer, préparer les paysans, etc. Il fallait être Me Wade et son Ministre de l'agriculture pour croire à la possibilité d'un tel miracle. Le pauvre ministre y croyait en tout cas fortement (ou

---

[212] *Le Quotidien* du mardi 5 juillet 2004, p.4.

feignait d'y croire) et, son million de tonnes en bandoulière, parcourait les différentes régions du pays pour vulgariser la bonne nouvelle.

La voix des techniciens n'avait pas tardé évidemment à se faire entendre, pour ramener sur terre Me Wade et son Ministre. Ainsi, un technicien que personne ne pouvait raisonnablement suspecter de parti pris ou d'hostilité vis-à-vis du Gouvernement de l'alternance, le Coordonnateur du programme d'urgence de la FAO en l'occurence, déclarait, en réponse à des questions de *Walfadjri* des 5 et 6 avril 2003 : « Un million de tonnes de maïs, c'est possible, mais en moyen terme. » Puis le technicien de la FAO de préciser : « On est en moyenne à 100 000 tonnes de maïs au niveau national. Atteindre un million de tonnes équivaudrait à multiplier la production par dix. Mais cela supposerait déjà la mobilisation de beaucoup de superficies. Il est possible de le faire, mais je crois qu'il ne sera possible d'y arriver que dans le moyen terme. Mais il subsiste deux préalables : le premier consiste à trouver des débouchés parce qu'un million de tonnes, ce n'est pas rien. Deuxièmement, cela demandera un investissement du point de vue des intrants. Ainsi, pour produire un million de tonnes de maïs, il faut 10 000 tonnes de semences. Ce qui voudrait dire qu'il faut dégager la somme de trois milliards de francs Cfa rien que pour les semences. Les engrais viendront après. Et puis, rien qu'un programme de 250 000 tonnes coûterait 12 milliards. Multipliez par 4, ça fait 40 à 50 milliards… »

On pourrait, avec cette réflexion claire comme l'eau de roche, pertinente et profonde, avancer que la cause était entendue et clore le débat sur le million de tonnes de Me Wade et du Ministre Habib Sy. De nombreux autres techniciens tirèrent la sonnette d'alarme pour les arracher de leurs rêves et les faire revenir sur terre[213]. Mais rien n'y fit : ils poursuivirent leur objectif techniquement impossible à atteindre et, au moment des récoltes, déclarèrent une production de 500 000 tonnes. Ce que tous les techniciens indépendants refutèrent formellement. C'est notamment le cas de Jacques Faye qui, à la question de savoir si le Gouvernement manipule les statistiques, répond sans ambages :

> *« C'est clair, ça. On a parlé de 500 000 tonnes de maïs, moi je peux vous montrer un document sorti du cabinet du Ministère de l'Agriculture qui dit que cela est faux. On ment aux populations, on n'a jamais fait 500 000 tonnes de maïs. En fait je peux vous*

[213] Cf notre livre, op. cit., pp.39-40-41.

démontrer mathématiquement qu'il n'était pas possible de faire 500 000 tonnes. Ne nous nourrissons pas d'illusions, ça ne sert à rien. Les réalités sont là, elles sont difficiles, elles sont terribles ; ça va prendre du temps à résoudre tous les problèmes, mais il faut qu'on s'attaque à ça au lieu de masquer les choses, de faire croire aux gens qu'on va régler tous les problèmes de l'agriculture sénégalaise par une baguette magique... »[214]

Quelqu'un d'autre, celui-là de taille, avait également réfuté catégoriquement les 500 000 tonnes de maïs du Gouvernement. Il s'agit de Djibo Leïty Ka, aujourd'hui Ministre d'État, Ministre de l'Économie maritime dans le Gouvernement de Me Wade. Même s'il n'est pas un technicien de l'agriculture, M. Ka sait ce dont il parle. Répondant à une question de *Walfadjri* du mardi 6 janvier 2004 (page7) sur les fameuses 500 000 tonnes, il s'est montré particulièrement impitoyable, traitant le *Programme spécial maïs* d'« arnaque officielle ». Pour cette réponse, nous renvoyons le lecteur au point consacré précédemment à la transhumance et principalement aux « trois visages » du leader de l'URD.

Le programme spécial maïs a donc été incontestablement un échec, une véritable arnaque officielle, pour paraphraser l'autre. Malgré tout, et sans même l'évaluer, Me Wade lance successivement deux autres programmes spéciaux : un million de tonnes de manioc pour l'année 2004 et 70 000 t de *bisaab* (oseille) pour 2005. Comme le *programme spécial maïs*, celui du manioc n'a pas été évalué. Comme celui du maïs, il n'a pas enchanté les techniciens. Ceux *d'Agrécol Afrique*, qui travaillent dans le cadre de la vulgarisation de l'agriculture biologique, se sont prononcés sur la question[215].

Le coordonnateur de ladite structure, M. Souleymane Bassoum, fait remarquer, en 2004, comme son collègue Jacques Faye, qu'une agriculture « ne se décrète pas », que loin d'être un mot d'ordre, « c'est une combinaison de facteurs naturels ». Pour ce technicien, l'idée de mettre en œuvre de grands thèmes par an est mauvaise. L'année dernière, c'était le maïs ; cette année, c'est le manioc. Or, dans la logique agricole, celle-ci devrait se traduire, de l'avis de M. Bassoum et de nombre de ses pairs, par une campagne de consolidation du maïs. Il y aussi que les deux

[214] *Le Quotidien* du mardi 5 juillet, p.4.
[215] *L'Observateur* du lundi 14 juin 2004.

cultures sont très appauvrissantes, alors que les terres sénégalaises sont déjà très dégradées (autour de 47 %).

M. Souleymane Bassoum estime également que « le manioc sera pire que le maïs car il risque d'engendrer des conflits entre éleveurs et agriculteurs ». C'est une culture annuelle qui nécessite 210 jours « alors que la loi sur la Décentralisation fixe la date du 5 janvier pour libérer les terres et permettre aux animaux de paître ». M. Bassoum ajoute que, pour produire un million de tonnes de manioc, il faut plus de 360 000 hectares de terre. Et il rappelle qu'un programme de généralisation du manioc avait été initié il y a treize ans, mais qu'il avait dû être abandonné car la production était invendable. Avant de mettre en place une filière, il faut d'abord en maîtriser les circuits de commercialisation.

Donc, à supposer d'ailleurs que nos paysans aient réussi le pari fou d'un million de tonnes de manioc en 2004, qu'en avons-nous fait ? Si on considère le peu de manioc que nous consommons dans notre bol de riz au poisson, qu'avons-nous fait du reste de cette importante récolte ? En avons-nous transformé une partie ? Où et par quels moyens ? En avons-nous exporté une autre ? Si oui, à quel (s) pays ?

Pour le programme *bisaab* aussi, il y a d'ores et déjà beaucoup de questions à se poser. Où en est l'évolution avec le bon hivernage que nous avons connu ? Les 70 000 t programmées sont-elles toujours envisageables ? Si nos braves paysans arrivent à réaliser cette belle performance, que ferons-nous de ces montagnes de tonnes de *bisaab* ? Me Wade et son Ministre d'État s'imaginent-ils ce qu'est une récolte de 70 000 t de *bisaab* ?

Voilà les vraies questions que nous nous posons, et que se posent surtout les spécialistes, dont le souci premier n'est pas de plaire à Me Wade. Nous avons besoin d'avoir des réponses précises à toutes ces questions, qui ne nous viendront sûrement pas de Me Wade et de son Ministre de l'Agriculture. Ces gens-là vont continuer, au contraire, de nous nourrir quotidiennement d'illusions. *Si celles-ci étaient riches en protéines, la malnutrition ne serait plus à la base de la mort d'aucun enfant sénégalais.*

Me Wade, son Ministre d'État, sa télévision et ses courtisans continuent donc de nous faire rêver. Or, le développement n'est pas une affaire de rêve, de miracle.

« C'est un travail patient dans la durée, avec toute la volonté nécessaire, autour de ce que nous devons faire pour que tout le monde aille dans la même direction ».

M. Jacques Faye, qui s'exprime ainsi, n'a aucune chance de se faire entendre : Me Wade fait du sur place, du pilotage à vue. Il n'a pas de politique agricole cohérente, ni d'autres politiques d'ailleurs. Il fait du coq-à-l'âne dans tous les domaines de la vie nationale. C'est exactement le cas quand il décrète (il décrète toujours) l'autosuffisance alimentaire, en tout cas au moins l'autonomie en riz d'ici à cinq ans au maximum. C'est encore la mission dont il a investi son pauvre Ministre de l'Agriculture. Dans cette perspective, ce dernier a organisé un véritable cinéma à la télévision nationale, entouré de ses techniciens et ayant à côté de lui un nouveau partenaire, un partenaire indien qui doit régler nos problèmes de riz dans cinq ans au maximum. Ce dernier présente son matériel à travers un petit documentaire qu'il commente rapidement. À sa suite, et le répétant inlassablement, le Ministre d'État, Ministre de l'Agriculture nous sert des propos du genre : nous allons nous autosuffire en riz et, pour ce faire, il nous faut recourir à plus d'irrigation, employer plus d'engrais, plus de machines, etc. Un discours qui nous était déjà familier avec le Gouvernement Mamadou Dia, que nous entendons depuis des décennies, aussi bien avec les Vietnamiens qu'avec les Chinois de Béijing et de Taïpeh. Nous en sommes encore à dépenser annuellement 100 à 120 milliards de Fcfa pour importer 500 à 600 000 tonnes de la précieuse céréale. C'est maintenant un indien, qui viendra, comme à l'aide d'une baguette magique, nous faire connaître l'autosuffisance en riz. Où sont les nombreux techniciens sénégalais ? Sont-ils à ce point incompétents qu'ils sont totalement ignorés dans la volonté du Gouvernement d'atteindre l'autosuffisance en riz ? Pourquoi ne se sont-ils pas fait entendre au moins ? Ou bien, sont-ils tentés, à l'image de nombre de leurs compatriotes, de croiser les bras et de laisser faire ? Les techniciens du CNCR ont en tout cas émis de sérieuses réserves par rapport au projet de ce partenaire indien qu'on veut leur imposer. Sans même tenir compte de l'expérience déjà tirée de l'utilisation du matériel indien dans la Région de Saint-Louis. Ce projet indien connaîtra probablement le même sort que les différents programmes spéciaux de Me Wade. Ils portent pratiquement les mêmes virus de départ : improvisation, amateurisme, précipitation, volontarisme non éclairé, absence de concertation, etc.

Nous avons choisi de passer en revue quelques « performances » du Gouvernement dit de l'alternance, pour en montrer les limites objectives, pour les relativiser notablement. Qu'il s'agisse de la croissance de notre économie, du pourcentage du budget national alloué à certains secteurs, de la filière arachidière, des programmes dits spéciaux, etc, Me Wade, sa télévision et ses infatigables courtisans trompent et manipulent sans état d'âme le peuple. À force de battage médiatique, ils peuvent faire croire à de belles réalisations et rouler les moins avertis d'entre nous dans la farine. Et ils ne s'en lassent jamais.

4) Quelques autres « motifs de satisfaction » du Gouvernement libéral

Le Gouvernement dit de l'alternance porte également en bandoulière, et de façon inlassable, les fameux bassins de rétention et les cases des tout-petits. Pourtant, là aussi, ils n'ont vraiment pas de grandes raisons de bomber le torse. Ils devraient, au contraire, garder le profil bas. On se rappelle, en effet, qu'à l'occasion de l'inauguration en grande pompe du bassin de rétention de Dougar, près de Diamniadio, à quelque trente kilomètres de Dakar, le Ministre de l'Agriculture de l'Hydraulique, aux anges, révélait que le Président de la République lui avait donné comme instruction de réaliser un bassin de rétention au niveau de chaque village du Sénégal (il y en a au moins au moins 13 000). Dans leur livre-réponse à Abdou Latif Coulibaly, les auteurs, un certain « Collectif de citoyens partisans de l'Alternance » révèlent, à la page 183, qu'au 30 septembre 2003, 40 bassins de rétention ont été recensés, dont 9 ont été réalisés de 60 à 80 % et 11 qui n'ont pas encore vu démarrer leurs travaux (sic). Depuis lors, nous n'avons pas entendu parler de réalisation de bassins de rétention. À supposer même, qu'entre-temps, 80, voire 100 bassins aient été réalisés. Cela ferait, avec les 40 premiers, 140 bassins sur 13 000 programmés. Alors, que vaut ce résultat, comparé à l'objectif de départ ? Pourtant, les courtisans de Me Wade nous présentent les bassins de rétention comme un succès retentissant. En cela d'ailleurs, ils ressemblent fort à leur champion qui, lui aussi, n'est pas avare en fanfaronnades. À propos de ces bassins, il déclarait à un « Figaro » de juin 2001 ce qui suit :

« Avec comme objectif d'atteindre l'autosuffisance alimentaire, j'ai lancé un programme de bassins de rétention d'eau. Assistés techniquement par une entreprise française, les paysans compactent le fond des mares laissées par les pluies pour que l'eau ne se perde pas à la saison sèche. Ils répandent sur les mares une poudre blanche qui, en se solidifiant, forme un plancher imperméable. Pour un investissement minime, l'avantage est double : les paysans disposent d'eau et ils peuvent faire pousser des cultures vivrières : manioc, maïs, patate douce. »

Où sont les résultats de ce programme lancé en 2001 déjà ? Dans quelles localités du pays ces bassins de rétention ont-ils commencé d'être réalisés ? La télévision de Me Wade et du Pds, d'habitude si bavarde en réalisations, se montre particulièrement discrète à cet égard. Que ne nous montre-t-elle pas, comme à ses habitudes, des paysans à l'œuvre autour de ces bassins-là, faisant pousser du maïs, du manioc, de la patate douce ? Le 19 mars 2005 (cinquième anniversaire de l'alternance) au soir, elle s'est tout juste contentée de nous montrer deux bassins en chantier dans la Région de Thiès, dont un à Mont Rolland[216]. Y a-t-il alors de quoi pavoiser ? Moins de 140 bassins sur 13 000 programmés ? Et encore ? On pourrait d'ailleurs continuer à les acculer jusque dans leurs derniers retranchements, en leur demandant de nous faire le point sur l'engagement plusieurs fois répété de Me Wade à créer un lac artificiel à Kaffrine, qui devait faire du Ndoucoumane (région autour de Kaffrine) le grenier du Sénégal. En tout cas leur champion n'en fait plus seulement cas depuis lors. Il promet plutôt la création d'un autre lac artificiel, celui de Dodji, dans le Département de Linguère. Le Journal parlé de 14 heures du mardi 20 septembre 2005 nous a présenté un Habib Sy poser la première pierre de ce fameux lac. Très en verve, il déclare :

« Sur instruction du Président de la République, nous allons créer un lac artificiel à Dodji. Le lac sera alimenté par les eaux de ruissellement (sic). Il coûtera 125 millions de francs Cfa. »

Dodji se trouve en pleine zone sylvo-pastorale, à l'isohyète peut-être 200-300 mm maximum. Même avec les pluies provoquées de Me Wade,

[216] La télévision nationale a couvert en grande pompe l'« empoissonnement » du bassin de rétention de cette localité. Le Ministre d'État ministre de l'Économie maritime annonce même un vaste programme dans ce sens. L'intention est louable. Espérons seulement qu'elle dépasse le niveau politicien.

il ne nous semble pas réaliste de créer à Dodji un lac artificiel alimenté par les eaux de ruissellement. Ce lac va sûrement connaître le sort de celui de Kaffrine. Tout au plus, fera-t-il l'affaire de la structure qui sera chargée de sa réalisation.

Les libéraux ont également construit des cases de tout-petits. Mais ce n'est pas l'essentiel. Certaines mesures d'accompagnement nécessaires ne suivent pas toujours. En outre, Me Wade promettait de construire une case des tout-petits dans chaque hameau du Sénégal. Si on y ajoute celles à construire dans les villes, on ne sera pas loin de 40 000. Si nos souvenirs sont exacts, Me Wade avançait le nombre de 43 000.

Les 20 et 21 octobre 2005, la télévision nationale nous a présenté un documentaire qui fait le point des réalisations du Premier Ministre Macky Sall depuis sa déclaration de politique générale. Selon le documentaire, le Gouvernement de l'Alternance a construit 220 cases des tout-petits et 314 bassins de rétention. À supposer que la télévision ait une fois raison, que représentent ces réalisations par rapport aux objectifs de départ de Me Wade, qui est à moins d'un an de la fin de son mandat ?

Chaque fois qu'il leur arrive d'être confrontés à de telles questions, les libéraux trouvent leur bouée de sauvetage dans les chantiers du Chef de l'État. Le Sénégal en chantier ! Le Sénégal en chantier ! Tel semble être leur leitmotiv depuis le 1er avril 2000. Dans nos différentes contributions, nous avons toujours exprimé nos sérieuses réserves devant les chantiers du Gouvernement de l'alternance. On se souvient que l'usine *Senbus* de Thiès a été inaugurée avec pompe, comme savent le faire les libéraux, en présence d'au moins deux chefs d'État de la Sous-Région : Blaise Compaoré et Mohamed Ould Taya. Comme à son habitude, dans une envolée particulièrement lyrique, Me Wade annonçait que l'usine allait produire 1000 bus par an (nombre ramené prudemment à 600 quelque temps après). Grâce à *Senbus*, les « cars rapides » et « Ndiaga Ndiaye » (vieux cars de transport public privé) devaient être renouvelés. À son premier anniversaire, *Senbus* n'avait produit que trente véhicules. Il convient de signaler que, le 5 septembre 2005, le Président de la République a réceptionné de *Senbus* un premier lot de 105 minibus sur un total prévu, semble-t-il, de 600. Comme de coutume, la cérémonie a donné lieu à des manifestations folkloriques devant les grilles du Palais de la Présidence de la République. Le Chef de l'État, qui affectionne particulièrement les foules, s'est permis un « doxantu » devant un cortège d'une cinquantaine de minibus dans les rues déjà très engorgées de

Dakar, causant de gros désagréments aux travailleurs qui voulaient rentrer chez eux. Auparavant, Me Wade s'est laissé aller aux fanfaronnades qu'on lui connaît en pareilles circonstances. On l'a entendu ainsi enflammer des foules déjà surchauffées :

> *« Je vais remplacer les vieux cars rapides et les Ndiaga Ndiaye. Je mettrai ensuite en circulation des minibus interurbains climatisés. Je vais remplacer après les taxis, j'ai déjà donné des instructions pour qu'on réfléchisse sur leur couleur ».*

Abandonnant pour un moment son « je » favori, Me Wade poursuit son show :

> *« Nous avons des véhicules neufs et de belles routes (sic). C'est une véritable révolution. »*

Déjà une révolution ? De quelles belles routes Me Wade parle-t-il ? A-t-il parcouru les rues de Dakar ? La route Saint-Louis-Matam-Bakel ? Kaolack-Tamba ? Tamba-Kolda ? Kolda-Ziguinchor ?

Dakar-Saint-Louis et Dakar-Fatick exceptées, de quelles autres belles routes Me Wade parle-t-il ? Quelle est la valeur technique des minibus qu'il a réceptionnés ? Quelle sera leur durée de vie sur nos routes plutôt cahoteuses ? Trouveront-ils toujours suffisamment de pièces d'échange sur le marché ? Senbus sera-t-il en mesure de faire face à toute la demande si les premiers minibus livrés sont appréciés ? Autant de questions qui méritent d'être posées avant qu'on aille vite en besogne en parlant déjà de révolution[217].

Mohamed Gassama, le griot de Me Wade, joue sa partition. Avec 600 minibus, déclare-t-il, avec l'emphase dont il est coutumier quand il déverse ses louanges sur son prince, les vieux cars seront remplacés et Dakar va changer de visage. D'abord Dakar n'est pas le Sénégal. Ailleurs aussi, les vieux cars devront être remplacés. Ensuite, il y aurait 3 à 4 000 vieux cars à remplacer à Dakar. On est donc loin du compte avec seulement 600 minibus, dont 105 seulement ont été réceptionnés pour le moment[218]. Peut-on changer le visage de la capitale avec seulement 105

---

[217] Il convient de signaler ici que le tronçon Fatick-Kaolack, construite par Bara Tall (encore lui) et qui n'est même pas encore réceptionné, s'est complètement dégradé. Me Wade parlait pourtant de 40 à 50 ans de durée de vie des routes de l'alternance.

[218] C'est d'ailleurs Mohamed Gassama qui avance ce nombre. Dans une interview à l'hebdomadaire *Nouvel Horizon* n° 487 du 09 au 15 septembre 2005, page 31, M. Mamadou Seck, Ministre de l'Équipement et des Transports terrestres indique que, après les premiers 105 minibus

bus, même avec 600 bus ? Et puis, Dakar n'est pas le Sénégal. Et les milliers d'autres vieux cars qui circulent à travers tout le pays ?

Donc, des chantiers partout dans notre pays, nous voulons bien. Cependant, quels chantiers ? Chat échaudé craignant l'eau froide, nous devons désormais rester prudents et vigilants avec les chantiers du Gouvernement dit de l'alternance. Le rapport de l'Inspection générale d'État ayant sanctionné le contrôle des chantiers de Thiès est sur la place publique. Il y est question d'une énorme surfacturation de 17 000 000 000 de Fcfa. Avant Thiès, il y a eu de nombreux autres chantiers où les marchés d'entente directe étaient la règle. C'est pratiquement le cas de la majorité des chantiers réalisés sous l'égide du Projet de Construction d'Immeubles administratifs et de Réhabilitation du Patrimoine bâti de l'État (PCRPE). Il en sera probablement ainsi de toutes les infrastructures importantes qui seront réalisées dans le cadre de la très liquide Agence nationale de l'Organisation de la Conférence islamique (ANOCI) : construction et réhabilitation de routes, d'ouvrage d'art, d'hôtels cinq étoiles de dernière génération, de centres de conférence, de dizaines de villas de grand standing, d'une clinique de luxe, de travaux d'hydraulique, d'assainissement, d'aménagements portuaires et aéroportuaires dans la Région de Dakar, etc. On imagine aisément le nombre important de milliards qui seront injectés dans ces travaux (le Président de la République a révélé qu'un budget de 75 milliards a été bouclé pour la structure). Mais, par-delà ces milliards, la question qu'il convient de se poser est naturellement celle-ci : où sont les ministères techniques et le Ministère des Affaires étrangères qui sont mieux indiqués pour organiser la Conférence islamique de 2007 ? De quelle(s) expérience(s) se prévaut Karim Wade pour être nommé à la tête de l'ANOCI ? Saura-t-on jamais comment les milliards de l'ANOCI seront gérés ? Abdoulaye Baldé, Directeur exécutif de cette agence, a fait au grand jour, et avec l'onction du Président de la République, une rentrée politique fort remarquée à Ziguinchor. Il distribue déjà beaucoup d'argent à l'occasion de ses nombreux déplacements dans la localité. D'où vient l'argent qu'il dépense à tour de bras ? Nous tremblons aussi après les récentes révélations faites autour de la gestion des fonds politiques du Président de la République et du rôle actif qu'y aurait joué

---

réceptionnés, deux autres livraisons sont attendues (sans donner de dates précises) : une de 225 et une troisième de 175. Il doit être mieux informé que Mohamed Gassama dont le souci premier est de tout embellir pour plaire à son prince.

son fils. Le budget substantiel de l'ANOCI, qui dépassera sûrement de loin 75 milliards, ne portera-t-il pas les marques ravageuses de ce garçon insatiable ?

Des chantiers comme ceux de Thiès, du PCRPE et de l'ANOCI, il y en a beaucoup dans ce Sénégal dit de l'alternance, des chantiers où la transparence est loin d'être le point fort. Dans ces conditions-là, nous ne sommes pas prêts à tomber d'extase devant n'importe quel chantier, comme le font Bakar Dia, Mamadou Diop Decroix et les nombreux membres de la mouvance présidentielle. Ouvrir partout des chantiers et en grand nombre, c'est certainement bien pour le pays, mais pas dans n'importe quelles conditions. C'est encore mieux de nous convaincre de leur pertinence, de leur respect des normes de qualité, de leurs coûts raisonnables, de leurs retombées sociales et surtout de la transparence qui entoure tout le processus de leur réalisation. *Le coût final des chantiers de l'alternance est souvent sans commune mesure avec le coût initial annoncé.*

Combien nous ont coûté par exemple les fameuses cases des tout-petits, les espaces jeunes, les bassins de rétention qui sortent de terre sans que personne ne sache jamais comment, les tribunaux départementaux et les nombreuses autres « réalisations » du Gouvernement dit de l'alternance ? Les marchés ont-ils été attribués conformément aux textes en vigueur ? Toutes les normes de qualité ont-elles été respectées dans ces réalisations ? N'ont-elles pas fait l'objet de graves surfacturations, comme les chantiers de Thiès ? De nombreuses autres questions pourraient donc être posées, et doivent être posées, relativement aux chantiers de l'alternance. L'une des premières tâches du Gouvernement de l'homme ou de la femme qui aura le malheur de succéder à Me Wade, devra être de contrôler de façon minutieuse l'utilisation des deniers publics dans les fameux chantiers des Libéraux.

Il est très facile, à partir d'une télévision soumise et bavarde, avec des journalistes aux ordres, de faire défiler toutes sortes de réalisations sachant, qu'en face, les autres n'ont pas la possibilité de vous porter immédiatement la contradiction. Dans les développements antérieurs, nous avons tenté, avec nos modestes compétences mais surtout avec notre bonne volonté, de démystifier les fanfaronnades du Président de la République, du Ministre d'État Habib Sy, de l'ex-Pdg de la SONACOS A. K. Khadim Guèye et de tous les autres qui profitent largement de la télévision *wadienne* pour berner le peuple.

Personne ne peut raisonnablement nier que le Gouvernement dit de l'alternance ait à son actif des réalisations. Mais il bavarde plus qu'il ne travaille. Il exagère considérablement ses réalisations et s'emploie à nous les montrer tous les jours en les embellissant et en les amplifiant plus que de raison. *Le rôle d'un gouvernement, de tous les gouvernements démocratiques, c'est de travailler au mieux-être des populations. Quand Me Wade réalise une case par-ci, un bassin de rétention par-là, il fait un travail normal, celui pour lequel il a été élu.* Amadou Toumani Tounkara, Zine el-Abidine Ben Ali, Thabo Mbeki, John Kufuor, Olusegun Obasanjo et tant d'autres chefs d'État d'Afrique ou d'ailleurs, réalisent tous les jours des infrastructures pour leurs peuples sans tambour ni trompette. *Me Wade est trop politicien et trop folklorique. Il nous fait perdre beaucoup de temps avec ses poses de première pierre et ses inaugurations interminables, parfois pour une moindre petite case.*

On a parfois le sentiment qu'il veut noyer les faiblesses de son régime dans le bruit, dans le folklore, au son des tam-tams, des tambours, des violons, des koras, etc. Mais il lui sera difficile de tromper tout le monde, surtout nos partenaires au développement qui veillent au grain. Ainsi, dans une dépêche de l'APS rapportée par *le quotidien d'informations des sans voix Office* du mercredi 7 septembre 2005 page 5, Mr Jacques Morrisset, économiste principal de la Banque mondiale pour le Sénégal a identifié quatre faiblesses pour l'économie sénégalaise : la déficience du réseau de transport qui fait du Sénégal « *le pays le plus isolé* » dans la sous-région ; la capacité institutionnelle limitée du Gouvernement sénégalais pour mettre en œuvre les projets et les réformes programmés ; la corruption et le bas niveau d'éducation de la population sénégalaise. L'isolement du pays s'explique surtout par le fait des frontières naturelles qui séparent le Sénégal de ses voisins et du sous-développement des réseaux de transport à l'intérieur du pays et entre celui-ci et lesdits voisins. Mr Morrisset se montre d'ailleurs plus précis relativement à l'isolement de notre pays :

> *« On n'y pense pas vraiment, mais le Sénégal reste, dans la sous-région Afrique de l'Ouest, le pays le plus isolé, coupé de ses voisins par des fleuves et autres routes sans pont, une réelle complication pour être véritablement présent dans une dynamique d'intégration régionale. »*

À titre d'illustration, il donne l'exemple du périple que doit suivre un exploitant agricole de la Région du Fleuve Sénégal pour faire parvenir sa production à Dakar *« à travers des routes dangereuses »*, ainsi que les obstacles qu'il rencontre pour exporter sa marchandise par voie aérienne ou maritime.

Mr Morrisset poursuit :

« L'absence de routes rapides en direction du Mali, l'absence de ponts avec la Gambie et la Mauritanie sont sources de retards et de pertes de compétitivité. Le coût du transport par kilomètre entre Bamako et Dakar est plus du double de celui entre Maputo et Johannesburg ou même supérieur à celui entre Ouagadougou et Lomé. »

Ces faiblesses requièrent, de l'avis de l'économiste de la Banque mondiale, l' « *adoption urgente* » d'un plan d'aménagement du territoire avec des priorités bien définies en terme de transports. L'économiste ne voit pas cependant tout en noir. Le Sénégal peut exploiter certaines potentialités comme dans le domaine des communications et à travers la solidarité des Sénégalais de l'étranger, en procédant à la réduction du coût des transferts d'argent. Le pays peut mettre également à profit sa culture et ses institutions démocratiques « relativement développées pour faciliter la mise en œuvre de projets, notamment d'infrastructures, retardés à cause des désaccords sociaux et politiques ».

Malgré les réalisations portées en bandoulière par Me Wade et ses troubadours de la mouvance présidentielle, la situation est loin d'être rose au Sénégal. Il faut plus que les discours d'autosatisfaction dont on nous abreuve tous les jours pour améliorer notablement le sort du Sénégal, des Sénégalaises et des Sénégalais. Notre pays ne sera jamais un pays émergent avec le folklore et la politique politicienne qui sont les traits caractéristiques de toutes les actions qu'entreprend Me Wade. Ce dernier, davantage préoccupé par sa réélection que par le développement harmonieux du Sénégal, n'a pas, malgré les apparences têtues, le leadership qu'il faut pour en conduire les changements qualitatifs nécessaires. Pour l'énarque et économiste Moubarack Lo, « *plusieurs qualités sont (...) nécessaires au dirigeant pour faire de lui un bon leader : une force de caractère hors du commun, le courage et l'abnégation, le sens de l'honneur et du devoir, l'intégrité et l'éthique, l'honnêteté et la justice, un esprit républicain, une foi et une détermination sans faille, une générosité alliée à un humanisme agissant, la sincérité, l'humilité, le charisme, une capacité de jugement qui tire sa source de la sagesse, un sens de la mesure et de la responsabilité, notamment en cas de crise, la vision et une claire conscience du but poursuivi (...), l'aptitude à se faire entourer d'excellents conseillers et ministres, l'intelligence, une maîtrise avérée de l'art de gouverner, le fait de donner lui-même l'exemple et enfin une ouverture d'esprit permettant de tolérer les critiques et les vues divergentes.* »[219]

Nous sommes loin, très loin du compte : des nombreuses qualités qui viennent d'être citées, on trouve difficilement deux, trois ou au plus quatre à reconnaître à notre cher leader. C'est un président iconoclaste, déroutant, insaisissable, vraiment spécial, comme le faisait remarquer l'ancien président de la Banque mondiale, Mr John Wolfenson. Il est tout cela à la fois, plus que cela, dans son comportement, ses initiatives et ses déclarations de tous les jours. Un tour d'horizon du personnage, qui sera la toute dernière partie de ce livre, nous en donnera une parfaite illustration, si ce n'était pas déjà le cas avec les développements précédents.

---

[219] *Le Sénégal émergent : Agenda pour le Futur*, 2003, p.116.

Chapitre VII

Un président vraiment spécial

> « Le suffrage universel a la limite de ne garantir ni la vertu ni la capacité des gouvernants. »
>
> ***Charles Alexis Clérel de Tocqueville***

La gouvernance de Me Wade sera marquée très tôt par une inflation de déclarations et d'initiatives à tout bout de champ, qui suscitaient chez les *gòorgòorlu* beaucoup d'espoir de voir leurs conditions précaires rapidement améliorées. Avec le temps cependant, ils allaient se rendre progressivement à l'évidence : les nombreuses promesses et autres initiatives, amplifiées par un battage médiatique sans précédent dans l'histoire de la télévision nationale sénégalaise, se révélaient spontanées, parfois même dangereuses et souvent carrément volatiles. C'est ce qui nous avait amené à consacrer le troisième chapitre de notre premier livre à cette arnaque, car c'en était réellement une. Le chapitre est intitulé « Annonces-spectacles, décisions spontanées et souvent sans lendemain » (op. cit., pp.51-78). Le lecteur intéressé y trouvera toutes sortes de déclarations, faites dans l'opposition comme au pouvoir, jusqu'à celles qui mettaient sérieusement en danger la cohésion nationale et la vie de nos concitoyens vivant dans les pays de la sous-région. Il en a été ainsi des appels à l'armée, des incitations à la guerre civile ou de ce que ses adversaires irréductibles d'alors considéraient comme tels, de ses déclarations imprudentes à propos de la Côte d'Ivoire en pleine crise et à Paris où il reconnaissait officiellement venir acheter des armes, « car le Sénégal en avait assez de certains agissements de *pays mineurs* ». Ses promesses démagogiques faisaient rêver les populations les plus démunies. On peut en retenir : les 400 000 tonnes de riz pakistanais qui allaient être vendus à un prix « *nettement au-dessous du coût du riz au Sénégal* », les 172 bus donnés par la mairie de Taïpeh à *Dakar Dem Dikk*

(Société de transport public / privé, personne ne sait exactement) et qui allaient soulager les populations des banlieues dakaroises, le pétrole libyen qui allait permettre la construction d'une raffinerie géante, « la construction *très prochaine* (on était en novembre 2000) d'un grand hôpital sur l'ancien terrain de Golf des Parcelles Assainies pour un coût de 5 milliards de Fcfa sur financement saoudien », l'ouverture d'une ligne maritime entre Dakar et Casablanca, le renforcement de la coopération agricole avec le Maroc, notamment par la création de fermes-pilotes au Sénégal, etc. Sans compter *ses projets financés au-delà de ses espérances* et *le Sénégal qui croule sous l'argent dont finalement nous ne savons que faire*, etc, etc.

On se rappelle encore que le programme de la *CA 2000* que Me Wade avait paraphé sans réserve, prévoyait la suppression du Sénat et du Conseil économique et social. La Constitution qu'il fit voter après son élection à la magistrature suprême supprima effectivement ces deux institutions. Quelque temps après cependant, à la surprise générale de ses partenaires et de tout le pays d'ailleurs, Me Wade annonça sa volonté sans équivoque de créer, en lieu et place des institutions qu'il venait à peine de supprimer, un Conseil de la République. Il s'empressa toutefois de rassurer ses compatriotes : la nouvelle institution n'allait pas coûter un franc au contribuable. Se faisant plus précis, il déclare formellement :

> *« À la place du sénat, je réfléchis sur un Haut Conseil de la République (HCR) et je dis dès maintenant, pas d'ex-députés. Nous allons nous concerter et je vous assure qu'il n'y aura pas de dépense. »*

Le lecteur a bien lu et compris cet engagement formel. Il a bien dit un Haut Conseil de la République à la place du Sénat.

À l'arrivée, un Conseil de la République pour les Affaires économiques et sociales (CRAES) est mis en place et doté d'un budget de *900 millions* de Fcfa pour l'année 2004. Pour l'année 2005, le budget passe à *1 milliard 600 millions*. Nous avions déjà compris que la parole de Me Wade n'avait aucun crédit et que l'institution allait bien nous coûter de l'argent. Et nous nous exprimions ainsi dans notre premier livre (op. cit., p.64) :

> *« À l'arrivée, un budget de 900 millions de Fcfa est prévu pour le Conseil de la République. Et il n'y a aucun doute que, avec l'appétit sans cesse grandissant des libéraux, ce budget initial est parti pour*

augmenter tous les ans. Il augmentera sûrement puisque, de 90 initialement prévus, le nombre des membres est passé à 100 ».

Et il a effectivement augmenté, il a presque doublé, passant de 900 millions en 2004 à 1 milliard 600 millions en 2005. L'appétit venant en mangeant, il a encore été multiplié presque par deux en 2006, passant à 3 milliards 068 millions de francs. Voilà donc, à l'arrivée, pour ce fameux Haut Conseil de la République, dont Me Wade nous assurait qu'il ne nous coûterait rien.

Le président s'était engagé également à ce qu'il n'y ait pas d'anciens députés. Il avait formellement déclaré :

« (...) et je dis dès maintenant, pas d'ex-députés. »

Contrairement à son engagement, le CRAES est truffé d'anciens députés. Le président de l'Institution en particulier, a battu tous les records de longévité à l'Assemblée nationale pendant le règne des socialistes, avec cinq mandats consécutifs. Sans compter les Ameth Saloum Boye, Léna Fall Diagne et consorts. Allant plus loin encore dans la trahison de ses engagements antérieurs, Me Wade prend un décret et nomme dix nouveaux conseillers de la République[220]. Ce qui porte, pour le moment, leur nombre à 110, alors que le nombre initialement prévu était 90.

Pour nous convaincre définitivement que les engagements par Me Wade n'ont aucune valeur, revenons encore un peu en arrière, pour rappeler qu'il avait bien dit qu' *« à la place du Sénat, il réfléchit sur un Haut Conseil de la République »*. Cette structure qui ne devait rien nous coûter mise en place avec un budget qui a triplé en trois ans, Me Wade va maintenant s'employer à ressusciter le Sénat[221]. Mais alors, pour qui Me

---

[220] *Le Quotidien* des samedi 14 et dimanche 15 janvier 2006, page 7.

[221] Tout cela, sous les yeux, le nez et la barbe d'un Landing Savané qui a désormais complètement « donné la main » et qu'on annonce à la tête du Sénat ressuscité. Cet homme, qui a consacré une bonne partie de sa vie à lutter contre la mauvaise gestion et la mal gouvernance en général, approuve aujourd'hui, sans état d'âme, toutes les initiatives de Me Wade, y compris les plus opaques. Pour connaître la position de ce désormais totalement converti au « wadisme » sur une question donnée, point n'est besoin de se laisser aller en conjectures : il suffit de connaître celle de Me wade et le tour est joué.
Nous sommes convaincu désormais que le pouvoir et ses délices changent profondément l'homme. Avec l'alternance, certaines personnes sont devenues pratiquement méconnaissables. Les télespectateurs ont entendu, au Journal parlé de 20 heures 30 du 31 décembre 2005, le Pr Iba Der Thiam déclarer sans sourciller, que *« Me Wade fait ce qu'il dit et dit ce qu'il fait »*. Il commentait le message à la Nation de ce dernier.

Wade nous prend-il ? A-t-il tant soit peu de respect pour nous ? Que vaut en particulier sa parole ? Quel crédit devons-nous désormais accorder à ses engagements ? Vraiment plus aucun. Que ses courtisans se gardent bien de nous parler de son âge ou de sa fonction ! C'est d'abord à lui qu'il appartient de les respecter, en disant la vérité aux Sénégalaises et aux Sénégalais.

Même à l'occasion des circonstances solennelles comme les messages à la Nation, Me Wade ne respecte pas les engagements officiellement pris. Ainsi, le 31 décembre 2004 et le 3 avril 2005, lors de ses messages à la Nation, il s'était solennellement engagé, devant l'opinion nationale et internationale, à respecter le calendrier électoral républicain, donc à faire tenir les élections à terme constitutionnel échu. Or, voilà que, trois à quatre mois après, prenant pour prétexte les inondations provoquées par les fortes pluies qui sont tombées sur Dakar en fin août début septembre 2005, il annonce sa décision de soumettre à l'Assemblée nationale un projet de proroger le mandat des députés de dix mois environ. Ce qui lui permettra d'économiser les 7 milliards prévus pour l'organisation des élections législatives de 2006 et de coupler celles-ci avec l'élection présidentielle prévue en 2007. Ce reniement de ses engagements solennels ne grandit ni la République, ni sa fonction, ni la démocratie. Me Wade profite manifestement du malheur des populations de la banlieue de Dakar pour régler les inextricables problèmes de son parti. La vérité, c'est qu'il a peur de perdre sa majorité à l'Assemblée nationale, si les élections législatives sont organisées à la date prévue, c'est-à-dire en juin 2006. Il lui faut donc coûte que coûte trouver du temps, pour recoller les morceaux du PDS avant d'affronter les élections législatives. Le couplage des élections lui permettra également de rendre la tâche difficile à l'opposition significative de faire une liste nationale aux prochaines législatives, si elles ont lieu en même temps que l'élection présidentielle. Cependant, tous ces gains politiques qu'il espère tirer du couplage des élections vaut-il le reniement d'une promesse ferme, aussi officielle et aussi solennelle que celle qu'il s'était engagé à respecter au soir des 31 décembre 2004 et 3 avril 2005 ?

Le problème de Me Wade, c'est qu'il trouve du plaisir à parler, à parler, à se laisser aller trop facilement à des promesses et à des engagements, sans se soucier le moins du monde de leur pertinence, de leur cohérence, du temps et des moyens dont il peut disposer pour les respecter. Certaines de ses déclarations sont en particulier discourtoises par rapport à son prédécesseur qui pourtant, depuis qu'il a quitté le pouvoir, s'est gardé de porter un seul jugement sur sa gouvernance. Me Wade l'accablait déjà copieusement avant le 19 mars 2000. Ainsi, à une question de *Sud Quotidien* du mardi 26 octobre 1999, relative à l'appel lancé par le président Abdou Diouf pour des élections transparentes, il répondit :

> « *Vous savez ce que je pense des serments d'Abdou Diouf. Je n'ai pas souvenance qu'il ait respecté un seul de ses engagements publics, tant auprès des partis que des Sénégalais en général. Épargnez-moi d'avoir à vous donner des détails d'illustration car tout le monde les connaît.*
>
> *Abdou Diouf est partisan et il l'a toujours reconnu. N'est-ce pas lui qui a dit : "Je ne vais pas scier la branche (le PS) sur laquelle je suis assis". Et il a toujours mis son pouvoir au service de son parti. Pourquoi voulez-vous que l'on accorde plus de crédit à ses promesses d'aujourd'hui alors qu'il nous a habitués à ne pas respecter celles d'hier ?*
>
> *Au demeurant, il est mal placé pour prétendre jouer les arbitres. Il est comme un capitaine d'équipe de foot qui prétendrait être en même temps arbitre. Il faut que quelqu'un d'autre nous départage (...).* »

Le lecteur ne rêve pas du tout : c'est bien Me Wade qui s'exprimait ainsi. *Abdu Juuf moo weex dúnq* (Abdou Diouf a vraiment bon dos). Si le suicide était licite en Islam, nous lui conseillerions carrément de se suicider. Abdoulaye Wade accabler quelqu'un d'autre avec de tels propos ! *Adduna moo gudd tànk* (tout peut arriver dans la vie). Dans l'interview, on devrait simplement remplacer partout Abdou Diouf par Abdoulaye Wade et la question est réglée. Tous les reproches qu'il a faits au président Diouf dans son interview, se retrouvent aujourd'hui réunis dans ses comportements, déclarations et initiatives de tous les jours. Pour s'en convaincre, le lecteur est invité à prendre connaissance de cette déclaration de l'homme caméléon, extraite d'une longue interview qu'il a accordée au *Quotidien* n° 150 du mercredi 17 mars 2004 page 5 :

> « *(...) S'il y a des gens qui ne veulent pas que je sois président de la République et chef de parti, ils se fatiguent pour rien. J'ai déjà donné ma position là-dessus et je ne varierai pas d'un seul iota. La*

constitution du Sénégal le permet. Alors, pourquoi je ne le ferais pas ? J'ai cheminé avec les membres du PDS et des sympathisants depuis 1974 ; je ne vais pas les lâcher maintenant que je suis le chef de l'État. "Je ne vais pas scier la branche sur laquelle je suis assis". Je suis en train, petit à petit, de reprendre en main mon parti et sous peu vous verrez les mesures extrêmement importantes que je prendrai. »

Voilà ! Lui, Me Wade, n'est pas partisan. Lui, Me Wade, ne scie pas la branche sur laquelle il est assis. Il est bien placé pour jouer les arbitres car, lui, est parfaitement neutre. Sacré Abdoulaye Wade ! Nous avons peur, avec Moustapha Niasse, que finalement, nous nous retrouvions avec un président NINKI NANKA (un président gâteux, qui dit et fait ce qu'il veut, sans se soucier d'aucune autre considération).

Il est même arrivé à Me Wade d'être plus que discourtois et carrément méchant avec son prédécesseur. C'est notamment le cas quand, répondant à une question de *Jeune Afrique / L'Intelligent* n° 2054 du 23 au 29 mai 2000 (page 23) relative à « *l'état de délabrement* » dans lequel se trouverait le palais de la République après le départ de Diouf, il déclare sans état d'âme :

« Figurez-vous que, même dans le bureau du président, il n'y a pas de prise de terre et qu'on risque à tout moment d'être électrocuté. Certains fils électriques ont pour seule protection du papier journal. Les appartements se trouvent dans un état de saleté que la simple pudeur me retient de vous décrire (sic). Pourtant, plusieurs "factures pompeusement dénommées devis pour la décancrelatisation et la dératisation du palais ont été réglées rubis sur ongle". Tenez, l'autre jour, lorsque je recevais le commandant des troupes britanniques en Sierra Leone, on m'a signalé qu'il y avait des cafards dans la salle d'attente. Comment voulez-vous que j'aille habiter pareil endroit ? »

Et il ajoutera, tout en rires :

« J'attends une décancrelatisation et une dératisation effective des lieux avant d'emménager (...). Aussi incroyable que cela puisse paraître, le dernier grand nettoyage du palais remonte à l'époque coloniale. »

Me Wade n'a de respect ni pour le président Senghor, ni pour le président Abdou Diouf, ni pour leurs épouses. À la limite, il n'a que mépris pour la race noire car, selon lui, depuis le départ des colons du Sénégal, le palais présidentiel n'a jamais fait l'objet d'un grand nettoyage. Qu'en sait-il d'ailleurs ? Vit-il dans le palais depuis le départ du dernier gouverneur général ? Quand même ! Ensuite, croit-il que Viviane Wade est plus propre, plus « civilisée » que Colette Hubert Senghor et Élizabeth Diouf ?

Me Wade insinue également certaines choses en faisant état de « *factures pompeusement dénommées devis de décancrelatisation qui étaient réglées rubis sur ongle* ». Les gens de la présidence pouvaient quand même se faire de l'argent – parce que c'est de cela qu'il s'agit – autrement que par des factures de cette nature. Me Wade en est sûrement convaincu maintenant.

L'attitude du président Wade à l'endroit de ces prédécesseurs et surtout du second n'est vraiment pas courtoise. C'est le moins qu'on puisse dire. En langue nationale wolof, on aurait dit « *amul sutura, ngir nit du lumu xam wax* ». Nous ne connaissons pas de mot français qui traduise fidèlement le *sutura* : c'est plus que la discrétion, c'est plus que la retenue. Nous reviennent alors les trois mots pleins de signification de l'ancien Premier Ministre Idrissa Seck : *mbòot, buut, biir*, qui ramènent au secret et à la nécessité de savoir le garder, dont ne serait pas capable son ancien mentor.

La discourtoisie n'est pas le seul problème de Me Wade d'ailleurs, loin s'en faut. Il lui arrive aussi de se laisser aller à des promesses et à des engagements non seulement volatiles, mais qui mettent souvent à nu l'incohérence de ses choix. Nous avons abondamment illustré ce travers du personnage en nous appesantissant notamment sur sa fameuse tournée à Kaolack et son choix contestable d'y créer « un cœur de la ville » au détriment d'un plan d'assainissement. Ce projet n'a aucun sens dans le cadre de vie actuel de la ville envahie de mouches, de moustiques et entourée de toutes parts d'immondices et d'eaux usées nauséabondes.

Il y a aussi que certaines de ses fanfaronnades amusent carrément parfois. Le Sénégal expérimente les pluies provoquées dites artificielles pour la première fois, avec l'assistance des Marocains. C'est le Département de Linguère qui a reçu, à quelques mois de l'hivernage de 2005, les installations relatives à cette expérimentation. Linguère a reçu assez tôt les premières pluies cette année, comme d'ailleurs de nombreuses localités du pays. À la suite du Conseil des Ministres du jeudi 28 juillet 2005, le dernier avant les vacances, Me Wade s'adresse à sa télévision pour étaler les réalisations éclatantes de son gouvernement dans de nombreux secteurs : économie, agriculture, santé, éducation, etc. Abordant les pluies artificielles, il déclare avec fierté :

> *« La réussite des pluies artificielles (provoquées) a amené un véritable changement, si on compare avec la pluviométrie des années précédentes. C'est une opération qui, testée pour la première fois, a réussi à bouleverser (déjà ?) les données hydriques, c'est-à-dire que cela a pu nous permettre d'augmenter les pluies sur tout le territoire national du Sénégal. »*

Et le président Wade de préciser, euphorique :

> *« Cette situation permettra d'avoir cette année encore une production beaucoup plus importante que l'année dernière. »*

Bakar Dia, le porte-parole du Gouvernement, du Président de la République et du PDS est prompt à appuyer toutes les fanfaronnades de son champion. Cette fois cependant, le scientifique qu'il est ne doit pas être à l'aise. On était en fin juillet. Les premières pluies étaient à peine vieilles de trente à quarante jours. Il restait encore au moins deux mois pour boucler l'hivernage. Me Wade parle déjà de la réussite des pluies provoquées, qui ont amené « un véritable changement, si on compare avec la pluviométrie des années précédentes ». Cette opération testée pour la première fois au Sénégal, « *a réussi à bouleverser les données hydriques* » et « a pu nous permettre d'augmenter les pluies sur toute l'étendue du territoire national du Sénégal ».

Les paysans sénégalais, le pays tout entier d'ailleurs doivent être en train de se dire :

> *« Que n'a-t-il pas commencé bien plus tôt l'opération des pluies provoquées ? »*

Le Sénégal serait peut-être déjà à classer parmi les pays émergents.

Comment Me Wade a-t-il pu déclarer aussi péremptoirement que les premières pluies provoquées, à peine tombées, ont changé les données hydriques et que la production agricole allait être beaucoup plus importante que celle de l'année dernière ? Comment Me Wade peut-il attribuer les pluies abondantes de cette année à sa seule opération de Linguère ? Il mérite en tout cas de vives félicitations de la part, non seulement du Sénégal, mais aussi des pays du Sahel tout entier où les pluies ont été particulièrement abondantes cette année. Ce sont probablement ses pluies provoquées dans la zone de Linguère qui ont produit leurs effets jusque sur toute l'étendue de cette zone-là. Les services de la Météorologie avaient pronostiqué une bonne pluviométrie pour cette année et pour l'ensemble des pays du Sahel. Ils avaient probablement le fort pressentiment que l'expérimentation des pluies provoquées de Me Wade allait connaître une réussite éclatante et arroser toute la sous-région. Bravo donc Maître!

Un détail important : les 21, 22 et 23 octobre 2005, de fortes pluies sont tombées dans les départements de Matam, de Linguère et de Louga, alors que les paysans n'en voulaient vraiment plus : elles pourrissaient les récoltes d'arachide, de mil, de niébé déjà faites et qui avaient plutôt besoin de soleil. Pourquoi les techniciens de Me Wade continuaient-ils donc de provoquer ses fameuses pluies ? Les paysans en avaient quand même assez pour cette année-là !

Après nous être amusés de ces déclarations du président Wade, il convient aussi et peut-être surtout de nous en inquiéter. Me Wade a quand même 80 ans. D'autres avancent un peu plus. Habib Bourguiba, le « Combattant suprême », a été destitué pour incapacité physique, psychique et intellectuelle en octobre 1987, à l'âge de 86 ans. Mais les premiers signes de sa sénilité avaient commencé de se faire remarquer deux à trois ans avant sa destitution. Nous ne prétendons pas évidemment que notre cher président est déjà sénile. Cependant, il convient d'être prévoyant, surtout qu'il s'agit de l'avenir de tout un pays, de toute une nation.

Quelques mois avant son départ définitif du pouvoir, le président Senghor a fait le tour du pays pour s'entretenir avec les chefs religieux et autres notabilités et leur dire au revoir. À ceux d'entre eux qui l'incitaient à rester encore quelques années au pouvoir, il répondait que, même si sur le plan de la santé il ne se plaignait pas, à 74 ans (l'âge de son départ volontaire du pouvoir), on n'est plus maître de tous ses réflexes. Or, il s'agit, précisait-il, de la conduite des destinées de toute une nation. La sagesse lui commandait donc de se retirer et il s'est retiré par la grande porte[222].

[222] Si, à 74 ans, le président Senghor craignait de ne pas être en mesure de s'acquitter convenablement de sa mission, n'avons-nous pas le droit, nous citoyens et citoyennes, de nous inquiéter sérieusement, quand l'homme qui préside aux destinées de notre pays prétend se faire réélire à l'âge de 82 ans, peut-être plus. Il est vrai que ses courtisans n'admettent pas que cette

Bien d'autres déclarations peuvent faire l'objet d'inquiétude. Me Wade et ses services courent derrière les distinctions honorifiques et il en reçoit beaucoup. Ainsi, l'Université de Franche-Comté lui a attribué le titre de Docteur honoris Causa. Il a profité de l'opportunité pour rencontrer des étudiants sénégalais établis à Besançon, dans la salle du Conseil municipal de ladite ville[223]. « Orientez-vous, leur a-t-il dit, vers les études économiques, car le Sénégal est aujourd'hui en expansion ». Interpellé par un étudiant sur les difficultés d'insertion au pays, Me Wade répond que s'ils (les étudiants) se spécialisent dans les domaines de l'économie et de la gestion, il est sûr qu'ils trouveront du travail, une fois de retour au Sénégal. Une véritable certitude !

Combien de jeunes Sénégalaises et de jeunes Sénégalais sont-ils (elles) à courir désespérément derrière un hypothétique emploi alors qu'ils sont bardés de diplômes de toutes catégories et de toutes les disciplines ? Des centaines, peut-être des milliers ? Me Wade raconte ce qu'il veut quand il se trouve devant les foules, surtout de l'étranger. Il sait parfaitement qu'il trompe ces pauvres étudiants.

Me Wade les incite donc à rentrer au pays pour participer à « la grande aventure » qu'il est en train de mener aujourd'hui. « Tâchez de rentrer avec des diplômes, je ne vous demande pas d'en apporter autant que moi (sic). Mais glanez-en quelques-uns », leur a-t-il modestement, très modestement lancé. Les présidents Senghor et Diouf ne tiendraient jamais pareils propos, pareilles fanfaronnades, même s'ils étaient bardés de tous les diplômes du monde. Les meilleurs chefs d'État sont d'ailleurs loin d'être toujours les plus diplômés. À quoi servent mille diplômes si on n'arrive même pas à assainir la capitale nationale ? Si, après quelques fortes pluies, les habitants y sont emprisonnés pendant plusieurs jours, sans que personne ne puisse entrer ou en sortir ? Que signifient mille diplômes pour les nombreux pauvres Kaolackois qui cohabitent constamment avec les tas d'immondices, les eaux usées nauséabondes, les nuées de mouches et de moustiques ? Pour les millions de paysans qui

---

question de l'âge du président soit agitée. Elle le sera sûrement encore. Il est même souhaitable que l'opposition en fasse un thème de campagne électorale le moment venu. Nous ne devons pas faire courir le risque à notre pays d'un président qui ne contrôle rien et qui soit l'otage d'un entourage composé d'hommes et de femmes sans beaucoup de scrupules, soucieux (soucieuses) seulement d'assurer leur avenir et celui de leurs familles.
Jacques Chirac n'a que 73 ans et les Français posent déjà la question de son âge et de sa prochaine éventuelle candidature en 2007.

[223] *L'Observateur* du mercredi 11 mai 2005, p.5.

assistent, impuissants, à la mort programmée de la filière arachidière ? Que valent mille diplômes devant le choléra, cette maladie des pauvres et des mains sales que nous n'arrivons pas à juguler ? Devant le paludisme, les diarrhées, la malnutrition qui tuent encore des milliers d'enfants ?

Me Wade déclare et promet donc n'importe quoi. Ne promettait-il pas déjà en 2000, lors de la campagne pour l'élection présidentielle, de trouver une solution à la lancinante question du célibat des jeunes filles par la création, une fois élu, d'une banque chargée de financer le mariage des jeunes ? À l'occasion d'un point de presse organisé par Mme Mame Madior Boye, alors Premier Ministre, M. Alassane Diallo du journal *L'Actuel* lui a rappelé cette fameuse promesse[224].

Me Ousmane Ngom, le fils banni puis réhabilité, disait de son mentor qu'il « parlait en démocrate et agissait en monarque ». Ce qu'on sait en tout cas, c'est que Me Wade est surtout hostile aux critiques. Il est plutôt porté vers les louanges qu'il affectionne particulièrement. C'est pourquoi ses relations avec les journalistes sont parfois très heurtées. Il lui est arrivé plusieurs fois de prendre violemment à partie certains d'entre eux qui lui posaient des questions qui ne le mettaient pas à l'aise. Ainsi, il n'a pas hésité à lancer à l'endroit d'un journaliste du Groupe *Walfadjri* ce propos indécent : « C'est comme si on vous mettait dans la tête le doute concernant votre géniteur. » C'est incroyable !

Me Wade est tellement hostile aux critiques qu'il refuse catégoriquement de libéraliser la télévision. Dans une interview à *L'Observateur* n° 150 du mercredi 17 mars 2004 p. 5, il répond formellement ceci :

> *« La télévision n'est pas comme les autres médias. C'est un instrument puissant. Il y a des gens à qui je ne donnerai jamais une télévision. Si c'était des gens qui informaient vrai, il n'y aurait pas de problème. Je suis désolé mais je ne vais pas donner la télévision à n'importe qui. Des gens qui ont leur journal et leur radio pour m'attaquer et dire n'importe quoi sur moi, tant que je serai là, je ne leur donnerai rien. Quand je partirai, ils l'auront peut-être. Tout le monde sait que je suis populaire et qu'en cas d'élection, je serai loin devant le deuxième même avec alliance. Si je vois de bons Sénégalais qui informent vrai et qui n'utilisent pas cet instrument pour jouer un autre rôle, j'accepterai de le leur donner. »*

---

[224] *Le Point* du mardi 19 avril 2005, p.2

Ceux qui distribuent à la va-vite des distinctions à cet homme-là, pour son soi-disant rôle joué dans la lutte pour la paix et la démocratie, se poseraient sûrement des questions en lisant son étonnante réponse. « Je, je, je, je..... », entend-on souvent dans la bouche du président Wade. Si Abdou Diouf rappelait souvent qu'il était le maître du jeu, Me Wade est incontestablement le maître du « je ». Il ramène tout, le Sénégal et les Sénégalais à sa propre personne, à son « je ». Tous les prétendants à une télévision privée sont des n'importe qui : les Babacar Touré, Sidy Lamine Niasse et tous les autres ne sont pas de bons Sénégalais, sont des moins que rien. Il ne donnera sa télévision qu'à des gens qui informent vrai, comme son griot Mohamed Gassama, Bakar Dia le porte-parole du PDS et de son Secrétaire général national et la horde de vulgaires courtisans, qui passent le plus clair de leur temps à déverser sur lui, sur sa famille et sur sa mouvance, des tombereaux de louanges.

« Tout le monde sait que je suis populaire... »

Comment un homme normal peut-il tenir de telles fanfaronnades ? Lui en tout cas n'est pas sûr de sa popularité, ni par ailleurs de la pertinence de son bilan. Sinon, pourquoi a-t-il une peur aussi bleue d'une télévision privée et d'organiser les élections législatives à date échue, conformément au calendrier républicain qu'il s'était engagé solennellement à respecter ?

Voilà Me Wade, l'homme qui gouverne le Sénégal et dont l'extérieur abusé chante inlassablement l'attachement à la démocratie. Il considère la télévision privée comme sa propriété exclusive et ne la donnera qu'à des gens dont il est sûr qu'ils ne vont pas le critiquer. C'est ce même homme qui a osé laissé entendre, à Tunis, à l'occasion du Sommet mondial sur la Société de l'Information et en réponse à un journaliste, les propos surprenants suivants :

> *« (...) Nous avons des radios qui passent la journée à faire de la politique. (...) Moi, je suis allé trop loin dans les libertés et je me rends compte qu'il y a des gens qui ne savent pas gérer la liberté. »*

C'est cet homme qui a usé et abusé de la liberté d'expression pendant vingt-six ans d'opposition et qui, une fois au pouvoir, veut museler carrément la presse, l'Opposition et la Société civile. Cet homme-là, Me Wade, ne laissait pas un moment de répit à Abdou Diouf et à son gouvernement qu'il traitait de tous les noms d'oiseaux. Aujourd'hui qu'il est aux affaires, il envoie régulièrement à la Division des investissements criminelles (DIC), tous ceux et toutes celles qui ne sont pas d'accord avec lui et osent l'exprimer publiquement. Ceux qui ont pris la grave responsabilité de lui attribuer le Prix Houphouët Boigny pour la Recherche de la Paix et pour son attachement à la Démocratie ont sûrement été abusés. Ils ne le connaissent certainement que de très loin et peut-être seulement de ce qu'on leur en a dit. Rappelons – ce n'est peut-être pas superflu – que, selon la presse privée, Me Wade était bien représenté, parmi les personnalités qui étaient chargées de désigner le lauréat du prix Houphouët Boigny, par le Pr Iba Der Thiam devenu, depuis le 1er avril 2000, l'un de ses plus zélés défenseurs. Ce dernier aurait-il réussi à subjuguer les autres membres du Jury, grâce à son éloquence légendaire ?

En tout cas, d'ores et déjà, des voix, et non des moindres, se font entendre en Côte d'Ivoire pour contester le choix de Me Wade. Ainsi, Laurent Dona Fologo, le Président du Conseil économique et social de ce pays et qui fut très proche de feu Houphouët Boigny, s'interroge sur les critères d'attribution du prix de la Fondation. Ainsi, déclare-t-il :

> *« Nous sommes dans une situation difficile et les pays qui nous aident à nous en sortir, au lieu de les encourager, c'est des gens qui doutent de nos capacités à maîtriser notre situation qui peuvent recevoir ces prix-là. »*

M. Fologo se fait plus précis encore en citant nommément le président Wade, qui soutenait que « *les Ivoiriens ne peuvent pas jusqu'à présent résoudre leur problème et, à ce titre, personne ne pouvait l'empêcher de parler de cette crise.* »[225]

Nous ne sommes pas loin de partager l'interrogation de M. Fologo. En quoi Me Wade a-t-il mieux travaillé pour la promotion de la paix que les présidents Olusegun Obasanjo, Thabo Mbeki et Alpha Oumar Konaré ? Il semble bien qu'il y ait anguille sous roche dans cette attribution du prix de la Fondation Houphouët Boigny pour la Recherche de la Paix au Président de la République du Sénégal.

Nous ne terminerons pas en tout cas avec le président spécial Me Wade, sans rappeler rapidement l'affaire dite de Me Sèye qu'il traîne comme un boulet. Ce dernier, alors Vice-Président du Conseil constitutionnel, a été assassiné le 15 mai 1993 par une bande de trois

---

[225] *Le Quotidien* du mercredi 11 janvier 2006, p. 3

jeunes gens : Clédor Sène qui en était le cerveau, Assane Diop et Papa Malick Diakhaté. Arrêtés par la Police, ils accusent Me Wade et ses proches d'être les commanditaires du lâche assassinat. Ces derniers furent arrêtés, inculpés, placés sous mandat de dépôt et incarcérés dans la Prison centrale de Rebeuss (Dakar). Signalons qu'ils avaient été arrêtés avant même les assassins présumés qui, disait-on, étaient des familiers des membres les plus influents du PDS. Me Wade fut jugé et bénéficia d'un non-lieu, faute de preuves suffisantes.

Devenu Président de la République, il eut trois comportements particulièrement bizarres par rapport à cette ténébreuse affaire, comportements qui semèrent le doute dans l'esprit de beaucoup de Sénégalaises et de Sénégalais. Ces comportements nous inspirèrent une contribution parue dans la page « Opinions et Débats » du *Quotidien* du lundi 3 janvier 2005. C'était à la veille d'une session de l'Assemblée nationale qui devait permettre à la majorité écrasante des libéraux de voter une loi d'amnistie, dont l'objectif principal était de passer l'éponge sur l'exécrable assassinat de Me Sèye, et éventuellement sur l'agression contre Talla Sylla. Auparavant d'ailleurs, Me Wade s'était permis, contre toute attente, de gracier la bande des trois assassins et de dédommager discrètement et substantiellement la famille du défunt, alors que l'État n'était pas en cause. Notre contribution du 3 janvier 2005 revenait sur tout cela. En voici quelques extraits :

> *« Depuis qu'il a été officiellement installé dans ses fonctions de Président de la République, Me Wade ne cesse de se comporter, dans cette affaire Me Sèye, comme quelqu'un qu'on accuse de sorcellerie et qui se cure publiquement les dents avec des jambes de nourrissons. La version officielle de ses partisans est que les Socialistes ont fait assassiner l'illustre avocat de Saint-Louis (Me Sèye) par Clédor Sène et sa bande. Ces ignobles bras armés des Socialistes devaient ensuite accuser les libéraux et leur chef d'en être les commanditaires et de les discréditer à jamais. Me Wade et ses proches seront effectivement accusés de cet odieux assassinat et arrêtés. La justice les* blanchira *par la suite, faute de preuves suffisantes.*
>
> *Environ six ans après, Me Wade accède à la magistrature suprême. La logique voudrait que lui et les siens s'attellent rapidement à* laver leur peau, *en faisant rouvrir, à la première opportunité, le procès Me Sèye pour l'éclatement de la vérité. Ils ne*

devraient surtout rien entreprendre qui soit de nature à soulager Clédor Sène et sa bande, de vulgaires criminels ayant loué leurs bras pour un cynique assassinat, dont ils les ont ensuite injustement accusés. Me Wade ne devrait donc avoir aucune sympathie pour ces gens-là. Pourtant, voilà que, quelques mois seulement après son accession à la magistrature suprême, il s'empresse de les gracier et de dédommager en catimini la famille de l'avocat lâchement assassiné. Voilà encore que, à peine les clameurs consécutives à ces deux contestables et incompréhensibles décisions ont-elles commencé à s'estomper, la famille libérale (du PDS) prépare, avec l'aval de son chef, une autre décision, plus grave, plus incompréhensible, vraiment inacceptable et abjecte celle-là : le vote d'une loi pour amnistier tous les faits relatifs au lâche assassinat de Me Sèye.

Pourquoi Me Wade, qui n'est en rien concerné par l'assassinat de l'ancien Vice-Président du Conseil constitutionnel, a-t-il tenu à gracier aussi rapidement des crimes de sang et à dédommager de façon aussi substantielle la famille du défunt, alors que l'État n'était pas en cause ? Pourquoi lui et les siens s'apprêtent-ils à effacer à jamais de nos mémoires tout ce qui touche à l'inqualifiable assassinat de l'ancien maire de Saint-Louis (Me Sèye), eux qui ne sont concernés ni de près, ni de loin par cette horrible affaire ? C'est à ces questions que nous demandons à Me Wade et à ses troubadours de nous trouver des réponses précises. Il ne sert à rien de nous injurier. Il s'agit plutôt de dissiper le doute qui nous envahit depuis cette fameuse grâce et ce dédommagement à coup de centaines de millions de nos francs accordés subrepticement et respectivement aux lâches assassins de Me Sèye et à la famille de ce dernier. Si ce n'était pas fait, la classe politique, la société civile et tous nos compatriotes qui ont encore un tant soit peu de capacité d'indignation devraient, à l'unisson, crier leur ras-le-bol devant l'imminence de cette loi scélérate destinée à garantir à jamais l'impunité aux assassins de Me Sèye et à leurs commanditaires. Me Wade a l'habitude de nous mettre devant le fait accompli. Cette fois, nous devons refuser catégoriquement de nous laisser faire et le lui manifester de façon catégorique. Trop, c'est trop ! »

Voilà ce que nous écrivions alors. Malgré cette indignation et celle manifestée par l'opposition, la société civile et même par des membres de la mouvance présidentielle, la loi scélérate fut votée le 7 janvier 2005.

Clédor et sa bande étaient ainsi rendus blancs comme neige. Les Sénégalaises et les Sénégalais découvrent avec stupeur que Clédor Sène surtout est depuis lors dans des affaires lucratives et se promène dans un véhicule de grand luxe rutilant. Ils ne comprennent surtout pas que le Président de la République soit toujours resté sans réaction devant les accusations gravissimes que le leader de l'Alliance pour le Progrès et la Justice Jëf Jël, Talla Sylla, porte sur lui. À plusieurs reprises, il a eu à déclarer publiquement et à travers les ondes de différentes radios de la place ou des interviews à des journaux privés, que « *Me Wade et sont épouse sont trempés jusqu'au cou dans l'assassinat de Me Sèye* ». Il a aussi publiquement accusé Me Wade d'avoir commandité la tentative d'assassinat dont il a été victime le 5 octobre 2003. Cette affaire a déjà fait l'objet d'une enquête bouclée par la gendarmerie et déposée entre les mains de la Justice. Depuis lors, on n'en entend plus parler. Elle sera probablement définitivement classée. Comme l'a été apparemment celle ayant mis en cause les délinquants pris en flagrant délit, en train de jeter des bouses de vaches, du sang et des tripes pourris d'animaux sur la maison de l'ancien Premier Ministre Idrissa Seck. Pendant ce temps, d'autres jeunes présentés comme des partisans de l'ancien Premier Ministre et qui ont attaqué à coups de pierre la maison d'Abdou Fall (ministre et porte-parole du PDS) à Thiès, ont été rapidement jugés et condamnés à trois mois d'emprisonnement ferme par le tribunal des flagrants délits de ladite ville.

Avec la gouvernance libérale, le Sénégal reste donc le pays des scandales et affaires non élucidées. Celles-ci, et principalement la scélérate loi d'amnistie (dite Ezzan) votée sans état d'âme par la majorité mécanique de l'Assemblée nationale, ont contribué, malgré les apparences incarnées par les nombreuses distinctions qu'il ramasse çà et là, à fragiliser notablement le Président de la République. Aujourd'hui, dans l'esprit de beaucoup de Sénégalaises et de Sénégalais, peut-être même de tous, excepté les libéraux et quelques très rares autres compatriotes noyés dans les délices du pouvoir libéral, Me Wade et ses proches seraient trempés dans le lâche assassinat de Me Sèye. Pour ce qui nous concerne, nous ne pouvons pas l'affirmer formellement, même si nous en avons le fort sentiment. Ce que nous pouvons, par contre, avancer avec certitude, c'est que nous ne sommes pas fier d'avoir un tel homme à la tête de notre pays. Nous en sommes d'autant moins fier, avec la parution du dernier livre d'Abdou Latif Coulibaly, *qui l'accable et le fragilise terriblement, lui, son épouse et son entourage immédiat*[226]. C'est pourquoi nous continuerons inlassablement de nous interroger quand, d'Afrique, d'Europe et d'Amérique des distinctions, et principalement le Prix Houphouët Boigny pour la Recherche de la Paix, lui sont attribuées. Nous en trouvons en tout cas difficilement les motivations, si nous considérons la manière dont il gouverne le Sénégal depuis le 1er avril 2000 et les affaires les plus louches auxquelles son nom et ceux de ses proches restent intiment liés.

---

[226] Même si ce livre n'existait pas, les trois actes posés par Me Wade et que nous avons flétris dans notre contribution citée plus haut, la grave accusation publique de Talla Sylla, ainsi que les insinuations troublantes contenues dans le livre de l'ancien Premier Ministre Habib Thiam (op. cit.) suffisent, à faire douter sérieusement de l'innocence de Me Wade et des siens dans l'assassinat de Me Sèye. Rappelons que Talla Sylla a fait, en même temps que la bande de Clédor Sène, la prison pendant six mois. Il semble qu'il ait mis à profit toute cette période pour les côtoyer presque quotidiennement. A-t-il appris des criminels des confidences qui lui ont permis de porter publiquement contre Me Wade et son épouse les accusations gravissimes que l'on sait ? Sans que les accusés aient levé le plus petit doigt, leurs courtisans se contentent d'avancer l'argument vraiment facile selon lequel Talla Sylla serait fou ou voudrait gagner en célébrité en se faisant convoquer par les autorités judiciaires. Trop facile ! Vraiment trop facile comme argument !

Conclusion

Nous avons passé largement en revue la gouvernance et le personnage de Me Wade, l'homme que nous avons élu, avec beaucoup d'enthousiasme, le 19 mars 2000. Avant cette date historique, nous avons tout entendu, mais nous sommes restés sourds et intraitables, devant toutes les tentatives déployées pour nous faire peur, en le diabolisant et en le présentant sous des jours hideux. Nous avons résisté et porté nos suffrages sur lui, avec le naïf espoir qu'il apporterait au pays les changements dont le Sopi était porteur pendant de longues années. Si nous l'avons préféré au candidat des Socialistes, c'est que nous pensions qu'il serait différent, qu'il mettrait en œuvre une autre politique, plus propre et plus conforme à l'intérêt national. Ce n'était surtout pas pour qu'il ravale le Palais de la République et la Télévision nationale à un niveau aussi bas. Ni qu'il dissolve une valeur aussi cardinale chez nous que le sens de l'honneur et de la dignité dans des promotions fulgurantes et imméritées, des enveloppes bourrées de fric, des quotas de riz et des voyages princiers dans l'avion présidentiel. Me Wade a atterri à des années-lumière de l'endroit où nous l'attendions.

Le 1er avril 2000, à l'occasion de son installation officielle comme troisième Président de la République, il nous invitait à travailler, encore travailler, beaucoup travailler, toujours travailler. Il n'a malheureusement pas donné, comme tout bon leader, le ton, l'exemple. Au lieu de créer un réflexe du travail et de la productivité dont nous avions tant besoin, il a, à la place, créé un réflexe du gain facile. Il a installé très tôt le pays, qui l'attendait sur un autre terrain, dans le folklore, la politique politicienne et la campagne électorale permanente, en manifestant très tôt (en 2002 déjà) sa volonté de se représenter en 2007. Et depuis lors, toutes les déclarations qu'il fait, toutes les initiatives qu'il déploie, s'inscrivent directement dans cette perspective. Me Wade a donc déçu sur beaucoup de points. Jamais gestion n'a été aussi opaque que celle du Gouvernement dit de l'alternance. Depuis le 1er avril 2000, les scandales succèdent aux scandales et ne portent que sur des milliards[227]. Sans doute, les libéraux et leurs alliés ont-ils fait quelques réalisations (matérielles). Mais celles-ci sont modestes, très modestes par rapport aux attentes des populations et à leurs engagements d'avant le 19 mars 2000. C'est en tout cas le point de vue de Babacar Justin Ndiaye, journaliste politologue de talent. Son constat est que « *l'alternance est née d'une soif de changement, mais elle n'a pas rencontré, dans sa mise en œuvre, une expertise du changement. Le vainqueur de l'alternance, en l'occurrence Abdoulaye Wade, est un grand bretteur politique, mais il n'est pas un orfèvre de la gouvernance* ». C'est ce qui explique, selon lui, « *le décalage entre les immenses attentes suscitées par le 19 mars 2000 et les réalisations modestes de l'alternance* »[228].

L'alternance a montré surtout ses limites dans ce qu'on pourrait appeler les *réalisations morales* et qui occupaient une place importante dans nos espoirs. On peut même avancer, que de ce point de vue, c'est la faillite totale. C'est cette faillite que le député Me Wagane Faye, alors membre de la mouvance présidentielle, exprimait ainsi[229] :

> « *Je fais partie de ceux qui ardemment avaient cessé de convaincre les gens pour le vote de la nouvelle Constitution en janvier 2001. Compte tenu de son âge, de la façon dont il a été élu et de son bagage intellectuel, je pensais qu'il allait œuvrer pour une nouvelle morale parce qu'en ce moment nos valeurs disparaissaient, les jeunes gens pensaient qu'en politique il n'y a pas de morale. Avec son prestige d'opposant, il allait nettoyer le Sénégal et nous laisser un pays avec des mœurs politiques correctes enviables.* »

---

[227] Le plus gros de ces scandales risque d'être incontestablement, en attendant d'autres révélations en tout cas, la gestion des fonds politiques du Président de la République et la manière surtout peu orthodoxe dont ils sont alimentés. Ces jours derniers, ils font les choux gras de toute la presse sénégalaise sans que les troubadours de la République bleue, d'habitude si prompts à défendre leur « bienfaiteur », aient osé lever le plus petit doigt.

[228] *Le Quotidien* du mercredi 8 septembre 2004, p.3

[229] *Sud quotidien* des samedi 19 et dimanche 20 mars 2005, p.3

Et l'avocat-député, alors Vice-Président de la Commission des lois de l'Assemblée nationale de conclure, dépité :

« Les meilleurs amis de Me Abdoulaye Wade étaient ses pires ennemis d'hier, ses pires ennemis d'hier sont ses meilleurs amis d'aujourd'hui. »

Cette déception de Me Wagane Faye est partagée aussi par des compatriotes indépendants, en tout cas qui ne sont pas connus dans les partis politiques. C'est le cas notamment de l'homme de communication Vieux Savané. Voici comment, lui aussi, voyait l'alternance, cinq ans après[230] :

« (...) Le changement auquel les Sénégalais s'attendaient ne saurait par conséquent se résumer à des projets qui surgissent de terre. Certes il en faut, mais, plus encore, il s'agissait d'éclaircir un horizon obscurci par des manières de faire peu orthodoxes. Il s'agit de moralisation et de justice. Des hommes et des femmes à la place qu'il faut. La réhabilitation des convictions bien trempées et non l'instrumentalisation de caméléons qui ont la redoutable capacité d'épouser la couleur de leurs intérêts singuliers, sans pudeur.

La victoire de l'alternance était attendue au plan des valeurs. Il fallait défricher un nouveau champ susceptible d'être labouré et de recueillir des semences d'une aube nouvelle. C'était une des conditions pour faire revenir la confiance citoyenne et entrepreneuriale. Un État impartial, arbitral et non arbitraire, éloigné des luttes d'influence. Cinq ans après, c'est la chronique d'un rendez-vous manqué tant le déficit éthique est énorme. »

Le 19 mars 2000, qui était une chance inouïe au départ, s'est donc transformé en cauchemar, en fléau, en une énorme désillusion. Me Wade est directement et personnellement responsable de toute cette déconvenue, du dévoiement et de la trahison du *Sopi* (changement), tant dans son esprit que dans sa lettre. Passé maître dans l'art de la ruse, de la manœuvre, de la manipulation et du reniement de ses engagements, et ayant fait de sa réélection une fixation, il a consacré le plus clair de son

---

[230] *Sud quotidien*, ibidem, p.7. M. Savané avait pris quand même le soin de reconnaître, avant sa conclusion que nous avons citée in extenso, que « cinq ans après la survenue de l'alternance, on ne peut nier certaines réalisations ». Et nous sommes aussi d'accord avec lui, de ce point de vue.

temps à tromper le Sénégal, l'Afrique et le reste du monde, qui le présentent comme un démocrate, un homme de paix.

À cause de cette gouvernance chaotique et jalonnée de scandales de toutes sortes qu'il a installée au Sénégal depuis le 1er avril 2000, de plus en plus de Sénégalaises et de Sénégalais en arrivent même à regretter les présidents Léopold Sédar Senghor et Abdou Diouf. *C'est là une autre manifestation flagrante des limites de l'alternance.* La présidence des deux prédécesseurs de Me Wade était évidemment loin d'être indemne de tout reproche. Ils ont eu sûrement à commettre, pendant leur long magistère de quarante ans, des fautes, et parfois de très lourdes. Nous sommes bien placé pour en attester, puisque nous les avons dénoncées sans désemparer, au moins pendant une bonne trentaine d'années. Cependant, leurs noms restent aussi liés à un certain nombre de qualités, de comportements républicains. Le président Senghor en particulier, c'était le culte de l'excellence, de la méthode, de l'organisation, de l'humilité, de la retenue, etc. Il avait – et il partageait ce penchant avec son successeur – un sens aigu de l'État et de la République et respectait rigoureusement leurs différents symboles. Tous les deux savaient entretenir certains mythes fondateurs et ne banalisaient surtout pas les différentes institutions de la République. En particulier, ils ne se prenaient pas pour des sortes de démiurges qui savaient tout et exerçaient la totalité du pouvoir. Jusqu'au 1er avril 2000, le palais de la République baignait dans une atmosphère particulière, qui reflétait toutes les qualités du maître des lieux.

Chez Me Wade, par contre, on ne peut pas parler de culte de l'excellence, même si lui-même est un universitaire que l'on présente comme bardé de diplômes. On ne sent pas non plus chez lui la méthode, l'organisation, la retenue, l'humilité, le sens de l'État et de la République. Les symboles de la République (hymne, drapeau national, sceau, etc) sont, au contraire, carrément bafoués. Tout le monde a constaté, avec amertume, que le drapeau bleu du PDS supplante de plus en plus le drapeau national. De même, « l'hymne de l'Afrique » de Me Wade bouscule chaque jour un peu plus l'Hymne national. Il est vrai que le président du Sopi n'a pas bénéficié, comme Senghor ou Abdou Diouf, d'une culture administrative, d'une culture de l'État et de la République. *Chez lui, l'informel, le pilotage à vue, l'improvisation, la spontanéité, la précipitation, l'amateurisme et le volontarisme forcené l'emportent sur tout le reste.* L'atmosphère d'excellence, de méthode et d'organisation dans laquelle baignait le palais de la République, s'est transformée en chaos. Me Wade a carrément banalisé cet important symbole de la République, qui est devenu une sorte de siège du PDS et de la CAP 21. Il abrite également toutes les cérémonies au cours desquelles de minables transhumants font acte d'allégeance devant le maître des lieux aux anges. Des centaines, des milliers de militants s'y donnent régulièrement rendez-vous, déversés devant les grilles par des « cars rapides » et des « Ndiaga Ndiaga » qui ajoutent à la confusion et aux embouteillages monstres de Dakar. Personne ne tient à rater ces rendez-vous qui sont l'occasion d'actes de grande « générosité » de la part du Président de la République.

Voici d'ailleurs comment, dans *L'Observateur* du mercredi 11 mai 2005 (page 4), Jean-Pierre Mané décrit cette atmosphère carnavalesque, digne du marché hebdomadaire de Diawobé[231] :

> « *Des Ndiaga Ndiaye remplis de militants libéraux, pour la plupart des femmes, stationnent chaque week-end, ou presque, dans l'enceinte de la Présidence de la République où le maître de céans, semble-t-il, distribue des espèces trébuchantes et sonnantes à tous ces flagorneurs et laudateurs d'une autre époque. Des meetings de ralliement sont courageusement organisés à la Présidence et présidés par le locataire de l'avenue Léopold Sédar Senghor.* »

Cette folklorisation à outrance de la Présidence de la République a atteint un tel degré que des comédiens, animateurs d'une émission récréative d'une radio privée de la place, en sont arrivés à l'appeler le « *poulailler de la république* ». Les mêmes comédiens, pour les mêmes raisons, appellent le Conseil des Ministres le « *conseil des mini-ministres* ».

Peut-on donc raisonnablement, dans ces conditions-là, reprocher aux nombreux déçus de l'alternance de regretter les présidents Diouf et Senghor ? Le Pr Abdoulaye Bathily, qui fait partie de ceux et de celles qui connaissent le mieux Me Wade, n'en arrive pas évidemment jusqu'à ce regret. Ce serait d'ailleurs incompréhensible. Cependant, tirant les leçons de la gestion catastrophique de l'alternance par son ancien

---

[231] À Diawobé, se rencontrent, une fois par semaine, des commerçants et acheteurs sénégalais, bissau-guinéens, gambiens, guinéens de Conakry, etc.
Des militants de Pikine, qui se partageaient leur « butin », se sont battus au cœur même de ce mythique palais. Oui, c'est bien arrivé.

candidat, il a demandé publiquement pardon à ses compatriotes d'avoir contribué notablement à le porter au pouvoir. Malheureusement, nous ne pouvons plus rattraper notre vote du 19 mars 2000. Mais nous pouvons prendre l'engagement que nous ne nous tromperons pas une deuxième fois en 2007. Si nous nous laissions encore prendre dans le piège de Me Wade, ce serait une calamité pour notre pays, et les générations futures ne nous le pardonneraient jamais. Même s'il avait assez bien géré l'alternance – ce qui est très loin d'être le cas – et changé qualitativement le visage du pays, nous serions-nous permis de réélire Président de la République un homme de 82 ans, qui est déjà le plus vieux Chef d'État élu au monde monde et dont, de surcroît, le nom et celui de son épouse sont de plus en plus mêlés dans le lâche assassinat de Me Sèye, ancien Vice-Président du Conseil constitutionnel ? Un homme qui « tue » déjà publiquement les vivants devant un auditoire médusé [232] et dont la santé serait peut-être loin, très loin d'être aussi bonne que le prétend son entourage ? Ses visites privées de plus en plus impromptues et fréquentes dans la capitale française et les « opérations de cataracte » dans « une clinique privée » de Paris (quelle clinique !) nous confortent sérieusement dans le doute.

Les générations futures ne nous pardonneraient certainement pas de nous tromper une seconde fois. Le Président de la République qui sera élu en 2007 devrait être un homme ou une femme dont la crédibilité et l'intégrité morale ne fassent pas l'ombre d'un doute, qui ne traîne pas de lourdes casseroles et qui dispose de tous ses moyens physiques, intellectuels, psychologiques et psychiques. Un homme ou une femme en parfait état de santé, libéré (e) surtout de toutes formes de coteries et, partant, au service exclusif de la République et des prochaines générations, plutôt que de sa seule réélection.

Me Wade remplit-il toutes ces conditions-là ? Il appartient à chacun et à chacune d'entre nous de répondre correctement à cette question en 2007, seul (e) dans l'urne, et d'en tirer les leçons si, évidemment, entre-temps, Me Wade ne se fait pas proclamer président à vie par sa majorité mécanique à l'Assemblée nationale.

---

[232] S'adressant à la collectivité léboue qui l'avait invité le samedi 20 août 2005 au CICES, il commit une bourde en déclarant mort le Pr Assane Seck, allant même jusqu'à formuler une prière pour le repos de l'âme du « défunt ». De la salle, quelqu'un se leva pour lui glisser une note dans laquelle il lui précisait que le Pr Seck était bien vivant.

Sigles

AFP : Alliance des Forces de Progrès
ADS : Alliance démocratique sénégalaise
AJ / PADS : And Jëf / Parti africain pour la Démocratie et le Socialisme
AJ / MRND : And Jëf / Mouvement révolutionnaire pour la Démocratie nationale
ANCAR : Agence nationale pour le Conseil agricole rural
ANOCI : Agence nationale pour l'Organisation de la Conférence islamique
APIX : Agence nationale chargée de la Promotion de l'Investissement et des Grands Travaux
APJ / JJ : Alliance pour le Progrès et la Justice / Jëf Jël
BCG : Bloc des Centristes Gaïndé
BMS : Bloc des Masses sénégalaises
BNDS : Banque nationale de Développement du Sénégal
CA 2000 : Coalition Alternance 2000
CAP 21 : Convergences d'Actions autour du Président de la République pour le 21e siècle
CEAO : Communauté économique de l'Afrique de l'Ouest
CEDEAO : Communauté économique des États de l'Afrique de l'Ouest
CICES : Centre international pour le Commerce extérieur du Sénégal
CPC : Cadre permanent de Concertation
CDP / Garab Gi : Convention des Démocrates et des Patriotes / Garab Gi
CENI : Commission nationale électorale indépendante
CES : Conseil économique et social
CFD : Coordination des Forces démocratiques
CNCR : Conseil national de Concertation des Ruraux
CND : Club Nation et Développement
CNTS : Confédération nationale des Travailleurs du Sénégal
CODE 2000 : Coalition de l'Espoir 2000
COSEC : Conseil sénégalais des Chargeurs
COSAPAD : Comité de Soutien à l'Action du Président Diouf
COUD : Centre des Œuvres universitaires de Dakar
CRAES : Conseil de la République pour les Affaires économiques et sociales

DAGE : Direction de l'Administration générale et de l'Équipement
ESAM : Enquête sénégalaise auprès des Ménages
FAL : Front pour l'Alternance
FEANF : Fédération des Étudiants d'Afrique noire en France
FNS : Front national sénégalais
GMI : Groupement mobile d'Intervention
GMPE : Gouvernement de Majorité présidentielle élargie
GRESEN : Groupe de Rencontres et d'échanges pour un Sénégal nouveau
GROC : Gouvernement de large Rassemblement, d'Ouverture et de Consensus
HLM : Habitation à Loyer modéré
IGE : Inspection générale d'État
IFAN : Institut fondamental d'Afrique noire
IPRES : Institut de Prévoyance retraite du Sénégal
ISRA : Institut sénégalais de Recherche agricole
JAI : Jeune Afrique / L'Intelligent
LD / MPT : Ligue démocratique / Mouvement pour le Parti du Travail
LONASE : Loterie nationale sénégalaise
MDP : Mouvement démocratique et populaire
MDS/ÑJ : Mouvement pour la Démocratie et le Socialisme / Ñaq Jariñu
MFDC : Mouvement démocratique des Forces de la Casamance
MRS : Mouvement républicain sénégalais
OCI : Organisation de la Conférence islamique
OFNAC : Office national anti-corruption
OMVG : Organisation de Mise en Valeur du Fleuve Gambie
OMVS : Organisation de Mise en Valeur du Fleuve Sénégal
ONCAD : Office national de Coopération et d'Assistance pour le Développement
ONEL : Observatoire national des Élections
PAI : Parti africain de l'Indépendance
PAMU : Programme d'Amélioration de la Mobilité urbaine
PARENA : Parti pour la Renaissance africaine
PCRPE : Projet de Construction d'Immeubles administratifs et de Réhabilitation du Patrimoine bâti de l'État
PDEF : Programme décennal de l'Éducation et de la Formation
PDIS : Programme de Développement intégré de la Santé
PDS : Parti démocratique sénégalais
PDS / R : Parti démocratique sénégalais / Rénovation
PIT : Parti de l'Indépendance et du Travail
PLP : Parti pour la Libération du Peuple
PLS : Parti libéral sénégalais
PNIR : Programme national des Infrastructures rurales
PPC : Parti pour la Citoyenneté

PRN : Programme de Renforcement de la Nutrition
PS : Parti socialiste
RDA : Rassemblement démocratique africain
RND : Rassemblement national démocratique
SAPCO : Société d'Aménagement des Terres de la Petite Côte
SFIO : Section française de l'Internationale ouvrière
SICAP : Société immobilière du Cap-Vert
SN/ HLM : Société nationale des Habitations à loyer modéré
SONACOS : Société nationale de commercialisation des Oléagineux du Sénégal
SUDES : Syndicat unique et démocratique des Enseignants du Sénégal
UCAD : Université Cheikh Anta Diop de Dakar
UDS : Union démocratique sénégalaise
UFA : Université du Futur africain
UPS : Union progressiste sénégalaise
URD : Union pour le Renouveau démocratique

*****

Le lecteur rencontrera souvent le mot « transhumant » ou « transhumance ». Au lendemain de la défaite du candidat socialiste Abdou Diouf du 19 mars 2000, nombre de caciques du PS ont honteusement détalé comme des lièvres, pour aller faire acte d'allégeance devant le nouveau Président de la République. On distingue parmi eux trois « espèces » :

1) Les très mauvais gestionnaires qui avaient peur qu'avec les audits de leur gestion annoncés, leurs forfaits allaient être mis à nu et qu'ils risquaient la prison ;

2) De nombreux autres qui avaient tout mis en œuvre pour barrer la route de la présidence à Me Wade et le traitaient de tous les noms d'oiseaux y compris des plus indécents, pour éloigner de lui les électeurs. Ils craignaient une revanche du nouveau maître.

3) Une troisième catégorie qui avait pris le pli du pouvoir et de ses honneurs et qui ne pouvait plus s'en passer. Ces hommes et ces femmes ne pouvaient un seul instant s'imaginer vivre dans ce qui allait constituer pour eux (elles) les affres de l'opposition. Ils (elles) devaient donc aller coûte que coûte brouter dans les nouvelles prairies fournies du PDS. Celles du PS, qui allaient progressivement s'assécher, ne leur convenaient plus.

Paradoxalement, contre toute logique et toute morale, tout ce beau monde trouve auprès de Me Wade et du PDS des situations de rentes auxquelles il n'aurait jamais rêvé du temps du régime socialiste.

La « transhumance » existait avant le 19 mars 2000. Elle se faisait de l'opposition vers le PS, qui était alors le seul dispensateur des sinécures et des prébendes. Cependant, avec l'arrivée au pouvoir du PDS, elle a pris une ampleur jamais égalée au Sénégal, ni ailleurs dans le reste du monde.

Le lecteur rencontrera aussi de temps en temps *Gòor Gi* et *Ngoor si*. *Gòor Gi*, c'est le vieux, Me Abdoulaye Wade ; *Ngoor si*, c'est le jeune, Idrissa Seck, son ancien Premier Ministre et n° 2 du Parti.

*****

Tout au long du texte, nous avons également employé quelques expressions et adages wolofs, exprimés dans cette langue nationale. Mais nous avons pris en général le soin de les traduire, même parfois difficilement en Français.

L'alphabet Wolof ne recoupe pas forcément celui du Français. Par exemple, les consonnes françaises « c », « j », « s », « x », « q » deviennent respectivement en wolof :

« thie » comme dans les mots français tiare, tiers, tiercé ;
« dj » comme dans diadème, diatribe, diocèse ;
« s » comme classe, noce, glace, etc, (même entre deux voyelles, il se lit « s » comme le « ce » français, le wolof n'ayant pas le son correspondant au « z » français) ;
« kh » comme dans Khartoum, khmer, khalife ;

La consonne « q » se prononce plus difficilement pour un non Wolof. Dans sa prononciation, on entend comme un « kh » français précédé d'un « c », comme dans Stockholm. Exemples : faq (arracher une dent), saq (grenier), daq (chasser, envoyer) etc.

Il y a aussi le « ñ » wolof qui se lit « gne ».

Exemples : ñoom (eux ou elles), ñaar (deux), ñor (être mûr ou cuit), etc. Le « gne » se lit comme dans pagne, montagne, lorgner un fauteuil présidentiel, etc.

Le « u » français » devient « ou » en wolof comme « xur » (bas-fonds), « tur » (prénom). Ce « ou », c'est celui du mot français pour.

Pour tirer sur les voyelles, on les double.

Exemples : « Buur » (roi), « tuur » (verser), « suul » (enterrer). Ici le « ou » se lit comme dans les mots français bourg, cour, four ; « faar » (côte), « fiir » (piéger ou être jaloux), « biir » (ventre ou être en grossesse). Le « a » de « faar » se lit comme le « a » du mot français phare ou tare et le « i » de « biir » ou « fiir » comme le « i » dans la ville libanaise de Tyr ; « Woor » (jeûner), « toor toor » (oiseau tout blanc). Le « o » se lit comme dans porc, fort, sort.

Le « e » français devient, sans l'accent, « é » en wolof. Exemples : « doole » (force), « faale » (avoir de l'égard pour), « xoole » (regarder). Le « e » se lit comme dans les mots français tollé, percé, etc.

Ce « ë » de chez nous se prononce comme dans œuf, bœuf. On le rencontre dans les mots wolof sëgg (se courber), ëf (souffler).

Pour tirer sur le « e », on le double.

Exemples : neex (agréable), seex (jumeau), teel (tôt, en avance), etc. Ici, le « e » se lit comme dans les mots français mère, ère, adultère, etc.

Bibliographie

Colette Élise

Une leçon pour l'Afrique, Jeune Afrique / L'Intelligent du 19 au 25 juin 2005.

Coulibaly Abdou Latif

Wade, un opposant au pouvoir, l'Alternance piégée ? Édition Sentinelle, Dakar 2003.

Coulibaly Abdou Latif

Sénégal, Affaire Me Seye : un meurtre sur commande, L'Harmattan, Paris, décembre 2005.

Diagne Abdoulaye et Gaye Daffé

Le Sénégal en quête de croissance durable, CREA-Carthala, 2002.

Dumont René

Paysanneries aux abois : Ceylan, Tunisie, Sénégal, Éditions du Seuil, 1972.

Foccart Jacques

Foccart parle, Tome II, Fayard, 1997.

Jeune Afrique / l'Intelligent, « Hors Série », n° 3, janvier 2001, spécial Léopold Sédar Senghor.

Les Dossiers noirs de la Politique africaine de la France : *France-Sénégal : une vitrine craquelée*, n° 10, Agir-Survie, L'Harmattan, 1997.

Lo Moubarack

Le Sénégal émergent, Agenda pour le Futur, *Walfadjri*, 2003.

Loum Mamadou Lamine
L'Économie du Sénégal : enjeux, défis, trajectoires et perspectives, rencontres citoyennes de Jëf Jël, 18 juin 2005, Hôtel Savana, dakar.

Mendy Marcel
Me Wade et le Sopi : La Longue Marche, Les classiques africains, Tome I et II, 2001.

Niang Mody
Me Wade et l'Alternance : le rêve brisé du Sopi, Dakar, février 2004, réédité par *L'Harmattan*, janvier 2005.

Thiam Habib
Par Devoir et par Amitié, Éditions du Rocher, 2001.

Journaux : Quotidiens et hebdomadaires

1) Quotidiens : L'Info 7, L'Actuel, Le Journal, Le Matin, L'Observateur, Le Point, Le Populaire, Le Quotidien, Office, Le Soleil, Sud quotidien, Walfadjri, L'AS, Taxi Le Journal, etc.

2) Hebdomadaires : Jeune Afrique / L'Intelligent, Nouvel Horizon.

Autres documents

1) Mémorandum du Conseil national de Concertation des Ruraux au Ministre d'État, Ministre de l'Agriculture et de l'Hydraulique, juillet 2005.

2) Différentes circulaires et instructions des présidents Senghor et Diouf.

Table des matières

www.ingramcontent.com/pod-product-compliance
Lightning Source LLC
LaVergne TN
LVHW020545230826
846091LV00002B/391